Erich Kästner · Werke
Band II

Erich Kästner · Werke
HERAUSGEGEBEN VON
FRANZ JOSEF GÖRTZ

Erich Kästner

Wir sind so frei

Chanson, Kabarett,
Kleine Prosa

HERAUSGEGEBEN VON
HERMANN KURZKE
IN ZUSAMMENARBEIT
MIT LENA KURZKE

Carl Hanser Verlag

ISBN 3-446-19564-5 (Leinen)
ISBN 3-446-19563-7 (Broschur)

Alle Rechte an dieser Gesamtausgabe vorbehalten
© Carl Hanser Verlag München Wien 1998
Ausstattung: Bernd Pfarr
Gestaltung und Herstellung:
Hanne Koblischka und Meike Harms
Texterfassung: Randall L. Jones,
Brigham Young University, Provo/Utah
Satz: Filmsatz Schröter GmbH, München
Druck und Bindung: Pustet, Regensburg
Printed in Germany

Inhaltsübersicht

7 Der tägliche Kram

187 Die Kleine Freiheit

331 Kabarettpoesie. Nachlese 1929–1953

411 Anhang

413 Nachwort

421 Kommentar

475 Inhaltsverzeichnis

DER TÄGLICHE KRAM

Chansons und Prosa 1945–1948

Kleine Chronologie statt eines Vorworts

März 1945
Mit einem Handkoffer, einem Rucksack, einer Manuskriptmappe, einer Reiseschreibmaschine und einem Regenschirm fort aus Berlin. Sogar mit den erforderlichen Ausweisen. Als angebliches Mitglied einer Filmproduktionsgruppe, die in Tirol angeblich Aufnahmen machen will. Die Russen stehen bei Küstrin. Die Nationalsozialisten errichten, in voller Uniform und in vollem Ernst, geradezu kindische Straßensperren. Nachtfahrt über Potsdam, Dessau, Bamberg nach München. Beiderseits der Autobahn von Tiefffliegern lahmgeschossene Fahrzeuge. Unterwegs, vier Uhr morgens, beginnt der Wagen zu brennen. Wir löschen mit Schnee. Auf einem Gut bei München schieben wir das angebratene Auto in eine Scheune. Mit der Eisenbahn geht es weiter. In Innsbruck Luftwarnung. Die Innsbrucker wandern, mit Klappstühlchen und Ruhekissen, in die Felshöhlen. Wie Tannhäuser in den Hörselberg.

April 1945
Der Ortsgruppenleiter von Mayrhofen im Zillertal beordert die dreißig Männer der Filmgruppe – Architekten, Schreiner, Kameraleute, Autoren, Friseure, Schauspieler, Dramaturgen, Beleuchter, Aufnahmeleiter, Tonmeister – zum Volkssturm nach Gossensaß in Südtirol. Er tut's auf besonderes Betreiben der Direktorin des ins Hochgebirge »ausgewichenen« Lehrerinnenseminars, das die Hotels bevölkert. Die energische Pädagogin ist mit dem Gauleiter Hofer befreundet, der in Bozen residiert. Obwohl der Kontakt mit Berlin unterbrochen ist, gelingt es dem Produktionsleiter, unsere Einberufung rückgängig zu machen. Wir kaufen von den Bauern fürs letzte Geld Butter in gelben Klumpen und zehnpfundweise Schweizerkäse. Nur das Brot ist knapp. Lottchen strickt für eine Kellnerin Wadenstrümpfe mit Zopfmuster. Die Kellnerin beschafft uns Brot. Wir bewundern den Bergfrühling, pflücken Enzian und Trollblumen und treffen die ersten über die Pässe herunterklettern-

den Soldaten der am Po endgültig geschlagenen deutschen Südarmee. Der Bürgermeister und der Ortsgruppenleiter kommen abends ins Haus, um unserer Wirtin mitzuteilen, daß nun auch ihr letzter Sohn gefallen ist. Sie und die Tochter schreien die halbe Nacht. Wie Tiere im brennenden Stall. Dann wirft die Mutter das Hitlerbild in den Vorgarten. Im Morgengrauen holen sie es wieder herein.

Mai 1945

Großdeutschland hat kapituliert. Der Ortsgruppenleiter ist über Nacht spurlos verschwunden. Die Seminardirektorin hat sich, auf einem Hügel vorm Ort, mit vier Kolleginnen und Kollegen umgebracht. Die Verdunkelung wird aufgehoben. Als wir abends durch die erleuchteten Gäßchen gehen, sehen wir hinter den hellen Fenstern die Bäuerinnen an der Nähmaschine. Sie haben das Hakenkreuz aus den Fahnen herausgetrennt und nähen weiße Bettücher neben die rote Bahn. Denn Weiß-Rot sind die Farben der österreichischen Freiheitspartei. Zwei amerikanische Panzer halten beim Kramerwirt, der nun, als Freund Schuschniggs, Bürgermeister geworden ist. Immer mehr deutsche Soldaten kommen über die Berge. Die Pfade zu den Schneegipfeln sind mit fortgeworfenen Waffen, Orden und Rangabzeichen besät. Teile der »Rainbow-Division« übernehmen die militärische Verwaltung des Tals. Beim Kramerwirt verhandeln Offiziere des Stabs der Wlassow-Armee, der nach Hintertux geflüchtet ist, mit einem amerikanischen Obersten wegen der Übergabe. Wir müssen uns in der Dorfschule melden und werden von amerikanischen Soldaten registriert. Auf einem einsamen Waldspaziergang begegnen wir einem riesigen Negersergeanten, der, ein aufgeklapptes Messer vorsorglich in der Hand haltend, vergnügt »Grrrüß Gott!« ruft. Die Lokalbahn fährt nicht mehr. Die Seminaristinnen wandern, ihre schweren Koffer schleppend, talab. Endlich dürfen sie heim. Nach Innsbruck. Zum Brenner. Ins Pustertal.

Juni 1945
Unsere Bewegungsfreiheit ist sehr beschränkt. Unsere neuen Ausweise gelten nur fünf Kilometer im Umkreise. Überall stehen Schilderhäuser und Kontrollposten. Der Briefverkehr hat aufgehört. Wir sind isoliert. Die Radioapparate sind umlagert. Was soll werden? Unsere Filmhandwerker bauen sich Wägelchen für ihr Gepäck. Schlimmstenfalls wollen sie nächstens zu Fuß nach Berlin zurück. Zu ihren Kindern und Frauen. Und zu den Russen. Aus Innsbruck fahren amerikanische Spezialisten vor und beschlagnahmen das gesamte Filminventar. Kurz darauf tauchen in verstaubten Jeeps die ersten Amerikaner und Engländer aus München auf. Es sind Kulturfachleute, Emigranten darunter. Alte Kollegen. Sie fahren kreuz und quer durchs Land und suchen festzustellen, wer von uns den Krieg überlebt hat, sowie, wer nach ihrer Meinung wert ist, ihn überlebt zu haben.

Juli 1945
Ich fahre, auf nicht ganz legale Art, in die Nähe von München. Zu fachlichen Besprechungen. Wildes Plänemachen und heftiges Mißtrauen lösen einander ab. Ewig kehrt die Frage wieder: »Warum sind Sie nicht emigriert, sondern in Deutschland geblieben?« Dem, der es nicht versteht, kann man's nicht erklären. Anschließend acht Tage vergeblichen Wartens, auf einem Gut im Dachauer Moos, daß das Auto aus Tirol zurückkommt. Eisenbahn, Post, Telegraf, Telefon – alles ist tot. Gäste und Gastgeber werden nervös. Endlich fährt der Wagen in den Hof. Nun geht's wieder hinauf in die Zillertaler Alpen. Die Filmgruppe befindet sich in Auflösung. Es ist kein Geld da. Die Firma existiert nicht mehr. Der Produktionsleiter fährt heimlich fort, um irgendwo Geld aufzutreiben. Er wird unterwegs verhaftet. Monatelang wird man von ihm nichts mehr hören. Die Berliner Filmschreiner, Filmschlosser, Friseure, Elektrotechniker und Schneider verdingen sich. Verdienen ihren Unterhalt mit Feldarbeit. Oder als Handwerker. Oder als Zwischenhändler von Zigaretten, Butter, Käse und Kaffee. Die Zillertaler sind ungeduldig. Wenn wir Kurgäste wären, ja, aber

so? Hinaus mit den Berlinern, der alte, ewig junge Schlachtruf ertönt. Im Rathaus erscheinen zwei französische Offiziere. Die Amerikaner übergeben Tirol den Marokkanern, heißt es. Auf einen Lastwagen gepfercht, mit einer hoffentlich noch gültigen Order, verlassen wir die Zillertaler Alpen und rattern, über Kufstein, ins Bayrische.

August 1945
Zwischenstation am Schliersee. Keine Verbindung mit Berlin, Leipzig, Dresden, nicht einmal mit München. Es ist, als läge die übrige Welt auf dem Mond. Mein letztes Paar Schuhe ist hin. Ein abgemusterter deutscher Leutnant hilft mir aus. Ein amerikanischer Sergeant, Pelzhändler von Beruf, freundet sich mit uns an. Er erzählt von Kanada und Alaska, von Pelzjägern, Hundeschlitten und Eskimobräuchen. Unser letztes Geld ist bis zum allerletzten Geld zusammengeschrumpft. Wir stecken hilflos fest, wie Nägel in einer Wand. Wer wird uns herausziehen? Und wann? Da, eines Tages, hält ein wackliges Auto vor dem Bauernhaus. Man holt uns für ein paar Tage nach München. Einige Schauspieler wollen dort ein Kabarett eröffnen. Daraus wird, wie sich bald zeigt, nichts werden. Wenn sich alle Pläne dieser Wochen verwirklichten, gäbe es bald mehr Kabaretts und Theater als unzerstörte Häuser. Immerhin, wir sind endlich wieder in einer Großstadt. Schliersee sieht uns auf Jahre hinaus nicht wieder.

September 1945
München ist »der« Treffpunkt derer geworden, die bei Kriegsende nicht in Berlin, sondern in West- oder Süddeutschland steckten. Mitten auf der Straße fallen sie einander um den Hals. Schauspieler, Dichter, Maler, Regisseure, Journalisten, Sänger, Filmleute – tags und abends stehen sie im Hof der Kammerspiele, begrüßen die Neuankömmlinge, erfahren Todesnachrichten, erörtern die Zukunft Deutschlands und der Zunft, wollen nach Berlin, können's nicht, wägen ab, ob's richtiger sei, hier oder in Hamburg anzufangen. In den Kammerspielen etabliert sich, zunächst noch sehr improvisiert, das Kabarett

»Die Schaubude«. In der Reitmorstraße beginnt man, ein zerbombtes Theater für kommende Programme herzurichten. Die Stadt und der Staat ernennen Intendanten für erhaltene und noch im Bau befindliche Bühnen. Alle Welt scheint am Werke, einen Überfrühling der Künste vorzubereiten. Daß man wie die Zigeuner leben muß, hinter zerbrochnen Fenstern, ohne Buch und zweites Hemd, unterernährt, angesichts eines Winters ohne Kohle, niemanden stört das. Keiner merkt's. Das Leben ist gerettet. Mehr braucht's nicht, um neu zu beginnen. Die ersten Briefe von zu Hause treffen ein. Nicht per Post. Sie werden hin- und hergeschmuggelt. Die Besorgung eines Briefes nach Berlin oder Dresden kostet zwanzig bis fünfzig Mark. Es ist ein neuer Beruf. Manche dieser geheimnisvollen Boten stecken das Geld ein und die Post ins Feuer. Hans Habe kreuzt auf. Als amerikanischer Captain. Er soll, in den Restgebäuden des »Völkischen Beobachters«, im Auftrage der Militärregierung eine Millionenzeitung für die amerikanische Zone starten. Ob wir die Feuilletonredaktion übernehmen wollen? Einverstanden. Im Auto fahren wir im Land umher und trommeln Mitarbeiter zusammen. Wo kriegen wir Bücher her? Woher ein Archiv? Woher einen Musikkritiker? Woher ausländische Zeitschriften? Wir arbeiten Tag und Nacht. Es geht zu wie bei der Erschaffung der Welt. Besprechungen in Stuttgart wegen der Gründung einer Jugendzeitschrift. Wegen des Neudrucks von im Jahre 1933 verbrannten Büchern. In der Reitmorstraße wächst die »Schaubude« Stein um Stein. Auf geht's!

※

Am 18. Oktober 1945 erschien die erste Nummer der »Neuen Zeitung«. Am 1. Januar 1946 erschien bei Rowohlt in Stuttgart das erste Heft des »Pinguin«, unserer Jugendzeitschrift. Wenig später eröffneten wir mit einem neuen Programm das Kabarett »Die Schaubude« im eignen Haus.

Das vorliegende enthält eine Auswahl aus meinen zahlreichen Beiträgen für die »Neue Zeitung«, den »Pinguin« und die »Schaubude« aus den Jahren 1945 bis 1948. Chansons, Couplets, Glossen, Kritiken, Attacken, Märchen, Szenen, Tagebuchnotizen, Lieder, Aufsätze, Leitartikel, Repliken, Umfragen. Es handelt sich um eine bunte, um keine willkürliche Sammlung. Sie könnte, im Abglanz, widerspiegeln, was uns in den drei Jahren nach Deutschlands Zusammenbruch bewegte. Worüber man nachdachte. Worüber man lächelte. Was uns erschütterte. Was uns zerstreute. Gelegentlich werden kurze Kommentare die Absicht des Buchs unterstützen. Dem gleichen Zwecke dient die chronologische Reihenfolge der Arbeiten.

Herbst 1948, noch immer zwischen
Krieg und Frieden. *Erich Kästner*

Im Oktober 1945 in der Neuen Zeitung. Dieser nach zwei Seiten durchgeführte Angriff war dringend notwendig. Überall fehlte es an den richtigen Männern am richtigen Platz.

Talent und Charakter

Als ich ein kleiner Junge war – und dieser Zustand währte bei mir ziemlich lange –, glaubte ich allen Ernstes folgenden Unsinn: Jeder große Künstler müsse zugleich ein wertvoller Mensch sein. Ich konnte mir überhaupt nicht vorstellen, daß bedeutende Dichter, mitreißende Schauspieler, herrliche Musiker im Privatleben sehr wohl Hanswürste, Geizhälse, Lügner, eitle Affen und Feiglinge sein könnten. Die damaligen Lehrer taten das ihre, diesen holden »Idealismus« wie einen Blumentopf fleißig zu begießen. Man lehrte uns zusätzlich die Weisheit des alten Sokrates, daß der Mensch nur gescheit und einsichtsvoll genug zu werden brauche, um automatisch tugendhaft zu werden. So bot sich mir schließlich ein prächtiges Panorama: Ich sah die Künstler, die gleichzeitig wertvolle Menschen und kluge Köpfe waren, ich sah sie dutzend-, ja tausendweise in edler Vollendung über die Erde wallen. (Damals beschloß ich, Schriftsteller zu werden.)

Später boten sich mir dann in reichem Maße vortreffliche Gelegenheiten, meinen schülerhaften Köhler- und Künstlerglauben gründlich zu revidieren. Es dauerte lange, bis ich den damit verbundenen Kummer verwunden hatte, und noch heute, gerade heute, bohrt er manchmal wieder, wie der Schmerz in einem Finger oder einer Zehe bohren soll, die längst amputiert worden ist.

Als mich im Jahre 1934 der stellvertretende Präsident der Reichsschrifttumskammer, ein gewisser Doktor Wißmann, in sein Büro zitierte und sich erkundigte, ob ich Lust hätte, in die Schweiz überzusiedeln und dort, mit geheimen deutschen Staatsgeldern, eine Zeitschrift gegen die Emigranten zu gründen, merkte ich, daß er über den Zusammenhang von Talent und Charakter noch rigoroser dachte als ich. Er schien, durch seine Erfahrungen im Ministerium gewitzigt, geradezu der Ansicht zu sein, Talent und Charakter schlössen einander grundsätzlich aus.

Glücklicherweise hatte dieser goldene Parteigenosse nicht recht. Es gab und gibt immer begabte Leute, die trotzdem anständige Menschen sind. Nur eben, sie sind selten und seltener geworden. Die einen verschlang der Erste Weltkrieg. Andere flohen ins Ausland, als Hitler Hindenburgs Thron bestieg. Andere blieben daheim und wurden totgeschlagen. Viele fraß der Zweite Weltkrieg. Manche liegen noch heute, zu Asche verbrannt, unter den Trümmern ihrer Häuser. – Der Tod, der den Stahlhelm trägt und die Folterwerkzeuge schleppt, gerade dieser Tod hat eine feinschmeckerische Vorliebe für die aufrechten, begabten Männer.

Und nun, wo wir darangehen wollen und darangehen dürfen und darangehen müssen, neu aufzubauen, sehen wir, daß wir angetreten sind wie eine ehemals stattliche Kompanie, die sich, acht Mann stark, aus der Schlacht zurückmeldet.

Aber wir bemerken noch etwas. Wir beobachten Zeitgenossen, die der frommen Meinung sind, der Satz: »Es gibt Talente mit Charakter!« ließe sich abwandeln in einen anderen, ebenso schlüssigen Satz, welcher etwa lautet: »Aufrechte Männer sind besonders talentiert!«

Das wäre, wenn es häufig zuträfe, eine musterhafte, meisterhafte Fügung des Schicksals. Der Satz ist nur leider nicht wahr. Wer ihn glaubt, ist abergläubisch.

Und dann gibt es einen weiteren gefährlichen Irrtum. Einen Irrtum, der, von vielen begangen, vielerlei verderben könnte, auch wenn man ihn gutgläubig beginge. Ich meine die Mutmaßung, gerade diejenigen, die mit eiserner Beharrlichkeit auf ihre besondere Eignung für wichtige Stellungen im Kulturleben hinweisen, seien tatsächlich besonders geeignet! Man darf solchen Leuten nicht unbedingt glauben. Sie täuschen sich womöglich in sich selber. So etwas kommt vor. Oder sie gehören zu den Konjunkturrittern, die, wenn ein Krieg vorbei und verloren ist, klirrend ins Feld zu ziehen pflegen!

Nicht so sehr ins Feld wie in die Vor- und Wartezimmer. Sie

hocken auf den behördlichen Stühlen wie sattelfeste, hartgesottene Kavalleristen. Nicht jeder Künstler ist ein solcher Stuhl- und Kunstreiter. Gerade viele der Besten haben weder die Zeit noch die Neigung, Rekorde im Sich-Anbieten aufzustellen. Es widert sie an, vor fremden Ohren ihr eigenes Loblied zu singen. Sie pfeifen aufs Singen und arbeiten lieber daheim als im Schaufenster. Das ist aller Ehren wert und dennoch grundfalsch und eine Sünde.

Die weiße Weste soll für uns keine Ordenstracht sein und auch keine neue Parteiuniform, sondern eine Selbstverständlichkeit. So wenig wie die Qualität des Sitzfleisches ein Gesichtspunkt für die Verleihung verantwortlicher Stellungen sein darf, so wenig darf Heinrich Heines Hinweis unbeachtet bleiben, daß es auch unter braven Leuten schlechte Musikanten gibt. Denn schlechte Musikanten, und wenn sie noch so laut Trompete blasen, können wir nicht brauchen. Man soll ihnen meinetwegen die weiße Weste 2. Klasse oder die weiße Weste 1. Klasse verleihen, oder die weiße Weste mit Eichenlaub, an einem weißen Ripsband um den Hals zu tragen! Das wird sie freuen und tut keinem weh.

Aber mit wichtigen Schlüsselstellungen darf man ihre saubere Gesinnung und Haltung nicht belohnen. Für solche Späße ist die Zeit zu ernst. Nicht die Flinksten, nicht die Ehrgeizigsten, auch die nicht, die nichts als brav sind, sollen beim Aufbau kommandieren, sondern die tüchtigsten Kommandeure! Menschen, die außer ihrer weißen Weste das andere, das Unerlernbare, besitzen: Talent!

Sie müssen ihr Zartgefühl überwinden. Erwürgen müssen sie's. Vortreten müssen sie aus ihren Klausen. Aufspringen müssen sie von ihren Sofas. Hervorschieben müssen sie sich hinter ihren Öfen, in denen das selbstgeschlagene Holz behaglich knistert.

Jetzt geht es wahrhaftig um mehr als um privates Zartgefühl oder gar ums Nachmittagsschläfchen! Es ist Not am Mann. Es geht darum, daß auf jedem Posten der tüchtigste Mann steht.

Es geht darum, daß die tüchtigsten Männer Posten stehen!

Weihnachten 1945 in der Neuen Zeitung, Kinderbeilage. Hier wäre allenfalls darauf hinzuweisen, daß dieser Abend für Millionen Deutsche gleich schmerzlich verlief und daß das Feuilleton nur deshalb geschrieben wurde.

Sechsundvierzig Heiligabende

Fünfundvierzigmal hintereinander hab ich mit meinen Eltern zusammen die Kerzen am Christbaum brennen sehen. Als Flaschenkind, als Schuljunge, als Seminarist, als Soldat, als Student, als angehender Journalist, als verbotener Schriftsteller. In Kriegen und im Frieden. In traurigen und in frohen Zeiten. Vor einem Jahr zum letztenmal. Als es Dresden, meine Vaterstadt, noch gab.

Diesmal werden meine Eltern am Heiligabend allein sein. Im Vorderzimmer werden sie sitzen und schweigend vor sich hinstarren. Das heißt, der Vater wird nicht sitzen, sondern am Ofen lehnen. Hoffentlich hat er eine Zigarre im Mund. Denn rauchen tut er für sein Leben gern. »Vater hält den Ofen, damit er nicht umfällt«, sagte meine Mutter früher. Mit einem Male wird er »Gute Nacht« murmeln und klein und gebückt, denn er ist fast achtzig Jahre alt, in sein Schlafzimmer gehen.

Nun sitzt sie ganz einsam und verlassen. Ein paarmal hört sie ihn nebenan noch husten. Schließlich wird es in der Wohnung vollkommen still sein ... Bei Grüttners oder Ternettes singen sie vielleicht »O du fröhliche, o du selige«. Meine Mutter tritt ans Fenster und schaut auf die weißbemützten Häuserruinen gegenüber. Am Neustädter Bahnhof pfeift ein Zug. Aber ich werde nicht in dem Zuge sein.

Dann wird sie in ihren Kamelhaarpantoffeln leise und langsam durchs Zimmer wandern und meine Fotografien betrachten, die an den Wänden hängen und auf dem Vertiko stehen. In den Büchern, die ich geschrieben habe und die sie auf den Tisch gelegt hat, wird sie blättern. Seufzen wird sie. Und vor sich hinflüstern: »Mein guter Junge.« Und ein wenig weinen. Nicht laut, obwohl sie allein im Zimmer ist. Aber so, daß ihr das alte, tapfere Herz weh tut.

Wenn ich daran denke, ist mir es, als müßte ich, hier in München, auf der Stelle vom Stuhl aufspringen, die Treppen hinunterstürzen und ohne anzuhalten bis nach Dresden jagen. Durch die Straßen und Wälder und Dörfer. Über die Brücken und Berge und verschneiten Äcker und Wiesen. Bis ich endlich außer Atem vor dem Hause stünde, in dem sie sitzt und sich nach mir sehnt, wie ich mich nach ihr.

Aber ich werde die Treppen nicht hinunterstürzen. Ich werde nicht durch die Nacht nach Dresden rennen. Es gibt Dinge, die mächtiger sind als Wünsche. Da muß man sich fügen, ob man will oder nicht. Man lernt es mit der Zeit. Dafür sorgt das Leben. Sogar von euch wird das schon mancher wissen. Vieles erfährt der Mensch zu früh. Und vieles zu spät.

Meine liebe Mutter … Nun bin ich doch selber schon ein leicht angegrauter, älterer Herr von reichlich sechsundvierzig Jahren. Aber der Mutter gegenüber bleibt man immer ein Kind. Mutters Kind eben. Ob man sechsundvierzig ist oder Ministerpräsident von Bischofswerda oder Johann Wolfgang von Goethe persönlich. Das ist den Müttern, Gott sei Dank, herzlich einerlei!

Später wird sie sich eine Tasse Malzkaffee einschenken. Aus der Zwiebelmusterkanne, die in der Ofenröhre warmsteht. Dann wird sie ihre Brille aufsetzen und meinen letzten Brief noch einmal lesen. Und ihn sinken lassen. Und an die fünfundvierzig Heiligabende denken, die wir gemeinsam verlebt haben. An Weihnachtsfeste besonders, die weit, weit zurückliegen. In längstvergangenen Zeiten, da ich noch ein kleiner Junge war.

An das eine Mal etwa, wo ich ihr einen großen, schönen, feuerfesten Topf gekauft hatte und mit ihm, als sie mich zur Bescherung rief, hastig durch den Flur rannte. Als ich ins Zimmer einbiegen wollte, begann ich strahlend: »Da, Mutti, hast du …« Ich wollte natürlich rufen: »… einen Topf!« Aber nein, Mutters feuerfester Topf kam leider, als ich in die Zielgerade einbog, mit der Tür in Berührung. Er zerbrach, und ich stammelte entgeistert: »Da, Mutti, hast du – einen Henkel!« Denn mehr als den Henkel hatte ich nicht in der Hand.

Wenn sie daran denkt, wird sie lächeln. Und einen Schluck Malzkaffee trinken. Und sich anderer Weihnachten erinnern. Vielleicht jenes Heiligabends, an dem ich ihr die »sieben Sachen« schenkte. Verlegen überreichte ich ihr eine kleine, in Seidenpapier gewickelte Pappschachtel und sagte, während sie diese unterm Christbaum vorsichtig und gespannt auspackte: »Weißt du, ich habe doch nicht viel Geld gehabt – aber es sind sieben Sachen, und alle sieben sind sehr praktisch!« In der Schachtel fand sie eine Rolle schwarzen Zwirn, eine Rolle weißen Zwirn, eine Spule schwarzer Nähseide, eine Spule weißer Nähseide, ein Briefchen Sicherheitsnadeln, ein Heftchen Nähnadeln und ein Kärtchen mit einem Dutzend Druckknöpfchen. Sieben Sachen! Da freute sie sich sehr, und ich war stolz wie der Kaiser von Annam. Oder ihr fällt jener Weihnachtsabend ein, an dem ich, nach der Bescherung, noch zu Försters Fritz, meinem besten Freunde, lief, um zu sehen, was denn der bekommen hatte. Seinen Eltern gehörte das Milchgeschäft an der Ecke Jordanstraße ... Ganz plötzlich kam ich wieder nach Hause. Ich stand, als meine Mutter die Tür öffnete, blaß und verstört vor ihr. Försters Fritz hatte eine Eisenbahn geschenkt bekommen, und als ich damit hatte spielen wollen, hatte er mich geschlagen!

Da stand ich nun klein und ernst vor ihr und fragte, was ich tun solle. Zurückschlagen hatte ich nicht können. Er war ja mein bester Freund. Und warum er mich eigentlich geschlagen hatte, begriff ich überhaupt nicht. Was hatte ich ihm denn getan?

Damals hatte meine Mutter zu mir gesagt: »Es war richtig, daß du nicht zurückgeschlagen hast! Einen Freund, der uns haut, sollen wir auch nicht prügeln, sondern mit Verachtung strafen.«

»Mit Verachtung strafen?« Ich machte kehrt.

»Wo willst du denn hin?« fragte meine Mutter.

»Wieder zurück!« erklärte ich energisch. »Ihn mit Verachtung strafen!« Und so ging ich wieder zu Försters und verbrachte den Rest des Abends damit, meinen Freund Fritz gehörig zu verachten. Leider weiß ich nicht mehr, wie ich das im einzelnen gemacht habe. Schade. Sonst könnte ich euch das Rezept verraten.

Oder meine Mutter wird an einen anderen Heiligabend denken, der nicht ganz so weit zurückliegt. Es sind höchstens zwanzig Jahre her – da gingen wir, nach unserer Bescherung, an den Albertplatz zu Tante Lina, um dabeizusein, wenn der kleine Franz beschert bekäme. Franz war das Kind meiner früh verstorbenen Base Dora.

Ich war damals ungefähr fünfundzwanzig Jahre alt. Und plötzlich sagte Tante Lina, der Weihnachtsmann, der zum kleinen Franz hätte kommen sollen, habe in letzter Minute wegen Überlastung abtelefoniert, und ich müsse ihn unbedingt vertreten! Sie zogen mir einen umgewendeten Pelz an, hängten mir einen großen weißen Bart aus Watte um, drückten mir einen Sack mit Äpfeln und Haselnüssen in die Hand und stießen mich in das Zimmer, wo Franz, der kleine Knirps, neugierig und etwas ängstlich auf den richtigen Weihnachtsmann wartete. Als ich ihn mit kellertiefer Stimme fragte, ob er auch gefolgt habe, antwortete er: O ja, das habe er schon getan. Und dann kitzelte mich der alberne Wattebart derartig in der Nase, daß ich laut niesen mußte.

Und der kleine Franz sagte höflich: »Prost, Onkel Erich!« Er hatte den Schwindel von Anfang an durchschaut und hatte nur geschwiegen, um uns Erwachsenen den Spaß nicht zu verderben.

Meine Mutter in Dresden wird also an vergangene glücklichere Weihnachten denken. Und in München werde ich es auch tun. Erinnerungen an schönere Zeiten sind kostbar wie alte goldene Münzen. Erinnerungen sind der einzige Besitz, den uns niemand stehlen kann und der, wenn wir sonst alles verloren haben, nicht mitverbrannt ist. Merkt euch das! Vergeßt es nie!

Während ich am Schreibtisch sitze, werden meiner Mutter vielleicht die Ohren klingen. Da wird sie lächeln und meine Fotografien anblicken, ihnen zunicken und flüstern: »Ich weiß schon, mein Junge, du denkst an mich.«

Im ersten Heft des Pinguin, Januar 1946. Die Rat- und Tatlosigkeit inmitten der Trümmer hatte besonders die Jugend ergriffen. Es ging darum, sich ihr anzubieten, ohne sich ihr aufzudrängen.

Gescheit, und trotzdem tapfer

Nun ist es fast ein Jahr her, daß mich der Krieg und der Zufall nach Süddeutschland verschlugen. Wenn ich, wie jetzt, in der Wohnung, die mir fremde Leute vermietet haben, vom Schreibtisch aus, der mir nicht gehört, durchs Fenster blicke, sehe ich über die mit Schutthaufen bepflanzte Straße in einen kahlen struppigen Vorgarten. Darin liegt der Rest der Villa wie ein abgenagter Knochen, den das Feuer des Krieges wieder ausgespuckt hat. Aus den niederen Mauerresten ragen drei spindeldürre Schornsteine empor. An dem einem klebt, wie eine versehentlich dorthin gewehte große Ziehharmonika, ein rostiger Heizkörper, und am zweiten hängt, noch ein paar Meter höher, von dünnen, verbogenen Eisenstäben gehalten, ein Wasserboiler. Er ähnelt einer sinnlos in der Luft schwebenden, viel zu großen Botanisiertrommel. Nachts, wenn der Föhn durch die Straßen rast, zerrt und reißt er an dem Boiler, daß ich von dem wilden Geklapper und Geschepper aufwache und stundenlang nicht wieder einschlafen kann.

Jetzt, am frühen Nachmittag, hängt der Kessel ganz still. Und wie ich eben hinüberblicke, setzt sich eine schwarze Amsel darauf, öffnet den gelben Schnabel und singt. Es handelt sich um eine kleine Probe für das nächstens in Aussicht genommene, längst auf den Kalendern vorangekündigte Frühlingskonzert. Amseln suchen sich für ihre Gesangsübungen mit Vorliebe hochgelegene Plätze aus. Ob das nun ein friedlicher, heiler Pfarrhausgiebel auf dem Lande, ein sanft sich schaukelnder Pappelwipfel oder ein zerquetschter Wasserboiler ist, der von Rechts wegen in eine Küche gehört und nicht in Gottes freie Natur, ist dem Reichsverband der Amseln vollkommen gleichgültig.

Die Natur nimmt auf unseren verlorenen Krieg und auf den seit langem angedrohten Untergang des Abendlandes nicht die geringste Rücksicht. Bald wird der Flieder zwischen den Trümmern duften. Und auf der Wiese vor der Kunstakademie, wo drei gewaltige gußeiserne Löwenmännchen, von Bombensplittern schwer verletzt, schwarz und ein bißchen verlegen im Grase liegen, werden bald die Blumen blühen.

Die Vögel singen ihr Lied, wenn es nicht anders geht, auch auf hoch in der Luft schwebenden Wasserkesseln. Und der Frühling wird, wenn es sein muß, zwischen Mauerresten und durchlöcherten Löwen seine Blüten treiben. Die Natur kehrt sich nicht an die Geschichte. Sie baut wieder auf, ohne darüber nachzudenken.

*

Aber der Mensch ist ein denkendes Wesen. Er gehört nur zum Teil in die Naturkunde. Seine Häuser wachsen ihm nicht von selber, wie den Schnecken. Die weißen Brötchen und der Rinderbraten fliegen nicht fix und fertig in der Luft herum, wie die Mücken für die Schwalben. Und die Wolle wächst ihm nur auf dem Kopfe nach, nicht auch am Körper, wie den Tieren im Wald. Das meiste von dem, was er braucht, muß er sich durch Arbeit und Klugheit selber schaffen. Falls er nicht vorzieht, es durch Gewalt anderen zu entreißen. Wenn die anderen sich dann wehren, Hilfe erhalten und ihm, was er tat, heimzahlen, geht es ihm so, wie es in den letzten Jahren uns ergangen ist. Dann steht er, wie wir jetzt, zwischen Trümmern und Elend. Dann wird es hohe Zeit, wie bei uns, daß er sich besinnt. Daß er aus der Sackgasse, an deren Ende er angelangt ist, entschlossen herausstrebt. Daß er nicht, mit den Händen in den Hosentaschen, faul und achselzuckend herumsteht. Sondern daß er einen Weg einschlägt. Mutig, und trotzdem vernünftig. Gescheit, und trotzdem tapfer.

Bei dem neuen Versuch, unser Vaterland wieder aufzubauen, bei dem Wettlauf mit dem Frühling und dem Sommer, die es leichter haben als wir, kommt es nämlich nicht nur auf Ziegelsteine, Gips, Baumwolleinfuhr, Saatkartoffeln, Sperrholz, Nägel, Frühgemüse und Lohnsteuerzuschläge an, sondern auf unseren Charakter. Wir müssen unsere Tugenden revidieren. Für die Neubeschaffung wertvoller und wertbeständiger Eigenschaften brauchen wir keine Einfuhrgenehmigungen und keine Auslandskredite, obwohl Tugenden die wichtigsten Rohstoffe für den Wiederaufbau eines Landes sind. Als Heinrich Himmler in einer seiner letzten Reden die Frauen aufforderte, auf den Feind, wenn er in die Städte dringe, aus den Fenstern heißes Wasser herunterzuschütten, forderte er sie nicht auf, mutig zu sein, sondern dumm und verrückt. Er wußte, daß der Krieg längst verloren war und daß man mit ein paar Töpfen voll heißem Wasser keine feindlichen Panzer vernichten kann. Wer Panzer mit heißem Wasser bekämpfen will, ist nicht tapfer, sondern wahnsinnig. Und als Josef Goebbels die Bewohner der Großstädte aufforderte, die feindlichen Luftangriffe von unseren wackligen Kellern aus mit dem unerschütterlichen, unbeugsamen deutschen Siegeswillen zu bekämpfen, verlangte er nicht, daß wir tapfer wären, obwohl er es so nannte. Wenn man keine Flugzeuge, kein Benzin und keine Flak mehr hat, hat man den Krieg verloren. Mit der Phrase des Siegeswillens kann man keine Bombengeschwader bekämpfen. Diese Männer haben sich über das deutsche Volk und dessen Tugenden, während sie selber schon nach den Zyankalikapseln in ihrer Jacke griffen, in abscheulicher Weise lustig gemacht. Und sie wußten, daß sie das ungestraft tun könnten; denn sie kannten unseren Charakter, sie hatten ihn, ehe sie an die Macht kamen, studiert, und sie hatten ihn, während sie an der Macht waren, durch Phrasen, Zuckerbrot und Peitsche systematisch verdorben. Das interessanteste und traurigste Buch, das über das Dritte Reich geschrieben werden muß, wird sich mit der Verderbung des deutschen Charakters zu beschäftigen haben. Niemals in unserer Geschichte hat ein solcher Generalangriff auf die menschlichen Tugenden stattgefunden. Nie zuvor sind Eigenschaften wie Zivilcourage, Ehrlichkeit, Gesinnungstreue, Mitleid und Frömmigkeit so grausam und teuflisch bestraft, nie vorher sind Laster wie Roheit, Unterwürfigkeit, Käuflichkeit, Verrat und Dummheit so maßlos und so öffentlich belohnt worden.

*

Alle Amerikaner, die sich amtlich mit mir abgeben mußten, haben mich gefragt, warum ich in Deutschland geblieben sei, obwohl ich doch nahezu zwölf Jahre verboten war. Und obwohl ich, wenn ich emigriert wäre, in London, Hollywood oder auch in Zürich ein viel ungefährlicheres und angenehmeres Leben hätte führen können. Und nicht alle der Amerikaner, die mich amtlich fragten, haben meine Antwort gebilligt und verstanden. Ich habe ihnen nämlich gesagt: »Ein Schriftsteller will und muß erleben, wie das Volk, zu dem er gehört, in schlimmen Zeiten sein Schicksal erträgt. Gerade dann ins Ausland zu gehen, rechtfertigt sich nur durch akute Lebensgefahr. Im übrigen ist es seine Berufspflicht, jedes Risiko zu laufen, wenn er dadurch Augenzeuge bleiben und eines Tages schriftlich Zeugnis ablegen kann.«

Nun also, ich bin zwölf Jahre lang Zeuge gewesen. Ich habe erlebt, wie schwer es den Deutschen gemacht wurde, ihre menschlichen Tugenden zu bewahren, und wie leicht es manchem fiel, sie aufzugeben. Aber ich weiß auch, daß die nicht recht haben, die sich heute hinstellen und sagen, wir seien endgültig unfähig geworden, menschlich zu empfinden und »demokratisch« zu handeln.

Wir wollen ihnen beweisen, daß sie unrecht haben! Wir wollen Deutschland neu aufbauen und bei unserem Charakter beginnen!

Januar 1946, Neue Zeitung. Die damals in der Neuen Zeitung an Hand einer Fotokopie abgebildete Gesamtrechnung ging mittlerweile leider verloren. Der Schulz, von dem die Rede ist, starb, wie sich später herausstellte, im Kriegsgefangenenlager eines natürlichen Todes.

Eine unbezahlte Rechnung

Die »Neue Zeitung« veröffentlicht die Fotokopie einer Rechnung. Einer »Kostenrechnung« der Reichsanwaltschaft beim Volksgerichtshof, ausgeschrieben von der Gerichtskasse Moabit am 11. Mai 1944. Einer Rechnung, die damals an eine Frau geschickt wurde, damit diese die Unkosten begleiche, die dem Staat daraus erwachsen waren, daß er ihren Mann am 3. Mai 1944 hatte hängen lassen. Einer Rechnung über 585,74 RM, die »binnen einer Woche« bezahlt werden mußten, da »nach Ablauf der Zahlungsfrist die zwangsweise Einziehung ohne weitere Mahnung« zu gewärtigen war. Einer Rechnung, deren Echtheit unbezweifelbar ist und die man trotzdem nicht glauben will. Einer Rechnung, die der Gerichtskasse längst bezahlt wurde, mit jenem Staat aber noch lange nicht beglichen ist!

Tausende und Abertausende solcher Rechnungen sind vom nationalsozialistischen Staat ausgeschrieben worden. Es genügte ihm nicht, unschuldige Menschen aufzuhängen. Er ließ sich auch, gemäß den Paragraphen der Gerichtskosten-Gebührenordnung, die aus dem Mord erwachsenen Unkosten aufs Postscheckkonto überweisen. Er war ein ordnungsliebender Massenmörder, dieser Staat. »Gebühr für Todesstrafe«: 300 RM. War das etwa zuviel? Gebühr für den »Pflichtanwalt«, also für den Mann, der sanftmütig zu erklären hatte: »Mein Mandant ist mit seiner Erdrosselung selbstverständlich einverstanden«, 81,60 RM. Ist das zu teuer? Und so genau! Die sechzig Pfennige waren vermutlich die Auslagen des Herrn Doktor für die Straßenbahn. »Vollstreckung des Urteils«: 158,18 RM. Das ist geschenkt! Dafür, daß ich einen ehrlichen, tapferen, klugen Mann hängen soll, würde ich mehr verlangen! Und noch eins – wie mögen diese bürokratischen Teufel wohl auf die achtzehn Pfennige am Ende der Summe verfallen sein?

O armer Erich Knauf! Zwanzig Jahre kannte ich ihn. Setzer in der »Plauener Volkszeitung« war er gewesen, bevor er Redakteur, Verlagsleiter und Schriftsteller wurde. Ein Mann aus dem Volke. Und sein Leben lang ein Mann für das Volk. Ein Mann, den wir jetzt brauchen könnten wie das liebe Brot! Einer von denen, die den staatlich konzessionierten Verbrechern samt ihrer doppelten Buchführung bis aufs Blut verhaßt waren.

Dabei fällt mir ein anderer Mann ein. Ein ganz anderer Mann. Was mag der wohl machen? Jener Lump, der Abend für Abend fein säuberlich eintrug, was Knauf und E. O. Plauen, der Zeichner, gesagt hatten? Der dann hinging und die beiden an den Strick lieferte? Der, ehe die zwei davon wußten, über »die ja nun bald frei werdenden Zimmer« im Haus disponierte? Was macht denn dieser Herr Schulz, damals Hauptmann der Reserve im OKW? Dieser Verleger von Zeitschriften, die sich mit »Körperkultur« befaßten, um auf Glanzpapierseiten Nacktfotos abbilden zu können? Wie geht es ihm denn, dem Herrn Hauptmann? Hat er das letzte Kriegsjahr gesund und munter überstanden?

Januar 1946, Neue Zeitung. Die Begegnung mit moderner, insbesondere abstrakter Kunst zeitigte zweierlei: frenetisches Interesse und erstaunliche Intoleranz. So bot sich gerade die Malerei als »Toleranzthema« an. Von der Flut der Zuschriften an die Blätter macht man sich kaum eine Vorstellung. Die Menschen froren, hungerten, hatten keine Tinte und kein Briefpapier. Trotzdem bekam damals z. B. die Neue Zeitung wöchentlich etwa zweitausend »Stimmen aus dem Leserkreis«, oft lange Abhandlungen, nahezu immer mit der genauen Adresse des Absenders. Das Bedürfnis, die eigne Meinung namentlich zu vertreten, war ungewöhnlich. Auch bei den heikleren Themen als diesem. Meine Absicht, die Zuschriften anläßlich der »Augsburger Diagnose« in einem zweiten Artikel auszuwerten, scheiterte schließlich an der Materialfülle.

Die Augsburger Diagnose
Kunst und deutsche Jugend

Die vor der sprichwörtlichen Tür stehenden und frierend von einem Bein aufs andre tretenden Gemeindewahlen werden, was wenige wissen, nicht die ersten Wahlen im neuen Deutschland sein. Es hat schon eine Abstimmung stattgefunden. Als Wahllokal diente das Palais Schäzler in Augsburg, und es dient noch heute demselben Zweck. Das Wahlkomitee gewährte mir dankenswerterweise Einblick in die vorläufigen Resultate. Eben bin ich mit der Erforschung eines mittelhohen Stimmzettelgebirges zu Rande gekommen. Und nun denke ich, nicht ohne Stirnrunzeln, über die Wahlergebnisse nach ...

Also, die Sache war und ist die: Man veranstaltet in den Räumen des Palais eine Kunstausstellung. Man zeigt Bilder süddeutscher Maler der Gegenwart. Naturgemäß Bilder verschiedener »Richtungen«. Und man fügt dem als Eintrittskarte geltenden Katalog einen »Stimmzettel« mit drei Fragen bei. Erste Frage: »Welches halten Sie für das beste Bild?« Zweite Frage: »Welches Bild besäßen Sie am liebsten?« Dritte Frage: »Haben Sie Wünsche für eine spätere Ausstellung?« Ein Hinweis, daß es an der Kasse Bleistifte gibt, eine Zeile für die Unterschrift, eine Zeile für die Angabe des Berufs und die freundliche Bemerkung »Besten Dank!« runden das Schriftbild ab.

Eine angemessene Zahl Besucher hat die ernstgemeinten Stimmzettel angemessen behandelt. Die wenigst »modernen« Bilder werden erwartungsgemäß bevorzugt. Und bei der dritten Frage wird häufig der verständliche Wunsch laut, man wolle künftig auch Plastiken und Graphik, Aquarelle und Keramik sehen. Ein »Wähler« sehnt sich sogar nach modernen französischen Bildern. Er steht allein und einzig da.

Natürlich haben sich auch hartgesottene »Spaßvögel« zum Wort gedrängt. So wünscht sich einer für die nächste Ausstellung »besseres Wetter« und ein anderer, verschämt in Einheitsstenographie, »nackte Weiber«.

Unter denen, die an verschiedenen Malern und Bildern Kritik üben, sind erfreulicherweise viele, welche Maß halten. So stellt eine Frau fest: Diese und jene Bilder »entsprechen nicht meinem Kunstgeschmack«. Eine Klavierlehrerin wünscht die nächste Ausstellung »nicht ganz so modern«. Ein anderer sehnt sich »nach guten, real ausgearbeiteten Bildern«, womit er unmißverständlich realistische Darstellungen verlangt. Wieder ein anderer meint dasselbe, wenn er »natürliche Bilder, keine Phantasie« fordert. Und eine Frau konstatiert betrübt: »Größtenteils habe ich keine Freude an der Ausstellung gehabt.«

Diese und ähnliche mit liebenswürdiger Ehrlichkeit vorgetragenen Urteile richten sich weniger gegen ausgefallene, groteske, phantastische Sujets, solange sie »verständlich« gemalt sind, als vielmehr gegen stilistisch schwer begreifliche Bilder. Den unanfechtbaren Rekord des Angefochtenwerdens hält Ernst Geitlinger mit seinen in einem Kabinett vereinigten Arbeiten. Dieser kleine Raum V bringt auch die stärksten Gemüter unter den unerfahrenen Besuchern ins Wanken. Es handelt sich, sehr kurz gesagt, um sieben die Perspektive verleugnende, auch in der Zeichnung künstlich naive, an Paul Klee erinnernde Bilder von hohem farblichem Reiz. Die subtile, verspielte Farbheiterkeit hat sogar Geitlingers Rahmen ergriffen. Er hat auch sie bemalt.

Diesem Raum hat die gute Laune eines sehr großen Teils der

»Wähler« nicht standgehalten. Es ist unerläßlich, einige der Urteile aufzuzählen. Diese Bilder »sind unmöglich und verhöhnen die deutsche Kunst!!!« »Mein Bedarf ist vorläufig gedeckt!« »Künstler wie Schlichter, Geitlinger und Blocherer müssen raus!!« »Geitlinger und ähnliche Schmiereien müssen verschwinden.« »So etwas ist eine Schweinerei!« »Keine entartete Kunst mehr!« »…völlige Ausmerzung solcher Bilder!« »… ein Schlag ins Gesicht!«

Einer wünscht sich die Bilder der Ausstellung »alle, um sie einzuheizen«. Einer hat einen Briefbogen zum Teil in ein Tintenfaß gesteckt gehabt und dazu geschrieben »Studie in Blau«. Und ein anderer fordert: »Diese Künstler beseitige man restlos. Kz.«

Einer der Männer, welche die Ausstellung betreuen, erzählte, daß junge Leute Geitlingers Bilder zu verschmieren versucht hätten. Einer habe gebrüllt: »Den Kerl, der das gemalt hat, knall ich nieder!« Etliche der Maler in Auschwitz zu verbrennen oder aus ihrer Haut Lampenschirme fürs traute Heim zu schneidern, hat erstaunlicherweise niemand verlangt. Aber die Ausstellung ist ja noch ein paar Tage geöffnet.

*

Aus den Unterschriften der Stimmzettel geht nun hervor, daß die intolerantesten, die dümmsten und niederträchtigsten Bemerkungen fast ohne Ausnahme von Schülern, Studenten, Studentinnen und anderen jungen Menschen herrühren.

Seit die Welt besteht, war es immer die Jugend, die am ehesten und am leidenschaftlichsten für das Neue, für das Moderne eintrat. Und gerade die Studenten bildeten die Avantgarde der Kunst. Es war ein jugendliches Vorrecht, auch abwegige Versuche begeistert zu begrüßen.

Und heute stellt sich gerade die Jugend hin und will fünfzigjährige Männer, weil sie nicht wie Stuck und Heinrich von Zügel malen, ins Kz stecken oder niederknallen? (Indessen ältere Herrschaften, die vor perspektivelosen Bildern stehen, resigniert, aber höflich feststellen: »Es gefällt mir nicht.«)

Wie haben zum Beispiel uns, die wir 1918 aus dem Kriege

heimkamen, beim Anblick der Bilder von Dix, Kokoschka, Kandinsky, Marc und Feininger die Köpfe geraucht! Wie haben wir diskutiert! Wie haben wir die expressionistische Lyrik mitsamt ihren Unarten verteidigt! Wie haben wir das Moderne geliebt und das Alte respektiert!

Die heutige deutsche Jugend steht also dort, wo seit je die Alten, die unverbesserlichen Spießer und Kunstbanausen hingehörten? Welche Perversion, wenn dem so wäre! Welch verwirrende Folgen für die Entwicklung der Künste in Deutschland! Denn auch wenn die produktive Jugend, auch wenn die jungen Talente selber ihren Weg finden sollten, dem Einfluß der letzten zwölf Jahre zum Trotz – in welches Vakuum gerieten sie ohne die Begleitung des gleichaltrigen Publikums? Ohne dessen Fanatismus für das Neue? Ohne dessen Jubel und Begeisterung?

Es ist zu befürchten, daß die Augsburger Diagnose zutrifft und daß die dortige »Abstimmung« eine viel allgemeinere Gültigkeit besitzt, die Gültigkeit für ganz Deutschland. Die heutigen Studenten waren 1933 kleine Kinder. Sie wuchsen, jedenfalls ihre Majorität, in der Respektlosigkeit vor modern und freiheitlich gesonnenen Eltern und Lehrern auf. Sie lernten schon mit dem kleinen Einmaleins die Autorität der Fachleute verachten und das Geschwätz reaktionärer Dilettanten glauben. Sie wuchsen in Unkenntnis ausländischer Leistungen auf und ohne Ehrfurcht vor dem Mut eigenwilliger Naturen.

Ich werde nie die Gesichter jener jungen SS-Männer vergessen, die sich seinerzeit, im Münchner Hofgarten, im langsamen Gänsemarsch durch die Ausstellung der »Entarteten Kunst« schoben, Hunderte von konzessioniert hämischen, grinsenden, verschlagenen, großspurigen Gesichtern, sich gähnend und feixend an den Bildern Noldes, Pechsteins, Beckmanns, George Grosz', Marcs und Klees vorbeischiebend. Sie trotteten wie Droschkengäule, wenn am Stand der vorderste Wagen weggerollt ist, angeödet von Rahmen zu Rahmen.

Ein durchgefallener Kunstmaler wie Hitler, ein dilettantischer Schriftsteller wie Goebbels, ein mißglückter, schwafelnder Kulturphilosoph wie Rosenberg, haben die junge Generation gelehrt, was Dichtung, Musik und bildende Kunst zu sein hat. Der billigste Geschmack, ein Jahrmarktsgeschmack, wurde auf den Thron gesetzt. Das Gewagte, das Außergewöhnliche, das Exklusive, das Neue – es wurde verbrannt, verbannt, verschwiegen und bespuckt. So wuchsen Kinder mit den Kunstidealen von Greisen, Impotenten und Kitschonkels heran.

Nun sind diese Kinder Studenten geworden. Die Kunst ist wieder frei. Die Studenten spucken, wie sie es gelernt haben, auf alles, was sie nicht verstehen. Weil alles, was nicht alle verstehen, von 1933 bis 1945 Dreck war. Sie haben es nicht anders gelernt. Sie wissen nicht, daß der Künstler schafft, »wie der Vogel singt«, und nicht, damit es Herrn Lehmann gefällt.

*

Was soll geschehen? Denn das ist wohl sicher: Es reicht nicht aus, daß wir Älteren uns über das geschmackliche Analphabetentum der Jugend empören. Es hilft nichts, wenn wir die gezüchteten jungen Barbaren bedauern. Und es bringt auch nicht viel weiter, wenn wir ihren borniertem Dünkel lediglich zu verstehen trachten. Sondern hier muß etwas *geschehen*! Radikal und schnell! Nicht nur dieser Jugend wegen. Obwohl das wahrhaft Grund genug wäre. Sondern auch um der deutschen Kunst willen, deren natürliches Wachstum, deren Entwicklung zwölf Jahre lang künstlich unterbrochen worden ist! Hierfür gibt es keine Vitamin- oder Hormoneinspritzungen. Hier helfen keine Pillen! Gibt es überhaupt etwas, das helfen kann?

Erziehung kann helfen. Und zwar, da es um die Kunst geht: Kunsterziehung. Das künstlich Versäumte muß künstlich nach- und eingeholt werden. Ich weiß aus Erfahrung, daß dergleichen möglich ist. Mir werden die »Kunsterziehungsabende«, die 1919 im Dresdner König Georg-Gymnasium stattfanden, unvergeßlich bleiben.

Da erschien nämlich einmal in der Woche Herr Kutzschbach, ein Kapellmeister der Staatsoper, mit seinen Orchestermitgliedern in der Aula. Schüler aus allen Dresdner höheren Schulen und Studenten saßen, standen, quetschten und drängten sich. Herr Kutzschbach erklärte uns Strauß' »Tod und Verklärung«, den »Eulenspiegel«, oder was sonst bevorstand, mit einfachen Worten, deutete am Flügel die musikalischen Themen und deren Verquickung an, ließ den Klarinettisten oder den Mann mit dem Fagott dessen wichtigstes Motiv solo blasen; und erst dann, wenn wir auf alles Begreifliche hingewiesen worden waren, erhob er sich, trat ans Pult, dirigierte, das Orchester spielte die Suite, die Symphonie oder die Programmmusik, und wir verstanden, wir hörten, wir empfanden von Abend zu Abend besser und tiefer, was die Komponisten hatten zum Ausdruck, zu Gehör bringen wollen.

Wir wurden erzogen. Die Ohren, die Nerven, der Geschmack wurden »gebildet«. Und nicht zuletzt die Einsicht, daß auch Kunst, die man nicht versteht, trotz allem als Dame behandelt werden sollte. Man kann, auch als junger Mann, nicht alle Damen lieben. Es muß einem nicht jede gefallen. Nur folgt daraus nicht, daß sie niemandem sonst gefallen dürfte oder gar, daß man das Recht hätte, ihr mitten ins Gesicht zu spucken.

Kunsterziehung also! Geschmacksbildung durch berufene Fachleute. In den Universitäten, in den Volkshochschulen, in öffentlichen Veranstaltungen, durch Lehrer, durch Künstler, durch Gelehrte, durch die Gewerkschaften!

Es wird höchste Zeit. Es geht um Deutschlands Jugend. Es geht um den Wert und um die Geltung der deutschen Kunst.

Frühjahr 1946, im Kabarett Die Schaubude. Die erotische Koalition, die, wie in jedem ähnlichen Falle, so auch in Deutschland, längst vor der »fraternisation« stattfand, wurde damals aufs billigste und überall ausgeschlachtet. Unser Kabarett hatte literarischen Ehrgeiz. Jedes der Programme wurde trotzdem durchschnittlich von fünfzigtausend Menschen besucht.

Das Leben ohne Zeitverlust
(Tangorhythmen, langsam, sinnlich)

Der Vortrag der sehr elegant und ebenso offenherzig gekleideten Chansonette muß sein: blasiert bis zum Zynismus; wenn angebracht, von parodistischer Innigkeit; von der Mitte der letzten Strophe ab von kalter, fast zu Bewunderung nötigender Ehrlichkeit.

1.
Manche Frauen lieben kranke, blasse Dichter.
Dagegen hab ich nichts.
Manche Frauen glühn beim Anblick roter Mord-
                                    gesichter.
Dagegen hab ich nichts.
Andre Frauen lodern auf bei jungen Männern.
Wieder andre ludern gern mit kalten Kennern.
Dagegen hab ich nichts.
Mein Herz hat mehr als eine offne Tür.
Deshalb hab ich nichts dagegen,
doch ich hab auch nichts – dafür!
Ich hab mein Leben lang
nur einen Mann geliebt.
Und ich hab Glück gehabt,
daß es ihn gab und noch gibt.
Ihm bin ich zugetan,
ob es Tag oder Nacht ist.
Ich liebe stets den Mann,
der gerad an der Macht ist!

Ob er nun Staatsmann ist, ob Börsenheld, ob Krieger, –
ich liebe den Sieger!
Drum kann geschehn, was will:
Ich liege immer richtig!
Und bei der Liebe
ist das besonders wichtig!
Man hat mich im Verdacht,
ich liebte das Neue.
O nein, – ich lieb nur die Macht
und halt ihr die Treue!

2.
Wen ich liebe, der kann schön sein wie ein Wandbild.
Dagegen hab ich nichts.
Oder er kann groß und schwer sein wie ein Reiterstand-
                bild.
Dagegen hab ich nichts.
Er kann alt und kahl und sparsam im Verbrauch sein.
Bös und bauchig kann er selbstverständlich auch sein.
Dagegen hab ich nichts.
Er darf auch wild sein wie ein junger Stier.
Ich hab wirklich nichts dagegen,
doch ich hab auch nichts – dafür!

Nur, mächtig muß er sein!
Dann steigt in mir die Flut …
Dann wirft ein einz'ger Blick
mir rote Fackeln ins Blut …
Ich brenne wie ein Wald,
wenn mein Herz erst entfacht ist …
Dann hab ich Temp'ratur,
ob es Tag oder Nacht ist!
Er mag ein Henker sein, ein Teufel oder Tiger, –
dann ist er der Sieger!

Drum kann geschehn, was will:
Ich liege immer richtig!

Und heutzutage
ist das besonders wichtig!
Ich bin ein schwaches Weib.
Ich kenne keine Reue.
Und wer die Macht verliert,
verliert meine Treue!

3.
Wer die Macht verloren hat, soll untergehen.
Dagegen hab ich nichts.
Wenn er will, kann er auch zitternd um Erbarmen
                                                flehen.
Dagegen hab ich nichts.
Meintwegen kann er Memoiren schreiben
oder sich erschießen oder leben bleiben.
Dagegen hab ich nichts.
Die neuen Männer träumen schon von mir!
Deshalb kann's mir einerlei sein,
ob er tot ist oder hier.

Nun ja, die Erde ist
ein großer Wandelstern.
Und nach den neuen Herrn
kommen noch neuere Herrn ...
Bis schließlich *Jener* kommt,
welcher stets an der Macht ist!
Er reißt mich in den Arm,
ob's dann Tag, ob's dann Nacht ist!
Er wird kein Staatsmann sein,
kein Schieber und kein Krieger,
und trotzdem der Sieger.

Und auf dem Stein soll stehn:
»Nun liegt sie wieder richtig!
In dieser Lage
ist das besonders wichtig!

Es war nicht angebracht,
daß sie etwas bereute.
Sie liebte nichts als die Macht
und tut es noch heute!«

Die Chansonette blickt noch kurze Zeit kalt und ironisch lächelnd geradeaus; dann geht sie langsam und stolz ab.

Februar 1946, Neue Zeitung. Die Debatte um Geschichtsbetrachtung und Geschichtsunterricht wurde aufs heftigste, aber nicht immer mit dem notwendigen Takt geführt. Mit dem folgenden Beitrag versuchte ich, in eine öffentliche Diskussion über Friedrich II. von Preußen einzugreifen. Viele derer, die mir antworteten, hatten beim Schreiben keine Glacéhandschuhe an.

Gedanken eines Kinderfreundes

»Er war mit 16 Jahren bereits ein ausgemachter Liederjahn großen Formats. Seine Maßlosigkeit war so ungehemmt, daß zeitweilige ernste Gesundheitsstörungen eintraten. Besonders stark war seine Leidenschaft für das weibliche Geschlecht. Um sein Ziel zu erreichen, wandte er oft die unsaubersten Mittel an... Diese Folge von Liebesabenteuern war lange Zeit der Hauptinhalt seines Daseins, bis sie infolge einer Ansteckung mit nachfolgender Operation ein jähes und endgültiges Ende nahmen. Dieses selbstverschuldete Mißgeschick rief eine mißtrauische Bösartigkeit, namentlich gegen Frauen hervor, die, je älter er wurde, immer mehr zunahm. Um seinen Neigungen nachzugehen, machte er in leichtsinniger Weise Schulden, ohne an ihre Rückzahlung zu denken. Ja, er war so gewissenlos, daß er sich bereitfand, von politischen Gegnern seines Vaters Geld anzunehmen. Von verblendeter Mutterliebe unterstützt, trieb er sein Unwesen so lange, bis der entsetzte Vater endlich merkte, was hinter seinem Rücken vorging.«

Wer ist denn nun dieses Früchtchen, von dem hier so ausgiebig die üble Nachrede ist? Und wer schmeißt mit der Schreibmaschine nach ihm, statt sie zum Schreiben zu benützen? Der Leser fragt. Der Redakteur antwortet. Also ...

Das Zitat entstammt einem festlichen Geburtstagsartikel, den die Zeitung »Der Berliner« Mitte Januar unter der Überschrift »Friedrich der Große ohne Maske« zum Abdruck gebracht hat. Anschließend brachten die Berliner mit Hilfe von Zuschriften ihre Meinung zum Ausdruck. Und es läßt sich nicht verheimlichen, daß die Berliner und »Der Berliner«, gelinde gesagt, verschiedener Ansicht waren. Und vermutlich heute noch sind.

»Die Publikation ist ein Schlag in das Gesicht des deutschen Volkes«, schrieb Herr Kunze aus Berlin-Dahlem. Elfriede Tamm aus Berlin-SO meinte etwas versöhnlicher: »Es ist uns allen kein Geheimnis, daß er kein Engel war ... Aber eine rege Anteilnahme am Geistesleben seiner Zeit sicherte ihm auch in der Wissenschaft einen bescheidenen Platz.« Und aus Berlin-Schöneberg ließ sich Herr (oder Frau) Schlichting folgendermaßen vernehmen: »Wen interessiert nach 200 Jahren Friedrichs des Großen Privatleben? Haben wir ihm nicht die Kartoffel zu verdanken? War er nicht der Mann, der einen Bach förderte?« Am Rande sei Herrn (oder Frau) Schlichting geantwortet, daß wir Friedrich II. von Preußen in der Tat die Kartoffel zu verdanken haben. Und daß er den Thomaskantor anno 1747 wirklich einmal nach Potsdam eingeladen hat. Soweit sind wir uns einig. Die Einigkeit geht noch weiter. Der Zeitungsartikel hat mit Recht Ärgernis hervorgerufen. Es ist keine Lebensart, die Leserschaft aufklären zu wollen, indem man wie eine Elefantenherde in der Königlichen Berliner Porzellanmanufaktur herumtrampelt. Aber ...

*

Aber was in dem Zeitungsartikel steht, *stimmt!* Es ist wahr, daß Friedrich als verschuldeter Kronprinz zum Beispiel Herrn von Seckendorf, den österreichischen Gesandten in Berlin, heimlich immer und immer wieder um beträchtliche Geldbeträge angebettelt hat, daß er sie, ebenso heimlich, erhielt und daß er hierdurch, aus purem Leichtsinn, die Politik des Königs, seines Vaters, in durchaus landesverräterischer Weise illusorisch und, was schlimmer ist, lächerlich machte.

Es ist wahr, daß er, kaum auf den Thron gelangt, den Ersten Schlesischen Krieg aus Ruhmsucht vom Zaune brach. Nicht anders, wie etwa Ludwig XIV. von Frankreich die Reunions-Kriege von einem westlicher gelegenen Zaun gebrochen hatte.

Es ist wahr, daß »Fridericus Rex« in der Schlacht von Mollwitz, als sie verloren schien, auf seinem Schimmel das Weite suchte und daß ihn, als sich das launische Kriegsglück gewendet hatte, die Stafetten seiner Generale erst nach vieler Mühe einholten, um ihn auf das siegreiche Schlachtfeld zurückzubitten.

Es ist auch wahr, daß, später, die völlig unpopuläre Koalition zwischen Habsburg und Frankreich gegen ihn schwerlich zustande gekommen wäre, wenn Friedrich bei Hofe weniger zynische Witze über Frau von Pompadour, die Herrscherin über Ludwig XV., gerissen hätte.

Es ist wahr, daß er in einer Schlacht des Siebenjährigen Krieges mit dem Stock auf seine zurückweichenden Grenadiere eingehauen und gebrüllt hat: »Kerls, wollt ihr denn ewig leben?«

Es ist wahr, daß er Elisabeth Christine, seine Frau, auf Hoffesten derartig brüskierte und kränkte, daß der armen Frau vor der gesamten diplomatischen Welt Europas die Tränen kamen. Er wollte sie lächerlich machen und erreichte, daß man sie bemitleidete. Es ist wahr, daß er in französischer Sprache ein Buch über die deutsche Literatur geschrieben hat. Und daß er darin ebenso großspurig wie abfällig über unsere Literatur geurteilt hat, ohne auch nur den leisesten Schimmer von ihr zu haben. Ich habe eine dicke Doktorarbeit über dieses seltsame Thema geschrieben und kann es beschwören. Ein Jahr, bevor Lessing starb, wußte der preußische König nichts von Lessing, Wieland, Herder und Goethe. (Um nur die Wichtigsten zu nennen, von denen er nichts wußte.) Diese »einmalige« Ahnungslosigkeit genügte ihm nicht – er schrieb auch noch ein Buch darüber! Und weil er nicht deutsch schreiben konnte, schrieb er's auf französisch.

Die deutsche Sprache, schrieb er in besagtem Buche, klinge so häßlich, daß sie unbedingt geändert werden müsse. Deshalb schlage er beispielsweise vor, den Tätigkeitswörtern ein »a« anzuhängen. Statt »nehmen« möge man künftig »nehmena« sagen, statt »geben« »gebena« und so weiter. Damit sei schon viel gewonnen. Na ja.

*

Das ist alles wahr, und noch vieles mehr. Zum Beispiel, daß er den Siebenjährigen Krieg, trotz allen Energie- und Geniestreichen, verloren hätte, so sicher wie das Amen in der Kirche, wenn nicht die Zarin Elisabeth gestorben und Peter III. gefolgt wäre. Peter befahl seinen Armeen, den beinahe gewonnenen Krieg sofort abzubrechen, und Friedrich war gerettet.

So und ähnlich verbrachte er die ersten 23 Jahre seiner Regierung. Und die zweiten 23 Jahre haßte und verachtete er den Krieg und die Menschen und rackerte sein Volk und sich selber ab, bis Preußen eine Großmacht geworden war. –

Was ist an dem Zeitungsartikel »Friedrich der Große ohne Maske« verkehrt? Erstens hat der Verfasser dem König nicht nur die Maske abgerissen, sondern gleich den ganzen Kopf. Und zweitens?

Zweitens vergaß er der Leserschaft mitzuteilen, daß die Demaskierung nicht nur für Friedrich II. von Preußen, sondern für alle Herrschaften gelte, die, historisch kostümiert, als schöne Masken durch die Hallen der Geschichte wandeln.

Herr Georg R. Wilhelm aus Berlin-Halensee hat dem »Berliner« geantwortet: »Es ist unmöglich, ein Volk umzuerziehen, indem man alle die Persönlichkeiten, die es durch lange Jahre oder Jahrhunderte als seine bedeutendsten Vertreter angesehen hat, von ihren Denkmälern herunterholt, die ihnen wahrhaftig gebühren. Es wird Ihnen einfach niemand glauben, was Sie da erzählen.«

Das, Herr Wilhelm, wäre schade. Denn was wir erzählt haben, ist wahr. Es ist die »blutige« Wahrheit. Vielleicht wird bald wieder Werner Hegemanns »Fridericus« erscheinen, ein Buch, das natürlich im Dritten Reich verboten war. Das sollten Sie dann auf der Stelle lesen, Herr Friedrich, ach nein, Herr Wilhelm! Es ist ein bitteres, ein böses Buch. Bitter und böse deshalb, weil es ein Mann geschrieben hat, der die Wahrheit liebte und die Geschichtslügen, ihre Unausrottbarkeit und ihre chronisch verheerenden Folgen für die Menschheit bis auf den Tod und bis zum Tod (in der Emigration) gehaßt hat.

Die Geschichtslügen ... Es geht nämlich nicht bloß um Friedrich den Großen und die übrigen Denkmäler in der Siegesallee. Fahren Sie doch einmal am nächsten Sonntag in den Tiergarten und sehen Sie sich die Siegesallee an! Oder schauen Sie bei sich zu Hause in Halensee aus dem Fenster! Auf die Trümmer! Schöne Aussicht, weitersagen! Menschenskind – entschuldigen Sie, daß ich in der Hitze des Wortgefechts »Menschenskind« zu Ihnen sage, Herr Friedrich Wilhelm – es geht um sehr viel mehr!

Wenn Friedrich II. von Preußen ein großer Mann war, so war er's, obwohl er jene drei Kriege vom Zaune brach und sein Volk schon bis in den Abgrund geführt hatte! Er wurde ein großer Mann – aber um welchen Preis? Und wer zahlte denn die Kosten für seine höchst langwierige Erziehung zum »großen Mann«? Die Mütter, die Väter, die Kinder, die Frauen, die Söhne, die Bräute! Ist es immer noch nicht an der Zeit zu erkennen, daß diese Art Fürstenerziehung ein bißchen kostspielig ist?

Es geht nicht nur um Friedrich den Großen und Napoleon, nicht um Philipp II. von Spanien und Elisabeth von England, nicht um Alexander, Cäsar, Xerxes, Wallenstein oder Karl XII. von Schweden. Es geht um mehr. Es geht um die Geschichtsschreibung. Und es geht um den Geschichtsunterricht. Nicht nur in Deutschland, aber augenblicklich ganz besonders in Deutschland. Denn es geht um Deutschlands Zukunft. Es geht uns nicht nur, aber ganz besonders um Deutschlands Zukunft. Und wie sich diese Zukunft gestalten wird, hängt nicht zuletzt davon ab, wie wir die Kinder lehren werden, die Vergangenheit zu sehen. Gibt es denn nur im Kriege Tapferkeit? Werden denn die Völker nur durch Schlachten groß? Oder klein?

Man hat uns in der Schule die falsche Tapferkeit gelehrt, Herr Wilhelm. Man hat uns die falschen Jahreszahlen eingetrichtert und abgefragt. Man hat uns die gefährliche Größe ausgemalt, und die echte Größe fiel unter das Katheder. Man hat die falschen Ideale ausposaunt, und die wahren hat man verschwiegen. Man hat uns Kriegsgeschichte für Weltgeschichte verkauft. Wollen wir denn wirklich, daß die Weltgeschichte weiterhin Kriegsgeschichte bleibt? Ist das Ihr Ernst?

Wir müssen dem Geschichtsunterricht die Maske vom Gesicht holen. Es geht um Ihre Kinder. Nicht um die meinigen. Als ich sah, wohin Deutschland unweigerlich steuerte, verzichtete ich darauf, Kinder zu haben und aufzuziehen, nur damit sie eines Tages totgeschossen oder zu Krüppeln werden.

 Ich habe zwar keine eigenen Kinder. Aber ich fordere trotzdem einen neuen Geschichtsunterricht.

Frühjahr 1946, Schaubude. Das Chanson beruht auf einer wahren Begebenheit. Die alte Frau glaubte fest, daß ihr Sohn noch am Leben sei, und schrieb ihm unter seiner Feldpostnummer Brief um Brief. Hausbewohner und Briefträger behüteten ihren Wahn, indem sie die ja doch unbestellbare Post abfingen und ihr nicht zurückgaben.

Lied einer alten Frau am Briefkasten

1.
Nun hat der Tod den Stahlhelm abgenommen
und geht vergnügt im Strohhut über Land.
Er hat das Stundenglas still in der Hand.
Schon ist es Herbst. Bald wird der Winter kommen.
Im Stundenglas rinnt Sand … rinnt Sand … rinnt Sand …

O Tod, sei gut! Laß mich noch hier!
Und laß mir meinen Schmerz!
Die Sehnsucht ist ein wildes Tier
und beißt mich nachts ins Herz.
Klopft's in der Brust? Klopft's an der Tür?
Ich habe nichts gehört von dir
seit März, mein Kind, seit März!

Der Kasten für die Briefe
steht da, als ob er schliefe.
Er tut das nur zum Schein.
Mir ist, als ob er riefe:
»Schreib Briefe, schnell, schreib Briefe!
Komm rasch und wirf sie ein!«

2.
Die Fensterhöhlen gleichen alten Rahmen,
und Mond und Sterne sind die Bilder drin.
Oft schau ich hoch, die Hände unterm Kinn.
Dann bück ich mich und schreibe deinen Namen,
weil ich, nur wenn ich schreib, lebendig bin.

O Tod, sei gut! Laß mich noch hier!
Brich mir noch nicht das Herz!
Ich hab noch etwas Briefpapier
und auch ein paar Kuverts.
Sie lassen dich nicht her zu mir?
Ich bücke mich und schreibe dir
vor Schmerz, mein Kind, vor Schmerz!

So bring ich täglich Briefe
und senk sie in die Tiefe.
Ich schreib, wie andre schrein!
Mir ist, als ob es riefe:
»Schreib Briefe, schnell, schreib Briefe!
Komm rasch, und wirf sie ein!«

3.
Zu unsern Häupten stehn die gleichen Sterne.
Und wir sind doch getrennt und doch verbannt.
Ein großer dunkler Vorhang teilt das Land.
So nah, mein Kind, sind wir uns doch so ferne!
Und durch das Stundenglas rinnt Sand ... rinnt Sand ...

O Tod, sei gut, und winke mir
jetzt noch nicht himmelwärts!
Ich bitte dich: Laß mich noch hier!
Brich mir noch nicht das Herz!
Klopft's in der Brust? Klopft's an der Tür?
Ich habe nichts gehört von dir
seit März, mein Kind, seit März!

Die Sehnsucht schickt dir Briefe,
als ob ich selber liefe,
um dir recht nah zu sein.
Wenn mich der Tod jetzt riefe, –
wer schriebe dir dann Briefe
und würfe sie hier ein?

Februar 1946, Neue Zeitung. Der Gegenstand dieses Aufsatzes war mir seit je eine Herzensangelegenheit. Es zeigte sich auch nach dem Zusammenbruch, daß das Sujet leider nicht veraltet war. Die meisten Zuschriften, die ich erhielt, machten mich auf Autoren und Werke der heiteren Muse aufmerksam, die ich nicht zitiert hatte. Man wird mir glauben, daß das eher aus Gründen des journalistischen Effekts denn aus Unkenntnis geschehen war.

Die einäugige Literatur

In Anbetracht des heutigen Themas habe ich mir meinen besten weißen Vollbart umgeschnallt. Nicht nur um den Lesern, sondern, wenn mein Blick zufällig in den Spiegel fallen sollte, auch mir selber jenen Respekt einzujagen, der geboten erscheint, so oft es profunde Banalitäten in aller Öffentlichkeit auszusprechen gilt. Banalitäten und ähnliche Selbstverständlichkeiten erregen, da sie, wie das Familiensilber, nur selten in Gebrauch genommen werden, jedesmal Unbehagen und Verblüffung, womöglich Ärger. Solchen Regungen entgegenzutreten, bedarf es des Respekts. Um Respekt einzuflößen, bedarf es der Würde. Um würdig zu erscheinen, bedarf es eines weißen Bartes.

Als ich neulich, in aller Harmlosigkeit, in dieser Zeitung den Vorschlag machte, die großen Männer der Geschichte ab und zu von den Sockeln der Legende herunterzuholen – natürlich nur leihweise und nicht, um sie zu zertrümmern, sondern bloß, um sie etwas abzustauben und dabei näher und genauer als bisher zu betrachten –, bekam ich von verschiedenen Lesern ausgemachte, hausgemachte Unfreundlichkeiten zu hören. Etwas Selbstverständliches vorzuschlagen, ist immer gefährlich. Von den Menschen unbillige Dinge zu fordern, wie ihr Vermögen, ihre Freiheit, ihr Leben und das ihrer Kinder, ist eine Kleinigkeit. Aber zu verlangen, sie möchten einmal nachdenken, und zwar, wenn möglich, mit dem eigenen Kopfe, statt mit dem üblicherweise dazu verwandten, jahrhundertealten Kopf aus dem Familienwappen, das bringt die Gemüter zur Weißglut. Mein alter Lehrer, der Eckensteher Sokrates, hat es erlebt. Soweit er es erlebt hat ...

Dieser äußerst behutsamen und milden Einleitung schien ich mich heute bedienen zu müssen. Denn es geht wieder um eine Selbstverständlichkeit! Es gilt, vom ernstesten Thema der Welt zu sprechen: vom Humor. Vom Humor und seinen kleineren Geschwistern, wie der Satire, der Komik, dem Scherz, der Heiterkeit, der Ironie. Vom Humor also. Es gibt ihn bei allen Völkern und bei ganz wenigen Menschen; es gibt ihn in allen Literaturen und fast nirgends. Am rarsten jedoch ist er in der deutschen Literatur. Und in der deutschen Literaturgeschichte ist man darauf stolz.

Sehr geschätztes Publikum, lassen Sie uns mit einem kleinen, einfachen, ungefährlichen Experiment beginnen! Mit einem netten, die Freizeit gestaltenden Gesellschaftsspiel! Also, fragen Sie, bitte, die fünfköpfige Familie, die in Ihrer Küche wohnt, sowie den einsamen Herrn, der mutterseelenallein in der gegenüberliegenden Villa haust, fragen Sie sich selber, Ihre Verwandten und alle übrigen Landsleute: »Wieviel deutsche Lustspiele kennt ihr, und wie heißen sie?« Das Endresultat kann ich Ihnen schon jetzt prophezeien. Man wird Ihnen nennen: Lessings »Minna von Barnhelm«, Kleists »Zerbrochenen Krug«, Grillparzers »Weh dem, der lügt«, Büchners »Leonce und Lena«, Freytags »Journalisten« und Hauptmanns »Biberpelz«.

Wie gesagt, nach einigem Hängen und Würgen wird dieses klägliche halbe Dutzend schon voll werden. Da bin ich ganz ohne Sorge. Einer wird mit Curt Goetz herausrücken. Aber den nehmen wir nicht. Der ist noch nicht im literaturbiblischen Alter. Es werden die namentlich aufgezählten sechs klassischen Lustspiele genannt werden. Ich habe es prophezeit. Woher ich es weiß? Ich bin kein Gedankenleser. Ich arbeite nicht mit doppeltem Boden. Es handelt sich um keinen Zufall. Es handelt sich vielmehr um eine Seitenansicht des deutschen Schicksals: Wir haben nur diese sechs Lustspiele! Ich finde wenige Dinge auf der Welt so gräßlich wie zwei Ausrufezeichen hintereinander – trotzdem: Wir besitzen sechs deutsche Lustspiele!!

Jeder halbwegs Gebildete müßte es wissen. Es weiß auch jeder. Es ist ihm nur noch nicht eingefallen. Es ist selbstverständlich. Ist es selbstverständlich? Es ist unerhört! Die Literatur eines angesehenen, wegen seiner Dichtung mit Recht verehrten Kulturvolkes hat auf der einen Seite Tausende von Tragödien, Schauspielen, Epen, Erziehungsromanen, Meisternovellen, Oden, Hymnen, Sonetten und Elegien – und auf der anderen gleich großen Waagschale ängstigen sich sechs einsame Lustspiele, von denen noch nicht einmal alle sechs »Feingold« gestempelt sind! Wir haben kaum einen humoristischen Roman; kaum ein Gedicht, das lachen machen kann; keinen echten Satiriker; keinen Dichter, den es aus fröhlichem Herzen verlangt hätte, ein Buch für die Kinder zu schreiben; nur einen Gottfried Keller, doch der stammt aus der Schweiz; einen einzigen Wilhelm Busch, und dessen Verse werden auf Aschenbecher gemalt! Sträuben sich Ihnen, nun Sie dieses Mißverhältnis, das Sie immer gekannt haben, endlich wissen, die Haare?

Ich sitze seit zirka fünfundzwanzig Jahren mit gesträubtem Haar vor meinen Bücherregalen. So lange sage ich mir und anderen: »Da stimmt doch etwas nicht!«

Sehr geschätztes Publikum, da stimmt noch manches andere nicht. Haben Sie einmal auf deutschen Universitäten Literaturgeschichte und Ästhetik gehört? Bücher von Professoren, Dramaturgen und ähnlich erwachsenen Männern gelesen? Mit denkenden Dichtern gesprochen? Nein? Aha! Lassen Sie sich in Kürze folgendes sagen: Diese Herren schreiben und sprechen zwar von tragischen Verwicklungen, von heroischen Stoffen, von Pflichtkonflikten, vom epischen Drama, von Mitleid und Furcht, vom historischen Roman, vom Ödipuskomplex und ähnlichen Dingen so hurtig und fließend, wie die Bäcker Brötchen backen – aber von der heiteren Kunst?

Von der heiteren Muse, vom Humor gar, dem höchsten Kleinod der leidenden und dichtenden Erdkrustenbewohner, sprechen die deutschen Dichter und Denker allenfalls am 29. Februar, sonst nicht. Sie verachten solche Kindereien. Sie nehmen nur das Ernste ernst. Wer ins deutsche Pantheon hinein will, muß das Lachen an der Garderobe abgeben. Jean Paul war ungefähr der letzte große Deutsche, der über das Komische ernstlich nachgedacht hat.

Wenn man sich die Zeit und den Mut nähme, in einem Kreise solch »tierisch« ernster Tragödiendichter schüchtern zu erklären, daß es wohl zwar gleich schwer sein mag, ein ernstes wie ein heiteres Meister-Stück zu liefern, daß es aber dreimal schwieriger sei, ein durchschnittliches Lustspiel zu schreiben als eine durchschnittliche heroisch aufgezäumte Tragödie, in welcher der Held so lange zwischen der Vaterlandsliebe und seiner Hulda hin- und hergerissen wird, bis sich schließlich der Schlußvorhang wohltätig über seiner und Huldas Leiche senkt ... Wenn man, begann ich diesen Satz vor fünf Minuten, sich Mut und Zeit dazu nähme ... Doch soviel Zeit hat nicht einmal ein Humorist.

Und noch etwas: Es ist schon schwerer, ein mittelmäßiges Lustspiel zu schreiben als ein entsprechendes, möglichst historisches Trauerspiel. Wieviel mühsamer ist es nun erst, sich selber, den Herrn Dichter persönlich, zur inneren Heiterkeit zu erziehen, statt ein Leben lang, mit den Dackelfalten der Probleme auf der Stirn, herumzurennen und die gleiche Verzweiflung auf stets neues Papier zu bringen! Es ist leicht, das Leben schwer zu nehmen. Und es ist schwer, das Leben leicht zu nehmen. Das gilt, heute mehr denn je, für alle Menschen. Für uns Deutsche im besonderen. Und ganz speziell für unsere tragischen Barden und ihre theoretisierenden Herolde und Stabstrompeter.

Daß unsere großen klassischen Dichter in ihren Werken dem Lachen abgewandt waren, müssen wir fatalistisch hinnehmen. Nur ganz, ganz leise wollen wir murren und fragen: »Warum schenkte uns der gütige Dichterhimmel keinen Zwillingsbruder Mozarts?« Aber an den weniger großen Toten und Lebendigen wollen wir uns ein wenig reiben. Ihnen und den Literaturaposteln, den Deutschlehrern und den Snobs des »tierischen« Ernstes wollen wir auf den Knien etwas mehr Sinn für die heitere Kunst wünschen. Etwas weniger Dünkel der lichteren, sonnigeren Hälfte der Kunst gegenüber. Die deutsche

Literatur ist einäugig. Das lachende Auge fehlt. Oder hält sie es nur krampfhaft zugekniffen?

*

Der auf die Heiterkeit verächtlich hinunterblickende Hochmut unserer Dichter und Eckermänner wirkt sich, Böses fortzeugend, im täglichen Kunstbetrieb folgerichtig aus. Der Regisseur inszeniert als nächstes Stück »nur« ein Lustspiel. Der Filmproduzent geht diesmal »nur« mit einer Filmkomödie ins Atelier. Der Verleger bringt kommende Ostern von seinem Spitzenautor »nur« ein leichtes, heiteres Buch heraus. Der Redakteur arbeitet an keiner seriösen, sondern »nur« an einer humoristischen Zeitschrift. Der Kapellmeister studiert diesmal »nur« eine Operette ein. Der Schauspieler tritt »nur« in einem Kabarett auf. Von ihnen allen wird die leichte Muse »nur« auf die leichte Achsel genommen, und dann wird mit dieser Achsel auch noch entschuldigend gezuckt!

Da gäbe es künftig vieles gutzumachen. Und, darüber hinaus, gut zu machen ... Wer mir einwenden wollte, die Geringschätzung sei lediglich eine Reaktion auf die unzureichende Qualität der angebotenen leichten Ware und unsere leichte Kunst tauge nichts, dem müßte ich erwidern: Unsere Tragödien und Oden von gestern und heute taugen größtenteils genau so wenig, und ihr nehmt sie trotzdem wichtig! Es ist schon so: Der dem Humor erwiesene deutsche Dünkel ist angeboren und wird seit je gehegt und gepflegt, als sei er eine Tugend.

Handelt es sich hierbei nun nur um eine vererbte, künstlich und künstlerisch entwickelte Mangelkrankheit unserer Dichter, oder ist etwa das deutsche Volk im ganzen weniger zum Lachen und zur Sehnsucht nach Heiterkeit und Harmonie aufgelegt als andere Völker? Wer den kometenhaften Aufstieg des Nationalsozialismus und den Einbruch dieser konzentrierten, unbändigen Humorlosigkeit in die Weltgeschichte aus eigener Anschauung kennt, könnte, besonders an regnerischen Tagen, glauben, der Humormangel gehöre zu unserem Volkscharakter. Doch wer die jüngste deutsche Vergangenheit miterlebt hat, kennt ja auch unsere verschiedenen Volksstämme, ihren

Mutterwitz, ihre sprichwörtlichen »komischen Figuren« und den damit verbundenen Anekdotenschatz, und so wird er, besonders an schönen, sonnigen Tagen, das deutsche Volk für nicht weniger lachlustig und freudedurstig halten als andere Völker auch. So wird ihm nichts anderes übrigbleiben, als an die »Mangelkrankheit unserer Dichter« und ihrer gebildeten Hintermänner zu glauben und mit mir im Verein um deren Einsicht und Besserung zu beten. Ernst ist das Leben, heiter sei die Kunst!

Hoffentlich klettern nun aber unsere Hymniker und Tragödiendichter nicht gleich schwadronenweise vom hohen Roß, um sich auf ihre nachdenklichen Hosen zu setzen und uns mit Lustspielen zu beschenken. Denn dann, o Freunde, hätten wir nichts zu lachen.

Frühjahr 1946, Schaubude. Noch immer zogen Tausende und aber Tausende über die Landstraßen. Der sarkastische Optimismus, der damals viele der Flüchtlinge beseelte, ist verschwunden. Das Flüchtlingsproblem, ein Kernpunkt der deutschen Frage, ist im großen und ganzen geblieben und immer noch unbeantwortet.

Marschlied 1945

Prospekt: Landstraße. Zerschossener Tank im Feld. Davor junge Frau in Männerhosen und altem Mantel, mit Rucksack und zerbeultem Koffer.

1.
In den letzten dreißig Wochen
zog ich sehr durch Wald und Feld.
Und mein Hemd ist so durchbrochen,
daß man's kaum für möglich hält.
Ich trag Schuhe ohne Sohlen,
und der Rucksack ist mein Schrank.
Meine Möbel hab'n die Polen
und mein Geld die Dresdner Bank.
Ohne Heimat und Verwandte,
und die Stiefel ohne Glanz, –
ja, das wär nun der bekannte
Untergang des Abendlands!

Links, zwei, drei, vier,
links, zwei, drei –
Hin ist hin! Was ich habe, ist allenfalls:
links, zwei, drei, vier,
links, zwei, drei –
Ich habe den Kopf, ich hab ja den Kopf
noch fest auf dem Hals.

2.
Eine Großstadtpflanze bin ich.
Keinen roten Heller wert.
Weder stolz, noch hehr, noch innig,
sondern höchstens umgekehrt.
Freilich, als die Städte starben ...
als der Himmel sie erschlug ...
zwischen Stahl- und Phosphorgarben –
damals war'n wir gut genug.
Wenn die andern leben müßten,
wie es uns sechs Jahr geschah –
doch wir wollen uns nicht brüsten.
Dazu ist die Brust nicht da.

Links, zwei, drei, vier,
links, zwei, drei –
Ich hab keinen Hut. Ich habe nichts als:
links, zwei, drei, vier,
links, zwei, drei –
Ich habe den Kopf, ich habe den Kopf
noch fest auf dem Hals!

3.
Ich trage Schuhe ohne Sohlen.
Durch die Hose pfeift der Wind.
Doch mich soll der Teufel holen,
wenn ich nicht nach Hause find.
In den Fenstern, die im Finstern
lagen, zwinkert wieder Licht.
Freilich nicht in allen Häusern.
Nein, in allen wirklich nicht ...
Tausend Jahre sind vergangen
samt der Schnurrbart-Majestät.
Und nun heißt's: Von vorn anfangen!
Vorwärts marsch! Sonst wird's zu spät!

Links, zwei, drei, vier,
links, zwei, drei –
Vorwärts marsch, von der Memel bis zur Pfalz!

Spuckt in die Hand und nimmt den Koffer hoch.

Links, zwei, drei, vier,
links, zwei, drei –
Denn wir hab'n ja den Kopf, denn wir hab'n ja den Kopf
noch fest auf dem Hals!

Marschiert ab.

Februar 1946, Schaubude. In Kreisen der jungen Generation wurde die Meinung laut und lauter, ihr Unglück, ihre Not, ihre Zukunftslosigkeit seien ohne Beispiel. Ich unternahm den Versuch, auf die Ähnlichkeit zwischen ihr und uns, der jungen Generation nach dem Ersten Weltkriege, hinzuweisen, nicht, um damit ihr Schicksal zu bagatellisieren, sondern um ein paar Steine der trennenden Mauer behutsam abzutragen.

Die Chinesische Mauer

Heutzutage ist viel von zwei Generationen die Rede, die einander nicht verstünden: von der jungen Generation, das heißt von allen Deutschen bis etwa zum dreißigsten Lebensjahr, sowie von der älteren Generation, das wären dann alle jene, welche die Zeit vor 1933 in einem bereits urteilsfähigen Alter erlebt haben. Dieser Trennungsstrich ist ohne Frage von entscheidender Bedeutung. Und die Mißverständnisse wie die Verständnislosigkeit zwischen beiden Generationen scheinen, obwohl sie nur selten auf bösem Willen beruhen, mitunter so unüberwindlich, daß man sich versucht fühlt, den Trennungsstrich für eine Chinesische Mauer zu halten. Man hört, daß auf der anderen Seite gerufen wird. Aber man kann »die andere Seite« nicht verstehen.

Es ließe sich auch so ausdrücken, wie das vorgestern mein Freund Ferdinand tat, als er sagte: »Bei den Tieren im Zoo muß es ähnlich sein ... Ich meine, wenn die einen von der Wüste und der Fata Morgana, von Palmenhainen, von Antilopenherden und von den mondbeglänzten Tränken am Fluß erzählen. Und wenn die Jüngeren, die im Käfig zur Welt gekommen sind, verwundert zuhören ... Sie kriegen, seit sie denken können, das Pferdefleisch an Spießen durchs Gitter gesteckt, das Trinkwasser schaukelt schal in den Kübeln, und ihre Freiheit ist vom ersten Tage an sechs Meter lang und zehn Meter breit ... Wie können sie begreifen, was ihnen die anderen Zebras, Giraffen und Pumas über die Welt jenseits der Gitterstäbe erzählen? An welchen Erfahrungen sollte denn ihre Phantasie anknüpfen?«

»Dein Vergleich hinkt, lieber Ferdinand.«

»Nein! Das Dritte Reich war ein Käfig. Die im Käfig Geborenen können sich nicht vorstellen, wie es vorher zuging. Da hilft kein Erzählen!«

»Dein Vergleich hinkt«, wiederholte ich hartnäckig. »Erstens kenne ich junge Leute, mit denen wir uns ohne die geringste Schwierigkeit verständigen können. Das sind jene, gerade jene, denen die Eltern und andere ältere Freunde von früheren Zeiten *erzählt* haben, denen man Bücher von einst in die Hand gedrückt und die man im Hinblick auf vorübergehend verbotene Tugenden und Werte zu erziehen versucht hat. Dein Vergleich hinkt aber auch auf dem zweiten Fuße. Denn es gab zahllose andere Eltern, die ihren Kindern, im Gegensatz zu deinen Tieren im Zoo, von der Welt außerhalb des Käfigs überhaupt kein Wort gesagt haben! Manche dieser Eltern liebten die Käfige, weil sie vom Staat als Wärter angestellt waren. Andere hatten Angst, von der verbotenen Freiheit zu berichten. Wieder andere wollten die Kinder vielleicht nicht in Gewissenskonflikte bringen. Denn einem blutjungen Menschen, den die Diktatur mit Hilfe ihrer Staatsmaschine zum Dutzendwerkzeug stanzt und nietet, von den Wundern und Gefahren der menschlichen Freiheit zu erzählen, bedeutete in hohem Maße: Verantwortung auf sich laden.«

»Ich werde mich mit dir nicht streiten«, erklärte Ferdinand achselzuckend. »Gut, es gibt junge Leute, die uns und die wir verstehen. Aber was machen wir mit denen hinter der Chinesischen Mauer? Mit denen, deren Eltern zuließen oder es sogar für richtig hielten, daß ihre Kinder zu Staatswerkzeugen umgebaut wurden? Zu kleinen tyrannisierten Tyrannen? Zu Fließbandwesen mit genormter Meinung?«

»Das weiß ich nicht, Ferdinand«, sagte ich. »Ich weiß nur, daß wir das Menschenmögliche versuchen müssen. Wie wäre es zum Beispiel, wenn wir ihnen einmal von *unserer* Jugend erzählten? Denn es geht ja nicht nur darum, daß wir *sie*, sondern genau so darum, daß sie *uns* begreifen! Manchmal habe ich das komische Gefühl, als wüßten sie von uns so wenig wie ich von der Integralrechnung! Als vermuteten sie dunkel, wir wären, als kleine Kinder, von früh bis spät mit Schlagsahne gefüttert worden, und als hätten wir nur Prügel bekommen, wenn wir die Schlagsahne nicht hätten aufessen wollen!«

»Vielleicht hast du recht«, antwortete Ferdinand. »Erzähl ihnen ein bißchen aus unserer Jugend!« Damit setzte er seinen Hut auf und ging.

Also ... Ich kam im Jahre 1899 zur Welt. Mein Vater, der als junger Mann Sattlermeister mit einem eigenen Geschäft gewesen war, arbeitete damals schon, nur noch als Facharbeiter, in einer Kofferfabrik. Als ich etwa sieben Jahre alt war, gab es Streiks in der Stadt. Auf unserer Straße flogen abends Steine in die brennenden Gaslaternen. Das Glas splitterte und klirrte. Dann kam berittene Gendarmerie mit gezogenen Säbeln und schlug auf die Menge ein. Ich stand am Fenster, und meine Mutter zerrte mich weinend weg. Das war 1906. Deutschland hatte einen Kaiser, und zu seinem Geburtstag gab es auf dem Alaunplatz prächtige Paraden. Aus diesen Paraden entwickelte sich der Erste Weltkrieg.

1917, als schon die ersten Klassenkameraden im Westen und Osten gefallen waren, mußte ich zum Militär. Ich hätte noch zwei Jahre zur Schule gehen sollen. Als der Krieg zu Ende war, kam ich herzkrank nach Hause. Meine Eltern mußten ihren neunzehnjährigen Jungen, weil er vor Atemnot keine Stufe allein steigen konnte, die Treppe hinaufschieben. Nach einem kurzen Kriegsteilnehmerkursus fing ich zu studieren an. 1919 hatte man in unserer Stadt einen sozialistischen Minister über die Brücke in die Elbe geworfen und so lange hinter ihm dreingeschossen, bis er unterging. Auch sonst flogen manchmal Kugeln durch die Gegend. Und an der Universität dauerte es geraume Zeit, bis sich die aus dem Kriege heimgekehrten Studenten politisch so beruhigt hatten, daß sie sich entschlossen, etwas zu lernen. Als sie soweit waren, stellte es sich plötzlich sehr deutlich heraus, daß Deutschland den Krieg verloren hatte: das Geld wurde wertlos. Was die Eltern in vielen Jahren am Munde abgespart hatten, löste sich in nichts auf. Meine Heimatstadt gab mir ein Stipendium. Sehr bald konnte ich mir für das monatliche Stipendium knapp eine Schachtel Zigaretten kaufen. Ich wurde Werkstudent, das heißt, ich arbeitete in einem Büro, bekam als Lohn am Ende der Woche eine ganze Aktenmappe voll Geld und mußte rennen, wenn ich mir dafür zu essen kaufen wollte. An der Straßenecke war mein Geld schon weniger wert als eben noch an der Kasse. Es gab Milliarden – ja sogar Billionenmarkscheine. Zum Schluß reichten sie kaum für eine Straßenbahnfahrt.

Das war 1923. Studiert wurde nachts. Heute gibt es keine Kohlen zum Heizen. Damals gab es kein Geld für Kohlen. Ich saß im Mantel im möblierten Zimmer und schrieb eine Seminararbeit über Schillers »Ästhetische Briefe«. Dann war die Inflation vorbei. Kaum ein anständiger Mensch hatte noch Geld. Da wurde ich, immer noch Student, kurz entschlossen Journalist und Redakteur. Als ich meine Doktorarbeit machen wollte, ließ ich mich in der Redaktion von einem anderen Studenten vertreten. Während der Messe, ich machte mein Examen in Leipzig, hängten wir uns Plakate um und verdienten uns als wandelnde Plakatsäulen ein paar Mark hinzu. Mehrere Male in der Woche konnten mittellose Studenten bei netten Leuten, die sich an die Universität gewandt hatten, essen. Amerikanische Studenten schickten Geld. Schweden half.

Das war 1925. Nach dem Examen ging's in die Redaktion zurück. Das Monatsgehalt kletterte auf vierhundert Mark. Im nächsten Urlaub wurde der Mutter die Schweiz gezeigt, im übernächsten mußte ich mich ins Herzbad verfügen. Und 1927 flog ich auf die Straße, weil einer rechtsstehenden Konkurrenzzeitung meine Artikel nicht gefielen und mein Herr Verlagsdirektor keine Courage hatte. So fuhr ich 1927 ohne Geld los, um Berlin zu erobern. Ende des Jahres erschien mein erstes Buch. Andere folgten. Sie wurden übersetzt. Der Film kam hinzu. Die Laufbahn schien gesichert. Doch es war wieder nichts. Denn die wirtschaftliche Depression wuchs. Banken krachten. Die Arbeitslosigkeit und die Kämpfe von mehr als zwanzig politischen Parteien bereiteten der Diktatur den Boden. Hitler kam an die Macht, und Goebbels verbrannte meine Bücher. Mit der literarischen Laufbahn war es Essig.

Das war 1933. Zwölf Jahre Berufsverbot folgten. Es gibt sicher schlimmere Dinge, aber angenehmere gibt es wahrscheinlich auch ... Nun schreiben wir das Jahr 1946, und ich fange wieder einmal mit gar nichts und von vorne an.

※

Soviel über die Jugend eines Vertreters der älteren Generation. Gewiß, wir haben ein paar Jahre die Luft der Freiheit geatmet. Aber es war eine recht dünne Luft. Uns zu verstehen, sollte eigentlich nicht schwerer sein, als uns zu beneiden oder zu bedauern. Und wenn wir uns über Kunst oder Erziehung oder Politik unterhalten – muß es denn wirklich so aussehen, als ob sich Blinde mit Taubstummen unterhielten? Ist denn wirklich eine Chinesische Mauer da? Nein, ich kann es nicht glauben.

Februar 1946, Neue Zeitung. Die Meldung, daß man zum ersten Male Kurzwellen auf den Mond gesandt hatte, bot Gelegenheit zu einer Glosse über den Fortschritt der Technik.

Der Mond auf der Schulbank

Nachdem es am 10. Januar 1946 dem Evans-Signal-Laboratorium in Belmar, New Jersey, mit Hilfe eines Radar-Sonderapparates gelungen ist, Kurzwellen nach dem Monde zu senden, steht einer progressiv innigen Pflege unserer Beziehungen zum Erdtrabanten grundsätzlich nichts mehr im Wege. So dürfte etwa, wie Professor Willibald Doppelschmidt, der Verfasser des bekannten »Radiohandbuchs für Selbstbastler«, unserem E. K.-Mitarbeiter einleuchtend auseinandergesetzt hat, in allernächster Zeit schon mit der Herstellung einer Rundfunkverbindung zu rechnen sein.

Zu unserer Freude und Genugtuung ist dem unter amerikanischer Aufsicht stehenden »Radio München« die schlechterdings einmalige Ehre zuteil geworden, das erste Sendeprogramm »in Richtung Mond« vorzubereiten. Eine hohe Ehre, gewiß, aber auch eine ungewöhnlich schwierige Aufgabe, sowohl in technischer als auch in kultureller Hinsicht. Denn mag auch unser Wissen über den Mond gleich Null sein, so steht doch eines fest: daß dessen Bewohner über die Erde, die Menschheit und deren fortschrittliche Geschichte noch mehr im Dunkeln tappen. Man könnte, wäre die Angelegenheit nicht zu bedeutungsvoll, scherzhafterweise in diesem Zusammenhang von einer geistig totalen Mondfinsternis sprechen.

Je nun, die Aufgabe wurde, unbeschadet ihrer Schwere, von den Männern des Münchner Radios unverzagt in Angriff genommen. Und wir sind heute in der glücklichen Lage, als erste Zeitung der Welt den authentischen Wortlaut des Festvortrages, der zum Monde gesendet werden soll, zum Abdruck zu bringen. Geheimrat Kästner, der bewährte Kulturphilosoph der Universität Schwabing, hat uns sein Manuskript bereitwilligst zur Verfügung gestellt. Die historische Sendung, die ein dem Er-

eignis angemessenes feierliches Gepräge tragen soll, wird mit der Ouvertüre aus »Frau Luna« eröffnet werden, und zwar unter der Stabführung eines berühmten deutschen Dirigenten, mit dessen Zulassung noch vor dieser ersten Rundfunksendung auf den Mond gerechnet werden kann. Die Redaktion.

Sehr geehrte Hörerinnen und Hörer diesseits und jenseits der Erde! Daß es gerade mir, einem Nichtbayern, vergönnt ist, als erster Mensch von München aus mit den Frauen und Männern auf dem Monde zu sprechen, erfüllt mich mit tiefstem Dank. Dieser Dank gilt in erster Linie dem zur Zeit amtierenden bayerischen Kabinett, vor allem dem Herrn Ministerpräsidenten, dessen staatsmännischer Weitblick auch in dieser Sache, allen partikularistischen Sondertümeleien zum Trotz, im Interesse seines Landes nichts anderes wollte, als den rechten Mann an der rechten Stelle wirken zu sehen.

Regiebemerkung des Sendeleiters: »Starker Applaus, wenn möglich.«

Der Vortrag, den halten zu dürfen ich den Vorzug habe – es ist, am Rande bemerkt, mein fünfhundertster Rundfunkvortrag, ganz gewiß ein glückhaftes Omen –, dieser Vortrag hat außergewöhnliche Voraussetzungen. Ich spreche durch den Äther zu Lebewesen, über die wir Menschenkinder nichts wissen. Und die uns unbekannten Wesen sind in der gleichen, wenn nicht gar in einer noch frappanteren Lage: sie wissen nichts über *uns*!

Sehr geehrte, uns unbekannte und uns nicht kennende Wesen! Wenn ich Ihnen in Kürze einiges Wesentliche aus der Lebensgeschichte der Menschheit erzählen soll, jener geistig und moralisch auf so hoher Stufe stehenden aufrechtgehenden Gattung, die den Erdball bewohnt, also jene große, leuchtende Kugel an Ihrem lunarischen Himmel, dann muß ich mich, will ich mich auch nur näherungsweise verständlich machen, zum Scheine aller meiner Kenntnisse begeben. Ich bin genötigt, voraussetzungslos zu erzählen, was ohne Voraussetzungen kaum erzählt werden kann. Ich muß mein reiches Wissen zu vergessen suchen. Ich muß aus methodischem Anlaß einen für jeden Fachgelehrten einzigartigen, bedenklichen und doch auch wieder kühnen Schritt tun: Ich muß mich dumm stellen.

Freilich, ein echter Wissenschaftler darf im Interesse des wahren Fortschritts kein Opfer scheuen. Ich wag's! – Führen wir uns eingangs, im Geiste, die Erde vor Augen, den sich seit Jahrmillionen um sich selbst und um die Sonne schwingenden, rotglühenden, sich langsam abkühlenden Planeten. Die Erdkruste beginnt zu erkalten. Einzellige Lebewesen fassen im Urschlamm Fuß. Erste Pflanzen entwickeln sich. Seltsame, inzwischen längst verschollene Tierarten leben auf. Tropische Waldungen wuchern hoch. Eiszeiten gehen darüber hin. Tiefe Meere verschlingen den Raum. Kontinente steigen aus den sinkenden Fluten. Gigantische Vierfüßler trotten über moosbewachsene Tundren. Gattungen verderben. Gattungen werden geboren. Die Natur experimentiert in großem Stil. Zweibeinige Geschöpfe, affenähnliche, springen durch die Urwaldwipfel. Andere laufen am Boden hin, ergreifen eines merkwürdigen Tages einen Stein und schlagen damit auf den zähnefletschenden Nebenbuhler ein. Die Waffe ist erfunden, und die Geburtsstunde der Zivilisation ist da. Der Mensch marschiert. Und das Buch der Geschichte blättert langsam auf.

Die ersten Seiten sind unbeschrieben. Was wir nicht erfahren können, heißt Vorgeschichte. Das, was wir an Hand deut- und lesbarer Zeugnisse überblicken und im engeren Sinne Geschichte heißen, umspannt etwa sechstausend Jahre, sechstausend Reisen unseres Planeten um die Sonne, sechstausend Ellipsen unseres schicksalsträchtigen, geliebten und verfluchten Gestirns, von Ihrem kleinen, hochgeschätzten Monde bleich lächelnd und unermüdlich begleitet.

*

Während dieser ruhelosen Karussellfahrt zu zweit rund um die dampfende Sonne waren nun die vorhin schon erwähnten behaarten, affenähnlichen Zweifüßler nicht ganz müßig. Sie verloren den größten Teil ihres Haarpelzes, begannen sich artikuliert zu verständigen, nannten sich »Menschen« und gingen, das ist das maßgeblich Entscheidende, zur Staatenbildung über. Mit diesem einen, mit diesem Riesenschritt traten sie mitten ins Tageslicht der Geschichte! Die Bildung eines Staats, meine Zuhörer vom Mond, ist tausendmal, ist millionenfach wichtiger als die Bildung des einzelnen, von der viel zuviel die Rede ist! Es zieht den Menschen von Anbeginn magnetisch, wenn nicht magisch zu den vielen anderen, zum Kollektiv, zur Symbiose, zum Quantum! Der einzelne hat den panischen Drang, dreierlei von sich auf andere abzuwälzen: die Arbeit, die Furcht und die Verantwortung. Da dies nun aber alle wollen, entsteht, quasi durch gegenseitige Behinderung, eine Amalgamierung aller, kurz, der Staat! Um die Gewalt und die ausweglose Notwendigkeit des Vorgangs zu begreifen, muß man ein einziges, wie Rost eingefressenes Vorurteil abschütteln: der als Individuum geborene Mensch wolle ein Individuum bleiben. Welch verhängnisvoller Irrtum! Er will es *nicht*!

Ganz vereinzelt auftauchende Sonderlinge, bei denen in der Jugend der Geltungshunger stärker entwickelt ist als die Angst vor der Verantwortung und die auf Grund eines Sehfehlers die eigene Größe zu hoch und die Größe der Verantwortung zu niedrig taxieren, übernehmen es jeweils, die sogenannten Staaten zu regieren. Die so veranlagten Menschen sind selten, andererseits ist mir aber auch kein Fall bekannt, wo sich nicht schließlich doch immer einer gefunden hätte. Es gibt übrigens verschiedene Staatsformen, und der Unterschied zwischen ihnen läßt sich am knappesten wie folgt charakterisieren. In der sogenannten »Diktatur« werden die Staatsbürger von wenigen Menschen, in der sogenannten »Demokratie« werden wenige Menschen von den Staatsbürgern regiert. Früher gab es auch noch die »Monarchie«. Da blieb das Regierungsgeschäft in der Familie und durfte nicht weiterverkauft werden. Der Erbe mußte das Geschäft übernehmen, auch wenn er tausendmal lieber Drechsler oder Oberförster geworden wäre. Diese Staatsform existiert heute nicht mehr. Es gibt allerdings einzelne Regierungsgeschäfte, die aus alter Gewohnheit noch immer »Monarchie« heißen. Doch der sogenannte Firmenchef und der wirkliche Inhaber sind schon lange nicht mehr die gleiche Person. Der ehemalige Besitzer steht nur noch mitunter an der Ladentür und grüßt die Kundschaft.

*

Dem eben beschriebenen Bedürfnis des Menschen, Staaten zu bilden, gesellt sich vom ersten Tage der Geschichte ein nicht minder primäres zweites: das Kriegsbedürfnis. Dem panischen Drang, eigene Staaten zu bilden, entspricht das Verlangen, fremde Staaten zu zerstören. Das ist verständlich. Der Mensch wird Staatsbürger, um sich der individuellen Furcht und der persönlichen Verantwortung zu entledigen. Sobald ihm das gelungen ist, folgt er, seelisch nicht länger gehemmt, seinen Wünschen. Er wünscht sich mehr Vieh, Land, Gold, Weiber, Sklaven, Petroleum, billigeren Einkauf, breiteren Absatz. Wo gibt es das? Beim Nachbarstaat. Man muß ihn unterwerfen. Man bringt ihm deshalb, bewaffnet, eine bessere Staatsform oder eine bessere Religion oder eine bessere Wirtschaftsweise oder höhere Kultur ins Land. Diese Gründe mögen nicht ganz aufrichtig gemeint sein. Nun, ich habe den Menschen ein staatenbildendes und staatenzerstörendes Lebewesen genannt – daß er ehrlich sei, habe ich in meinen Darlegungen nicht behauptet.

Sehr geehrte Hörerinnen und Hörer! Die Ihnen fremden Bewohner der Erde haben außer dem Staats- und dem Kriegsbedürfnis auch noch einige andere Neigungen, die sich andeutungsweise mit den Begriffen »Kunst«, »Wissenschaft«, »Religion« bezeichnen lassen. Doch da diese Bedürfnisse viel weniger ausgeprägt sind, mögen sie in einem so kurzen Abriß wie diesem unerörtert bleiben. Über die »Technik« wäre noch ein Wort zu sagen, da sie den Fortschritt von Krieg und Staat und insofern den gewaltigen Fortschritt der menschlichen Rasse überhaupt erst ermöglicht hat. Sie hat es zum Beispiel nicht nur verstanden, jeden Krieg neu und ausgesprochen interessant zu gestalten, was ja unerläßlich ist, sondern sie hat die Mittel der Staatenzerstörung zu einer solchen Meisterschaft entwickelt, daß ein weiterer Fortschritt der Menschheit kaum noch vorstellbar ist! Wenn ich Ihnen sage, daß, in frühgeschichtlichen Kriegen, der Waffenträger mit einem Handgriff einen einzigen Gegner, heute dagegen zwei- bis dreihunderttausend Stück töten kann, werden Sie sich sogar auf dem Mond ein ungefähres Bild von der Größe des Fortschritts machen können, den die Erde der Technik verdankt.

Nun läuft seit undenklichen Zeiten dem Fortschritt der Kriege der Fortschritt der Staatenbildung parallel. Die Staaten werden immer größer. Ihre Zahl wird demnach immer kleiner. Und gerade jetzt sind einige Menschengruppen dabei, einen einzigen, einen Weltstaat mit einer einzigen, einer Weltregierung zu fordern! Damit wäre, durch die verfrühte und einseitige Entwicklung des Bedürfnisses nach Staatenbildung, dem anderen ebenso zähen Bedürfnis nach Staatenzerstörung, kurz vor der technischen Vollendung der Mittel hierzu, ein Ende gesetzt. Das jedoch widerspräche nun dieser zweiten grundlegenden, geschichtsbildenden Eigenschaft der Erdbewohner und dem polaren Wesen der Geschichte von Grund auf.

Deswegen bleibt, sollte der ungeteilte Weltstaat wider jedes Erwarten zustande kommen, nur *eine* Möglichkeit zur Aufrechterhaltung unserer planetarischen Geschichte: die Technik muß über die irdische Sphäre hinausgreifen! Sie muß der womöglich geeinten Menschheit Waffen in die Hand drücken, die es gestatten, dem Bedürfnis nach Staatenzerstörung auf anderen bewohnten Sternen ausreichend Genüge zu tun! Welch gewaltiger, unvorhergesehener Ausblick! Welche ungeahnten Möglichkeiten, den Frieden auf Erden und den unwandelbaren Sinn der Menschheitsgeschichte auf einer neuen höheren Ebene zu vereinigen!

Regiebemerkung des Sendeleiters: »*Nun bis zum Schluß dumpfer Trommelwirbel.*«

Frauen und Männer vom Mond! Eine neue Ära ist angebrochen! Wir freuen uns, mit Ihrem kleinen Stern Tuchfühlung aufgenommen zu haben! Lassen Sie uns wissen, wie der Empfang gewesen ist! Versuchen Sie umgehend, uns Ihrerseits über die staatlichen Verhältnisse auf dem Mond zu informieren! Wir sind jederzeit gern bereit, Ihren Regierungen mit Rat und Tat beizustehen! Unsere Erfinder arbeiten an neuen technischen Wundern und Wunderwaffen! Und so sagen wir nicht nur: »Auf Wiederhören!« Sondern darüber hinaus: »Wir hoffen, Sie bald noch näher kennenzulernen!«

Februar 1946, Neue Zeitung. Amerikanische Kameraleute hatten in verschiedenen Konzentrationslagern, unmittelbar nach der Befreiung der Häftlinge, Aufnahmen gemacht, die jetzt überall als Film vorgeführt wurden. Das unterdrückte Gefühl, wenigstens passiv an der Riesenschuld teilzuhaben, die Skepsis jeder »Propaganda« gegenüber, die eigene Notlage und andere Gründe führten dazu, daß der Film seinen Zweck, im allgemeinen gesehen, nicht erreichte.

Wert und Unwert des Menschen

Es ist Nacht. – Ich soll über den Film »Die Todesmühlen« schreiben, der aus den Aufnahmen zusammengestellt worden ist, welche die Amerikaner machten, als sie dreihundert deutsche Konzentrationslager besetzten. Im vergangenen April und Mai. Als ihnen ein paar hundert hohlwangige, irre lächelnde, überlebende Skelette entgegenwankten. Als gekrümmte, verkohlte Kadaver noch in den elektrisch geladenen Drahtzäunen hingen. Als noch Hallen, Lastautos und Güterzüge mit geschichteten Leichen aus Haut und Knochen vollgestopft waren. Als auf den Wiesen lange hölzerne Reihen durch Genickschuß »Erledigter« in horizontaler Parade besichtigt werden konnten. Als vor den Gaskammern die armseligen Kleidungsstücke der letzten Mordserie noch auf der Leine hingen. Als sich in den Verladekanälen, die aus den Krematorien wie Rutschbahnen herausführten, die letzten Zentner Menschenknochen stauten.

*

Es ist Nacht. – Ich bringe es nicht fertig, über diesen unausdenkbaren, infernalischen Wahnsinn einen zusammenhängenden Artikel zu schreiben. Die Gedanken fliehen, sooft sie sich der Erinnerung an die Filmbilder nähern. Was in den Lagern geschah, ist so fürchterlich, daß man darüber nicht schweigen darf und nicht sprechen kann.

Ich entsinne mich, daß Statistiker ausgerechnet haben, wieviel der Mensch wert ist. Auch der Mensch besteht ja bekanntlich aus chemischen Stoffen, also aus Wasser, Kalk, Phosphor, Eisen und so weiter. Man hat diese Bestandteile sortiert, gewogen und berechnet. Der Mensch ist, ich glaube, 1,87 RM wert. Falls Shakespeare klein und nicht sehr dick gewesen sein sollte, hätte er vielleicht nur 1,78 RM gekostet ... Immerhin, es ist besser als gar nichts. Und so wurden in diesen Lagern die Opfer nicht nur ermordet, sondern auch bis zum letzten Gran und Gramm wirtschaftlich »erfaßt«. Die Knochen wurden gemahlen und als Düngemittel in den Handel gebracht. Sogar Seife wurde gekocht. Das Haar der toten Frauen wurde in Säcke gestopft, verfrachtet und zu Geld gemacht. Die goldenen Plomben, Zahnkronen und -brücken wurden aus den Kiefern herausgebrochen und, eingeschmolzen, der Reichsbank zugeführt. Ich habe einen ehemaligen Häftling gesprochen, der im »zahnärztlichen Laboratorium« eines solchen Lagers beschäftigt war. Er hat mir seine Tätigkeit anschaulich geschildert. Die Ringe und Uhren wurden fässerweise gesammelt und versilbert. Die Kleider kamen in die Lumpenmühle. Die Schuhe wurden gestapelt und verkauft.

Man taxiert, daß zwanzig Millionen Menschen umkamen. Aber sonst hat man wahrhaftig nichts umkommen lassen ... 1,87 RM pro Person. Und die Kleider und Goldplomben und Ohrringe und Schuhe extra. Kleine Schuhe darunter, sehr kleine Schuhe.

In Theresienstadt, schrieb mir neulich jemand, führten dreißig Kinder mein Stück »Emil und die Detektive« auf. Von den dreißig Kindern leben noch drei. Siebenundzwanzig Paar Kinderschuhe konnten verhökert werden. Auf daß nichts umkomme.

*

Es ist Nacht. – Man sieht in dem Film, wie Frauen und Mädchen in Uniform aus einer Baracke zur Verhandlung geführt werden. Angeklagte deutsche Frauen und Mädchen. Eine wirft hochmütig den Kopf in den Nacken. Das blonde Haar fliegt stolz nach hinten.

Wer Gustave Le Bons »Psychologie der Massen« gelesen

hat, weiß ungefähr, in der Theorie, welch ungeahnte teuflische Gewalten sich im Menschen entwickeln können, wenn ihn der abgründige Rausch, wenn ihn die seelische Epidemie packt. Er erklärt es. Es ist unerklärlich. Ruhige, harmlose Menschen werden plötzlich Mörder und sind stolz auf ihre Morde. Sie erwarten nicht Abscheu oder Strafe, sondern Ehrung und Orden. Es ließe sich, meint der Gelehrte, verstehen. Es bleibt unverständlich.

Frauen und Mädchen, die doch einmal Kinder waren. Die Schwestern waren, Liebende, Umarmende, Bräute! Und dann? Dann auf einmal peitschten sie halbverhungerte Menschen? Dann hetzten sie Wolfshunde auf sie? Dann trieben sie kleine Kinder in Gaskammern? Und jetzt werfen sie den Kopf stolz in den Nacken? Das solle sich verstehen lassen, sagt Gustave Le Bon?

*

Es ist Nacht. – Der Film wurde eine Woche lang in allen bayerischen Kinos gezeigt. Zum Glück war er für Kinder verboten. Jetzt laufen die Kopien in der westlichen amerikanischen Zone. Die Kinos sind voller Menschen. Was sagen sie, wenn sie wieder herauskommen?

Die meisten schweigen. Sie gehen stumm nach Hause. Andere treten blaß heraus, blicken zum Himmel und sagen: »Schau, es schneit.« Wieder andere murmeln: »Propaganda! Amerikanische Propaganda! Vorher Propaganda, jetzt Propaganda!« Was meinen sie damit? Daß es sich um Propaganda*lügen* handelt, werden sie damit doch kaum ausdrücken wollen. Was sie gesehen haben, ist immerhin fotografiert worden. Daß die amerikanischen Truppen mehrere Geleitzüge mit Leichen über den Ozean gebracht haben, um sie in den deutschen Konzentrationslagern zu filmen, werden sie nicht gut annehmen. Also meinen sie: Propaganda auf Wahrheit beruhender Tatsachen? Wenn sie aber das meinen, warum klingt ihre Stimme so vorwurfsvoll, wenn sie »Propaganda« sagen? Hätte man ihnen die Wahrheit *nicht* zeigen sollen? Wollten sie die Wahrheit *nicht* wissen? Wollen sie die Köpfe lieber wegdrehen, wie einige der Männer in Nürnberg, als man ihnen diesen Film vorführte?

Und einige sagen: »Man hätte ihn schon vor Monaten zeigen sollen.« Sie haben recht. Aber ist es nicht immer noch besser, die Wahrheit verspätet, als nicht zu zeigen und zu sehen?

※

Es ist Nacht. – Ich kann über dieses schreckliche Thema keinen zusammenhängenden Artikel schreiben. Ich gehe erregt im Zimmer auf und ab. Ich bleibe am Bücherbord stehen, greife hinein und blättere. Silone schreibt in dem Buch »Die Schule der Diktatoren«: »Terror ist eben nur Terror, wenn er vor keinerlei Gewalttat zurückschreckt, wenn für ihn keine Regeln, Gesetze oder Sitten mehr gelten. Politische Gegner besetzen Ihr Haus, und Sie wissen nicht, was Sie zu gewärtigen haben: Ihre Verhaftung? Ihre Erschießung? Eine einfache Verprügelung? Das Haus angezündet? Frau und Kinder abgeführt? Oder wird man sich damit begnügen, Ihnen beide Arme abzuhauen? Wird man Ihnen die Augen ausstechen und die Ohren abschneiden? Sie wissen es nicht. Sie können es nicht wissen. Der Terror kennt weder Gesetze noch Gebot. Er ist die nackte Gewalt; stets nur darauf aus, Entsetzen zu verbreiten. Er hat es weniger darauf abgesehen, eine gewisse Anzahl Gegner körperlich zu vernichten, als darauf, die größtmögliche Zahl derselben seelisch zu zermürben, irrsinnig, blöde, feige zu machen, sie jeden Restes menschlicher Würde zu berauben. Selbst seine Urheber und Ausführer hören auf, normale Menschen zu sein. In Terrorzeiten sind die wirksamsten und häufigsten Gewalttaten gerade die ›sinnlosesten‹, die überflüssigsten, die unerwartetsten …«

Silone wird sein Buch, das 1938 erschienen ist, in der nächsten Auflage leicht überarbeiten müssen. Zwanzig Millionen »körperlich vernichtete« Gegner sind eine ganz nette Summe. Auch darauf scheint es dem Terror anzukommen. Nicht nur darauf, wie Generalmajor Fuller in »The First of the League Wars« schreibt, »lähmendes Entsetzen zu verbreiten, den Feind wenigstens vorübergehend wahnsinnig zu machen, wahnsinnig zum Anbinden«. Menschen, die man verbrennt und vergast, braucht man nicht mehr anzubinden. Man spart zwanzig Millionen Stricke. Das darf nicht unterschätzt werden.

※

Es ist Nacht. – Clemenceau hat einmal gesagt, es würde nichts ausmachen, wenn es zwanzig Millionen Deutsche weniger gäbe. Hitler und Himmler haben das mißverstanden. Sie glaubten, zwanzig Millionen Europäer. Und sie haben es nicht nur *gesagt*! Nun, wir Deutsche werden gewiß nicht vergessen, wieviel Menschen man in diesen Lagern umgebracht hat. Und die übrige Welt sollte sich zuweilen daran erinnern, wieviel Deutsche darin umgebracht wurden.

Mai 1946, Pinguin. Es ist kein Wunder, daß die im Dritten Reich herangewachsene Jugend, an die Kriegsheldenverehrung gewöhnt, die »Abrüstung« ihrer Ideale nicht ohne weiteres hinnehmen konnte und wollte. Im folgenden versuchte ich es mit dem Humor, den Halbwüchsigen die militante Geschichtsschreibung in Frage zu stellen.

Der gordische Knoten

Wir alle kennen ihn noch aus der Geschichtsstunde, den makedonischen Alexander. Und auch die Anekdote mit dem berühmten gordischen Knoten kennen wir noch, die dem jugendlichen Eroberer nachgesagt wird. Als er in Gordium einzog und von dem kunstvoll verschlungenen Knoten hörte, den bislang kein Mensch hatte aufknüpfen können, ließ er sich stracks hinführen, besah sich das berühmte Ding von allen Seiten, bedachte den Orakelspruch, der dem Auflöser des Problems großen Erfolg und weithallenden Ruhm verhieß, zog kurzentschlossen sein Schwert und hieb den Knoten mitten durch.

Na ja. Die Soldaten Alexanders jubelten natürlich. Und man pries die Intelligenz und die Originalität des jungen Königs. Das ist nicht gerade verwunderlich. Eines muß ich allerdings ganz offen sagen, – meine Mutter hätte nicht dabeisein dürfen! Wenn meine Mutter daneben gestanden hätte, hätte es Ärger gegeben. Wenn ich als Junge, kein Haar weniger originell und intelligent als Alexander, beim Aufmachen eines verschnürten Kartons kurzentschlossen mein Schwert, beziehungsweise mein Taschenmesser zog, um den gordischen Bindfaden zu durchschneiden, bekam ich mütterlicherseits Ansichten zu hören, die denen des Orakels diametral widersprachen und die jubelnden Truppen aus Makedonien außerordentlich verblüfft hätten. Alexander war bekanntlich ein großer Kriegsheld, und die Perser, Meder, Inder und Ägypter pflegten Tag und Nacht vor ihm zu zittern. Nun, meine Mutter hätte sich diesem Gezitter nicht angeschlossen. »Knoten schneidet man nicht durch!« hätte sie in strengem Tone gesagt. »Das gehört sich nicht, Alex! Strick kann man immer brauchen!«

Und wenn Alexander der Große nicht so jung gestorben, sondern ein alter, weiser Mann geworden wäre, hätte er sich vielleicht eines Tages daran erinnert, und bei sich gedacht: »Diese Frau Kästner, damals in Gordium, hatte gar nicht so unrecht. Knoten schneidet man nicht durch. Wenn man es trotzdem tut, sollten die Soldaten nicht jubeln. Und wenn die Soldaten jubeln, sollte man sich wenigstens nichts darauf einbilden!«

*

Ich habe in den verflossenen Jahren gelegentlich kurze gereimte Epigramme geschrieben und in einer kleinen Mappe aufgehoben. Eines dieser Epigramme beschäftigt sich zufälligerweise auch mit dem gordischen Knoten, und so scheint es mir angebracht, den Fünfzeiler in diesem Zusammenhange zu veröffentlichen.

Über den Nachruhm

Den unlösbaren Knoten zu zersäbeln,
gehörte zu dem Pensum Alexanders.
Und wie hieß jener, der den Knoten knüpfte?
Den kennt kein Mensch.
Doch sicher war es jemand anders ...

Es ist wirklich merkwürdig, nicht? Da setzt sich jemand auf die Hosen und bringt mit viel Fleiß, Gescheitheit und Geschick einen Knoten zustande, der so raffiniert geschlungen ist, daß ihn kein Mensch auf der Welt aufknüppern kann, und den, der das Kunststück fertigbrachte, hat uns die Geschichte nicht überliefert! Aber wer das Taschenmesser herauszog, das wissen wir natürlich! Die Historiker haben seit Jahrtausenden eine Schwäche für die starken Männer. Auf steinernen Tafeln, auf Papyrusrollen, auf Pergamenten und in dicken Büchern schwärmen sie von Leuten, welche die Probleme mit Schwertstreichen zu lösen versuchten. Davon zu berichten, wie sich die Fäden des

Schicksals unlösbar verschlangen, das interessiert sie viel weniger. Und darüber zu schreiben, wie seltsame Idealisten solche Schicksalsverknotungen friedlich entwirren wollten, ödete sie an. Dem Zerhacken der Knoten gilt ihr pennälerhaftes Interesse, und sie haben nicht wenig dazu beigetragen, die alten gordischen Methoden in Ansehen und am Leben zu erhalten.

Wir haben gerade wieder einmal das Vergnügen gehabt, persönlich dabeigewesen zu sein, als so ein Knoten zersäbelt, statt mühsam aufgedröselt wurde. Es war kolossal interessant. Die Haare stehen uns jetzt noch zu Berge, soweit sie uns nicht ausgegangen sind. Und während sich auf internationalen Konferenzen Abgesandte aus aller Welt abquälen, die neuen Knoten zu entwirren, die sich allenthalben bilden, sitzen, nicht zuletzt bei uns, schon wieder Anhänger der Säbeltheorie herum und knurren: »Ist ja alles Quatsch! Wozu lange knüppern? Durchhacken ist das einzig Senkrechte!«

Ich finde, man sollte wirklich langsam dazu übergehen, statt der Knoten die Leute durchzuhauen, die solche Ratschläge geben.

Januar 1946, Pinguin. Will man die Kinder richtig heranbilden, muß man's zuvor mit den Lehrern tun. Diese viel zu wenig beachtete und schon gar nicht befolgte Banalität mußte, während man in den Erziehungsministerien über neuen Lehrplänen, Lesebüchern und Schulreformen brütete, eindeutig ausgesprochen werden.

Zur Entstehungsgeschichte des Lehrers

Eine der schwierigsten und dringendsten Aufgaben ist, wie wir alle wissen, die Reform des Unterrichts. Denn es fehlt nicht nur an intakt gebliebenen Schulgebäuden, sondern auch an intakt gebliebenen Lehrern. Zahlreiche Opfer forderte der Krieg. Zahllose Opfer forderte die Diktatur. Ihr fielen diejenigen zum Opfer, die sich wehrten. Ihr fallen jetzt die zum Opfer, die sich nicht gewehrt haben.

Es ist ja, wie auch anderswo, bei den deutschen Lehrern nicht etwa so gewesen, daß nur die Betreffenden Nationalsozialisten geworden wären, die allen Ernstes an Hitlers Programmpunkte glaubten. Deren Zahl ließe sich gewiß verschmerzen. Entscheidend war die Zahl derer, die, als es riskant wurde, ihre bisherigen Anschauungen ohne großes Federlesen auf den Müll warfen. Sie hatten – ich greife zu einem handlichen Beispiel – gelehrt und gelernt, daß Karl der Große europäisch weitblickend gedacht, geplant und gehandelt habe. Spätestens Anno 1934 predigten sie plötzlich, ohne ihre Meinung de facto auch nur um einen Zentimeter geändert zu haben: daß Karl der Franke ein Unglücksmann gewesen sei, der insbesondere durch das Sachsenmassaker in Verden an der Aller Deutschlands Entwicklung grundsätzlich zum Schlimmen gewandt habe. Und heute? Heute wären sie liebend gerne bereit, sich erneut hinters Katheder zu klemmen und, wie einst im Mai, mit präzeptoraler Würde zu erklären, daß Karls europäische Sendung und die »karolingische Renaissance« nicht hoch genug veranschlagt werden können. Heute behaupten sie auch, sie hätten damals, ob sie wollten oder nicht, Parteimitglieder werden müssen. Dabei steht fest, daß sie das nicht werden mußten. Feststeht nur, daß sie nicht feststanden. Daß sie umfielen, bevor man sie anblies. Daß sie zwar ein respektables Wissen besaßen, aber nicht den entsprechend respektablen Charakter. Ich schreibe so etwas nicht leichtfertig hin, noch leichten Herzens. Und schon gar nicht, um Männer, denen man jetzt die Ausübung ihres Berufes untersagt, zum Überfluß auch noch madig zu machen. Sondern ich schreibe es nieder, weil ich nicht nur den Tatbestand kenne, sondern auch die Ursachen. Und auf die Ursachen hinzuweisen, ist dringend geboten. Die Lehrer haben im Dritten Reich versagt, weil, vor 1933, die Lehrerbildung versagt hat. Es kann nicht früh genug darauf hingewiesen werden, daß man die Kinder nur dann vernünftig erziehen kann, wenn man zuvor die Lehrer vernünftig erzieht.

*

Als ich in den letzten Jahren der wilhelminischen Ära ein »Seminar« besuchte – so hießen damals die Lehrerbildungsanstalten –, war die Situation folgendermaßen: Da der Staat die Seminare finanziell unterstützte, bot deren Besuch für die begabten, bildungshungrigen Söhne des Handwerkerstandes, der Arbeiterschaft und des Kleinbauerntums die billigste, im Grunde die einzige erschwingbare Fortbildungsmöglichkeit. Die Folge war, daß wir Seminaristen in aller Augen, besonders in denen der übrigen »höheren« Schüler, »second class« waren. Der Staat tat das Seine. Wir kosteten ihm Geld, und so vermauerte er uns eine andere, vor allem eine akademische Berufswahl. Deshalb war unser Abgangszeugnis dem Abitur nicht gleichgestellt. Man tat das, obwohl unser Begabungsdurchschnitt und unser Wissensniveau unleugbar über dem Mittelwert der anderen Schulen lagen. Die uns eines Tages erwartenden bescheidenen Gehälter gaben unserem Ansehen den Rest. Sie unterhöhlten schließlich auch unsere Selbsteinschätzung, soweit davon noch die Rede sein konnte.

Auch unsere Professoren genossen geringeren Respekt als die Gymnasiallehrer, obwohl sie diesen an Wissen und Können völlig das Wasser reichten. Endlich war – und das ist das Ärgste – unsere Charakterbildung auf bedenkliche Ziele gerichtet. Am deutlichsten wurde dies im Internatsleben. Der Staat lenkte unsere Erziehung dorthin, wo er den größten Nutzeffekt sah. Er ließ sich in den Seminaren blindlings gehorsame, kleine Beamte mit Pensionsberechtigung heranziehen. Unser Unterrichtsziel lag nicht niedriger als das der Realgymnasien. Unsere Erziehung bewegte sich auf der Ebene der Unteroffiziersschulen. Das Seminar war eine Lehrerkaserne.

So war es nur folgerichtig, daß die Schüler, wenn sie auf den Korridoren einem Professor begegneten, ruckartig stehenblieben und stramm Front machen mußten. Daß sie in den Arbeitszimmern, wenn ein Lehrer eintrat, auf das zackige Kommando des Stubenältesten hin aufspringen mußten. Daß sie zweimal in der Woche nur eine Stunde Ausgang hatten. Daß nahezu alles verboten war und daß Übertretungen aufs strengste bestraft wurden. So stutzte man die Charaktere. So wurde das Rückgrat geschmeidig gemacht und, war das nicht möglich, gebrochen. Hauptsache war: Es entstand der gefügige, staatsfromme Beamte, der sich nicht traute, selbständig zu denken, geschweige zu handeln.

Wer sich nicht fügen wollte oder konnte, suchte, wenn sich ihm ein Ausweg bot, das Weite. Ich gehörte zu den Glücklichen. Ich besuchte, als ich nach dem Ersten Weltkrieg heim kam, ein Reformgymnasium und bekenne, nie im Leben wieder so gestaunt zu haben wie damals, als ich plötzlich Professoren erlebte, die sich während des Unterrichts zwischen ihre Schüler setzten und diese, auf die natürlichste Weise von der Welt, wie ihresgleichen behandelten. Ich war überwältigt. Zum erstenmal erlebte ich, was Freiheit in der Schule war, und wie weit sie gestattet werden konnte, ohne die Ordnung zu gefährden. Die anderen, die wieder ins Seminar zurückgemußt hatten, wurden weiter zu Gehorsamsautomaten gedrillt. Dann wurden sie Volksschullehrer und taten blind, was ihnen zu tun befohlen war. Und als dann eines Tages, nach 1933, die Befehle entgegengesetzt lauteten, hatten die meisten nichts entgegenzusetzen. Ihre Antwort war auch dann – blinder Gehorsam.

Die Jugend hat das Wort

1.
Ihr seid dieÄlt'ren. Wir sind jünger.
Ihr steht am Weg mit gutem Rat.
Mit scharfgespitztem Zeigefinger
weist ihr uns auf den neuen Pfad.

Ihr habt das wundervoll erledigt.
Vor einem Jahr schriet ihr noch »Heil!«
Man staunt, wenn ihr jetzt »Freiheit« predigt
wie kurz vorher das Gegenteil.

Wir sind die Jüng'ren. Ihr seid älter.
Doch das sieht auch das kleinste Kind:
Ihr sprecht von Zukunft, meint Gehälter
und hängt die Bärte nach dem Wind!

Nun kommt ihr gar, euch zu beschweren,
daß ihr bei uns nichts Recht's erreicht?
O, schweigt mit euren guten Lehren!
Es heißt: Das Alter soll man ehren …
Das ist mitunter, das ist mitunter,
das ist mitunter gar nicht leicht.

2.
Wir wuchsen auf in eurem Zwinger.
Wir wurden groß mit eurem Kult.
Ihr seid die Ält'ren. Wir sind jünger.
Wer älter ist, hat länger schuld.

Wir hatten falsche Ideale?
Das mag schon stimmen, bitte sehr.
Doch was ist nun? Mit einem Male
besitzen wir selbst *die* nicht mehr!

Um unser Herz wird's kalt und kälter.
Wir sind so müd und ohn Entschluß.
Wir sind die Jüng'ren. Ihr seid älter.
Ob man euch wirklich – lieben muß?

Ihr wollt erklären und bekehren.
Wir aber denken ungefähr:
»Wenn wir doch nie geboren wären!«
Es heißt: Das Alter soll man ehren …
Das ist mitunter, das ist mitunter,
das ist mitunter furchtbar schwer.

Juli 1946, Pinguin. Die Zahl der richtigen Leute am richtigen Platz war nicht gewachsen. Auch unter den Jugendlichen meinten viele, daß »es sich nicht lohne«. Die Apathie griff um sich. Und der Schwarze Markt.

Der tägliche Kram

Nun ist es ungefähr ein Jahr her, daß würdig aussehende Männer in mein Zimmer traten und mir antrugen, die Feuilletonredaktion einer Zeitung zu übernehmen. Da erinnerte ich mich jener Studentenjahre, die ich auf einem Redaktionsstuhl verbracht und nach deren Ablauf ich mir hoch und heilig geschworen hatte, es ganz bestimmt nicht wieder zu tun. Denn zum Abnutzer von Büromöbeln muß man geboren sein, oder man leidet wie ein Hund. Es gibt nun einmal Menschen, für welche die gepriesene Morgenstunde weder Gold noch Silber im Munde hat. Man kann von ihnen fordern, daß sie hundert Stunden am Tage arbeiten statt acht – wenn man sie nur morgens im Bett läßt. Und sie schuften tausendmal lieber zu Hause, statt hinterm Schalter mit dem Butterbrotpapier zu rascheln. Wie oft paßte mich der Herr Verlagsdirektor ab, wenn ich, statt um neun, gegen elf anrollte! Mit welch bitterem Genuß zog er die goldene Repetieruhr aus der Westentasche, obwohl ja die Korridoruhr groß genug war! Wie vitriolsüß war seine Stimme, wenn er, nach einem kurzen Blick auf die Taschenuhr, sagte: »Mahlzeit, Herr Kästner!« Der Mann wußte genau, daß ich länger, schneller und gewissenhafter arbeitete als andere. Trotzdem verbreitete er die Ansicht, daß ich faul sei. Ihm lag nichts an den drei Stunden, die ich abends länger im Büro saß; und an den Nachtstunden, in denen ich für sein Blatt Artikel schrieb, lag ihm schon gar nichts. Er wollte nur eins von mir: Pünktlichkeit! Er war unerbittlich wie ein Liebhaber, der seiner innig geliebten blauäugigen Blondine einen einzigen Vorwurf macht: daß sie keine Brünette mit Haselnußaugen ist! Es war kein Vergnügen. Für mich nicht. Und für ihn auch nicht. Aber er hatte doch wenigstens einen schwachen Trost: er war im Recht!

Dieser meiner prähistorischen Büroschemelepoche entsann ich mich also, als mir vor einem Jahr würdig aussehende Männer eine Feuilletonredaktion antrugen. Und an noch etwas anderes dachte ich. Daran, daß ich zwölf Jahre lang auf den Tag gewartet hatte, an dem man zu mir sagen würde: »So, nun dürfen Sie wieder schreiben!« Stoff für zwei Romane und drei Theaterstücke lag in den Schubfächern meines Gehirns bereit. Zugeschnitten und mit allen Zutaten. Der bewußte Tag war da. Ich konnte mich aufs Land setzen. Zwischen Malven und Federnelken. Wenn ich auch recht gerupft und abgebrannt aus der »großen Zeit« herausgekommen war. Papier und Bleistifte hatte ich noch und, was die Hauptsache war, meinen Kopf! Herz, was willst du mehr? Jetzt konnte ich, wenn ich nur wollte, mit Verlegervorschüssen wattiert durch die Wälder schreiten, sinnend an Grashalmen kauen, die blauen Fernen bewundern, nachts dichten, bis der Bleistift glühte, und morgens so lange schlafen, wie ich wollte. Was tat ich stattdessen? Die würdig aussehenden Männer sahen mich fragend an, und ich Hornochse sagte kurz entschlossen: »Ja.« Wer, wenn er bis hierher gelesen hat, bei sich denkt: »Herrje, ist der Kerl eingebildet!« hat mich nicht richtig verstanden. Ich habe die Geschichte eigentlich aus einem anderen Grunde erzählt. Ich wollte darlegen, daß mich meine Neigung dazu trieb, Bücher zu schreiben und im übrigen den lieben Gott einen verhältnismäßig frommen Mann sein zu lassen. Und daß ich das genaue Gegenteil tat, daß ich nun in einem fort im Büro sitze, am laufenden Band Besuche empfange, redigiere, konferiere, kritisiere, telefoniere, depeschiere, diktiere, rezensiere und schimpfiere. Daß ich seitdem, abgesehen vom täglichen Kram, noch nicht eine Zeile geschrieben habe. Daß ich, zum Überfluß, ein literarisches Kabarett gründen half und für den dortigen »Sofortbedarf« Chansons, Lieder und Couplets fabriziere. Daß ich mein Privatleben eingemottet habe, nur noch schlückchenweise schlafe und an manchen Tagen aussehe, als sei ich ein naher Verwandter des Tods von Basel.

Warum rackere ich mich ab, statt, die feingliedrigen Händchen auf dem Rücken verschlungen, »im Walde so für mich hin« zu gehen? Weil es nötig ist, daß jemand den täglichen Kram erledigt, und weil es zu wenig Leute gibt, die es wollen und können. Davon, daß jetzt die Dichter dicke Kriegsromane schreiben, haben wir nichts. Die Bücher werden in zwei Jahren, falls dann Papier vorhanden ist, gedruckt und gelesen werden, und bis dahin – ach du lieber Himmel! – bis dahin kann der Globus samt Europa, in dessen Mitte bekanntlich Deutschland liegt, längst zerplatzt und zu Haschee geworden sein. Wer jetzt beiseite steht, statt zuzupacken, hat offensichtlich stärkere Nerven als ich. Wer jetzt an seine Gesammelten Werke denkt statt ans tägliche Pensum, soll es mit seinem Gewissen ausmachen. Wer jetzt Luftschlösser baut, statt Schutt wegzuräumen, gehört vom Schicksal übers Knie gelegt.

Das gilt übrigens nicht nur für die Schriftsteller.

Oktober 1946, Neue Zeitung. Das hier vorgetragene Projekt wurde von vielen Seiten lebhaft begrüßt. Aus allen Teilen Deutschlands stellten sich Menschen zur Verfügung. An vielen Orten wurden Kinder- und Jugendbühnen gegründet. Der Versuch hingegen, den Plan als Ganzes voranzutreiben und zunächst in München das Modell, den Idealfall, zu schaffen, scheiterte vorläufig. Leere Versprechungen gewinnen nicht dadurch an Bedeutung, daß sie von wichtigen Behörden gemacht werden. Aber die Sache ist noch nicht aufgegeben.

Die Klassiker stehen Pate
Ein Projekt zur Errichtung ständiger Kindertheater

Nun ist es so weit. Ich bin unter die Projektemacher gegangen. Ich möchte der staunenden Mitwelt einen Plan unterbreiten. Noch dazu einen Plan, der mit Geld, Organisation, Prozenten und ähnlich profanem Zeug zu tun hat. Ich weiß, daß Schriftsteller davon die Finger lassen sollten. Doch man kann sich nicht immer nach dem richten, was man weiß.

1. Vom Sinn ständiger Kindertheater

In unseren Theatern werden gelegentlich, besonders gern gegen Weihnachten, Märchen für Kinder gespielt. Das ist schön, aber das meine ich nicht. Es gibt neuerdings in einigen Städten sogenannte »Theater der Jugend«, in denen während der gesamten Spielzeit Stücke für Jugendliche aufgeführt werden. Das ist noch viel, viel schöner. Aber das meine ich auch nicht.

Sondern ich meine folgendes: In jeder größeren deutschen Stadt müßte es in absehbarer Zeit ein »Ständiges Kindertheater« geben. Ein Gebäude, wo während des ganzen Jahres Kinder für Kinder Theater spielen. Ein Gebäude, das allen Kindern der jeweiligen Stadt gehört. Die Leitung läge in den Händen ausgezeichneter, pädagogisch veranlagter Künstler, und in den Stücken müßten, soweit erforderlich, erwachsene Schauspieler mitwirken. Eltern und andere Nichtkinder dürften die

Aufführungen natürlich besuchen. Sie dürften auch, im Gegensatz zu den Kindern, Eintritt bezahlen. Davon abgesehen, dürften sie in diesem Theater nichts. Es gehörte, wie gesagt, den Kindern. Sie würden spielen, zuschauen und sich in diesen grundverschiedenen Beschäftigungen abwechseln. Sie hülfen beim Entwerfen und Malen der Bühnenbilder mit. Sie würden kritisieren und debattieren. Sie würden musizieren und Kinderopern spielen. Sie würden in Nebenräumen ihre selbstgemalten Bilder ausstellen. Sie würden sich selber gelegentlich kleine Stücke und Festspiele schreiben. Sie könnten in ihrem Theater alles tun, was mit »Kind und Kunst« zusammenhängt; und ein paar sehr geeignete, sehr gut bezahlte Fachleute hätten als gute Engel über den Wassern zu schweben. Alles, was hier spielend vor sich ginge, ließe sich am ehesten mit dem Schlagwort »musische Erziehung« bezeichnen. Schlagworte sind etwas Schreckliches.

Die musische Erziehung hingegen ist etwas Großartiges. Es hat Sinn, das Militaristische im Kind auszumerzen, weil der moderne Krieg lasterhaft und wahnwitzig ist. Aber es wäre sinnlos, das Kind gegen den Militarismus zu erziehen. Man kann nicht gegen, sondern nur für etwas erziehen! Und die musische Erziehung hat wahrhaftig positive Ziele genug. Die ästhetische Heranbildung träte der Bildung des Körpers im Sport und des Verstandes in der Schule legitim an die Seite. Zum sittigenden Einfluß käme – sekundär, doch nicht zu unterschätzen – die Rückwirkung des Kindertheaters auf das Theater überhaupt. Eine im Spiel musisch erzogene Generation beschritte, älter werdend, unzweifelhaft den Weg zu einem höheren Niveau des Theaters, der Literatur und der Kunst überhaupt. Schauspielerische, bildnerische, schriftstellerische, musikalische und kritische Talente könnten rechtzeitig erkannt und gefördert werden. Und das Urteil und der Geschmack auch aller übrigen höben sich außerordentlich.

2. Der Plan der Finanzierung

Auch wer meiner Erörterung mit Anteilnahme und Kopfnicken gefolgt sein sollte, wird nunmehr fragen: »Ganz hübsch soweit, – aber wer bezahlt den Spaß?« An dieser Stelle des Gedankengangs komme ich nun mit meinem Projekt um die Ecke gebraust und rufe: »Die toten Dramatiker der ganzen Welt!«

Es gibt, mehr oder weniger bekanntlich, eine »Schutzfrist«. Die Theater sind gesetzlich verpflichtet, für Stücke, deren Verfasser höchstens 50 Jahre tot sind, Tantiemen zu zahlen. Also, solange der Autor lebt, erhält er durchschnittlich zehn Prozent der Bruttoeinnahmen; und äußerstens ein halbes Jahrhundert lang nach seinem Hinscheiden erfreuen sich seine Leibeserben und deren Erben der manchmal tröpfelnden, zuweilen rauschenden Einkünfte. Nach dieser »Schutzfrist« ist es aus und vorbei. Die Tantiemenzahlung hört ruckartig auf. Und manche Theaterdirektoren beginnen sich die Hände zu reiben.

Ich gestehe offen, daß mich die Angelegenheit, obwohl ich noch längst nicht 50 Jahre tot bin, schon immer geärgert hat. Sie ist sinnwidrig. Ein Bild von Rembrandt kriegt man, bloß weil der Maler seit Jahrhunderten verblichen ist, auch nicht geschenkt, im Gegenteil! Der Vergleich stimmt nicht ganz, ich weiß. Trotzdem finde ich, daß es gerecht und nützlich wäre, wenn die Theater auch für Stücke, deren Autoren 51 oder 2000 Jahre tot sind, eine Aufführungssteuer entrichteten. Sagen wir einmal, fünf Prozent der jeweiligen »Abendkasse«. Das Geld würde beispielsweise von der Bühnengenossenschaft eingenommen und dem Fonds »Ständige Kindertheater« zugeführt werden …

Glaubt noch jemand unter den Lesern, daß, wenn es so würde, die Frage, wie man Kindertheater finanziert, nach wie vor unlösbar wäre? Ich versuche mir auszumalen, wie die Meldung über das Inkrafttreten einer solchen Abgabe im Pantheon der Dramatiker aufgenommen würde! Da säßen sie lächelnd beisammen, Sophokles, Euripides, Shakespeare, Corneille, Schiller, Lope de Vega, Tolstoi, Molière, Raimund, Kleist, Terenz, Goethe, Grillparzer, Racine und viele, viele andere … Sogar

Hebbel würde lächeln ... Und Aristophanes würde, natürlich auf griechisch, sagen: »Solch eine Steuer gefällt mir. Sie macht uns zu Paten der Kinder!« ... Und Scribe meinte vielleicht: »Daß ich den deutschen Kindern noch einmal soviel Spaß machen würde, hätte ich nie für möglich gehalten ...« Und Sudermann liefe am Ende ärgerlich herum, weil er noch nicht im »Patenalter« ist und das Geld immer noch an Rolf Lauckner geschickt wird ...

3. Vorteile und Weiterungen

Es hat, dezent ausgedrückt, dann und wann Theaterdirektoren gegeben, die eine gewisse Vorliebe für klassische Stücke deshalb besaßen, weil diese Werke »tantiemefrei« waren. Zehn Prozent haben oder nicht haben, ist ein Unterschied. Und zwar ein Unterschied von zehn Prozent. Aus dem entsprechenden Grunde fanden manche Direktoren – es waren wohl meist dieselben – an den Dramen lebender, wohl gar junger Autoren sehr wenig Gefallen. Das Risiko, ein vom Erfolg noch nicht geküßtes Stück zu bringen, gepaart mit der Notwendigkeit, dafür noch Prozente zu zahlen, überstieg ihre seelische Klimafestigkeit.

Vielleicht käme, infolge der Neuerung, hin und wieder einmal ein junger Autor zu Worte, der sonst nicht »riskiert« würde? Auch das wäre den Klassikern im Pantheon nicht unlieb.

Da ich gerade dabei bin, mir den Unwillen der Theaterdirektoren zuzuziehen, halte ich es für das beste, auch gleich den Verlegern auf die Zehen zu treten, jedenfalls den »sogenannten« Verlegern, – es ist *ein* Aufwaschen. Die Schutzfrist gilt nämlich auch für Druckwerke, lieber Leser. Und es kamen früher und kommen auch heute manchmal Bücher auf den Markt, bei denen man merkt, warum es sich dabei um Klassikerausgaben, Anthologien alter Liebeslyrik und Novellensammlungen aus der Romantik handelt. Auch hier wäre eine Steuer, eine Abgabe im Dienste der Kinder, nicht ganz verfehlt. Kinderbüchereien, Jugendbibliotheken, Studienbeihilfen, Stipendien für junge »schwerverkäufliche« Talente – es gäbe Möglichkeiten genug, die Erträge für die künftigen Generationen und für deren kulturelle Entwicklung nützlich anzuwenden.

Doch dieser kurze Hinweis auf das Verlagswesen ist ein großer Schritt von dem für heute und hier vorgesehenen Wege. Ich begebe mich wieder auf meinen Weg und lege das letzte Stück rasch zurück. Das Projekt bedürfte, wollte man ihm ernstlich nähertreten, sorgfältigster Überlegungen. Menschen, die Fachleute und Idealisten in einem wären, müßten sich zusammensetzen und zusammentun. Einigen Kennern, auch solche aus den Vereinigten Staaten waren darunter, habe ich den Plan skizziert. Sie finden die Sache sehr überlegenswert.

Le dernier cri

Als Prospekt vielleicht: Eine Straßenzeile mit halbvernagelten, kläglich ausgestatteten Schaufenstern.

Von links: die Solistin, von rechts: etwa vier Frauen, die sich in einigem Abstand hinter ihr aufstellen. Alle sind ärmlich angezogen.

Der Grundton des Vortrags: Trotzig, verbissen, dabei, quasi, ungeweinte Tränen en gros, die im Verborgenen blühn.

1.
Wir schleppten Kisten. Wir waren Chauffeure.
Wir standen auf Dächern und schmissen mit Sand.
Wir drehten Läufe für eure Gewehre.
Uns nahm in den Kellern der Tod bei der Hand.

Chor: »Ach, wie bald, ach, wie bald
 schwindet Schönheit und Gestalt.«

Es rauschten vom Himmel die singenden Minen.
Wir waren zu müde zur Angst, mein Schatz.
Dann standen wir wieder an den Maschinen.
Wir waren ein williger,
ausnehmend billiger
Männer-Ersatz.

Warum mußten unsre sanften Hände rauh sein?
Warum mußte unser Haar so zeitig grau sein?
Und genau so grau das Gesicht?
Eine Frau will doch endlich eine Frau sein!
Eine Frau will doch endlich eine Frau sein!
Versteht ihr das denn nicht?
Versteht ihr das denn nicht?

Chor: »Ach, wie bald, ach, wie bald
    schwindet Schönheit und Gestalt.«

Versteht ihr das denn nicht?

2.
Wir haben Sehnsucht nach Glück und nach Seide.
Der Krieg ist vorbei und noch immer nicht aus.
Die Tränen, die sind unser letztes Geschmeide.
Der Hunger schiebt Wache vor unserem Haus.

Chor: »Ach, wie bald, ach, wie bald
    schwindet Schönheit und Gestalt.«

Das Elend als Hemd, und als Mantel die Reue,
die Armut als Hut, und Verzweiflung als Kleid!
Da stehen wir nun und tragen die neue,
die fleckige, scheckige,
speckige, dreckige
Mode der Zeit!

Wird der Himmel über uns denn nie mehr blau sein?
Wird das Leben, unser Leben, immer grau sein?
Und ein einziges Jüngstes Gericht?
Eine Frau will doch endlich eine Frau sein!
Eine Frau will doch endlich eine Frau sein!
Versteht ihr das denn nicht?
Versteht ihr das denn nicht?

Chor: »Ach, wie bald, ach, wie bald
    schwindet Schönheit und Gestalt.«

Versteht ihr uns denn nicht?

November 1946, Neue Zeitung. Mein erstes Wiedersehen mit den Eltern und mit der Vaterstadt nach deren Zerstörung.

... und dann fuhr ich nach Dresden

Während Dresden in den Abendstunden des 13. Februars 1945 zerstört wurde, saß ich in einem Berliner Luftschutzkeller, blickte auf die abgegriffene Blaupause einer Planquadratkarte von Deutschland, hörte den Mikrophonhelden des »Gefechtsstands Berlin« von feindlichen Bomberströmen reden und begriff, mittels der von ihm heruntergebeteten Planziffern, daß meine Vaterstadt soeben zugrunde ging. In einem Keller jener Stadt saßen meine Eltern ...

Am nächsten Morgen hetzte ich zum Bahnhof. Nein, es herrsche Reisesperre. Ohne die Befürwortung einer amtlichen Stelle dürfe niemand die Reichshauptstadt verlassen. Ich müsse mich an meine Berufsorganisation wenden. Ich sei aber in keiner Organisation, sagte ich. In keiner Fachschaft, in keiner Kammer, nirgends. Warum denn nicht? Weil ich ein verbotener Schriftsteller sei! Ja, dann freilich, dann bekäme ich auch nirgendwo eine Reiseerlaubnis und am Schalter keine Fahrkarte nach Dresden. Und meine Eltern? fragte ich, – vielleicht seien sie tot, vielleicht verwundet, sicher obdachlos, zwei alte einsame Leute! Man zuckte die Achseln. Der nächste, bitte. Halten Sie uns nicht unnötig auf.

Es war nicht einmal böser Wille. Es war die Bürokratie, die mir den Weg versperrte und an der ich nicht vorbeikonnte. Die Bürokratie, dieser wasserköpfige, apokalyptische Wechselbalg der Neuzeit. Ich war gefangen. Das Gefängnis hieß Berlin. Ich wartete. Die Gerüchte überschlugen sich. Ich biß die Zähne zusammen. Am zehnten Tage nach dem Angriff fiel eine Postkarte in den Briefkasten. Eine dreckige, zerknitterte Karte mit ein paar zittrigen Zeilen. Die Eltern lebten. Die Wohnung war nur leicht beschädigt. Die Karte kam an meinem Geburtstag ...

*

In diesen Septembertagen war ich, seit Weihnachten 1944, zum ersten Male wieder daheim. Ich käme am Sonnabend, schrieb ich, wisse nicht genau, wann, und bäte sie deshalb, zu Hause auf mich zu warten. Als ich schließlich gegen Abend klingelte, öffnete mir eine freundliche, alte Frau. Ich kannte sie nicht. Es war die den Eltern zugewiesene Untermieterin. Ja, die beiden stünden seit dem frühen Morgen am Neustädter Bahnhof. Die Mutter habe sich nicht halten lassen. Wir hätten uns gewiß verfehlt. Sie, die nette alte Frau, habe ihnen gleich und immer wieder geraten …

Ich sah die Eltern schon von weitem. Sie kamen die Straße, die den Bahndamm entlangführt, so müde daher, so enttäuscht, so klein und gebückt. Der letzte Zug, mit dem ich hätte eintreffen können, war vorüber. Wieder einmal hatten sie umsonst gewartet … Da begann ich zu rufen. Zu winken. Zu rennen. Und plötzlich, nach einer Sekunde fast tödlichen Erstarrens, beginnen auch meine kleinen, müden, gebückten Eltern zu rufen, zu winken und zu rennen.

Es gibt wichtige und unwichtige Dinge im Leben. Die meisten Dinge sind unwichtig. Bis tief ins Herz hinein reichen die für wahr und echt gehaltenen Phrasen. Gerade wir müßten heute wie nie vorher und wie kein anderes Volk die Wahrheit und die Lüge, den Wert und den Unfug unterscheiden können. Die zwei Feuer der Schuld und des Leids sollten alles, was unwesentlich in uns ist, zu Asche verbrannt haben. Dann wäre, was geschah, nicht ohne Sinn gewesen. Wer nichts mehr auf der Welt besitzt, weiß am ehesten, was er wirklich braucht. Wem nichts mehr den Blick verstellt, der blickt weiter als die andern. Bis hinüber zu den Hauptsachen. So ist es. Ist es so?

*

Das, was man früher unter Dresden verstand, existiert nicht mehr. Man geht hindurch, als liefe man im Traum durch Sodom und Gomorrha. Durch den Traum fahren mitunter klingelnde Straßenbahnen. In dieser Steinwüste hat kein Mensch etwas zu suchen, er muß sie höchstens durchqueren. Von einem Ufer des Lebens zum andern. Vom Nürnberger Platz weit hinter dem Hauptbahnhof bis zum Albertplatz in der Neustadt steht kein Haus mehr. Das ist ein Fußmarsch von etwa vierzig Minuten. Rechtwinklig zu dieser Strecke, parallel zur Elbe, dauert die Wüstenwanderung fast das Doppelte. Fünfzehn Quadratkilometer Stadt sind abgemäht und fortgeweht. Wer den Saumpfad entlangläuft, der früher einmal in der ganzen Welt unter dem Namen »Prager Straße« berühmt war, erschrickt vor seinen eigenen Schritten. Kilometerweit kann er um sich blicken. Er sieht Hügel und Täler aus Schutt und Steinen. Eine verstaubte Ziegellandschaft. Gleich vereinzelten, in der Steppe verstreuten Bäumen stechen hier und dort bizarre Hausecken und dünne Kamine in die Luft. Die schmalen Gassen, deren gegenüberliegende Häuser ineinander gestürzt sind, als seien sie sich im Tod in die Arme gesunken, hat man durch Ziegelbarrieren abgesperrt.

Wie von einem Zyklon an Land geschleuderte Wracks riesenhafter Dampfer liegen zerborstene Kirchen umher. Die ausgebrannten Türme der Kreuz- und der Hofkirche, des Rathauses und des Schlosses sehen aus wie gekappte Masten. Der goldene Herkules über dem dürren Stahlgerippe des Rathaushelms erinnert an eine Galionsfigur, die, seltsamerweise und reif zur Legende, den feurigen Taifun, dem Himmel am nächsten, überstand. Die steinernen Wanten und Planken der gestrandeten Kolosse sind im Gluthauch des Orkans wie Blei geschmolzen und gefrittet. Was sonst ganze geologische Zeitalter braucht, nämlich Gestein zu verwandeln – das hat hier eine einzige Nacht zuwege gebracht.

An den Rändern der stundenweiten Wüste beginnen dann jene Stadtgebiete, deren Trümmer noch ein wenig Leben und Atmen erlauben. Hier sieht es aus wie in anderen zerstörten Städten auch. Doch noch in den Villenvierteln am Großen Garten ist jedes, aber auch jedes Haus ausgebrannt. Sogar das Palais und die Kavalierhäuschen mitten im Park mußten sterben. Als Student hatte ich manchmal von Ruhm und Ehre geträumt. Der Bürgermeister war im Traume vor mich hingetreten und hatte dem wackeren Sohne der Stadt so ein kleines, einstöckiges, verwunschenes Barockhäuschen auf Lebenszeiten als Wohnung angeboten. Vom Fenster aus hätte ich dann auf den Teich und die Schwäne geschaut, auf die Eichhörnchen und auf die unvergleichlichen Blumenrabatten. Die Blaumeisen wären zu mir ins Zimmer geflogen, um mit mir zu frühstücken ...

Ach, die Träume der Jugend! Im abgelassenen Teich wuchert das Unkraut. Die Schwäne sind wie die Träume verflogen. Sogar die einsame Bank im stillsten Parkwinkel, auf der man zu zweit saß und zu dem über den Wipfeln schwimmenden Monde hinaufsah, sogar die alte Bank liegt halbverschmort im wilden Gras ...

Ich lief einen Tag lang kreuz und quer durch die Stadt, hinter meinen Erinnerungen her. Die Schule? Ausgebrannt ... Das Seminar mit den grauen Internatsjahren? Eine leere Fassade ... Die Dreikönigskirche, in der ich getauft und konfirmiert wurde? In deren Bäume die Stare im Herbst, von Übungsflügen erschöpft, wie schrille, schwarze Wolken herabfielen? Der Turm steht wie ein Riesenbleistift im Leeren ... Das Japanische Palais, in dessen Bibliotheksräumen ich als Doktorand büffelte? Zerstört ... Die Frauenkirche, der alte Wunderbau, wo ich manchmal Motetten mitsang? Ein paar klägliche Mauerreste ... Die Oper? Der Europäische Hof? Das Alberttheater? Kreutzkamm mit den duftenden Weihnachtsstollen? Das Hotel Bellevue? Der Zwinger? Das Heimatmuseum? Und die anderen Erinnerungsstätten, die nur mir etwas bedeutet hätten? Vorbei. Vorbei.

Freunde hatten gesagt: »Fahre nicht hin. Du erträgst es nicht.« Ich habe mich genau geprüft. Ich habe den Schmerz kontrolliert. Er wächst nicht mit der Anzahl der Wunden. Er erreicht seine Grenzen früher. Was dann noch an Schmerz hinzukommen will, löst sich nicht mehr in Empfindung auf. Es ist, als fiele das Herz in eine tiefe Ohnmacht.

Die vielen Kasernen sind natürlich stehengeblieben! Die Pionierkaserne, in der das Ersatzbataillon lag. Die andere, wo wir das Reiten lernten und als Achtzehnjährige, zum Gaudium der Ritt- und Wachtmeister, ohne Gäule, auf Schusters Rappen, »zu Einem – rrrechts brecht ab!« traben, galoppieren und durchparieren mußten. Das Linckesche Bad, wo wir, am Elbufer, mit vorsintflutlichen Fünfzehnzentimeterhaubitzen exerzierten. Die Tonhalle, wo uns Sergeant Waurich quälte. Hätte stattdessen nicht die Frauenkirche lebenbleiben können? Oder das Dinglingerhaus am Jüdenhof? Oder das Coselpalais? Oder wenigstens einer der früheren Renaissance-Erker in der Schloßstraße? Nein. Es mußten die Kasernen sein! Eine der schönsten Städte der Welt wurde von einer längst besiegten Horde und ihren gewissenlosen militärischen Lakaien unverteidigt dem modernen Materialkrieg ausgeliefert. In einer Nacht wurde die Stadt vom Erdboden vertilgt. Nur die Kasernen, Gott sei Dank, die blieben heil!

*

Was ist in Dresden seit dem Zusammenbruch geschehen? Die Stadt wurde zunächst einmal sauber aufgeräumt. Drei der großen Elbbrücken wurden instand gesetzt. Der Straßenbahnverkehr funktioniert nicht schlechter, sondern eher besser als anderswo. Das Schauspielhaus am Postplatz soll im Januar spielfertig sein. Bei den Aufräumungsarbeiten in dem sechzig Meter hohen Bühnenhaus und beim Reparieren des Dachstuhls halfen die Dresdner Bergsteiger freiwillig mit. Ich bin als Halbwüchsiger mitunter an einigen leichteren Wänden und in etlichen Kaminen der Sächsischen Schweiz herumgeklettert und habe eine entfernte Ahnung davon, was man an den skurrilen Spielzeuggipfeln alles lernen kann. Dachdecken ist das wenigste. Was sonst? Im ehemaligen Heeresmuseum kann man zur Zeit zwei Ausstellungen besuchen. Im Erdgeschoß »Das neue Dresden«, wo in vielen Räumen die Ergebnisse eines Ideenwettbewerbs gezeigt werden, an dem sich jeder beteiligen konnte. Und in der ersten Etage die »Allgemeine Deutsche Kunstausstellung«, die den ersten größeren Überblick über die deutsche Kunst von heute vermittelt. Dresden hat eine alte Ausstellungstradition. Das merkt man in beiden Fällen. Sonst noch? Es gibt, hat man mir gesagt, keine Arbeitslosigkeit. Die leitenden Männer waren vor einem Jahr Neulinge. Man sieht ihnen den Eifer und das Zielbewußtsein an der Nasenspitze an.

Nun, ich war nicht als Reporter dort. Ich sprach mit alten und neuen Bekannten als Dresdner mit Dresdnern.

Ich weiß, wie dilettantisch das ist. Ich weiß, daß man die Fühlungnahme mit Andersgesinnten nicht suchen soll, weil sonst womöglich die menschliche Wertschätzung den Unfrieden stören könnte. Ich weiß: die Köpfe sind, kaum daß sie wieder einigermaßen festsitzen, dazu da, daß man sie sich gegenseitig abreißt. Ich weiß, daß es nicht auf das ankommt, was alle gemeinsam brauchen und wünschen, sondern darauf, was uns voneinander trennt. Ich weiß auch, wie vorteilhaft sich solche Zwietracht auf die Stimmung zwischen den vier Mächten auswirken muß.

Ich weiß freilich auch, daß mein Spott ziemlich billig ist. Doch von einem Menschen, der nichts von Parteipolitik versteht, kann man nichts anderes erwarten. Trotzdem und allen Ernstes, – ich glaube, daß es hülfe, wenn wir einander kennen und verstehen lernten. Das hat bereits sein Gutes, wenn vier entfernte Verwandte ein ruiniertes Bauerngut erben. Und kein Mensch wird mir einreden können, daß das zwischen vier Parteien und unserem höchsten Gut, der Heimat, anders zu sein hätte. Ist es so? So ist es.

Das Spielzeuglied

Antimilitaristischer Prospekt. Also Schaukelpferde,
Papierhelme usw. Davor eine junge einfache Frau.

1.
Wer seinem Kind ein Spielzeug schenkt,
weiß vorher, was passiert:
Das Spielzeug ist, bevor man's denkt,
zerlegt und ruiniert.
Der Knabe haut und boxt und schlägt
begeistert darauf ein.
Und wenn's auch sehr viel Mühe macht:
Am Ende, am Ende,
am Ende kriegt er's klein.

Wenn das erledigt wurde, dann
beginnt der zweite Teil:
Der Knabe starrt das Spielzeug an
und wünscht sich's wieder heil!
Jedoch, – was man zerbrochen hat,
bleibt läng're Zeit entzwei.

Da hilft kein Wunsch und kein Gebet.
Es hilft auch kein Geschrei.
Die Kleinen brüllen wie am Spieß
und strampeln wie noch nie.
Das Beste wär: Wir legten sie
mal gründlich, mal gründlich,
mal gründlich übers Knie.

Es ist nur so: wir *lieben* sie.
Ihr Schmerz ist unser Schmerz.
Wir legen sie nicht übers Knie.
Wir drücken sie ans Herz.

Wir summen »Hoppe Reiter«,
auf daß ihr Leid verweht.
Ach, wär'n wir doch gescheiter!
Das geht nicht, das geht nicht,
das geht nicht mehr so weiter,
wenn das so weitergeht!

2.
Es steckt ein Kind in jedem Mann.
Ein Spielzeug ist sein Ziel.
Nur, was dabei zustande kommt,
das ist kein Kinderspiel.
Das Glück der Welt ist zart wie Glas
und gar nicht sehr gesund.
Doch wenn die Welt aus Eisen wär, –
die Männer, die Männer,
sie richten sie zugrund!

Wenn das erledigt wurde, dann
beginnt der zweite Teil:
Die Mannswelt starrt ihr Spielzeug an
und wünscht sich's wieder heil!
Jedoch, – was man zerbrochen hat,
bleibt läng're Zeit entzwei.
Da hilft kein Wunsch und kein Gebet.
Da hilft auch kein Geschrei.
Und keiner will's gewesen sein,
nicht du, nicht der, nicht die!
Das Beste wär: Wir legten sie
mal gründlich, mal gründlich,
mal gründlich übers Knie.

Es ist nur so: wir *lieben* sie.
Ihr Schmerz ist unser Schmerz.
Wir legen sie nicht übers Knie.
Wir drücken sie ans Herz.

Sie werden nicht gescheiter,
solang ein Rest noch steht ...
Diesmal war's ein Gefreiter ...
Das geht nicht, das geht nicht,
das geht nicht mehr so weiter,
wenn das so weitergeht!

Januar 1947, Pinguin. Der Schwarzhandel blühte immer üppiger. Ehrliche Arbeit lohnte immer weniger. Das Wort »auswandern« wurde zum epidemischen Verbum. Um durch Diskussion ein wenig Klarheit und Überblick zu schaffen, eröffnete ich mit dem folgenden Beitrag eine Umfrage. Meine etwas pastorale Haltung wurde mir in den Kreisen der schaffenden und unbeirrten Jugend sehr verübelt.

Über das Auswandern

Am selben Tage, an dem, vor nun fast vierzehn Jahren, in Berlin das Reichstagsgebäude brannte, traf ich, aus Meran kommend, in Zürich ein, wohin mir ein deutscher Verleger entgegengereist war. Er gab mir den Rat, in der Schweiz zu bleiben; und einige Kollegen, die bereits emigriert waren, Anna Seghers befand sich unter ihnen, teilten seine Meinung. Die deutschen Zeitungsagenturen meldeten, die Kommunisten hätten den Reichstag angezündet. Uns allen war klar, daß es sich im Gegenteil um ein Manöver Hitlers handelte, hinter dem sich nichts weiter verbergen konnte als die Absicht, geplante innerpolitische Gewaltmaßnahmen mit dem Schein des Rechts in Gegenmaßnahmen umzufälschen. Er fingierte diesen Angriff seiner politischen Feinde, um ihre Vernichtung als bloße Selbstverteidigung hinzustellen. Daß ich trotzdem nach Berlin zurückkehren wollte, führte in dem kleinen Züricher Café zu lebhaften Auseinandersetzungen. Kurz bevor mein Zug aus Zürich abfuhr, kam am Nebengleis ein Schnellzug aus Deutschland an. Dutzende von Bekannten und Kollegen stiegen aus. Sie waren über Nacht geflohen. Der Reichstagsbrand war das Signal gewesen, das sie nicht übersehen hatten. Als sie mich und meine Absicht erkannten, verstärkten sie den warnenden Chor der Freunde. Ich aber fuhr nach Berlin zurück und bemühte mich in den folgenden Tagen und Wochen, weitere Gesinnungsgenossen von der Flucht ins Ausland abzuhalten. Ich beschwor sie zu bleiben. Es sei unsere Pflicht und Schuldigkeit, sagte ich, auf unsere Weise dem Regime die Stirn zu bieten. Der Sieg dieses Regimes und die schrecklichen Folgen eines solchen Sieges seien, sagte ich, natürlich nicht aufzuhalten, wenn die geistigen Vertreter der Fronde allesamt auf und davon gingen. Sie hörten nicht auf mich. Hätten sie auf mich gehört, dann wären sie heute wahrscheinlich alle tot. Dann stünden sie, auch sie, in den Listen der Opfer des Faschismus. Mir wird, so oft ich daran denke, heiß und kalt. Wenn es mir damals gelungen wäre, auch nur einen einzigen zu überreden, den man dann gequält ud totgeschlagen hätte? Ich trüge dafür die Schuld ...

*

Warum ich das erzähle? Um anzudeuten, weshalb ich mir nicht mehr anmaße, anderen Menschen, und wären's die nächsten Freunde, in wichtige Entscheidungen hineinzureden. Von einem einzigen Menschen habe ich das Recht, Ideen zuliebe Opfer zu verlangen: von mir selbst. Ich weiß, daß das ein etwas kläglicher, mediokrer Standpunkt ist. Er hat nur einen Vorrang: den der Ehrlichkeit. Generäle, Parteiredner und Sektengründer haben stärkere Nerven als ich, eine dickere Haut und vielleicht etwas weniger Phantasie. Sie verspielen, wenn's denn sein muß, auch fremde Einsätze, ohne mit der Wimper zu zucken. Ich könnte es nicht.

Damit ergibt sich meine Stellungnahme zu einer Frage, die im heutigen Deutschland zahllose Menschen, und gerade junge Leute, außerordentlich bewegt. Die Frage, ob sie eines Tages, falls sich die Gelegenheit dazu je böte, versuchen sollten auszuwandern. Im sechsten Heft der Münchner Zeitschrift »Der Ruf« hieß es: »Dies ist der Sachverhalt: die große Masse der deutschen Jugend trägt sich mit der festen Absicht, Deutschland zu verlassen, sobald sich nur die geringste Möglichkeit bieten sollte.« Und: »Unter etwa sechzig bis achtzig befragten jungen Menschen haben wir keinen gefunden, der uns nicht die Heimat seiner Zukunft schon mit dem Finger auf der Landkarte zeigen konnte.« Ist der Wunsch, das gesunkene Schiff zu verlassen, wirklich so allgemein verbreitet? Ich hoffe, daß der Autor übertreibt. Ich fürchte, daß er recht hat. »Schon die Absicht allein«, schreibt er, »beweist, daß diese Jugend die Lust verloren hat, am Leben Deutschlands teilzunehmen.« Die Lust verloren? Das klingt niederschmetternd. Es klingt, als ob jemand sagte: »Meine Eltern haben ihr Vermögen verloren, ich such mir morgen ein Paar neue!« Früher hätte ich eine solche Gesinnung mit den mir zu Gebote stehenden schriftstellerischen Mitteln bis aufs äußerste bekämpft. Heute? Heute zucke ich die Achseln und blicke aus dem Fenster. Wenn die jungen Leute erklären: »Wir wollen fort aus diesem zertrümmerten und mit Menschen bis zum Hals vollgestopften Land, um unser Glück woanders zu versuchen«, so habe ich kein Recht, mich ihnen in den Weg zu stellen. 1933 forderte ich andere auf, ihr Leben aufs Spiel zu setzen. Heute bringe ich's nicht einmal über mich, sie aufzufordern, daß sie ihr materielles Glück riskieren. Auch das ist nicht meine, sondern ihre Sache.

Etwas ganz andres ist das Interesse, das ich an der Frage nehme. Denn die Frage und die Antworten darauf sind für die Zukunft unserer Heimat außerordentlich bedeutsam. Auch jetzt schon, wo an Möglichkeiten zur Auswanderung noch gar nicht zu denken ist.

Januar 1947, Neue Zeitung. Die Zahl der qualifizierten oder immerhin erfahrenen Theaterkritiker hatte eher ab- als zugenommen. Weil die Zeitungen nicht Abhilfe schafften, griffen die Theater hier und dort zur Notwehr. Daß sich häufig nicht sonderlich qualifizierte Theaterleute zur Wehr setzten, gerade diese, und mit recht ungeistigen Waffen, komplizierte die Situation. Unter den Zuschriften, die ich erhielt, waren solche, die meine Ironie für bare Münze nahmen. Dabei ist allerdings zu bedenken, daß die Neue Zeitung damals anderthalb Millionen Leser hatte.

Erste Hilfe gegen Kritiker
Methodologische Betrachtungen

Die Menschheit zerfällt nach Linné in gute und böse Menschen. Die bösen Menschen zerfallen ihrerseits in die Gelegenheitsbösewichte und in solche, die von Jugend auf böse sind. Und auch diese, die gebürtigen Bösewichte oder Professionals, zerfallen in zwei Teile: in die Verbrecher mit Volksschulbildung und in die Kritiker. Das ist bekannt. Das weiß heute jedes bessere Kind. Bezeichnenderweise findet man in Deutschland für letztere keinen eignen Namen, sondern nennt sie fremdzüngig Rezensenten, Referenten, ganz allgemein Intellektuelle oder, wie schon gesagt, Kritiker. Die übelste Kategorie sind die Theaterkritiker. Ihr Gewerbe besteht darin, daß sie mit der bitterbösen Absicht ins Theater gehen, sich dort zu ärgern oder, sollte das mißlingen, zu langweilen. Und daß sie mehrere Tage später mit Hilfe gehässiger Zeitungsartikel die breite Öffentlichkeit über die Art und den Grad der gehabten Unlustgefühle aufs geschwätzigste unterrichten. Da schreiben sie dann etwa: »Das Stück war miserabel. Leider sprach Frau Schmidt-Müller den einzigen Satz in der Exposition, der mich interessiert hätte, so undeutlich, daß sie mir damit einen schlaflosen ersten Akt bereitete.« Für derlei hämische Auslassungen werden die Kritiker auch noch fürstlich bezahlt, und so ist es weiter kein Wunder, wenn sie jede Gelegenheit zu übler Nachrede rücksichtslos wahrnehmen. Goethe, der so vieles

Treffende geäußert hat, verdanken wir den tiefen Satz: »Schlagt ihn tot, er ist ein Rezensent!« Leider wissen wir zur Genüge, wie wenig das deutsche Volk auf seine Dichter zu hören pflegt.

Immerhin, einmal im Lauf unserer Geschichte, es ist noch gar nicht lange her, wurde das Wort des Weisen aus Weimar beherzigt. Es war eine unvergleichliche, eine unvergeßliche Zeit, und sie hatte nur einen Fehler: sie ging vorbei. Damals nahm sich der Staat der Künste an und trug den Kritikern auf, die deutschen Meister zu ehren und mit diesen die Gesellen, die Lehrlinge und Anlernlinge. Väterlich verwies er zuerst den Rezensenten ihr zersetzendes Gehabe. Später gab er ihnen den dienstlichen Befehl, alles Dargebotene zu bewundern, zu besingen und zu bepreisen. Und siehe da, es klappte! Die Kritiken waren glänzend, die Stücke waren glänzend, die Aufführungen waren glänzend, und die Laune der Theaterdirektoren, der Sänger, Schauspieler, Dirigenten, Flötisten und Logenschließer war glänzend. Kein Mißton konnte aufkommen. Die Künstler sahen die Kritiker, von denen sie nun unermüdlich mit Blümchen bestreut und mit Schlagsahne begossen wurden, zufrieden an und sagten: »Na also, warum denn nicht gleich?«

Gewiß, es gab Rückfälle. Es kam vor, daß eine der Intellektbestien nicht parieren wollte. Doch gegen solch atavistische Anfälle wußten die Dresseure Mittel. Wer nicht richtig lobpreisen wollte, wer da glaubte, er könne die Zunge herausstrecken oder die Zähne zeigen, wurde auf die Straße gesetzt. Später wurde das Verfahren insofern vervollkommnet, als man die unartigen Rezensenten nicht mehr verbot, sondern zur Strafe ins soldatische Ehrenkleid steckte und an eine der zahlreichen Fronten schickte. Dort konnten sie dann für den mitunter nur noch kurzen Rest des Lebens über ihre Niedertracht nachdenken. Man sieht, wie genau man dem Rat unseres großen Goethe zu gehorsamen suchte. Doch derartige Maßnahmen und Anlässe blieben selten. Im allgemeinen konnte das treffliche Wort August Kopischs, eines anderen bedeutenden deutschen Dichters, gelten, an das man heute mit Wehmut zurückzudenken geneigt ist, an den Vers:

»Ach wie war es doch vordem
mit Kunstbetrachtern so bequem!«

Hier muß eines Phänomens kurz gedacht werden, das ins Gebiet der kulturellen Pathologie gehört. Es gab nicht nur unter den Rezensenten Leute, denen das Fehlen der Kritik alter Schule an den Nerven zerrte, sondern auch unter den Künstlern, den Betroffenen a. D., selber! Eine widerwärtige seelische Verirrung, pervertiert, ungesund und faul bis ins Mark, um es dezent und gelassen auszudrücken. Sie sehnten sich nach den alten »Sudelköchen« zurück und nannten deren Nachfolger, müde spöttelnd, Hudelköche! Ein Schauspieler vom Deutschen Theater in Berlin erklärte einmal unter Kopfschütteln: »Ich weiß nicht, woran es liegt. Wir verdienen doch nun soviel Geld wie niemals zuvor. Wir sind das Liebkind der Regierenden. Und trotzdem macht uns das Theaterspielen keinen Spaß mehr …« Ihm und seinesgleichen war das wolkenlose Lob durchaus verdächtig. Er konnte nicht glauben, daß er in jeder Rolle unerreicht, daß jedes der neuen Dramen meisterlich und jede Regie eine Tat sei. Er war das Pendant zum zersetzenden Kritiker, er war der zersetzte Schauspieler. Zum Glück gibt es wenig Künstler, die sich an zu viel und zu fettem Lob den Magen verderben. So blieb alles gut und schön und glänzend und großartig und einmalig. In der Kunst wie in der Politik, in der Wirtschaft wie in der Kriegsführung. Bis …

*

Statt nun den von Klios Hand jäh abgerissenen Faden der Geschichte tapfer weiterzuspinnen, sucht man ihn mit dem Althergebrachten zu verknoten. Unter Expressionisten, Parteisekretären, Bodenreformern, Bibelforschern und anderen Gespenstern, die aus der Versenkung aufsteigen, erblickt man auch, horribile dictu, die Zeitungsbösewichte, die Beckmesser der Premieren! Sie wühlen wieder unterm Strich, die Großmaulwürfe der Presse. Und da ist kein Minister weit und breit, der sie erlegte! Kein Reichspressechef, kein Reichsdramaturg und kein Reichsfilmintendant, der sie an der winterlichen

Front kaltstellen ließe! Niemand widerspricht ihnen, wenn sie die Priester und Küster der Kunst erniedrigen und beleidigen. Zwölf Jahre Dauerlob, und nun diese Reaktion? Da bleibt nur eines: Selbsthilfe! Wie ein Lauffeuer pflanzt sich von Stadttheater zu Stadttheater der Ruf fort: »Künstler, erwache!« Allenthalben im Lande stehen sie auf, die Dirigenten, Schauspieler und Direktoren, und wehren sich ihrer dünnen Haut! Das wäre ja noch schöner wäre ja das!

Schon beginnen sich am Rundhorizont einige brauchbare Kampfmethoden abzuzeichnen, und es mag für manchen Intendanten, für manchen Kapellmeister und für manchen Regisseur beizeiten wissenswert erscheinen, wie man anderwärts abfälligen Kritiken und silbenstechenden Kritikern begegnet. Die angeführten Beispiele werden zur Nachahmung empfohlen.

1. Man kann es wie in *Konstanz* machen. Der Intendant des Vorjahres nahm ihn kränkende Rezensionen nicht hin, sondern erwiderte darauf im Programmheft der Bodenseebühnen. Außerdem veröffentlichte er Zuschriften aus dem Leserkreis. Als er einen Brief abdrucken konnte, worin jemand Stein und Bein schwor, daß eine besonders herb beurteilte Inszenierung mindestens so gelungen gewesen sei wie die beste Einstudierung unter Max Reinhardt, gab der Kritiker nach und ging, seelisch völlig durcheinander, in eines der umliegenden idyllischen Klöster.

2. Man kann es wie in *Zwickau* machen. Dort hatte ein Kritiker die Ouvertüre zu »Figaros Hochzeit« beanstandet. Genauer, nicht so sehr die Ouvertüre selber wie die Zwickauer Auffassung. Daraufhin taten sich die Orchestermitglieder des Stadttheaters zusammen und erklärten einstimmig, daß sie, falls es dem Rezensenten beikäme, das Haus jemals wieder zu betreten, streiken würden. Sie drohten, die Instrumente sofort aus der Hand zu legen. Ausnahmslos und zum eignen Leidwesen. Was aus dem Kritiker geworden ist, weiß man nicht. In Zwickau gibt es keine Klöster.

3. Man kann es wie in *Stuttgart* machen. Dort ging ein Journalist so weit, eine Clavigo-Inszenierung zu bemängeln. Zu-

nächst wurde der Zeitung mitgeteilt, daß für diesen Mann künftig keine Freikarten mehr zur Verfügung stünden. Als der so empfindlich Gemaßregelte lautwerden ließ, daß er sich die Billetts von nun an käuflich erwerben wolle, erhielt er ein Hausverbot. Man gab's ihm, um Komplikationen vorzubeugen, schwarz auf weiß. Was aus dem Ärmsten geworden ist, ahnt niemand. Es heißt, daß er sich, den Kammerspielen gegenüber, eingemietet habe und an besonders wichtigen Theaterabenden blaß wie ein Geist an seinem Fenster stehe und die Arme verlangend nach jenem Haus ausstrecke, das er nie, nie wieder betreten darf.

4. Man kann es wie in *Berlin* machen. Dort glaubte sich eine mit Recht gefeierte Schauspielerin von einem jungen Kritiker zu Unrecht verrissen, suchte ihn in seinem Stammlokal auf und verabreichte dem Erstaunten im Garderobenraum, wohin sie ihn rufen ließ, ein paar Ohrfeigen. Obwohl sie selber nachträglich von dieser Methode abgerückt ist – vor allem, weil er ihr, als sie davonrauschte, höflich die Tür aufhielt –, soll man sich nicht beirren lassen: Das Verfahren bleibt zu empfehlen. Es wird viel zu wenig gebackpfeift.

5. Man kann es auch wie in *Hannover* machen. Nachdem ein Musikkritiker geschrieben hatte, Herr Professor Krasselt habe die »Pastoralsymphonie« reichlich »unpastoral« dirigiert, ließ der gekränkte Kapellmeister auf einem den Programmheften beigefügten Zettel mitteilen, daß er in Hannover künftig nicht mehr gastieren werde. Wenn der Rezensent gar geschrieben hätte, unter den Händen des Professors Krasselt sei aus der »Pastoralsymphonie« eine »Professoralsymphonie« geworden, hätte ihn der Magistrat wahrscheinlich auf dem Städtischen Schlachthof einliefern lassen. Da er sich den Witz verkniff, kam er glimpflicher davon. Der Oberbürgermeister hielt in einer Plenarsitzung des Stadtrats eine flammende Rede gegen das Unwesen der zersetzenden Kritik. Und ein paar Tage später wurde der dreiundzwanzigjährige Delinquent für die Dauer einer Woche zur Schuttaktion eingezogen. An diesem Beispiel stimmt besonders hoffnungsfreudig, daß den Künstlern die Stadtväter zu Hilfe eilten. Der Fall wird Schule ma-

chen. Wenn's auch noch kein Minister wieder ist, der sich schützend vor die Musen stellt – Stadträte sind auch schon ganz nett. Es ist ein Anfang. Man sieht den guten Willen.

Kein schlechter Gedanke wäre es, die verschiedenen Methoden zügig zu kombinieren. Im Anschluß an eine ablehnende Kritik könnte man dem Burschen zunächst im Programmheft geharnischt antworten. Dann sollte man ihm auf Lebenszeit das Betreten des Theaters verbieten. Anschließend müßte man ihn vom kräftigsten Mitglied des Ensembles ohrfeigen und zu guter Letzt als Hauptschuldigen einem Arbeitslager überweisen lassen. Zugegeben, es wäre immer erst eine halbe Sache. Aber die Demokratie ist ja nun einmal das System der Halbheiten. Und solange man sich bemühen wird, es uns zu oktroyieren, werden die Kritiker versuchen, das wilde, herrliche Blühen unserer Kunst, böse wie sie sind, zu verhindern.

Vor einem möge uns die Zukunft bewahren: vor jenen Intellektuellen, deren Talent ihrer Bosheit gleichkommt! In den zwanziger Jahren unseres Jahrhunderts gab es dergleichen. In Wien schrieb damals einer nach einer Aufführung, die ihn natürlich gelangweilt hatte: »Das Stück begann halb acht. Als ich halb zwölf auf die Uhr sah, war es halb neun.« Gegen so etwas hilft keins der angeführten Mittel. Dagegen hülfe nur der totalitäre Staat.

Deutsches Ringelspiel 1947

Einige bezeichnende Figuren unserer Tage kommen nacheinander, an im Kreise bewegte Marionetten erinnernd, ins Rampenlicht. Dort singt jede Figur ihr Lied. Nachdem sie alle an der Reihe waren, enthüllt die auf dem Sockel stehende, im Dämmer der Bühnenmitte bisher nur geahnte allegorische Figur, die Zeit, ihr Gesicht und bringt den Abgesang. Während und so oft die Schauspieler stumm und planetarartig den Weg rund um die »Zeit« zurücklegen, ertönt eine spieluhrartige Musik. Das Licht konzentriert sich während des ganzen Spieles auf die Rampenmitte. Nachdem einige der Figuren den Lichtkegel durchschritten haben, halten sie inne. An der Rampe steht die verschneite Flüchtlingsfrau. Die Spieluhrmusik hat aufgehört.

Das Gebirg steht starr. Die Seen sind aus Eis.
Und es schneit. Und mich friert. Und es schneit ...
Kaum weiß ich noch, wer ich bin, wie ich heiß.
Ihr macht euch in euren Stuben breit.
Und es schneit. Und mich friert. Und es schneit ...

Ich steh euch im Weg, wo ich steh, wo ich bin.
Und es schneit. Und mich friert. Und es schneit ...
Wo kam ich her, wo soll ich hin?
Ihr habt für mich keinen Raum, keine Zeit.
Und es schneit. Und mich friert. Und es schneit ...

Ihr redet viel von Jesus Christ.
Und es schneit. Und mich friert. Und es schneit ...
Ob euer Herz aus Eisen ist?
Der Mensch tut sich nur selber leid.
Und es schneit. Und mich friert. Und es schneit.

Nach dem Ende des Liedes wird der Rundgang, auch musikalisch, wieder aufgenommen, bis der Geschäftemacher im Lichte der Rampe stehenbleibt. Die Spieluhrmusik hört auf. Der

Geschäftemacher ist ein auffällig dicker Mann mit steifem Hut, jovial und gerissen lächelnd.

Ich hab alles das, was keiner mehr hat.
Bei irgendwem muß es ja sein.
Ich spiele das Leben am liebsten vom Blatt.
Da klingt nicht jeder Ton rein.
Bei Nacht und Nebel und tonnenweise
macht Fleisch, macht Mehl seine leise Reise.
Ich mache die Preise!
Ich schiebe, ich schob, ich habe geschoben.
Fett – schwimmt oben!

Ich handle mit Holz, mit Brillanten und Speck,
mit Häusern, mit Nägeln und Sprit.
Ich handle, wenn's sein muß, mit Katzendreck
und verkauf ihn als Fensterkitt.
Ich verschieb die Waggons und dann noch die Gleise.
Ihr rennt wie hungrige Mäuse im Kreise.
Ich mache die Preise!
Es liegt mir nicht, mich lange zu loben.
Fett – schwimmt oben!

Danach erneut Rundgang mit Spieluhrmusik. Bis zur Figur des heimkehrenden älteren Kriegsgefangenen.

Das ist die Heimkehr dritter Klasse,
ganz ohne Lorbeer und Hurra.
Die Luft ist still. Der Tod macht Kasse.
Du suchst dein Haus. Dein Haus ist nicht mehr da.

Du suchst dein Kind. Man hat's begraben.
Du suchst die Frau. Die Frau ist fort.
Du kommst, und niemand will dich haben.
Du stehst im Nichts. Das Nirgends ist dein Ort.

Du bist dem Tod von der Schippe gesprungen.
Der Abgrund hat dich *nicht* verschlungen,
auch nicht die Große Flut.
Du bist noch da und doch nicht mehr vorhanden.
Jetzt müßte einer schreien:

Stimme von oben: »Stillgestanden!«

Das täte mir gut ...

Erneut Rundgang bis zur Figur des Frauenzimmers. Das Lied im Tango-Rhythmus.

Diese Zeit ist meine Zeit,
und meine Zeit verrinnt.
Wie lange noch, dann ist's soweit!
Ich nehme, wen ich find.

Diese Zeit ist meine Zeit,
und Sünde ist ein Wort.
Ich habe keine Zeit zum Leid
und jag die Treue fort.

Diese Zeit ist meine Zeit,
ich kämpf gern Brust an Brust.
Mit Lust und Liebe, süß im Streit,
erstreit ich Lieb und Lust.

Diese Zeit ist meine Zeit.
Ich taug soviel wie sie.
Ich bin der Leib. Sie ist das Kleid.
Diese Zeit ist meine Zeit.
So schön war es noch nie!

Wieder Rundgang mit Spieluhrmusik. Bis zur Figur des Dichters. Er trägt einen Straßenanzug und hält, als Allegorie, eine Leier.

Der letzte Schuß ging längst daneben.
Ihr krocht aus Kellern und aus Gräben.
Das große Sterben war vorbei.
Der Tod war satt, und ihr begannt zu leben
wie einst im Mai.
Ich bin der Dichter, der euch anfleht und beschwört.
Ihr seid das Volk, das nie auf seine Dichter hört.
Die Welt ging diesmal fast zugrunde.
Die Welt ging diesmal beinah vor die Hunde.
Ihr saht das Zweitjüngste Gericht.
Doch die Bedeutung dieser schwarzumwehten Stunde
fühltet ihr nicht!
Ich bin der Dichter, der euch anfleht und beschwört.
Ihr seid das Volk, das nie auf seine Dichter hört.

Rundgang. Bis die Figur der »armen Jugend«, ein junges Mädchen, stehenbleibt.

Kein Himmel kann es wollen
und auch die Erde nicht,
daß wir zerbrechen sollen,
wie wenn ein Glas zerbricht.

Wär's nicht am End gerechter,
man säh in unser Herz?
Es ist auch nicht viel schlechter
als Herzen anderwärts.

's müßt auch für uns was geben,
und wär es gleich nicht viel:
Wie sollen wir denn leben
ganz ohne Glück und Ziel?

Seid Menschen, nicht Nationen!
Vergeßt den alten Brauch!
Der Himmel wird's euch lohnen
und wir, die arme Jugend, auch.

*Rundgang mit Spieluhrwerk. Bis zur Figur des Parteipolitikers,
der ein Wahlplakat mit fingiertem Text umhängen hat.*

Während man sich redlich müht,
daß aus den ererbten Trümmern,
frei nach Schiller, Leben blüht,
regen sich, statt mitzuzimmern,
Gruppen, die der Wunsch durchglüht,
was schon schlimm ist, neidlos zu verschlimmern.

Geh nicht in irgendeine Partei,
oder in eine zu kleine Partei,
oder in eine zu feine Partei!
Spiel nicht alleine Partei!
Gründe nicht deine Partei!
Geh auch nicht in seine Partei!
Es gibt nur eine Partei,
sonst gibt es keine Partei, –
es gibt nur meine Partei!

Rundgang mit Spieluhrmusik. Bis zur Figur der Halbwüchsigen, verwildert, mit einem Bündel.

Wer unrecht tut, hat's besser als die Braven.
Er lügt und stiehlt und lacht die andern aus.
Es ist bequemer, nachts im Heu zu schlafen
als hinter Gittern, im Erziehungshaus.

Ich wär ganz gerne fromm und gut und klug.
Ich glaube nur, ich glaube nur, –
ich wünsch mir's nicht genug …

Ich weiß soviel, was ich nicht wissen sollte.
Und was ich wissen sollte, weiß ich nicht.
Ich habe viel getan, was ich nie, nie tun wollte!
Habt ihr auch ein Gewissen, das nicht spricht?

Und hat's noch Sinn, daß man mir hilft und rät?
Ich fürchte fast, ich fürchte fast, –
es ist bereits zu spät ...

Rundgang mit Spieluhrmusik. Bis zur Figur des Widersachers, der breitbeinig, Hände faul in den Taschen, stehenbleibt. Alte Breeches und schwarze Reitstiefel.

Wir haben euch gezwungen und verlockt?
Stellt eure Unschuld bloß nicht untern Scheffel!
Wir haben euch die Suppe eingebrockt,
und ihr habt nicht mal einen Löffel!

Er lacht schadenfroh. Andere Stimmen lachen, von sehr weit, wie ein Echo, hinterdrein.

Ablösung vor! Ihr erbt den Schrott und Schund.
Es ist, als ob wir's abgesprochen hätten!
Wir richten Deutschland jedesmal zugrund –
Und dann kommt ihr und dürft es retten.

Lachen, wie nach den ersten vier Zeilen.

Dann schau'n wir zu und schimpfen euch Verräter
und spotten all der Fehler, die ihr macht.
Habt ihr das Land dann wieder hochgebracht,
entsenden wir die ersten Attentäter
und werben für die nächste Völkerschlacht!
Soviel für heute, alles andre – später!

Lachen, wie nach den anderen Strophen.
  Erneut Spieluhrmusik. Während sich die neun Figuren weiter im Kreise bewegen, hebt sich der Scheinwerfer und zeigt auf die Figur der Zeit. Sie steht auf einem Sockel und hat wie Justitia eine Binde vor den Augen. Die Figuren stehen still. Ende der Spieluhrmusik.

Mein Reich ist klein und unabschreitbar weit.
Ich bin die Zeit.
Ich bin die Zeit, die schleicht und eilt,
die Wunden schlägt und Wunden heilt.
Hab weder Herz noch Augenlicht.
Ich kenn die Gut und Bösen nicht.
Ich trenn die Gut und Bösen nicht.
Ich hasse keinen. Keiner tut mir leid.
Ich bin die Zeit.

Im folgenden immer eisiger, immer verächtlicher, immer unnahbarer.

Da ist nur eins, – das sei euch anvertraut:
Ihr seid zu laut!
Ich höre die Sekunden nicht,
ich hör den Schritt der Stunden nicht.
Ich hör euch beten, fluchen, schrein,
ich höre Schüsse mittendrein,
ich hör nur euch, nur euch allein ...
Gebt acht, ihr Menschen, was ich sagen will:
Seid endlich still!

Nun etwas weniger kühl, eine Nuance menschlicher.

Ihr seid ein Stäubchen am Gewand der Zeit, –
laßt euren Streit!
Klein wie ein Punkt ist der Planet,
der sich samt euch im Weltall dreht.
Mikroben pflegen nicht zu schrein.
Und wollt ihr schon nicht weise sein,
könnt ihr zumindest leise sein!
Schweigt vor dem Ticken der Unendlichkeit!
Hört auf die Zeit!

Während die Spieluhrmusik wieder einsetzt und die Figuren sich erneut zu drehen beginnen, fällt der Vorhang.

Februar 1947, Neue Zeitung. Strafen auf Waffenbesitz und Amnestie bei Waffenablieferung hatten mehrfach miteinander abgewechselt. Anläßlich der Amnestie Anfang des Jahres 1947 erschien eine Statistik. Mit ihr befaßt sich die folgende Glosse.

Abrüstung in Bayern

Als Scipio Aemilianus im Jahre 146 v. Chr. Karthago besiegt hatte, wurde die gewaltige Stadt samt ihren Einwohnern von den Römern kurzerhand verlagert. Fort von der Küste des Mittelmeers, landeinwärts. Weitere Punische Kriege sind, wie jeder Gymnasiast freudig bestätigen wird, seitdem nicht mehr vorgekommen. Karthago spielte nie wieder eine politische Rolle. Die »Abrüstung« war hundertprozentig geglückt.

Heutzutage ist so etwas viel schwieriger. Unter anderem schon deshalb, weil man damals ja nur neue Punische Kriege verhindern wollte und nicht, wie nun, den Krieg überhaupt. Ob das möglich sein oder ob es in aller Welt auch nur ehrlich gewünscht wird, kann unsereins als politischer Laie in keiner Weise beurteilen. Der Laie sieht in der Herbeiführung eines Weltfriedens gar kein Problem. Vermutlich ist er farbenblind. Er versteht nicht, worin denn bloß in Zukunft der Sinn und der Zweck großer militärischer Auseinandersetzungen noch liegen könnte, wenn doch hinterdrein, wie diesmal schon, sämtliche Beteiligten frieren, hungern und im Dunkeln sitzen! (Von wichtigeren Dingen, die dann fehlen, ganz zu schweigen.)

Andrerseits, bei Raufereien, soweit sie nicht in geschlossenen Staatsverbänden, sondern in engerem Kreise stattfinden, haben ja zum Schluß auch sämtliche Kursusteilnehmer blutige Köpfe, zerfetzte Jacken und zerbrochene Bierkrüge – und trotzdem wird sich eine kräftesparendere Methode, den Angreifer friedliebend zu stimmen, schon hier schwer einbürgern lassen. Wie gesagt, dem Laien muß wohl der sechste, siebente oder achte Sinn fehlen. Er ist zu unkompliziert. Doch zurück zu den Abrüstungsplänen im weiter gespannten Rahmen. Die Siegerstaaten versuchten bereits die ersten hoffnungsvollen

Beispiele guten Willens zu geben, indem sie viele ihrer Marschälle, Admirale und Generäle zu Ministern, Botschaftern und anderen Zivilbeamten umernannten, militärisch also gewissermaßen aus dem Verkehr zogen. Andererseits ist es nur logisch, daß die Abrüstung bei den besiegten Herausforderern des Unheils, bei uns, noch energischer angepackt wurde. Man sprengte Waffenlager. Man versenkte Schiffe. Rüstungsindustrien wurden vernichtet. Zuweilen kam dem Laien der Gedanke, man hätte das eine oder andere Werk vielleicht nicht sprengen sollen. Denn was alles ist nicht schon in die Luft geflogen, als noch Krieg war! Und womöglich hätte man daraus Fabriken machen können, in denen Öfen, Waggons, Töpfe, Tiegel, Löffel und Streichhölzer herzustellen gewesen wären?

Doch wahrscheinlich hat der Laie wieder einmal unrecht.

Die Erfinder unserer geheimen Kriegswaffen selber konnte man an Ort und Stelle sicher nicht so ohne weiteres verwandeln, und so tat man, damit sie hier kein Malheur stiften, etwas recht Vernünftiges: Man lud sie rasch in andere Länder ein. Dort wird man sie fraglos leichter in friedliche Erfinder umarbeiten können. Ach, es gibt ja so viele Möglichkeiten! So viele zukunftweisende Artikel! Ich denke da nur an den Löffel, der, wenn man ihn in die Suppe tunkt, notfalls rufen kann: »Vorsicht, zu heiß!« (Dies wirklich nur am Rande erzählt, als kleine Anregung.)

Eine sehr dringliche Maßnahme war die Erfassung all jener Hieb-, Stich- und Schußwaffen, die sich bei Kriegsende zunächst noch in privater Hand befanden. Um die Ablieferung zu beschleunigen, verschärfte man die andernfalls zu gewärtigenden Strafen. Und um das hierdurch erreichte Resultat noch einmal zu steigern, erließ man kürzlich eine befristete Amnestie. Über deren Ergebnis liegen die ersten Zahlen vor. So wurden beispielsweise der Bayerischen Landespolizei bis zum 17. Februar 1700 Seitenwaffen, 570 Jagdgewehre, 1000 Gewehre und 1000 Pistolen ausgehändigt. Außerdem 20 Maschinenpistolen und 20 Maschinengewehre. Dem Laien ist, wie so oft, auch hier wieder etwas nicht ganz klar. Wollten sich die zwanzig Leute die Maschinengewehre eines Tages zur Erinnerung an große Zeiten übers Sofa hängen? Oder hielten sie die Dinger für fahrbare Ofenrohre? Die Ausbeute war aber noch bunter! Laut DENA wurden allen Ernstes überdies ein Torpedo, 21 Geschütze und drei veritable Panzer abgegeben! Das sind Rekordernten, die an zwei Pfund schwere Ananaserdbeeren und dreißigpfündige Gartengurken erinnern. Und im Kopf des Lesers, der nicht zu den geborenen Waffensammlern gehört, türmen sich die Fragen. Wo, zum Beispiel, hebt man einen Panzer auf? In meiner Wohnung etwa ginge das gar nicht. Eher paßte meine Wohnung in den Panzer! Und dann, wozu versteckt man, wenn man es nun schon zufällig auf dem Nachhauseweg finden sollte, ein Geschütz? Ich habe früher einmal im Nebenberuf mit 15-cm-Haubitzen zu tun gehabt – man hätte mir 1918 so ein Ding nachwerfen können, ich hätte es nicht genommen. Dazu die Angst: Wenn nun am Abend Schneiders zu Besuch kommen, und die Kanone steht im Vorsaal, und es ist doch bei Strafe verboten ... Man muß wohl sehr an seiner alten Waffengattung hängen, um sich mit einem mehrtonnigen Panzer oder einem Granatwerfer zu belasten! Und schließlich der Ärmste, der sich das Torpedo aufgehoben hatte! Er hat es wahrscheinlich nicht gleich abgeliefert, nur weil er nicht ausgelacht werden wollte. Das kann man verstehen. Denn in Schliersee oder Garmisch mit einem Torpedo durchs ganze Dorf ziehen und sich als »Kapitän der reitenden Gebirgsmarine« anöden lassen, ist nicht jedermanns Sache. Nur, wie kam das Torpedo überhaupt erst einmal in sein Haus? Panzer und Kanonen können natürlich, wenn eine Armee sich auflöst, auch in Bayern plötzlich herrenlos herumstehen. Aber ein Torpedo?

Die Zählung und Sichtung der während der Amnestie abgelieferten Waffen ist noch nicht endgültig abgeschlossen. Es sind also noch weitere Überraschungen möglich. Leider wird die eine nicht darunter sein: daß die Gangsterbanden, die sich breitmachen, am hellichten Tage Polizisten und Passanten über den Haufen knallen und sich auch sonst wie in Kriminalfilmen aufführen, die Amnestie wahrgenommen haben. Ihre Messer,

Revolver und Maschinenpistolen wird sich die Polizei leider, Stück für Stück und Schuß um Schuß, persönlich bei den Besitzern abholen müssen.

Frühjahr 1947, Schaubude. Noch immer befanden sich Millionen deutscher Soldaten in Kriegsgefangenschaft. Die Gemütsverfassung ihrer Mütter und Frauen, die oft nicht einmal wußten, wo die Männer waren und ob sie noch lebten, lastete wie ein Albdruck auf allem und allen. Auch jetzt sind viele Gefangene noch nicht heimgekehrt. Seit die Friedensschlüsse länger brauchen als die vorangehenden Kriege, sind alle auf raschem Friedensschluß basierenden Klauseln und Bräuche sinnlos und bedenklich geworden.

Das Lied vom Warten

Eine Frau mit einem selbstgemalten Plakat steht an der Rampe. Auf dem Plakat klebt eine Fotografie. Außerdem steht, mit einer Feldpostnummer, groß »Hans Maier« darauf. Hintergrundprospekt: Bahnhofshalle mit heimkehrenden Kriegsgefangenen.

1.
Zwei Jahre wird's in diesem Mai,
da war der Totentanz vorbei,
da starb das große Sterben.
Wir traten vor das halbe Haus
und sahen nur: Der Krieg war aus.
Und sahen nichts als Scherben.

Doch auf dem Rest vom Kirchturm sang
die Amsel voller Überschwang,
und der Flieder, der blühte im Garten.
Die Bäume rauschten bis ins Blut.
Die Hoffnung sprach: »Es werde gut!
Geduld, mein Herz, Geduld, mein Herz,
dein bißchen Glück muß warten!«

Zwei Jahre werden es im Mai.
Mein Mann, der ist gefangen.
Er ist gefangen, ich bin frei.

Die Hoffnung ging an uns vorbei.
Die Hoffnung ist vergangen.

Die Frau hebt ihr Plakat hoch und bringt das Folgende rezitativisch (laut):

Schaut her, Kameraden meines Mannes.
Wer kann Auskunft geben
über den Gefreiten Hans Maier,
Maier mit a i,
wer kann Auskunft geben über meinen Hans?
Bitte, kommt näher, und lest das Schild.
Ich habe es selber gemalt, und unten rechts,
das ist er, das ist sein letztes Bild!
War jemand mit ihm im Lager? Wo kommt ihr her?
Aus Rußland? Aus Frankreich? Erkennt ihn wer?
Er ist mein Mann, und ich brauch ihn so sehr.
Lacht mich nicht aus,
oder meinetwegen lacht hinter mir her!

Ich steh und wart,
daß sich das Schicksal mein erbarme.
Schickt ihn doch heim.
Schickt ihn doch endlich heim in meine Arme!

2.
Die gleiche bleiche Wartequal
hockt wie ein Geier überall
und hält uns in den Klauen.
Im Dunst der Stadt, im fernsten Tal, –
ganz Deutschland ist ein Wartesaal
mit Millionen Frauen.

Die Amsel schluchzt, die Blumen blühn,
das Korn wird gelb, die Stare ziehn,
und der Winter rupft Federn im Garten.
Ein Mond wird schmal, ein andrer naht,

und rings ums Herz starrt Stacheldraht.
Geduld, mein Herz! Geduld, mein Schmerz!
Wir leben nicht, – wir *warten*!

Wir warten stumm,
daß sich die Welt unser erbarme.
Schickt sie doch heim.
Schickt sie doch endlich heim in unsre Arme!

Mama bringt die Wäsche
Aus Berliner Tagebuchblättern

17. Januar 1944
Vorgestern nacht war nun also meine Wohnung an der Reihe. Ein paar Kanister »via airmail« eingeführten Phosphors aufs Dach, und es ging wie das Brezelbacken. Geschwindigkeit ist keine Hexerei. Dreitausend Bücher, acht Anzüge, einige Manuskripte, sämtliche Möbel, zwei Schreibmaschinen, Erinnerungen in jeder Größe und mancher Haarfarbe, die Koffer, die Hüte, die Leitzordner, die knochenharte Dauerwurst in der Speisekammer, die Zahnbürste, die Chrysanthemen in der Vase und das Telegramm auf dem Schreibtisch: »ankomme 16. früh anhalter bahnhof bringe weil paketsperre frische wäsche persönlich muttchen.« Wenigstens einer der Schreibmaschinen wollte ich das Leben retten. Leider sausten mir schon im dritten Stock brennende Balken entgegen. Der Klügere gibt nach.

Hinterher ist einem seltsam leicht zumute. Als habe sich das spezifische Gewicht verändert. Für solidere Naturen bestimmt ein abscheuliches Gefühl. Nicht an die Güter hänge dein Herz! Die Bücher werden mir am meisten fehlen. Einige Briefe. Ein paar Fotos. Sonst? Empfindungen wie: »Jetzt geh ich heim, leg mich auf die Couch, guck in den Kronleuchter, denk an fast gar nichts, lauf nicht ans Telefon und nicht an die Tür, wenn's läutet, bin so allein, daß die Tapete Gänsehaut kriegt ...« Damit ist's aus. Für Jahrzehnte. Und dann die Bettwäsche, die Oberhemden, die gestickten Taschentücher, die Krawatten, die mir Mutter allweihnachtlich schenkte. Die stolze Schenkfreude, die sie nach jeder großen Wäsche immer wieder neu hineingeplättet hat. Das ist nun mitverbrannt. Ich glaube, dergleichen könne gar nicht verbrennen. Man muß, ehe man mitreden kann, alles erst am eignen Leib erfahren. Oder an der eignen Leibwäsche. Na ja.

Den Schlüssel hab ich noch. Wohnung ohne Schlüssel ist ärgerlich. Schlüssel ohne Wohnung ist geradezu albern. Ich wollte die Dinger wegwerfen. In eine passende Ruine. Und ich bring's nicht fertig! Mir wär's, als würfe ich frisches Brot auf den Müll. Welch unsinnige Hemmung Schlüsseln gegenüber, die wohnungslos geworden sind! Trotzdem ist es so. Non scholae sed vitae discimus.

*

Wenn wenigstens die Mama nicht gekommen wäre! Seit den ersten Angriffen auf Berlin hatte ich ihre Besuche hintertrieben. Zuweilen mit wilden Ausreden. Wozu ihre Besorgnisse durch den Augenschein noch steigern? Ein paarmal war sie richtig böse geworden. Ich hatte es hingenommen. Und nun rückte sie mit dem Wäschekarton an! Ausgerechnet in dem Augenblick, in dem mir die Engländer die Wohnung gekündigt hatten. Die Stadt brannte noch. Das Verkehrsnetz war zerrissen. Die Feuerwehr stand unrasiert und übernächtigt vor züngelnden Fassaden. In der Roscherstraße war kein Durchkommen. Möbel lehnten und lagen naß, schief und schmutzig im Rinnstein. An den Ecken wurden heißer Kaffee und Klappstullen verteilt.

Was half's? Ich zog also gestern im Morgengrauen zum Bahnhof Charlottenburg. Natürlich gesperrt. Zum Bahnhof Zoo. Gesperrt. Zu Fuß an den schimmelfarbenen Flaktürmen vorbei zum Bahnhof Tiergarten. Die Stadtbahn fuhr. Bis Lehrter Bahnhof. Alles aussteigen. Pendelverkehr bis Friedrichstraße. Umsteigen. Anhalter Bahnhof. Gesperrt. Wo kommen die Züge aus Dresden an? Am Görlitzer Bahnhof. Ankunftszeiten? Achselzucken. Als ich im Görlitzer Bahnhof einpassierte, war ich genau drei Stunden unterwegs. Der Schnellzug aus Dresden. Vielleicht gegen zehn Uhr. Vielleicht auch gegen elf. Ich stellte mich an die Sperre und wich nicht von der Stelle, bis, nach endlosem Warten, der Zug einlief. Er hatte irgendwo bei Berlin auf freier Strecke halten müssen.

Die Reisenden sahen blaß und nervös aus. Den Qualm über der Stadt hatten sie von weitem ausgiebig beobachten können. Ängstlich suchten ihre Augen nach den Angehörigen hinter der Sperre. Was alles war in der Neuzeit über Nacht möglich, wer weiß, schwerer Angriff auf die Reichshauptstadt, noch jetzt von den Bränden bonbonrosa angehauchte Rußwolken überm Dächermeer, die lächerlichen Luftschutzkeller, mit den Fenstern halb überm Gehsteig, die Gas- und Wasserröhren in Kopfhöhe, rasch tritt der Tod den Menschen an. Siemensstadt soll auch wieder drangewesen sein, und wenn Paula erst einmal schläft, kann man neben dem Bett Kanonenkugeln abschießen, sie hört nichts, dann das Kind anziehen, der Rucksack, der schwere Koffer, der verfluchte Krieg. Ley hat eine Bar im Bunker, wo hab ich eigentlich die Fahrkarte. Mensch, gib gefälligst mit deiner dämlichen Kiste Obacht, und bitte, lieber Gott, laß ihnen nichts passiert sein ...

Da entdeckte ich die Mama. Mit dem Wäschekarton an der Hand. Ich winkte. Sie sah unverwandt geradeaus. Ich rief. Winkte. Rief. Jetzt bemerkte sie mich. Lächelte verstört. Nickte mehrmals. Ging hastig auf die Sperre zu und hielt dem Beamten steif die Fahrkarte entgegen.

*

Noch während wir in der dröhnenden Bahnhofshalle standen, berichtete ich ihr, was geschehen war. Die Wohnung sei verbrannt. Das gesamte Gartenhaus. Das Vorderhaus. Die Seitengebäude. Auch andere Häuser in der Straße. In den Straßen ringsum. In anderen Vierteln. Berlin eigne sich heute ganz und gar nicht für Mütter über siebzig. »Weißt du was«, sagte ich, »wir bleiben hier in der Nähe, essen in einer Kneipe zu Mittag, unterhalten uns gemütlich, – und mit dem ersten Nachmittagszug fährst du zurück. Es wird zeitig dunkel. Am Ende gibt's wieder Alarm. Vielleicht auch nicht; denn seit sie meine Wohnung erwischt haben, hat Berlin für sie enorm an Reiz eingebüßt. Trotzdem ...« Ich lachte ziemlich künstlich.

Da fragte sie leise: »Die Teppiche auch?«

Mir verschlug's den Atem.

»Und das neue Plumeau?«

Ich erklärte ihr noch einmal und so behutsam, wie eine Bahnhofshalle es zuläßt, daß das Feuer keine Ausnahme gemacht habe. Die Teppiche seien fort, das neue Plumeau von Thiels aus der Prager Straße, das Klavier, auf dem ich als Kind die Dur- und Molltonarten geübt hätte, die Möbel aus den Deutschen Werkstätten, die Cottasche Goethe-Jubiläumsausgabe, das Zwiebelmuster, die dünnstieligen Weingläser, die Badewanne, die Tüllvorhänge, der Liegestuhl samt dem Balkon …

»Komm!« sagte sie, »ich muß die Wohnung sehen!« Es gelang ihr noch nicht, die vier Zimmer aus der Welt wegzudenken. Sie lief auf die Straße. War nicht zu halten. Wir fuhren. Stiegen aus. Stiegen um. U-Bahn. Stadtbahn. Ab Tiergarten pendelte ein Omnibus. An einer Station kam ich mit der einen Hand und dem Wäschekarton nicht ins Abteil. Der Rest war längst im Wagen. Die Leute rührten sich nicht. Ich mußte sehr laut werden, bis ich meine Hand und den Karton wieder hatte. Die Mama stand oder saß, je nachdem, und starrte ins Leere. Tränen liefen über ihr Gesicht wie über eine Maske.

Zwei Stunden dauerte es diesmal bis Charlottenburg. Vom Bahnhof aus steuerte sie den von früher her gewohnten Weg, kaum daß ich Schritt halten konnte. Der Zugang durch die Sybelstraße war abgeriegelt. Also Dahlmannstraße, Kurfürstendamm, Küstriner Straße. Über Stock und Stein, über Stuck und Stein. Auch hier ging's plötzlich nicht weiter. Trümmer, Qualm, Feuerwehr, Einsturzgefahr, es hatte keinen Zweck. Noch ein paar Schritte. Aus. Die Räume überm Haustor waren heruntergesackt. Der Schutt versperrte den Blick in den Hof. Der Sargdeckel war zugeklappt. Die Mama blickte ratlos um sich. Dann packte sie meinen Arm und sagte: »Bring mich zurück.«

*

Wieder zwei Stunden Fahrt. Unheimliches Gedränge. Autobus, Stadtbahn, U-Bahn, aussteigen, pendeln, umsteigen. Meine Befürchtung, der Anblick solcher Ruinenfelder wie etwa des Hansaviertels werde ihr Herz meinethalben mit neuer, stärkerer Angst erfüllen, erwies sich als unbegründet. Sie sah auch jetzt nicht links, noch rechts. Wahrscheinlich schaute sie in den großen Wäscheschrank aus hellgrünem Schleiflack. In das Fach mit den Überschlaglaken, Bettüchern und Kopfkissenbezügen. In das Fach mit den sorgfältig gestapelten Oberhemden. In die Schachteln mit den exakt gefalteten Taschentüchern. Auf die säuberlich geschichteten Frottiertücher, Handtücher und Wischtücher.

Da waren auch noch die zwei nagelneuen Kamelhaardecken. Von Salzmanns. Und der dunkelblaue Bademantel vom Geburtstag vor zwei Jahren. Und das Silber. Für zwölf Personen. Stück um Stück nacheinander gekauft. Mein Junge, wissen Sie, hat eine Aussteuer wie ein heiratsfähiges Mädchen. Und jedes Jahr schenk ich ihm etwas hinzu. Ja, selbstverdient, natürlich. Dreiundsiebzig werd ich im April. Aber wenn ich ihm nichts mehr schenken könnte, würde mir das Leben keinen Spaß mehr machen. Er sagt zwar jedesmal, nun müßte ich endlich mit Arbeiten aufhören. Doch das laß ich mir nicht nehmen. Schriftsteller ist er. Er darf aber nicht schreiben. Seine Bücher hat man verbrannt. Und nun die Wohnung ...

Als der Schnellzug anrückte, dunkelte es bereits. Ich lief eine Weile nebenher und winkte. Sie biß sich auf die Lippen und versuchte zu lächeln.

Dann fuhr ich wieder nach Charlottenburg. Neun Stunden war ich insgesamt in Berlin herumgegondelt. Am Mantel fehlten zwei Knöpfe. Als ich am Stuttgarter Platz aus dem Omnibus kletterte, sagte jemand: »Es wird gleich Voralarm geben!« Da fing ich zu laufen an. Manchmal schlug mir der Wäschekarton gegen die Beine. In der Ferne heulte die erste Sirene. Das mußte Grunewald sein.

Eine kleine Sonntagspredigt
Vom Sinn und Wesen der Satire

Über dem geläufigen Satze, daß es schwer sei, *keine* Satire zu schreiben, sollte nicht vergessen werden, daß das Gegenteil, nämlich das Schreiben von Satiren, auch nicht ganz einfach ist. Das Schwierigste an der Sache wird immer die Vorausberechnung der Wirkung bleiben. Zwischen dem Satiriker und dem Publikum herrscht seit alters Hochspannung. Sie beruht im Grunde auf einem ebenso einseitigen, wie resoluten Mißverständnis, das der fingierte Sprecher eines Vierzeilers von mir, eben ein satirischer Schriftsteller, folgendermaßen formuliert:

> Ich mag nicht länger drüber schweigen,
> weil ihr es immer noch nicht wißt:
> Es hat keinen Sinn, mir die Zähne zu zeigen, –
> ich bin gar kein Dentist!

Wie gesagt, die Verfasser von Satiren pflegen mißverstanden zu werden. Seit sie am Werke sind – und das heißt, seit geschrieben wird –, glauben die Leser und Hörer, diese Autoren würfen ihrer Zeit die Schaufenster aus den gleichen Motiven ein wie die Gassenjungen dem Bäcker. Sie vermuten hinter den Angriffen eine böse, krankhafte Lust und brandmarken sie, wenn sie es vorübergehend zum Reichspropagandaminister bringen, mit dem Participium praesentis »zersetzend«. Solche Leser sind aus Herzensgrund gegen das Zersetzen und Zerstören. Sie sind für das Positive und Aufbauende. *Wie* aufbauend sie wirken, kann man, falls sie es vorübergehend zum Reichspropagandaminister bringen, später bequem und mit bloßem Auge feststellen.

In der Mittelschule lernt man auf lateinisch, daß die Welt betrogen werden wolle. In der eigenen Muttersprache lernt man's erst im weiteren Verlauf, – aber gelernt wird's auf alle Fälle, in *der* Schulstunde fehlt keiner. Die umschreibende Redensart, daß die Menschen sich und einander in die Augen *Sand* streuten, trifft die Sache nicht ganz. Man streut sich auf der Welt keineswegs Sand in die Augen. So plump ist man nicht. Nein, man streut einander Zucker in die Augen. Klaren Zucker, raffinierten Zucker, sehr raffinierten sogar, und wenn auch das nicht hilft, schmeißt man mit Würfelzucker! Der Mensch braucht den süßen Betrug fürs Herz. Er *braucht* die Phrasen, weich wie Daunenkissen, sonst kann sein Gewissen nicht ruhig schlafen.

Als ich vor rund fünfundzwanzig Jahren nach bestem Wissen und Gewissen zu schreiben begann, kamen immer wieder Beschwerdebriefe. Mit immer wieder dem gleichen Inhalt. Wo, wurde resigniert oder auch böse gefragt, wo bleibt denn nun bei Ihnen das Positive? Ich antwortete schließlich mit einem Gedicht und zitiere ein paar Strophen, weil sie zum Thema gehören und heute nicht weniger am Platze sind als damals:

> Und immer wieder schickt ihr mir Briefe,
> in denen ihr, dick unterstrichen, schreibt:
> »Herr Kästner, wo bleibt das Positive?«
> Ja, weiß der Teufel, wo das bleibt.
>
> Noch immer räumt ihr dem Guten und Schönen
> den leeren Platz überm Sofa ein.
> Ihr wollt euch noch immer nicht dran gewöhnen,
> gescheit und trotzdem tapfer zu sein.
>
> Die Spezies Mensch ging aus dem Leime
> und mit ihr Haus und Staat und Welt.
> Ihr wünscht, daß ich's hübsch zusammen*reime*,
> und denkt, daß es dann zusammen*hält*?
>
> Ich will nicht schwindeln. Ich werde nicht schwindeln.
> Die Zeit ist schwarz. Ich mach euch nichts weis.
> Es gibt genug Lieferanten von Windeln,
> und manche liefern zum Selbstkostenpreis ...

Dem Satiriker ist es verhaßt, erwachsenen Menschen Zucker in die Augen und auf die Windeln zu streuen. Dann schon lieber

Pfeffer! Es ist ihm ein Herzensbedürfnis, an den Fehlern, Schwächen und Lastern der Menschen und ihrer eingetragenen Vereine – also an der Gesellschaft, dem Staat, den Parteien, der Kirche, den Armeen, den Berufsverbänden, den Fußballklubs und so weiter – Kritik zu üben. Ihn plagt die Leidenschaft, wenn irgend möglich das Falsche beim richtigen Namen zu nennen. Seine Methode lautet: Übertriebene Darstellung negativer Tatsachen mit mehr oder weniger künstlerischen Mitteln zu einem mehr oder weniger außerkünstlerischen Zweck. Und zwar nur im Hinblick auf den Menschen und dessen Verbände, von der Ein-Ehe bis zum Weltstaat. Andere, anders verursachte Mißstände – etwa eine Überschwemmung, eine schlechte Ernte, ein Präriebrand – reizen den Satiriker nicht zum Widerspruch. Es sei denn, er brächte solche Katastrophen mit einem anthropomorph vorgestellten Gott oder einer Mehrzahl vermenschlichter Götter in kausale Zusammenhänge.

Der satirische Schriftsteller ist, wie gesagt, nur in den Mitteln eine Art Künstler. Hinsichtlich des *Zwecks*, den er verfolgt, ist er etwas ganz anderes. Er stellt die Dummheit, die Bosheit, die Trägheit und verwandte Eigenschaften an den Pranger. Er hält den Menschen einen Spiegel, meist einen Zerrspiegel, vor, um sie durch Anschauung zur Einsicht zu bringen. Er begreift schwer, daß man sich über ihn ärgert. Er will ja doch, daß man sich über *sich* ärgert! Er will, daß man sich schämt. Daß man gescheiter wird. Vernünftiger. Denn er glaubt, zumindest in seinen glücklicheren Stunden, Sokrates und alle folgenden Moralisten und Aufklärer könnten recht behalten: daß nämlich der Mensch durch Einsicht zu bessern sei.

Lange bevor die »Umerziehung der Deutschen« aufs Tapet kam, begannen die Satiriker an der »Umerziehung des Menschengeschlechts« zu arbeiten. Die Satire gehört, von ihrem Zweck her beurteilt, nicht zur Literatur, sondern in die Pädagogik! Die satirischen Schriftsteller sind Lehrer. Pauker. Fortbildungsschulmeister. Nur – die Erwachsenen gehören zur Kategorie der Schwererziehbaren. Sie fühlen sich in der Welt ihrer Gemeinheiten, Lügen, Phrasen und längst verstorbenen Konventionen »unheimlich« wohl und nehmen Rettungsversuche außerordentlich übel. Denn sie sind ja längst aus der Schule und wollen endlich ihre unverdiente Ruhe haben. Rüttelt man sie weiter, speien sie Gift und Galle. Da erklären sie dann, gefährlichen Blicks, die Satiriker seien ordinäres Pack, beschmutzten ihr eigenes Nest, glaubten nicht an das Hohe, Edle, Ideale, Nationale, Soziale und die übrigen heiligsten Güter, und eines Tages werde man's ihnen schon heimzahlen! Die Poesie sei zum Vergolden da. Mit dem schönen Schein gelte es den Feierabend zu tapezieren. Unbequem sei bereits das Leben, die Kunst sei gefälligst bequem!

Es ist ein ziemlich offenes Geheimnis, daß die Satiriker gerade in Deutschland besonders schwer dran sind. Die hiesige Empfindlichkeit grenzt ans Pathologische. Der Weg des satirischen Schriftstellers ist mit Hühneraugen gepflastert. Im Handumdrehen schreien ganze Berufsverbände, Generationen, Geschlechter, Gehaltsklassen, Ministerien, Landsmannschaften, Gesellschaftsschichten, Parteien und Haarfarben auf. Das Wort »Ehre« wird zu oft gebraucht, der Verstand zu wenig und die Selbstironie – nie.

Das wird und kann die Satiriker nicht davon abhalten, ihre Pflicht zu erfüllen. »Sie können nicht schweigen, weil sie Schulmeister sind«, hab ich in einem Vorwort geschrieben, »– und Schulmeister müssen schulmeistern. Ja, und im verstecktesten Winkel ihres Herzens blüht schüchtern und trotz allem Unfug der Welt die törichte, unsinnige Hoffnung, daß die Menschen vielleicht doch ein wenig, ein ganz klein wenig besser werden könnten, wenn man sie oft genug beschimpft, bittet, beleidigt und auslacht. Satiriker sind Idealisten.«

Zum Schluß der Predigt sei diesen beklagenswerten Idealisten ein Spruch auf ihren mühseligen Weg mitgegeben:

Vergeßt in keinem Falle,
auch dann nicht, wenn vieles mißlingt:
Die Gescheiten werden nicht alle!
(So unwahrscheinlich das klingt.)

September 1947, Pinguin. Je länger die deutsche Währungsreform hinausgezögert wurde, um so größer wurde die Not der ehrlich Arbeitenden und um so gefährdeter ihre Moral.

Der Abgrund als Basis

Im vorigen Winter trafen sich in einer deutschen Großstadt zwei alte Bekannte, Autoren von Beruf, die einander lange nicht mehr gesehen hatten. Nach der ersten stürmischen Begrüßung sagte der eine, mit einem anerkennenden Seitenblick auf des anderen pralle Aktentasche, worin er Manuskripte neueren Datums vermutete: »Großartig! Die Musen funktionieren also wieder! Was arbeiten Sie denn?« Er konnte nicht wissen, daß die Mappe mit Zigaretten, Kaffee, Corned beef und Butter angefüllt war und daß kein Schriftsteller, sondern ein Schwarzhändler vor ihm stand. Dieser andere warf ihm einen traurig-spöttischen Blick zu, lachte bitter und antwortete unter Achselzucken: »Arbeiten? Du lieber Himmel! Arbeiten kann ich mir nicht leisten!« Wenn der abscheuliche letzte Satz auch nur eine halbe Wahrheit enthalten sollte – schon als Halbwahrheit verurteilt er die Zustände genau so wie die Menschen, die sich solchen Zuständen anpassen.

Ein anderes Beispiel. Vor Wochen entdeckten die Stadträte einer süddeutschen Kleinstadt, daß sich ihr Bürgermeister heimlich aller möglichen Bezugsscheine bemächtigt und seine Wohnung und Familie mit allem Notwendigen ausstaffiert hatte. Der Fall war klar. Es handelte sich um Mißbrauch der Amtsgewalt und einige andere einschlägige Delikte.

Es galt eine einzige Folgerung zu ziehen: Der Bürgermeister mußte mit Schimpf und Schande entlassen werden! Einer der Stadträte stellte in der entsprechenden Sitzung den entsprechenden Antrag. Es kam zu einer Debatte, und ein anderer Stadtrat erklärte nun folgendes: »Bürgermeister X ist, sieht man von seinem Vergehen ab, ein brauchbarer Ortsvorstand. Er hat sich leider auf dem Amtswege persönliche Vorteile verschafft, und insofern wäre er zu maßregeln. Andererseits sollten wir nicht vergessen, daß es gerade diese Vorteile sind, die ihn zur Fortführung der Amtsgeschäfte prädestinieren. Jeder in Frage kommende Nachfolger wäre versucht, das Vergehen des Bürgermeisters X zu wiederholen. Die Bezugsscheinstelle müßte erneut herhalten. So schlage ich vor, den X im Amte zu belassen. Er hat nun, was er braucht. Vor ihm sind wir künftig sicher, vor dem Nachfolger nicht.« Ich weiß nicht, ob dieser groteske Antrag angenommen worden ist oder nicht – doch schon der bloße Antrag verurteilt die Zustände nicht weniger als die Menschen, die sich solchen Zuständen anpassen.

Die Moral gleitet ab wie auf einer eingeseiften Rutschbahn. Es gibt wahrhaftig Menschen genug, die nicht abrutschen wollen. Sie tun nichts Unrechtes. Sie sind reell bis auf die Knochen. Sie arbeiten über ihre Kraft und versteuern, was sie verdienen, auf Heller und Pfennig. Sie haben die Genugtuung, korrekt zu handeln und, den vielfältigen Versuchungen zum Trotz, anständig zu bleiben. Und doch, sie werden für Minuten wankelmütig! Es gibt Momente, wo sie, erbost über ihr zartes Gewissen, aus Herzensgrund zu sich selber »Du Rindvieh« sagen. Das ist ein bedenkliches Zeichen. Wenn die Idealisten beginnen, sich für Idioten zu halten, muß etwas Entscheidendes geschehen.

Der Mensch ist nicht nur das Produkt der Um- und Zustände. Das wäre wenig mehr als eine bequeme Ausrede für Faulpelze und Lumpen. Aber die moralische Standhaftigkeit des Durchschnitts hat unverrückbare Grenzen. Eine solche Grenze ist wieder einmal erreicht. Man kann vom Katheder, von der Kanzel und vom Balkon aus an die Moral appellieren. Es wird wenig Sinn haben. Man kann höhere Strafen erlassen. Es wird wenig Sinn haben. Man muß sich mit dem Gedanken vertraut machen, daß es an der Zeit ist, statt der unveränderlichen Menschen die veränderliche Komponente zu ändern: die Zustände! Wie die Dinge seit zwei Jahren liegen, wird der Idealismus des Durchschnittsmenschen zu sehr beansprucht. Der Abgrund eignet sich nicht als Fundament. Der Sumpf bietet keine Basis. Er gibt keinen Halt. Man wird haltlos. Die Kardinalfrage lautet: Wie schafft man Festigkeit – oder doch das Gefühl der Festigkeit – unter unseren Füßen?

Die wenigsten haben Lust und Antrieb genug, sich zehn Zentimeter emporzuarbeiten, solange sie damit rechnen müssen, im nächsten Augenblick zwanzig Zentimeter tiefer zu sinken. Deswegen arbeiten viele nicht. Deswegen halten viele ihre Ware zurück. Deswegen schlachten die Bauern zu wenig Vieh ab. Deswegen wird getauscht, statt verkauft. Deswegen gedeiht der Schwarze Markt. Die unnatürliche Situation erzeugt das unnatürliche Verhalten. Es ist nicht wahr, daß die wirtschaftliche Unmoral bereits gesiegt habe. Es ist *noch* nicht wahr!

Aber das haltlose Tiefersinken, dieser Untergang am Ort, muß, darüber herrscht kein Zweifel, endlich gestoppt werden. Der neuralgische und für jede Maßnahme archimedische Punkt ist die Geldwährung. Das Geld muß wieder einen Sinn erhalten. Eine Arbeit muß sich wieder lohnen. Ein Gewinn muß bleibenden Wert haben. Arbeit, Ware und Geld müssen vernünftige Relationen eingehen. Der Geldreform ist es vorbestimmt, auch die Moral zu reformieren.

Herbst 1947, Schaubude. Die Bewirtschaftung, die Verwaltung, der Apparat, die Ämter waren zum Selbstzweck geworden. Die Kabarettszene wandte sich gegen die Weltpest der Bürokratie. Ob sich diese nun, nach der Währungsreform, in Deutschland aufs Mindestmaß reduzieren wird, bleibt, mit Reserve, abzuwarten.

Die Schildbürger

PERSONEN:
Der Bürgermeister
Der Baumeister
Der Kanzleivorstand
1. Sekretärin
2. Sekretärin
1. Sekretär
2. Sekretär
Der Handwerker
Der Fabrikant
Die Mutter
Der Minister
Der Ortsfremde

BÜHNENBILD: *Großer hoher Rathaussaal ohne Fenster. In Reih und Glied historisches und modernes Büromaterial: Hieroglyphentafeln und Meißel, Wachstafeln mit Griffeln, Tintenfässer mit Federkielen, Schreibmaschinen, Telefone, Kartotheken usw.*

Trachten: Seltsame Kombinationen aus antiken, mittelalterlichen und neuzeitlichen Kostümen, Kleidern, Schuhen, Kopfbedeckungen usw.
Vor dem Vorhang.
Vorhanginschrift: »*Schildbürger aller Länder, vereinigt euch!*«
Musikalisches Kurzvorspiel: Parodistische Variationen der Takte »*Oh, ich bin klug und weise!*« *aus* »*Zar und Zimmermann*«.

Der Bürgermeister tritt auf. Mit goldener Kette. Musik aus. Er ist feist, dummschlau und unecht jovial. Er spricht monoton und marktschreierisch, als hielte er Rundfunkreden. Stellt sich breitbeinig hin. Seine Dickbauchweste stellt bunte Globushälfte dar.

BÜRGERMEISTER: Kennen Sie Schilda? Schilda kennt jeder Mensch. Schilda ist groß, und ich bin der Bürgermeister.

Schilda hat die Gestalt einer Kugel, bewegt sich in elliptischer Bahn um die Sonne, und ich bin der Bürgermeister. Wir haben vier Jahreszeiten eingeführt, die Jahreszeit zu drei Monaten, das ist relativ preiswert und bietet auch sonst gewisse Vorteile. Schilda ist ziemlich ewig, und Schilda ist ziemlich überall. Es heißt, die Schildbürger seien dumm. Das ist erfunden, das ist erlogen, – denn ich bin der Bürgermeister.

Von der anderen Seite kommt, lang und dünn, z. B. mit übergroßem Zirkel und Lineal, der Stadtbaumeister. Er ist trocken und verkniffen. Stellt sich in einigem Abstand, gleichfalls breitbeinig, neben dem Bürgermeister auf. Ohne ihn anzusehen. Die Szene hat etwas Künstliches, Marionettenhaftes.

BAUMEISTER *responsorienhafter Ton*: Hic Potsdam, hic Jalta...
BÜRGERMEISTER *ebenso*: Hic Schilda, hic salta! *in seinen üblichen Ton verfallend*. Das ist der Stadtbaumeister. Er hat das neue Rathaus errichtet. Das alte, berühmte Rathaus von Schilda, das ist eingestürzt. Die Trümmer sind zur Besichtigung freigegeben. Das neue *zeigt mit dem Daumen hinter sich* wird in zwei Minuten eingeweiht ... Tja, unser neues Rathaus ... Es ist sehr schön geworden. Es ist sehr groß geworden. Es ist sehr schön groß geworden. Sie werden staunen. Der Fortschritt kennt manchmal keine Rücksichten.
BAUMEISTER: Das größte Rathaus aller Zeiten.
BÜRGERMEISTER: Und ich bin der Bürgermeister.
BAUMEISTER: Es war eine ungewöhnliche Aufgabe. 365 000 Zimmer. Für jeden Tag im Jahr, die Sonntage inbegriffen, tausend Zimmer. Wir sind zufrieden. Mißliebige und zersetzende Elemente meinen, Produktion sei wichtiger als Verwaltung ...
BÜRGERMEISTER: Die das sagen, sind schlechte Schildbürger! Produktivität ist nicht unsere Sache. Wir zählen, wir verteilen, wir verfügen, wir sorgen für Ordnung.
BAUMEISTER: Je weniger es gibt, um so mehr gibt es zu tun.
BÜRGERMEISTER: Wir regulieren den Mangel. Das ist eine

Kunst wie andre auch. Wir schalten Widerstände ein, das ist unser Prinzip. Wir errichten Mauern zwischen den Gütern und den Bürgern. Die Produktion sinkt, die Mauern wachsen. Das neue Rathaus hat sehr hohe Mauern.

BAUMEISTER: Man setzt die eine Hälfte der Bürger hinter Schreibtische, die andre Hälfte stellt man davor, und das Leben aller Beteiligten ist ausgefüllt. Ihre Existenz ist gesichert. Der Mangel wird nicht beseitigt, aber dressiert.

BÜRGERMEISTER: Wir trocknen Tränen mit Plänen. Wir mildern Gefahren mit Formularen. Wir lindern Mängel durch Gegängel. Wir ersticken das Schreien in den Kanzleien. Wir ersetzen Transporte durch Worte.

BAUMEISTER: Wir konservieren die Restbestände auf dem Instanzenwege. Unsere Therapie heißt: Leerlauf auf vollen Touren. Zum zweiten Male in der Geschichte scheint es zu gelingen, Schilda vom Büro aus vorm Untergang zu retten. Deshalb ist Spott nicht am Platze. Das erste, das Goldene Zeitalter der Not, führte zum Bau jenes sagenhaften Bürohochhauses, das noch heute als Turm zu Babel bekannt ist.

BÜRGERMEISTER: Eine Sprachenverwirrung zwischen den Ämtern ist diesmal nicht zu befürchten. Das Desperanto, die Amtssprache, wird in Gesamt-Schilda verstanden.

BAUMEISTER: Schildbürger aller Länder, vereinigt euch!

BÜRGERMEISTER: Es gibt Menschen, die uns für dumm halten. Das ist recht kurzsichtig.

Musik.

Das Lied vom sanften Donnerhall (Duett)

Auf unserm Schreibtisch steht ein Globus.
Die Erde dreht sich in unserm Büro.
Wer uns für dumm hält, lebt im Irrtum.
Wir sind gar nicht dumm, – wir stellen uns nur so.

Die Not ist groß, das Rathaus größer.
Wir haben für jede Qual ein Büro.

Die Ämter wachsen mit den Nöten.
Wir stellen uns nur dumm, – wir sind gar nicht so.

CHOR *forsch*: Es braust ein Ruf wie Donnerhall. *Zart*: Schilda, Schilda – ist überall!

(*Mel.: Kuckuck, Kuckuck*) *hinterm Vorhang: wiederholt die letzte Zeile wie ein Echo.*

Vorhang auf.
Der Kanzleivorstand, zwei Sekretärinnen und zwei Sekretäre bei der Arbeit. Sie schreiben (mit Meißel, Griffel, Federkiel, Schreibmaschine) eifrig und im Takt. Die Musik des Duetts ist, während des Vorhangöffnens, in Werkstattmusik übergegangen. Außer den fünf benutzten Schreibtischen andere, unbesetzte. Der Bürgermeister und der Stadtbaumeister sehen sich angelegentlich im Rathaussaal um. (Weiße Ärmelschoner.)

BÜRGERMEISTER: Ich bin erstaunt ...
Musik aus.
KANZLEIVORSTAND *aufspringend*: Der Bürgermeister!
1. SEKRETÄRIN *himmelnd*: Und der Herr Stadtbaumeister!
BÜRGERMEISTER: Ich bin sehr erstaunt. Meines Wissens waren Feierlichkeiten vorgesehen.
1. SEKRETÄR: Die Wirtschaftsämter hatten Blumen geliefert. Zu Girlanden gewunden ...
2. SEKRETÄRIN: 3000 Kilometer Girlanden!
2. SEKRETÄR: Nach den ersten zehn Kilometern gaben wir die Sache auf. Frohsinn kann auch zu weit führen!
1. SEKRETÄRIN: Ich hätte mich sonst dazu gehängt!
1. SEKRETÄR: Da arbeiten wir lieber.
2. SEKRETÄRIN: Das macht nicht soviel Arbeit.
BÜRGERMEISTER *zum Stadtbaumeister*: Ein respektables Berufsethos!
KANZLEIVORSTAND: Es muß außer uns auch an den Räumen liegen. Die psychologischen Bürobedingungen im neuen

Haus dürfen schlechterdings als ideal bezeichnet werden. Wir sind fasziniert. Es grenzt ans Rätselhafte. Ein unerklärliches gewisses Etwas ... Vielleicht die Bauweise, die Proportionen, am Ende eine Art Goldener Schnitt? Die Leistungen scheinen sich zu verdoppeln. Nach Meinung des Personalbüros, Abteilung Statistik, in sämtlichen Amtsräumen!

1. SEKRETÄRIN *zum Baumeister*: Man sollte den Erbauer zum Ehrenschildbürger ernennen.

BÜRGERMEISTER *leicht pikiert*: Haben Sie sonst noch Vorschläge zu machen?

1. SEKRETÄRIN *steht auf; wichtigtuerisch, in singendem, leierndem Ton*: Ich arbeite seit längerem an einer fühlbaren Entlastung des Schildaer Eisenbahnnetzes. Der Personenverkehr richtet sich weniger denn je nach dem rapid schwindenden Waggon- und Lokomotivenbestand. Die Verfügung 6498 b/XXXVI Dx, Linkshänder nur noch dienstags und freitags reisen zu lassen, erwies sich als durchaus unzureichend. Auch die siebzehnte Notverordnung, alle diejenigen, die aus wirklich triftigen, notariell beglaubigten Gründen reisen wollen, abschlägig zu bescheiden, genügt nicht mehr. Mir schwebt eine zusätzliche Maßnahme vor, die, glaube ich, völlig moderne Verwaltungsmethoden zur Entwicklung bringen könnte. So müßte jeder Schildbürger, nachdem er die sowieso notwendigen Erlaubnisse erhalten hätte, an einem besonderen Schalter seines Heimatbahnhofes eine seinen Reiseweg und das Reiseziel betreffende Geographieprüfung ablegen ...

BÜRGERMEISTER *Feuer und Flamme*: Nach Entrichtung einer angemessenen Prüfungsgebühr? ...

1. SEKRETÄRIN: Versteht sich! Die Prüfung müßte streng sein. Die erlegte Gebühr verfiele in jedem Falle. Wir könnten neue Beamte einstellen. Junglehrer, Werkstudenten, überzählige Lokomotivführer, die von Berufs wegen die Landschaft kennen. Ich denke an Spruchbänder in den Bahnhöfen: »Schildbürger, auch Nicht-Reisen bildet!«

BAUMEISTER: Eine ausbaufähige Idee. Das Reisen bekäme einen quasi theoretischen Wert!

BÜRGERMEISTER: Erweiterung des Horizonts der Bevölkerung durch progressive Verkehrseinschränkung, in Kommunal-Union mit Gebühren- und Beamtenzuwachs, – eine in der Tat moderne, von humanistischem Geiste getragene Maßnahme! Höre ich nächstens mehr darüber? Ich danke Ihnen. Es hat mich sehr gefreut.
Sekretärin setzt sich. Bürgermeister zum 1. Sekretär: Und woran arbeiten Sie?
1. SEKRETÄR *schneidig*: Ich beschäftige mich, kurz gesagt, mit der Abschaffung der Familiennamen. Ihre Zahl und Unübersichtlichkeit sind im Hinblick auf den heutigen Stand unserer weitverzweigten Bürokratie nicht länger vertretbar. Unsere gigantischen Karteien, unsere Buchungsmethoden und Hollerithmaschinen schreien geradezu nach einer radikalen Beseitigung dieses Zopfes, der sich zum Blinddarm der Epoche auszuwachsen beginnt!
BAUMEISTER: Und wodurch wollen Sie die Familiennamen ersetzen?
1. SEKRETÄR: Durch Ziffern. Durch ein sinnreich und handlich angeordnetes Ziffernsystem. Schilda hat immerhin zwei Milliarden Einwohner, – der Verwaltungsapparat erstickt in sinnlosen, komplizierten Namen, und was besagt schon ein Name? Aus der Ziffer wird man mühelos Alter, Beruf, Größe, Haarfarbe, Steuerklasse, Kinderzahl und so weiter ablesen können. Die Bürokratie fordert gebieterisch die Berücksichtigung ihrer Grundrechte. Vom Namen zur Nummer, nur so kann das Gebot der Stunde lauten! Epatez le bourgeois, es lebe der Schildbürger!
BÜRGERMEISTER: Ein sonnenklarer Gedankengang. Ich erwarte ein spezifiziertes Exposé. Ich danke Ihnen. Es hat mich sehr gefreut.
1. Sekretär setzt sich; Bürgermeister zur 2. Sekretärin:
Und woran arbeiten Sie?

Sie steht auf.

KANZLEIVORSTAND *eifrig*: Die junge Kollegin hat eben die dreitausend Horoskopierbüros zur charaktereologischen Einstufung der Neugeborenen eingerichtet ...
BÜRGERMEISTER: Ah, Sie waren das ...
2. SEKRETÄRIN: Ich erhoffe mir für Schilda in etwa fünfundzwanzig bis dreißig Jahren die ersten statistisch auswertbaren Resultate ...
BÜRGERMEISTER: Sehr interessant. Lassen Sie sich dann gleich bei mir melden! Ich danke Ihnen. Es hat mich sehr gefreut. *Zum 2. Sekretär, während sie sich setzt:*
Und woran arbeiten Sie?
2. SEKRETÄR *steht auf*: An dem Vordrucktext für das neue Antragsformular zwecks Erlangung eines Bezugscheines für einen Ehemann.
KANZLEIVORSTAND: Ein Meister in Vordrucktexten!
1. SEKRETÄRIN *zum Kanzleivorstand*: Und sein Lied?
BAUMEISTER: Was für ein Lied?
KANZLEIVORSTAND: Er hat zur Einweihung des neuen Rathauses ein Lied verfaßt.
2. SEKRETÄRIN: Ein Quartett. Wir haben es einstudiert!
BÜRGERMEISTER: Lassen Sie's hören!
KANZLEIVORSTAND *skeptisch*: So ohne Ansprachen und Girlanden?
BÜRGERMEISTER *setzt sich*: Ohne Formular, ohne Gesuch, ohne Bezugschein. Kommen Sie, Herr Stadtbaumeister!
Baumeister setzt sich auch.
KANZLEIVORSTAND *seufzend*: Wie Sie wünschen.
Zu den vier Kollegen: Also bitte!

Sie stehen auf; der Kanzleivorstand dirigiert mit einem großen Federhalter. Musik.

DAS RATHAUSQUARTETT *zwei Frauen-, zwei Männerstimmen*:
Am Hauptportal des neuen Baus
sei's ewig eingegraben:
»Das Rathaus ist das größte Haus,
das wir in Schilda haben!«

Wenn's kleiner wäre, wär's zu klein.
Die ganze Menschheit paßt hinein.
Das ist so, das ist so,
das ist so, und das muß so sein.
Für dieses Haus, für diese Stätte
gilt ganz genau wie für Quartette:
Warum denn solo, wenn es auch zu viert geht?
Warum denn einfach, wenn's auch kompliziert geht?

BÜRGERMEISTER *und* BAUMEISTER *springen begeistert auf, stimmen ein. Die Szene gerät hier ins parodistisch Opernhafte*: Es braust ein Ruf wie Donnerhall:

ALLE:
Schilda, Schilda – ist überall!

Es klopft laut. Die Sieben stehen stumm. Es klopft wieder. Alle begeben sich korrekt an ihre Plätze. Es klopft zum drittenmal.

KANZLEIVORSTAND: Herein!

Es kommen der Handwerker, der Fabrikant, die Mutter, der Minister und der Ortsfremde.
  Bei dieser Gruppe keine mittelalterlichen Kostümanspielungen, sondern alltäglich gekleidet. Die Gruppe schiebt sich langsam an die Schreibtische heran.
  Die fünf Angestellten schreiben und meißeln, wie zu Beginn der Szene, als merkten sie nichts. Dazu die Werkmusik. Musik aus.

HANDWERKER *tritt zu den Schreibtischen vor*: Ich bin der Handwerker. Ich fertige Hausgeräte an. Hausgeräte sind wichtig, wie Sie wissen werden. Ich brauche Weißblech, alles andere habe ich. Auch ein paar Gesellen und Lehrlinge. Ich brauche nur Blech. Es muß Weißblech sein ...
DIE ANGESTELLTEN *singen puppenhaft*: Das hab'n wir nicht mehr. Das hab'n wir nicht mehr. Das krieg'n wir auch nicht

wieder rein! *Teils aufgeteilt, teils vierstimmig, mit leiser Begleitung, – nach einer bekannten Melodiezeile.*

FABRIKANT *tritt vor, während der Handwerker zur Seite geht*: Ich bin der Fabrikant. Wir empfangen nicht gern Almosen. Wir könnten Maschinen bauen und dagegen Rohstoffe eintauschen. Geben Sie uns Material. Wir könnten Holzhäuser versandfertig liefern, wir und die Flüchtlinge bei uns. Und dafür Lebensmittel einführen. Lassen Sie uns genügend Holz. Wir brauchen nur einen Schein …

DIE ANGESTELLTEN *genau wie vorher*: Das hab'n wir nicht mehr. Das hab'n wir nicht mehr. Das krieg'n wir auch nicht wieder rein!

MUTTER *tritt vor, während der Fabrikant zur Seite geht*: Ich bin die Mutter. Mein Sohn hat im Krieg ein Bein verloren. Er kann nicht arbeiten, und auch ich nicht; denn einer muß sich um ihn kümmern. Wir liegen Schilda zur Last, ohne daß es nötig wäre. Er braucht eine Prothese und ein Spezialfahrrad. Ich bitte Sie sehr, – bewilligen Sie meinem Sohn ein Bein …

DIE ANGESTELLTEN *genau wie vorher*: Das hab'n wir nicht mehr. Das hab'n wir nicht mehr. Das krieg'n wir auch nicht wieder rein!

MINISTER *tritt vor*: Ich bin der Minister. Man hat mir Verantwortungen übertragen. Ich war zehn Jahre eingesperrt. Ich hätte ein Recht auf Ruhe. Stattdessen nahm ich die Verantwortung auf mich. Ich kann sie nicht länger tragen. Ich brauche auch Befugnisse! Ich brauche Macht, um Minister zu sein!

DIE ANGESTELLTEN *genau wie vorher*: Das hab'n wir nicht mehr. Das hab'n wir nicht mehr. Das krieg'n wir auch nicht wieder rein!

MINISTER *ist zur Seite getreten. Beklemmendes Schweigen.*

BÜRGERMEISTER *steht auf, geht lächelnd zu der Gruppe der vier Abgewiesenen.*
Zum Minister: Ich begreife Ihre Lage; doch kann ich sie nicht ändern. Darf ich Ihnen einen Vorschlag machen? Wir errichten ein Forschungsinstitut zur Klärung der derzeiti-

gen Spannungsverhältnisse zwischen Verantwortung und Vollmacht. Studieren geht über probieren. Wollen Sie? Das ist recht. Nehmen Sie Platz. Schreibtische haben wir immer.

Minister setzt sich hinter einen der noch leeren Schreibtische. Er erhält, während des nächsten Dialoges, Schreibzeug und Kostümrequisiten, die ihn auch äußerlich den Beamten angleichen. Er beginnt Akten anzulegen.

BÜRGERMEISTER *zur Mutter*: Werden Sie eine der Unseren! Um helfen zu können, brauchen wir Hilfe. Einverstanden? Fein. *Zum Kanzleivorstand*: Abteilung Fürsorge, Sparte Prothesen und Spezialfahrzeuge für Körperbehinderte. *Zur Mutter*: Nehmen Sie Platz.

MUTTER *setzt sich ängstlich*: Ich verstehe nichts von Schreibarbeiten.

BÜRGERMEISTER: Das macht nichts. Sie werden die Bittsteller vertrösten. Ressort: Mündlicher Parteienverkehr. Ihr gutes Herz ist viel wert. *Zum Kanzleivorstand*: Gehaltsklasse III. *Er geht, während die Mutter ausstaffiert wird, z. B. mit einem Heilsarmeehut, zum Fabrikanten.* Wir suchen Fachleute. Bleiben Sie hier. Es gibt so viele Holzhäuser in Schilda, die nicht gebaut werden! Sie sollten eine Statistik anlegen. Sie könnten den Wert errechnen, besser: den Wertausfall, der sich durch Maschinenmangel ergibt. Es wären Unterlagen für die nächste große Konferenz. Wichtige Unterlagen. Sie beheben den Mangel nicht, doch sie ordnen ihn, und das heißt schon viel.

FABRIKANT *setzt sich, wird kostümiert, schreibt Zahlenkolonnen.*

BÜRGERMEISTER *zum Handwerker*: Handwerkskammer, Kleinbetriebe, Haushaltswaren, Bezugscheinstelle »Metalle«, insbesondere Bleche. Wir freuen uns, Sie sinnvoll einsetzen zu können. Hier gibt es mehr für Sie zu tun als in Ihrer Werkstatt, das dürfen Sie uns getrost glauben, Meister. Sie werden die Kontingente nachprüfen. Sie werden die Wirtschaftsämter überwachen. Denn auch die Kontrolleure müssen kontrolliert werden. Es gibt ungetreue Beamte in Schilda. Der Mensch ist leider keine ehrenwerte Maschine, sondern nur ein Lebewesen. Seien Sie ehrlich. Nehmen Sie Platz.

HANDWERKER *setzt sich, wird ausstaffiert, blättert wichtig in den Akten.*

BÜRGERMEISTER *nickt dem Baumeister stolz zu, reibt sich die Hände, – da bemerkt er den allein dastehenden, noch nicht abgefertigten Ortsfremden*: Und was wollen Sie?

ORTSFREMDER: Nichts.

BAUMEISTER: Das sind die Schlimmsten.

KANZLEIVORSTAND: Was verschafft uns sonst das Vergnügen?

ORTSFREMDER: Ich wollte mir diese modernste Festung der Dummheit einmal von innen ansehen. Die Zitadelle der Sterilität. Den babylonischen Turm der Begriffsverwirrung. Den Jüngsten Tag als Kolossalbüro.

DIE ANDEREN *singen starr, gespensterhaft*: Wir sind gar nicht dumm, – wir stellen uns nur so.

ORTSFREMDER: Hier also wird das Leben in künstlichen Schlaf versenkt. Hier werden Haare mit der Axt gespalten. Hier wird der Mut atomisiert. Hier wird Zukunft mit Durchschlagpapier erstickt. Hier wurde das Perpetuum mobile des vollkommenen Unfugs erfunden. Mit dem geheimnisvollen Rädchen Unbekannt, das sich nur, wenn man's schmiert, dreht.

DIE ANDEREN *singen, wie Puppen lächelnd*: Warum denn einfach, wenn's auch kompliziert geht?

ORTSFREMDER: Hier reicht man Gesuche ein, damit ihr Papier bewilligt, damit man Gesuche schreiben kann. Hier arbeitet der große Magen, der sich selbst verdaut. Hier pflanzen sich die Schreibtische durch Zellteilung fort. Hier wird der Mensch zum rechnenden Pferd. Hier gibt es kein Herz, kein Fleisch und kein Bein.

DIE ANDEREN *singen gleichmütig*: Das hab'n wir nicht mehr. Das hab'n wir nicht mehr. Das krieg'n wir auch nicht wieder rein.

ORTSFREMDER: Der Mensch als Büroartikel. Die Not zum

Abheften. Der Mangel in dreißig Instanzen. Das Minus als Plus. Die Blumen wollen auswandern, weil ihr sie zählen laßt, statt euch an ihnen zu freuen. Doch wo sollen sie hin? Auf welchen Berg, in welches Tal?

DIE ANDEREN *singen, in idiotischem Triumphieren*: Schilda, Schilda – ist überall!

ORTSFREMDER: Die Kinder weinen, weil ihr sie wiegt und meßt und zählt und numeriert, statt sie zu lieben. Die Zugvögel reisen ruhelos zwischen Nord und Süd hin und her und zittern vor euch, weil sie zwei Wohnungen haben. Beschlagnahmt ihre Nester. Interessiert euch für den Fall!

DIE ANDEREN *wie eben*: Schilda, Schilda – ist überall!

ORTSFREMDER: Ihr habt die alte Preisfrage, ob die Dummheit oder die Bosheit ärger sei, endgültig gelöst, ihr motorisierten Narren! Da draußen liegt eine Welt, die jeden Tag noch zu retten wäre. Mit ein wenig Verstand unter der Mütze. Eine Welt, die trotz aller Qual schön ist wie am ersten Tag. Aber die Dummheit wird das, was die Bosheit übriggelassen hat, auch noch zugrunde richten. Schreibt Ziffern an die ziehenden Wolken! Addiert die Grashalme! Meßt die Sprünge der Bergziegen, und multipliziert die Zahl mit der durchschnittlichen Dauer eines Kinderlächelns! Steckt Thermometer in zum Kuß halbgeöffnete Mädchenmünder! Rechnet nur alles aus. Tragt nur alles ein. O ihr lebensgefährlichen Esel!

KANZLEIVORSTAND *zum Bürgermeister*: Man sollte die Anregungen aufgreifen … *zum Ortsfremden*: Wir sind nicht empfindlich.

ORTSFREMDER: Wahrhaftig nicht, – was kümmert euch schon die Welt! Ihr habt ganz recht getan, euer Rathaus ohne Fenster zu bauen! Wozu braucht ihr noch Fenster!
Blitzartig ist Stille eingetreten. Die anderen, außer dem Baumeister, starren die fensterlosen Wände an.

ALLE *außer Baumeister und Ortsfremdem*: Keine Fenster? …

BÜRGERMEISTER *dreht Lichtschalter aus, es wird stockdunkel, dreht wieder an, die alte Beleuchtung*: Keine Fenster! *Blickt den Baumeister vorwurfsvoll an.*

KANZLEIVORSTAND *verblüfft*: Deswegen geht uns die Arbeit so schnell von der Hand ...
ALLE *außer Ortsfremdem und Baumeister*: Deswegen also ...
BAUMEISTER: Es war natürlich Absicht. Die neue pragmatische Bauweise!
BÜRGERMEISTER *unsicher*: Ich verstehe ...
MUSIK: *Aus der Werkstattmusik entwickelt sich, als Finale des Lehrstückes, das Fensterlied (alle).*
BAUMEISTER: Früher gab es andre Kathedralen. Jetzt ist dieses Rathaus unser Dom!
ORTSFREMDER: Alle knien vorm Grünen Tisch und stammeln Zahlen. Und kein Fenster blickt hinab zum Strom ...
KANZLEIVORSTAND: Wir brauchen keine Fenster mehr. Wir lieben das künstliche Licht.
VERTEILT: Da hat er recht. Ja, recht hat er!
KANZLEIVORSTAND: Wir brauchen keine Fenster mehr. Sie versperren uns nur die Sicht.
ALLE *außer dem Ortsfremden singen jubelnd*: ... versperren uns nur, versperren uns nur, versperren uns nur die Sicht!
BÜRGERMEISTER: Unsre Macht wird immer unbegrenzter.
ORTSFREMDER: Doch die Ohnmacht wächst mit eurer Macht! Euer Hochamt ist das Amt!
ALLE ANDEREN *grinsend*: Er sieht Gespenster.
ORTSFREMDER: Der Papierkrieg wird die letzte Schlacht!
Die Beamten beginnen wie Automaten zu arbeiten. Dazu Werkstattmusik.
BÜRGERMEISTER: Schilda siegt!
BAUMEISTER: Das Rathaus überdauert!
DIE BEAMTEN: Wir entziffern alles durch die Zahl.
ORTSFREMDER: Unsern schönen Stern, ihr habt ihn eingemauert! Früher tönte er!
DIE ANDEREN: Das war einmal!
KANZLEIVORSTAND: Wir brauchen keine Fenster mehr. Wir brauchen nur Maß und Gewicht.
VERTEILT: Da hat er recht. Ja, recht hat er!
ALLE *außer dem Fremden*: Wir brauchen keine Fenster mehr. Sie versperren uns nur die Sicht!

BÜRGERMEISTER *im Sprechton triumphierend*: Liebwerte Beamte und Angestellte, jetzt unsere Hymne.
ALLE *außer dem Fremden*: Es braust ein Ruf wie Donnerhall, Schilda, Schilda – ist überall!
Einige Takte Werkstattmusik, Klingeln, Telefonläuten, Schreibmaschinenrasseln, ruckartig tritt Stille ein.
ORTSFREMDER *spricht ernst und ruhig, das Fazit ziehend*: Hochmut, Hochmut – kommt vor dem Fall.
Schlußakkord, Zwischenvorhang zu. Hauptvorhang zu. Ende.

Das Märchen vom Glück

Siebzig war er gut und gern, der alte Mann, der mir in der verräucherten Kneipe gegenübersaß. Sein Schopf sah aus, als habe es darauf geschneit, und die Augen blitzten wie eine blankgefegte Eisbahn. »O, sind die Menschen dumm«, sagte er und schüttelte den Kopf, daß ich dachte, gleich müßten Schneeflocken aus seinem Haar aufwirbeln. »Das Glück ist ja schließlich keine Dauerwurst, von der man sich täglich seine Scheibe herunterschneiden kann!«

»Stimmt«, meinte ich, »das Glück hat ganz und gar nichts Geräuchertes an sich. Obwohl …« »Obwohl?« »Obwohl gerade Sie aussehen, als hinge bei Ihnen zu Hause der Schinken des Glücks im Rauchfang.« »Ich bin eine Ausnahme«, sagte er und trank einen Schluck. »Ich bin die Ausnahme. Ich bin nämlich der Mann, der einen Wunsch frei hat.«

Er blickte mir prüfend ins Gesicht, und dann erzählte er seine Geschichte. »Das ist lange her«, begann er und stützte den Kopf in beide Hände, »sehr lange. Vierzig Jahre. Ich war noch jung und litt am Leben wie an einer geschwollenen Backe. Da setzte sich, als ich eines Mittags verbittert auf einer grünen Parkbank hockte, ein alter Mann neben mich und sagte beiläufig: ›Also gut. Wir haben es uns überlegt. Du hast drei Wünsche frei.‹ Ich starrte in meine Zeitung und tat, als hätte ich nichts gehört. ›Wünsch dir, was du willst‹, fuhr er fort, ›die schönste Frau oder das meiste Geld oder den größten Schnurrbart – das ist deine Sache. Aber werde endlich glücklich! Deine Unzufriedenheit geht uns auf die Nerven.‹ Er sah aus wie der Weihnachtsmann in Zivil. Weißer Vollbart, rote Apfelbäckchen, Augenbrauen wie aus Christbaumwatte. Gar nichts Verrücktes. Vielleicht ein bißchen zu gutmütig. Nachdem ich ihn eingehend betrachtet hatte, starrte ich wieder in meine Zeitung. ›Obwohl es uns nichts angeht, was du mit deinen drei Wünschen machst‹, sagte er, ›wäre es natürlich kein Fehler, wenn du dir die Angelegenheit vorher genau überlegtest. Denn drei Wünsche sind nicht vier Wünsche oder fünf, sondern drei.

Und wenn du hinterher noch immer neidisch und unglücklich wärst, könnten wir dir und uns nicht mehr helfen.‹ Ich weiß nicht, ob Sie sich in meine Lage versetzen können. Ich saß auf einer Bank und haderte mit Gott und der Welt. In der Ferne klingelten die Straßenbahnen. Die Wachtparade zog irgendwo mit Pauken und Trompeten zum Schloß. Und neben mir saß nun dieser alte Quatschkopf!«

»Sie wurden wütend?«

»Ich wurde wütend. Mir war zumute wie einem Kessel kurz vorm Zerplatzen. Und als er sein weißwattiertes Großvatermündchen von neuem aufmachen wollte, stieß ich zornzitternd hervor: ›Damit Sie alter Esel mich nicht länger duzen, nehme ich mir die Freiheit, meinen ersten und innigsten Wunsch auszusprechen – scheren Sie sich zum Teufel!‹ Das war nicht fein und höflich, aber ich konnte einfach nicht anders. Es hätte mich sonst zerrissen.«

»Und?«

»Was ›Und‹?«

»War er weg?«

»Ach so! – Natürlich war er weg! Wie fortgeweht. In der gleichen Sekunde. In nichts aufgelöst. Ich guckte sogar unter die Bank. Aber dort war er auch nicht. Mir wurde ganz übel vor lauter Schreck. Die Sache mit den Wünschen schien zu stimmen! Und der erste Wunsch hatte sich bereits erfüllt! Du meine Güte! Und wenn er sich erfüllt hatte, dann war der gute, liebe, brave Großpapa, wer er nun auch sein mochte, nicht nur weg, nicht nur von meiner Bank verschwunden, nein, dann war er beim Teufel! Dann war er in der Hölle! ›Sei nicht albern‹, sagte ich zu mir selber. ›Die Hölle gibt es ja gar nicht, und den Teufel auch nicht.‹ Aber die drei Wünsche, gab's denn die? Und trotzdem war der alte Mann, kaum hatte ich's gewünscht, verschwunden ... Mir wurde heiß und kalt. Mir schlotterten die Knie. Was sollte ich machen? Der alte Mann mußte wieder her ob's nun eine Hölle gab oder nicht. Das war ich ihm schuldig. Ich mußte meinen zweiten Wunsch dransetzen, den zweiten von dreien, o ich Ochse! Oder sollte ich ihn lassen, wo er war? Mit seinen hübschen, roten Apfelbäckchen?

›Bratapfelbäckchen‹, dachte ich schaudernd. Mir blieb keine Wahl. Ich schloß die Augen und flüsterte ängstlich: ›Ich wünsche mir, daß der alte Mann wieder neben mir sitzt!‹ Wissen Sie, ich habe mir jahrelang, bis in den Traum hinein, die bittersten Vorwürfe gemacht, daß ich den zweiten Wunsch auf diese Weise verschleudert habe, doch ich sah damals keinen Ausweg. Es gab ja auch keinen ...«

»Und?«

»Was ›Und‹?«

»War er wieder da?«

»Ach so! – Natürlich war er wieder da! In der nämlichen Sekunde. Er saß wieder neben mir, als wäre er nie fortgewünscht gewesen. Das heißt, man sah's ihm schon an, daß er ..., daß er irgendwo gewesen war, wo es verteufelt, ich meine, wo es sehr heiß sein mußte. O ja. Die buschigen weißen Augenbrauen waren ein bißchen verbrannt. Und der schöne Vollbart hatte auch etwas gelitten. Besonders an den Rändern. Außerdem roch's wie nach versengter Gans. Er blickte mich vorwurfsvoll an. Dann zog er ein Bartbürstchen aus der Brusttasche, putzte sich Bart und Brauen und sagte gekränkt: ›Hören Sie, junger Mann – fein war das nicht von Ihnen!‹ Ich stotterte eine Entschuldigung. Wie leid es mir täte. Ich hätte doch nicht an die drei Wünsche geglaubt. Und außerdem hätte ich immerhin versucht, den Schaden wieder gutzumachen. ›Das ist richtig‹, meinte er. ›Es wurde aber auch die höchste Zeit.‹ Dann lächelte er. Er lächelte so freundlich, daß mir fast die Tränen kamen. ›Nun haben Sie nur noch einen Wunsch frei‹, sagte er, ›den dritten. Mit ihm gehen Sie hoffentlich ein bißchen vorsichtiger um. Versprechen Sie mir das?‹ Ich nickte und schluckte. ›Ja‹, antwortete ich dann, ›aber nur, wenn Sie mich wieder duzen.‹ Da mußte er lachen. ›Gut, mein Junge‹, sagte er und gab mir die Hand. ›Leb wohl. Sei nicht allzu unglücklich. Und gib auf deinen letzten Wunsch acht.‹ – ›Ich verspreche es Ihnen‹, erwiderte ich feierlich. Doch er war schon weg. Wie fortgeblasen.«

»Und?«

»Was ›Und‹?«

»Seitdem sind Sie glücklich?«

»Ach so. – Glücklich?« Mein Nachbar stand auf, nahm Hut und Mantel vom Garderobehaken, sah mich mit seinen blitzblanken Augen an und sagte: »Den letzten Wunsch hab ich vierzig Jahre lang nicht angerührt. Manchmal war ich nahe dran. Aber nein. Wünsche sind nur gut, solange man sie noch vor sich hat. Leben Sie wohl.«

Ich sah vom Fenster aus, wie er über die Straße ging. Die Schneeflocken umtanzten ihn. Und er hatte ganz vergessen, mir zu sagen, ob wenigstens er glücklich sei. Oder hatte er mir absichtlich nicht geantwortet? Das ist natürlich auch möglich.

Kleines Solo

Einsam bist du sehr alleine.
Aus der Wanduhr tropft die Zeit.
Stehst am Fenster. Starrst auf Steine.
Träumst von Liebe. Glaubst an keine.
Kennst das Leben. Weißt Bescheid.
Einsam bist du sehr alleine –
   und am schlimmsten ist die Einsamkeit zu zweit.

Wünsche gehen auf die Freite.
Glück ist ein verhexter Ort.
Kommt dir nahe. Weicht zur Seite.
Sucht vor Suchenden das Weite.

Ist nie hier. Ist immer dort.
Stehst am Fenster. Starrst auf Steine.
Sehnsucht krallt sich in dein Kleid.
Einsam bist du sehr alleine –
   und am schlimmsten ist die Einsamkeit zu zweit.

Schenkst dich hin. Mit Haut und Haaren.
Magst nicht bleiben, wer du bist.
Liebe treibt die Welt zu Paaren.
Wirst getrieben. Mußt erfahren,
daß es *nicht* die Liebe ist …
Bist sogar im Kuß alleine.
Aus der Wanduhr tropft die Zeit.
Gehst ans Fenster. Starrst auf Steine.
Brauchtest Liebe. Findest keine.
Träumst vom Glück. Und lebst im Leid.
Einsam bist du sehr alleine –
   und am schlimmsten ist die Einsamkeit zu zweit.

Frühjahr 1948, Schaubude. Die beiden Märchen waren ursprünglich Teil einer Vorlesung in der Zürcher Technischen Hochschule. Sie sollten auf metaphorische Weise dem Schweizer Publikum die Zustände in Deutschland nahebringen.

Gleichnisse der Gegenwart

1. Das Märchen von den kleinen Dingen

Es war einmal ein Land, in dem gab es keine Zündhölzer. Und keine Sicherheitsnadeln. Und keine Stecknadeln. Und keine Nähnadeln. Und kein Garn zum Stopfen. Und keine Seide und keinen Zwirn zum Nähen. Und kein Seifenpulver. Und kein Endchen Gummiband weit und breit, und schmales auch nicht. Und keine Kerzen. Und keine Glühbirnen. Und keine Töpfe. Und kein Glas und keinen Kitt. Und kein Bügeleisen. Und kein Bügelbrett. Und keinen Nagel. Und keine Schere. Und keinen Büstenhalter. Und keine Schnürsenkel. Und kein Packpapier. Und keinen Gasanzünder. Da wurden die Einwohner des Landes ziemlich traurig. Denn erstens fehlten ihnen alle diese kleinen Dinge, die das Leben bekanntlich versüßen und vergolden. Zweitens wußten sie, daß sie selber daran schuld waren. Und drittens kamen immer Leute aus anderen Ländern und erzählten ihnen, daß sie daran schuld wären. Und sie dürften es nie vergessen. Die Menschen in dem Land hätten nun furchtbar gern geweint. Aber Taschentücher hatten sie auch nicht.

Da faßten sie sich endlich ein Herz und sagten: »Wir wollen lieber arbeiten statt zu weinen. Zur Arbeit braucht man keine Taschentücher.« Und nun gingen sie also hin und wollten arbeiten. Das hätte ihnen bestimmt sehr gut getan, denn die meisten von ihnen besaßen keine Phantasie. Und wenn Menschen ohne Phantasie nichts mehr haben und auch nicht arbeiten dürfen, kommen sie leicht auf dumme Gedanken.

Aber es war leider nichts zum Arbeiten da. Kein Handwerkszeug. Kein Holz. Kein Eisen. Keine Maschinen. Kein

Geld. Da gingen sie wieder nach Hause, setzten sich auf ihren zerbrochenen Stuhl und warteten. Nebenan lief ein Radio. Sie konnten gut mithören, denn in der Wohnung nebenan gab es keine Fensterscheiben und bei ihnen auch nicht, und der Radioapparat war kaputt und konnte nicht mehr auf »leise« eingestellt werden. Sie hörten also mit und erfuhren durch einen gelehrten Vortrag, daß das Land so zerstört sei, daß dreißig Kubikmeter Schutt auf den Kopf der Bevölkerung kämen. »Dreißig Kubikmeter Schutt auf meinen Kopf?« sagte da ein alter Mann in der kahlen, kalten Stube. »Ein Filzhut wäre mir lieber. Oder eine Schaufel Erde.« Und das Radio erzählte dann noch, daß sie selber alle daran schuld wären. Und sie dürften es nie vergessen. Die Leute nickten müde mit dem Kopf und den dreißig Kubikmetern Schutt darüber ...

Als sie zweiundeinhalbes Jahr auf dem zerbrochenen Stuhl gesessen, eine Menge Radiovorträge gehört und keine Arbeit gefunden hatten, kam ihnen der Gedanke, daß sich ihr Leben vielleicht nicht lohne und daß sie es fortwerfen sollten. Außer der Schuld besaßen sie nichts. Und eine Schuld kann so groß sein, wie sie will – so sehr hängt man nicht an ihr, daß man lediglich deswegen weiteratmen möchte. Nun wollten sie sich also umbringen. Sie freuten sich richtig darauf. Erst dachten sie daran, den Gashahn aufzudrehen. Aber es war Gassperre. Da wollten sie sich am Fenstergriff aufhängen. Aber es gab keinen Bindfaden in dem Lande. Und einen Fenstergriff gab's auch nicht. Da wollten sie sich erschießen. Doch man hatte ihnen das Gewehr weggenommen, damit sie keinen Unfug anrichteten. Nun wollten sie ja keinen Unfug stiften, sondern nur sich umbringen! Doch so ganz ohne Gewehr kann man nicht einmal auf sich selber schießen. Als sie das eingesehen hatten, liefen sie in die Apotheken, um Gift zu holen. Aber die Apotheken hatten nichts zu verkaufen, nichts fürs Leben und nichts für den Tod ...

Da gingen sie wieder nach Hause und gaben, nach dem Leben, auch noch das Sterben auf. Das war ein schwerer Entschluß für sie. Sie weinten diesmal sogar ein wenig. Obwohl sie immer noch kein Taschentuch besaßen. Ein Fremder, der ihnen durchs Fenster zusah, sagte ärgerlich, sie sollten sich bloß nicht bedauern. Sie seien an allem selber schuld, und sie dürften das nie vergessen. Da hörten sie auf zu weinen und blickten zu Boden. Der Fremde ging. Sie setzten sich nun wieder auf ihren Stuhl und betrachteten ihre leeren Hände.

Und wenn sie nicht verhungert sind, leben sie heute noch ...

2. Das Gleichnis von den Knöpfen

Es war einmal ein Mann, der hatte großes Unrecht getan. Er hatte andere überfallen, geschlagen und geplündert, und als ihn die anderen dann doch überwältigt hatten, war er sich nicht im Zweifel, daß sie das Recht und die Macht besaßen, sich an ihm schadlos zu halten. Aber er war arm und elend und wußte nicht recht, was er ihnen an Nützlichem geben könnte, und die anderen umstanden ihn prüfend und wußten nicht, was nehmen.

Sie hielten Rat, machten Vorschläge und kamen nicht zu Rande, bis einer von ihnen sagte: »Er mag uns seinen Anzug geben. Er hat zwar ein paar Löcher und Flicken. Doch vielleicht kann ihn einer von uns zur Arbeit tragen. Oder wir geben einem die Jacke, einem zweiten die Weste und mir die Hose.« – »Nein«, meinte darauf ein anderer, »den Anzug müssen wir ihm lassen. Es ist sein letzter. Nehmen wir ihm den, so ist das weder klug noch christlich gehandelt. Auch schön aussehen wird er im bloßen Hemde nicht. Und dann – eines Tages wird er wieder ein wenig Geld haben. Dann können wir ihm eine Krawatte verkaufen, oder einen Strohhut oder einen Stock. Aber natürlich nur, wenn er noch seinen Anzug hat! Ohne Anzug wird er sich nicht für den Schlips interessieren und für einen Strohhut auch nicht.«

Sie versanken in Nachdenken, bis einer ausrief: »Ich hab's! Wir nehmen ihm seine Knöpfe. Knöpfe kann man immer einmal brauchen, und leicht zwischen uns teilen lassen sie sich außerdem!« Dieser Vorschlag gefiel allen ausnehmend. Sie gingen zu ihm hin und sprachen: »Wir wollen von deinem Anzug nur die Knöpfe. Da hast du eine Schere. Schneide die Knöpfe für uns ab! Eine nützliche Beschäftigung kann dir sowieso nichts schaden!«

Da fiel der arme Mann vor ihnen auf die Knie und bat, man möge ihm die Knöpfe lassen. Sie seien doch für ihn und seinen Anzug und den ferneren Lebensweg notwendig, viel notwendiger als für sie. Die anderen blickten ihn unwillig an. »Daß wir nur deine Knöpfe wollen«, sagten sie, »ist recht großmütig von uns. Du solltest das einsehen. Mach dich an die Arbeit.«

Nun ging der Mann in eine Ecke und fing an, sämtliche Knöpfe abzuschneiden. Die Knöpfe an den Ärmeln und vorn an der Jacke, alle Westenknöpfe und zum Schluß, mit Zittern und Zagen, die für die Hosenträger und die anderen, kleinen, die schon aus Gründen des Takts so notwendig sind – die auch!

Als er mit dem schmerzlichen Geschäft fertig war, brachte er alle seine Knöpfe – und die Schere natürlich auch – zu den anderen hinüber. »Nun also«, sagten sie, »das ist recht. Jetzt sind wir mit dir quitt. Und wenn du fleißig arbeitest, verkaufen wir dir später auch einmal eine hübsche, bunte Krawatte.« – »Ich werde nicht viel arbeiten können«, antwortete der Mann, »und Krawatten werde ich mir auch nie wieder binden können.« – »Warum denn nicht?« fragten sie erstaunt. »Weil ich meine Hände«, erwiderte er bekümmert, »für den Rest meines Lebens nur noch zu einem Zwecke werde brauchen müssen – mir die Hosen festzuhalten!« – »Fängst du schon wieder an?« fragten sie spitz und dann gingen sie, mit der Schere und den Knöpfen, ihres Wegs.

Der Mann aber stand bis in seinen Lebensabend hinein am gleichen Fleck und hielt sich krampfhaft die Hosen. Das sah nicht sehr schön aus, und die Vorübergehenden blickten jedesmal zur Seite... Ja, und die Knöpfe! Die Knöpfe lagen bei den anderen in einem Schubfach, in das man Dinge tut, die man sich aus unbegreiflichen Gründen nicht entschließen kann fortzuwerfen.

Catch as catch can

Die Halle, wo sonst in bunt gefälligem Wechsel Konzerte, Operetten- und Varietéabende stattfinden, war seit einer Woche bis auf den letzten Winkel ausverkauft. »Mindestens tausend Menschen haben wir wegschicken müssen«, sagte der Veranstalter, zur Hälfte stolz und halb verzweifelt. Er wickelte seit Tagen eine »Internationale Ringkampfkonkurrenz« ab, und heute standen nicht nur die üblichen fünf Paarungen im griechisch-römischen Stile zu erwarten – das wäre mitten im Winter, also in dieser von den Ringkämpfern bevorzugten Paarungszeit, höchstens Anlaß für ein mäßig oder mittelmäßig besuchtes Haus gewesen –, nein, es war auch eine Begegnung im freien Stil angekündigt, ein Herausforderungskampf bis zur Entscheidung, und die Feinschmecker unter den Fachleuten prophezeiten uns Laien eine athletische Delikatesse.

Das Wort »Freistil« deckt sich nicht ganz mit dem Sachverhalt. Es wird zwar außerordentlich »frei« gekämpft. Aber von »Stil« ist dabei weniger die Rede. Die englische Floskel »Catch as catch can« trifft genauer. Übersetzt heißt das ungefähr soviel wie »Greif zu, wo's was zum Zugreifen gibt«. Die Herren Gegner dürfen nach Herzenslust greifen und packen, zwicken und zwacken, schlagen, strangulieren, reißen, biegen, dehnen und treten, was ihnen vom Körper des andern in die Finger, vor die Fäuste, zwischen die Hände, Arme und Beine oder auch vor den als Rammbock recht verwendbaren Kopf gerät. Eisenhämmer und Äxte dürfen sie allerdings nicht mitbringen, hier hat man ihrem Spieltriebe Grenzen gesetzt. Und dann ist noch etwas verboten, was dem Laien angesichts einer derartig gründlichen Holzerei als Bagatelle erscheinen könnte: sie dürfen einander nicht an den Kopfhaaren ziehen. Der Ringrichter schaut, soweit seine eigene Existenz nicht gerade gefährdet ist, gelassen zu, wie der eine, mit lustbetonten Zügen, die Zehen des anderen verbiegt, oder wie dieser andere, gebückt und den Schädel vorneweg, in die Magengrube des einen hineinrast. Solche und ähnliche Divertissements findet der Herr mit der Trillerpfeife gesund, notwendig und angemessen. Doch kaum sucht einer den anderen am Schopf zu zupfen, springt er, empört trillernd, dazwischen, und der ertappte Übeltäter läßt auf der Stelle die Locke des Gegners fahren, der ihm, nun wieder ungestört, mit der Faust auf den Magen trommeln oder den Kopf abreißen darf. Spielregeln haben, übrigens nicht nur im Sport, ihre Geheimnisse. In manchen Fällen ist man versucht, dahinter nichts weiter zu vermuten als die kichernde Willkür der Regelstifter. Schreckliches gilt für erlaubt, Lappalien sind verboten, die Spielregeln werden befolgt, die Stifter lachen sich noch nach ihrem Ableben ins Fäustchen.

Doch wir kommen vom Freistilringen zu weit ab. Der Herausforderer war ein Herr aus München, untersetzt, älteren Jahrgangs und, sieht man von seinem Nußknackerkinn ab, ein freundlicher Kleinbürger und Familienvater. Der Herausgeforderte war ein junger Athlet, ein Herr aus Prag, ein Liebling der Frauen und, sieht man von seiner Stupsnase ab, ein schöner Mann. Der Ausgang schien wohl niemandem sonderlich zweifelhaft. Doch die erste Runde brachte die von beiden gesuchte Entscheidung noch nicht. Sie taten einander so recht von Herzen weh. Sie stöhnten abwechselnd, sie taten's im Duett. Oft genug war es dem Außenstehenden nicht mehr möglich, die verrenkten und ineinander verschlungenen Arm- und Beinpaare ordnungsgemäß auseinanderzuhalten. Bekam man gelegentlich ihrer beider verzerrte, gequälte Mienen zu Gesicht, so ging einem Lessings Traktat über die Laokoongruppe durch den Kopf. Dann wieder schrak man zusammen. So etwa, wenn der eine den Schädel des andern beim Wickel hatte, mit dem unbeschäftigten Arm weit ausholte und, den Körperschwung voll ausnutzend, dem Festgehaltenen mit der Faust ins Gesicht schlug. Der Erfolg war jedesmal probat. Der Geschlagene fiel um oder torkelte benommen durch den Ring, bis ihn die im Viereck gespannten Seile aufhielten.

Im Verlauf eines solchen unheimlichen Fausthiebs fand der Kampf denn auch, in der zweiten Runde, sein überraschendes Ende. Der ältere Herr aus München befand sich, wie man es wohl nennt, auf der Verliererstraße. Er hatte den Gegner, dessen Haupt zwischen den Knien rollend, sehr verstimmt, und anschließend einen der eben beschriebenen wütenden Faustschläge auf sein hierfür geradezu prädestiniertes Nußknackerkinn einstecken müssen. Er torkelte rückwärts. Die Seile hielten den Taumelnden auf. Der junge Herr aus Prag duckte sich wie ein Panther, um dem schwankenden, halb betäubten Familienvater, von der Mitte des Rings aus, Kopf vorneweg, geradewegs in die Rippen zu springen. Er sprang, wuchtig und elegant, wirklich einem Raubtier gleichend, auf sein Ziel los; doch in einer Zehntelsekunde, eben während des Sprungs, fiel der Herr aus München, in einer Mischung aus Entkräftung und List, zu Boden, und der andere schoß, von keinem feindlichen Brustkorb aufgehalten, zwischen dem obersten und mittleren Seil hindurch aus dem Ring hinaus ins Ungewisse. Er fiel, wie sich später herausstellte, in die Gasse zwischen den Stuhlreihen, nicht in den Schoß der Schönen und schon gar nicht wie ein Panther. Mittlerweile erhob sich der andere, schaute sich suchend um, fand sich allein und ging, unterm Toben der Menge, gütlich lächelnd in seine Ecke. Der Schiedsrichter zählte ziemlich lange. Bei »Zehn« stand der Sieger fest. Bei »Sechzehn« tauchte der Kopf des Verlierers, ziemlich verblüfft, am Ring auf. Die Zuschauer tobten und jubelten noch bei »Sechsundneunzig«.

Die Gladiatorentragödie hatte ihr satirisches Nachspiel. Als wir aufstanden, um zu gehen, sagte hinter uns eine klägliche Stimme: »Endlich! Endlich komme ich hier heraus!« Wir sahen uns um. Die Stimme gehörte zu einer alten zerbrechlichen Dame, die der Verzweiflung nahe schien. »Warum gehen Sie denn auch zu einer solchen Viecherei«, fragte einer, »wenn Sie so schwache Nerven haben?« »Ach«, jammerte sie, »ich habe mich ja bloß im Datum geirrt! Mein Billett gilt eigentlich erst morgen!« »Was ist denn hier morgen los?« Sie blickte uns wie ein sterbendes Reh an. Dann flüsterte sie: »Philharmonisches Konzert.«

Das Märchen von der Vernunft

Es war einmal ein netter alter Herr, der hatte die Unart, sich ab und zu vernünftige Dinge auszudenken. Das heißt: zur Unart wurde seine Gewohnheit eigentlich erst dadurch, daß er das, was er sich jeweils ausgedacht hatte, nicht für sich behielt, sondern den Fachleuten vorzutragen pflegte. Da er reich und trotz seiner plausiblen Einfälle angesehen war, mußten sie ihm, wenn auch mit knirschenden Ohren, aufs geduldigste zuhören. Und es gibt gewiß für Fachleute keine ärgere Qual als die, lächelnden Gesichts einem vernünftigen Vorschlage zu lauschen. Denn die Vernunft, das weiß jeder, vereinfacht das Schwierige in einer Weise, die den Männern vom Fach nicht geheuer und somit ungeheuerlich erscheinen muß. Sie empfinden dergleichen zu Recht als einen unerlaubten Eingriff in ihre mühsam erworbenen und verteidigten Befugnisse. Was, fragt man sich mit ihnen, sollten die Ärmsten wirklich tun, wenn nicht sie herrschten, sondern statt ihrer die Vernunft regierte! Nun also.

Eines Tages wurde der nette alte Herr während einer Sitzung gemeldet, an der die wichtigsten Staatsmänner der Erde teilnahmen, um, wie verlautete, die irdischen Zwiste und Nöte aus der Welt zur schaffen. »Allmächtiger!« dachten sie. »Wer weiß, was er heute mit uns und seiner dummen Vernunft wieder vorhat!« Und dann ließen sie ihn hereinbitten. Er kam, verbeugte sich ein wenig altmodisch und nahm Platz. Er lächelte. Sie lächelten. Schließlich ergriff er das Wort.

»Meine Herren Staatshäupter und Staatsoberhäupter«, sagte er, »ich habe, wie ich glaube, einen brauchbaren Gedanken gehabt; man hat ihn auf seine praktische Verwendbarkeit geprüft; ich möchte ihn in Ihrem Kreise vortragen. Hören Sie mir, bitte, zu. Sie sind es nicht mir, doch der Vernunft sind Sie's schuldig.« Sie nickten, gequält lächelnd, mit ihren Staatshäuptern, und er fuhr fort: »Sie haben sich vorgenommen, Ihren Völkern Ruhe und Frieden zu sichern, und das kann zunächst und vernünftigerweise, so verschieden Ihre ökonomischen Ansichten auch sein mögen, nur bedeuten, daß Ihnen an der Zufriedenheit aller Erdbewohner gelegen ist. Oder irre ich mich in diesem Punkte?«

»Bewahre!« riefen sie. »Keineswegs! Wo denken Sie hin, netter alter Herr!« »Wie schön!« meinte er. »Dann ist Ihr Problem gelöst. Ich beglückwünsche Sie und Ihre Völker. Fahren Sie heim, und bewilligen Sie aus den Finanzen Ihrer Staaten, im Rahmen der jeweiligen Verfassung und geschlüsselt nach Vermögen, miteinander einen Betrag, den ich genauestens habe errechnen lassen und zum Schluß nennen werde! Mit dieser Summe wird folgendes geschehen: Jede Familie in jedem Ihrer Länder erhält eine kleine, hübsche Villa mit sechs Zimmern, einem Garten und einer Garage sowie ein Auto zum Geschenk. Und da hintendrein der gedachte Betrag noch immer nicht aufgebraucht sein wird, können Sie, auch das ist kalkuliert, in jedem Ort der Erde, der mehr als fünftausend Einwohner zählt, eine neue Schule und ein modernes Krankenhaus bauen lassen. Ich beneide Sie. Denn obwohl ich nicht glaube, daß die materiellen Dinge die höchsten irdischen Güter verkörpern, bin ich vernünftig genug, um einzusehen, daß der Frieden zwischen den Völkern zuerst von der äußeren Zufriedenheit der Menschen abhängt. Wenn ich eben sagte, daß ich Sie beneide, habe ich gelogen. Ich bin glücklich.« Der nette alte Herr griff in seine Brusttasche und zündete sich eine kleine Zigarre an.

Die übrigen Anwesenden lächelten verzerrt. Endlich gab sich das oberste der Staatsoberhäupter einen Ruck und fragte mit heiserer Stimme: »Wie hoch ist der für Ihre Zwecke vorgesehene Betrag?«

»Für *meine* Zwecke?« fragte der nette alte Herr zurück, und man konnte aus seinem Ton ein leichtes Befremden heraushören.

»Nun reden Sie schon!« rief das zweithöchste Staatsoberhaupt unwillig. »Wieviel Geld würde für den kleinen Scherz gebraucht?«

»Eine Billion Dollar«, antwortete der nette alte Herr ruhig. »Eine Milliarde hat tausend Millionen, und eine Billion hat tausend Milliarden. Es handelt sich um eine Eins mit zwölf Nullen.« Dann rauchte er wieder an seiner kleinen Zigarre herum.

»Sie sind wohl vollkommen blödsinnig!« schrie jemand. Auch ein Staatsoberhaupt.

Der nette alte Herr setzte sich gerade und blickte den Schreier verwundert an. »Wie kommen Sie denn darauf?« fragte er. »Es handelt sich natürlich um viel Geld. Aber der letzte Krieg hat, wie die Statistik ausweist, ganz genau soviel gekostet!«

Da brachen die Staatshäupter und Staatsoberhäupter in tobendes Gelächter aus. Man brüllte geradezu. Man schlug sich und einander auf die Schenkel, krähte wie am Spieß und wischte sich die Lachtränen aus den Augen.

Der nette alte Herr schaute ratlos von einem zum andern. »Ich begreife Ihre Heiterkeit nicht ganz«, sagte er. »Wollen Sie mir gütigst erklären, was Ihnen solchen Spaß macht? Wenn ein langer Krieg eine Billion Dollar gekostet hat, warum sollte dann ein langer Frieden nicht dasselbe wert sein? Was, um alles in der Welt, ist denn daran komisch?«

Nun lachten sie alle noch lauter. Es war ein rechtes Höllengelächter. Einer konnte es im Sitzen nicht mehr aushalten. Er sprang auf, hielt sich die schmerzenden Seiten und rief mit der letzten ihm zu Gebote stehenden Kraft: »Sie alter Schafskopf! Ein Krieg – ein Krieg ist doch etwas ganz anderes!«

*

Die Staatshäupter, der nette alte Herr und ihre lustige Unterhaltung sind völlig frei erfunden. Daß der Krieg eine Billion Dollar gekostet hat und was man sonst für denselben Betrag leisten könnte, soll, versicherte eine in der »Frankfurter Neuen Presse« zitierte amerikanische Statistik, hingegen zutreffen.

Die lustige Witwe

Schäbig elegant. Lehnt an einer Baracke. Frau von dem Typ, der »sowas früher nicht nötig gehabt hätte«. Musikvorschlag: Wenn möglich mitunter Lehár-Reminiszenzen, aber sinngemäß entstellt.

1.
Ich bin die lust'ge Witwe,
rotes Haar und weiße Haut.
Lust'ge Witwe wird man heute
schneller noch als früher Braut.

Das Herz ging hops. Das Übrige verschwend ich.
Ich mache Frühjahrsausverkauf mit mir.
Das Herz ist schwach. Der Rest ist hochprozentig.
Das Herz ist tot, die Bluse ist lebendig.
Mir geht's wie um die Ecke dem elektrischen Klavier:

Mensch, steck Zaster in den Kasten,
und schon wackeln alle Tasten,
und schon geht der Lust'ge-Witwen-Walzer los,
ohne Ruh'n und ohne Rasten,
willst du noch 'nen Kuß? da hast'n,
und nun Damenwahl, na *was* denn!
Die lust'ge Witwe ist mal wieder – ganz groß!

2.
Ich bin die lust'ge Witwe
und tu ernsten Menschen leid.
Lust'ge Witwen, liebe Leute,
sind so lustig wie die Zeit!
Wo alles schiebt, schieb ich wie irgendeiner.
Ich handle schwarz mit meinem weißen Fell.
Ein Kunststück kann ich, Schatz, das kann sonst keiner:

Ich schiebe, doch – mein Lager wird nicht kleiner! (lacht)
Komm, bring mich um die Ecke, das Klavier steht im Hotel:

Mensch, steck Zaster in den Kasten,
und schon wackeln alle Tasten,
ohne Seele, doch die Technik ist famos!
Witwen gibt es wunderbare, –
grüne Augen, rote Haare,
schwarzer Markt und weiße Ware!
Die lust'ge Witwe ist mal wieder – (schreit) laß los!

3.
Ich bin die lust'ge Witwe,
grau die Haut, die Augen rot.
Nächstens lest ihr in der Zeitung:
»Lust'ge Witwe lacht sich tot.«

Mensch, nimm den Mund von meinem müden Munde ...
Such dir ein andres zahmes Spielzeugtier ...
Ach nein! Bleib hier! Und schmeiß noch eine Runde!
Ich kann nicht mehr allein sein, – keine Stunde!
Begleite mich bis morgen früh! Es lebe das Klavier:

Leg den Zaster auf den Kasten!
An der Lampe wehn die Quasten,
und schon geht der Lust'ge-Witwen-Walzer los!
Das wär nichts für Gymnasiasten,
auch die Großpapas erblaßten,
willst du noch 'nen Kuß? da hast'n,
ohne Ruhn und ohne Rasten,
und die Hände sind die Tasten,
bitte Damenwahl, na *was* denn!
Die lust'ge Witwe ist mal wieder – ganz groß!

Mänadische Geste; dann Erschrecken über sich; dann Hände entsetzt an die Ohren; dann Musik aus, Licht aus.

April 1948, Pinguin. Die Kriegsgefahr und Kriegspsychose nahmen immer mehr überhand.

Gespräch im Grünen

Man kann wieder im Freien sitzen. Die ersten Blumen stehen an den Parkwegen. Und ein paar notdürftig reparierte Bänke. Aus Italien und Nordafrika importierte warme Luft ist überall erhältlich. Jeder ist bezugsberechtigt. Mit der Währungsreform hat die Sache auch nichts zu tun. Man kann sich's leisten. »Gestatten?« »Bitte.« Man nimmt Platz. »Wundervoller Tag!« »Mm.« »Zigarette?« »Oh! Danke vielmals.« Sogar das Feuerzeug funktioniert. »So in Gedanken, Herr Nachbar?« »Ich überlege mir gerade, ob die Bauern den heutigen Tag zu trocken oder zu naß finden werden.« »Beides, Herr Nachbar.« »Haha!«

Hunde spielen auf der grünen Wiese. Blaumeisen, kleine piepsende Federbälle, purzeln von Zweig zu Zweig. Ein zwölfjähriges Mädchen führt den jüngeren Bruder an der Hand, einen dicken Däumling mit großen runden Augen. Vor Neugier fallen sie ihm fast aus dem Gesicht. Am Wegrand blinkert eine Rabatte gelber und violetter Stiefmütterchen. Sie sehen aus wie Katzenköpfchen auf Stielen. Bellen und Lachen weht in der Luft, und eine winzige gefiederte Wolke. Und weit und breit kein Flugzeug ...

»Einen Blick in meine Zeitung werfen?« »Warum? Was haben Sie gegen mich?« »Haha.« Ein unermeßlicher Genuß: die Beine weit von sich zu strecken. Dabei so simpel. Billig. Von keiner Behörde bewirtschaftet. Von niemandem verboten. Oder doch etwa? Ein Schild: Es ist untersagt, die Beine ...? Nein. Nur: Bürger, schont eure Anlagen! Na ja, das tun die meisten sowieso. »Man ärgert sich bloß drüber!« »Bitte, Herr Nachbar?« »Ich meine, man ärgert sich bloß, wenn man die Zeitung liest!« »Nur zu wahr, Herr Nachbar. Nur zu wahr.« Das dort links ist ein ..., wie heißt er gleich? Hat so merkwürdige Blätter. – Japanisch, wenn ich nicht irre. Goethe hat darüber geschrieben. Natürlich hat er. Brachte ein Exemplar des Baums nach Weimar. Daß mir der Name ... Eine Art Kreuzung zwischen Laub- und Nadelbaum, jawohl. Herrjeh, das Gedächtnis, es ist zum ... Andrerseits: wenn man alles im Kopf behielte, was man einmal gelernt oder gelesen hat? Nein. Auch nicht schön. Gar nicht schön. Ganz und gar nicht schön. Vergessen können. Gepäck fortwerfen. Das Gehirn frei machen für Neues. Das ist viel gescheiter. Und erhält gescheiter. Geht wie mit den Sandsäcken beim Ballon. Der Horizont ist die Hauptsache. So ist es. Im Grunde also ein gutes Zeichen, daß mir der komische Baum ... Ein himmlischer Tag! Und so viele hübsche Beine unterwegs! Nanu, genau das gleiche Kleid hatte doch ... Vergessen können, mein Lieber. Das Gehirn frei machen. Der Horizont ist die Hauptsache ... Gingko heißt der Baum! Gingko biloba. Natürlich. Hätte mir wirklich nicht einzufallen brauchen. Unnötiger Ballast. Gingko biloba. Meinetwegen.

»Ob's Krieg gibt?« »Krieg? Glaub ich nicht, Herr Nachbar.« »Man hofft: nein. Man glaubt: nein. Und eines Tages ... Man reizt einander. Beschimpft einander. Sticht mit Nadeln. Wird wütend. Ein Schuß geht los, und schon ...« »Haß ist fehlgeleitete Energie, Herr Nachbar.« »Bitte?« »Ich hab einen Plan. Hören Sie zu. Zwei Staaten ärgern sich bis aufs Blut, ja? Solange, bis es kein Halten mehr gibt. Die Gemüter sind geladen. Die Heere stehen bereit. Die Propeller werden angeworfen. Die Schiffsanker werden hochgewunden. Es ist soweit.« »Ja. Entsetzlich.« »Diesmal ist, sagen wir, die Wüste Gobi an der Reihe. Oder ein Teil der Sahara. Vom soundsovielten bis zum soundsovielten Längen- und Breitengrad. Oder ...« »Wieso?« »Die riesigen Armeen beziehen die nach dem vorigen Krieg bekanntgegebenen Gebiete und greifen mit Millionen Händen zu Hacke und Spaten. Die aufgespeicherte Wut muß sich Luft machen. Der Ehrgeiz, den Gegner zu schlagen, ist ungeheuer. Mit Maschinen und Material aller Art ist man gerüstet. Dafür haben die Kriegsminister und Generalstäbe gesorgt. Man schachtet Kanäle, bewegt die Erde, senkt die Seen oder hebt sie, elektrifiziert, baut Dämme ...« »Ja, aber ...«

»Aber? Sie vergessen die verletzte Ehre, das edle Bedürfnis nach Ruhm, die flammenden Reden der Staatsmänner! Dieser Krieg, auch dieser muß gewonnen werden! Dafür ist kein Opfer zu groß, keine Steuer zu hoch! Der Lorbeer lockt! Das nächste unschuldig weiße Blatt im Buche der Geschichte wartet zitternd auf den Namen des Siegers! Neue Divisionen werden an die Front geworfen! Neue Jahrgänge werden eingezogen! Die goldenen Trauringe, gebt sie her für den Sieg! Noch fehlen uns Bagger und Kraftwerke! Zeichnet Kriegsanleihe!«

Der Herr Nachbar rückt ein wenig beiseite. »Und wer wird zum Sieger erklärt?« »Wer auf diesem Felde der Ehre das ihm zugewiesene Areal am ehesten und besten erschlossen hat.« »Mm.« »Im Jahre 1630 wurde die Erde von vierhundert Millionen Menschen bewohnt. Heute von mehr als zwei Milliarden.« »Trotzdem?« »Trotzdem. Und die Fachleute rechnen mit einem weiteren ständigen Ansteigen bis zu drei Milliarden.« »Das kann ja heiter werden ...« »Ja, Herr Nachbar. Sehr heiter.« Er erhebt sich ächzend. »Na denn, – guten Tag.« »Tag, Herr Nachbar.«

Gingko biloba. Stimmt. Die Menschen merken sich, was sie gut und gern vergessen können. Und vergessen, was sie sich unbedingt merken sollten ...

Die Verlobung auf dem Seil

Das Gebiet des Vergnügens unterteilt sich in die unschuldigen Arten und in die Unarten. Warum hier von den unartigen Möglichkeiten nicht die Rede sein soll, liegt auf der Hand – sie sind zu bekannt. Um so verdienstlicher dürfte der Hinweis auf etliche besonders artige Vergnügungsweisen sein, die viel zu wenig im Schwange und darüber hinaus außerordentlich preiswert sind. Die meines Wissens billigste Form des aktiven Behagens ist das Ausdemfenstersehen. Mein Vater zog in jüngeren Jahren dem Ausdemfenstersehen das Aufdembahnhofstehen vor. Später gab er dann dem Ausdemfenstersehen immer unzweideutiger den Vorzug und ist bis zum heutigen Tage dabei geblieben. Gewiß, eines schickt sich nicht für alle. Das Ausdemfenstersehen mag nicht jedermanns Sache sein. Für sanft genüßliche Naturen aber wird es ein unversiegbarer Born reiner Freude bleiben. Die profunden, ausgepichten Kenner und Fachleute beschränken sich übrigens auf die Wohnungsfenster. Sie begnügen sich, als Meister in der Beschränkung, mit dem, was der Zufall und die Notwendigkeit unten auf der Straße vorüberschicken. Andere, weniger gefestigte Temperamente schätzen, im Gegensatz hierzu, das bewegliche Fenster, also den schweifenden Blick aus dem Kutschwagen, der Eisenbahn und dem Automobil. Ihre Fähigkeit des Schauens ist noch nicht so entwickelt wie bei den Anhängern des stationären Fensters. Auch auf diesem Gebiete zeigt sich der zunehmend schädliche Einfluß der Technik auf die echten menschlichen Gaben.

Eine weitere Spielart harmloser Vergnügungen besteht im Lesen der kleinen vermischten Zeitungsnachrichten. Auch hier ließe sich von einem Fenster reden. Von einem Fenster, durch das der Lesende, hingeräkelt und in betulicher Neugierde, den Strom des Alltags mit seinen Steinpilzen, die drei Kilo wiegen, mit den zweiköpfigen Kälbern und den betrunkenen Einbrechern im Weinkeller, geruhsam vorm inneren Auge vorübergleiten sieht. Diese Art stillen Vergnügens kostet freilich etwas mehr als das Ausdemfenstersehen. Und gerade jetzt, in den ersten Wochen nach der Währungsreform, wird mit gutem Grund gespart und gerechnet. Andrerseits, wer findet schon, wenn er gleich tagelang auf die Straße starrt, Gelegenheit, den Diebstahl einer Atombombe zu erleben oder von einer Trauung zu erfahren, durch die der Ehemann sein eigener Onkel wird! Ich glaube, das Geld ist gut angelegt und das Vergnügen nicht überzahlt. Ich für mein Teil möchte die vermischten Nachrichten nicht missen. Ihre Lektüre stimmt heiter. Ihre Lektüre stimmt nachdenklich. Man liest ein paar Zeilen und spinnt sie aus. Es gibt viel mühsamere Arten, sich zu unterhalten. Und kostspieligere obendrein.

Da lese ich eben in der Zeitung: »Bei der Eröffnungsvorstellung der Camilla-Mayer-Schau verlobten sich die bekannten Artisten Gisela Lenort und Siegwart Bach auf dem dreihundert Meter langen und in sechzig Meter Höhe gespannten Seil zum Turm der Dortmunder Reinoldi-Kirche.« Man sitzt, dies lesend, auf dem Balkon, läßt verblüfft das Blatt sinken, blinzelt in die Sonne und überläßt sich den Assoziationen und Gedanken, die wie kleine Wellen den Rand des Bewußtseins bespülen. »Tüchtige junge Leute!« denkt man beispielsweise. »Donnerwetter! Fast ein bißchen zu tüchtig, wie? Und voller Ideen. Neulich konnte man in der Wochenschau denselben Herrn Bach bewundern, wie er, damals noch unverlobt, zwischen einigen Gipfeln des Zugspitzmassivs von Deutschland nach Österreich ging. In zweitausend Meter Höhe und quer durch die leere Luft. Ich erinnere mich des Ereignisses noch genau, weil es, bei aller Sehenswürdigkeit, im Grunde meinen Ordnungssinn empfindlich verletzte. Ich vermißte auf dem Seil die Grenz- und Zollbeamten. Eine so sorglich gehütete Grenze – und nun diese Nachlässigkeit! Außerdem könnten seiltanzende Grenzer und Zöllner ganz gewiß sehr apart wirken! Sich schneidig auf dem Draht wiegend, die Pässe lässig stempelnd, in den Koffern und Balancierstangen nach verfemter Ware wühlend, schnurrbärtige Elfen, Sylphiden in Uniform, pensionsberechtigte Grenzfälle der Menschheit – der Anblick wäre den niedergedrückten Steuerzahlern wahrlich zu gönnen! Nun, es ist nichts vollkommen auf der Welt. Inzwischen macht wenigstens die Camilla-Mayer-Truppe, von Grenzen unbehindert, ihren Weg. Nächstens gehen sie nach Amerika. (Übrigens nicht per Seil.) Drüben wollen sie, was sie zwischen Ruinen und Bergspitzen gelernt haben, über den Cañons der Wolkenkratzerstraßen demonstrieren.

Zuvor haben sich also Gisela Lenort und Siegwart Bach auf dem Seile, über der Stadt Dortmund, verlobt ... Wie macht man so etwas? Wenn ich präzisieren sollte, was meiner Meinung nach eine Verlobung ist, käme eine Summe feierlicher und unfeierlicher Handlungen heraus, die ich mir, auch beim besten Willen, sechzig Meter über Dortmund, noch dazu auf dem Seil, ganz einfach nicht vorzustellen wage. Immerhin, die Zeitung meldet's; damit ist die Möglichkeit von Luftverlobungen erwiesen, und ich finde, man sollte diesen neuen Brauch, nach Einholung der Erlaubnis der Militärregierungen, gesetzlich verankern. Verlobungen, die nicht auf dem Seil stattgefunden haben, wären künftig rechtsungültig. Auf diese Weise würden viele unüberlegte Verlobungen vermieden. Eheschließungen, Hochzeitsnächte, Flitterwochen, Kindstaufen, Scheidungsprozesse, Lieferungsabschlüsse, Exportklauseln, Aufbaupläne – aufs Seil, Freunde, aufs Seil!

Es ist kein Zufall, daß der Gedanke, unsere Zukunft liege auf dem Seil in der Luft, gerade jetzt und gerade in Deutschland das Licht der modernen Welt erblickt hat. Zwischen den Ruinen Seile, zwischen den Zonen Seile, zwischen den Staaten ringsum Seile, und, auf ihnen balancierend, der neue Menschenschlag! Nietzsches leichtfüßig tänzelnden Übermenschen, da haben wir ihn! Da haben wir's! Von Zarathustra über die Camilla-Mayer-Schau zur neuen, uns gemäßen Existenzform: zum Leben auf dem Seil!«

Solche und ähnliche Gedanken plätschern leise am Rande des Bewußtseins, als es draußen klingelt. Es wird die Zeitung sein. Mit vielen neuen und kleinen vermischten Nachrichten.

Juli 1948, Pinguin. Das Fazit einer von mir eingeleiteten Umfrage.

Die These von der verlorenen Generation

> Über das Verallgemeinern:
> *Niemals richtig.*
> *Immer wichtig.*

Die These, die ich kürzlich in der »Neuen Zeitung« zur Diskussion stellte, lautete so: »In Gesprächen mit Professoren, Eltern und Lehrmeistern taucht immer wieder die Vermutung auf, daß es heute in Deutschland nicht nur *eine* junge Generation gäbe, sondern deren zwei, die sich wesentlich voneinander unterscheiden, die Zwanzigjährigen und die Dreißigjährigen. Und während jene ganz Jungen wißbegierig, fleißig, ehrgeizig und weltoffen wären, verhielten sich die Älteren träge, uninteressiert, nihilistisch, allenfalls broteifrig und strikten Befehlen zugänglich. Daß eine solche Behauptung nicht generell zutreffen kann, versteht sich von selbst. Trotzdem wäre es möglich, daß sie im großen ganzen stimmt.

Es wäre möglich. Doch man weiß es nicht.

Jene Leute nun, welche die These von den beiden jungen Generationen und von deren grundsätzlicher Unterschiedlichkeit vertreten, fügen ihrer Behauptung eine Begründung hinzu. Sie sagen, die Dreißigjährigen seien, seit sie denken können, vom Denken ferngehalten und zum bedingungslosen Gehorsam erzogen worden, mit dem sie nun ihren Halt verloren hätten. Damit, daß man ihnen die Scheuklappen weggenommen habe, habe man ihnen im Grunde alles genommen. Seitdem scheuten sie oder schlössen die Augen. Die heute Zwanzigjährigen und noch Jüngeren seien – um den Vergleich zu wechseln – so spät zwischen die Steine der Befehlsmühlen geraten, daß die Vergangenheit sie nicht zerrieben habe. Falls die These von der Verschiedenheit der zwei jungen Generationen zutreffen sollte, wäre es durchaus möglich, daß auch ihre Begründung im großen ganzen stimmt.

Es wäre möglich. Doch man weiß es nicht.

Man müßte es aber wissen! Man müßte die Frage so gründlich prüfen, wie sich eine derartig subtile Frage überhaupt prüfen läßt. Denn von der Frage hängt die Antwort ab und von der Antwort weitgehend die deutsche Zukunft. Wer wird denn eines Tages die heutigen Männer der Wirtschaft, der Regierung, der Wissenschaft, der Verwaltung, der Parteien, der Erziehung und der Kunst ablösen? Eben diese Dreißigjährigen, denen nachgesagt wird, daß sie den Anforderungen unserer verworrenen Gegenwart und ihrer Aufgabe nicht gewachsen seien und, leider, gar nicht gewachsen sein könnten! Besteht das schreckliche Wort von der ›verlorenen Generation‹ zu Recht, oder handelt es sich, wie nach dem Ersten Weltkrieg, bei mehreren Jahrgängen nur um ›verlorene Jahre‹, die man nachholen muß und aufholen kann? Um Jahre, die man, was hilft's noch mit Lernen statt mit Lehren, mit Nehmen statt mit Geben ausfüllen muß?

Auch wenn die Pessimisten recht hätten, wäre die Lage nur lebensgefährlich, solange man nicht alles daransetzte, die richtige Diagnose zu stellen. Da es scheint, als habe man bis jetzt keineswegs alles darangesetzt, wird hiermit der Versuch unternommen, Sach- und Menschenkenner um ihre Meinung zu bitten, das heißt, um ihre aus eigener Erfahrung abgeleitete, von Wünschen und Sorgen ungeschminkte Auffassung. Es könnte sein, daß sie damit nicht nur der Jugend einen Dienst erwiesen.«

Die Zahl der Erwiderungen entsprach nicht ganz der sonst gewohnten Beteiligung an den Umfragen der in zwei Millionen Exemplaren erscheinenden Zeitung. Der angesprochene und interessierte Kreis war kleiner. Auffallen mußte, daß sich aus der Elternschaft kaum jemand äußerte; denn Eltern waren es vornehmlich gewesen, deren Sorgen und Klagen mich zur öffentlichen Erörterung des Themas bewogen hatten. Doch ihr Schweigen war am Ende nicht allzu unverständlich. Die Gepflogenheit, derartige Zuschriften nur mit dem Namen und der Anschrift des Absenders zu bringen, hatte bestimmt die Eltern abgeschreckt. Ihre Söhne und Töchter wären ihnen für eine allzu öffentliche Beschwerdeführung nicht sonderlich dankbar gewesen. Geantwortet hatten Studenten, Lehrer, Professoren, Ärzte und Schriftsteller.

Schwierigkeiten und Vorteile

Walther von Hollander verwies darauf, daß das Wort von der »verlorenen Generation« nicht neu, sondern für die junge Frontgeneration des Ersten Weltkriegs, der er angehört habe, geprägt worden sei. Und er bezeichnet sie kurz entschlossen als besonders glückliche Jahrgänge. »Welch ein ungeheuer menschlicher Vorsprung ist es, daß man unter drei verschiedenen Regierungssystemen lebte, kämpfte und litt. Welche tiefe Einsicht in die Struktur der menschlichen Seele, ihre Wandelbarkeit und Unveränderlichkeit, ihre Anfälligkeit und ihre unüberwindbare Stärke, ihre Güte und ihre Grausamkeit, ihre Feigheit und ihre Tapferkeit wurde uns gegeben! Wieviel haben wir zerbrechen sehen, was ewig schien, und wieviel erwies sich als ewig, was wir für zerbrechlich hielten. Ja, es hat sich gezeigt – diese ›verlorene‹ Generation war und ist vom Schicksal bevorzugt.« Deshalb möchte er den jetzt Dreißigjährigen »von einer allzu großen Klageseligkeit abraten«. Im äußersten Falle »bleibt es dem einzelnen ja immer noch, aus der Schicksalssphäre seiner Generation herauszuwachsen in jene Individualform, die jenseits oder abseits aller Generationen stets gelebt worden ist, und die es immer geben wird«. Hollanders Trostversuch, das Gefährlichleben als seelischen Fortbildungskurs zu interpretieren, fand nicht gerade ungeteilte Zustimmung. Kein Zufall, daß eine junge Frau am unwilligsten reagierte. »Ich fühle mich heftig vom Schicksal benachteiligt, daß ich zusehen mußte, wie so viel Schönes und Unwiederbringliches zerbrach ... Ich schäme mich für die mangelnde Kontinuität, diese erschütternde Unsicherheit und das Fehlen jeder Harmonie, das die letzten fünfzig Jahre Deutschland spiegeln ... Ich beneide und bewundere ein Land wie Amerika, dessen festgefügtes Weltbild seine in hundertfünfzig Jahren kaum angetasteten Standards hat und wo man nach der vernünftigen Devise ›to make meet both ends‹ lebt … Am meisten erschüttert mich, daß die meisten Deutschen nichts aus den beiden ›Götzendämmerungen‹ gelernt haben … Fehlt schließlich nur noch der Schicksalsdank, daß wir auch – Hitler erleben durften!«

Neue Eigenschaften

Auch die übrigen Dreißigjährigen glauben nicht an Hollanders Glücksdestillat. Um so entschiedener stimmen sie ihm zu, daß die individuelle Lösung des Problems das Entscheidende sei. Da schreibt einer: »Ich kokettiere nicht mit meiner tragischen Situation. Ich bin nichts weiter als ein junger Mann von dreißig Jahren, der den festen Willen hat, das Bestmögliche aus seinem Leben zu machen.« Ein anderer meint: »Es kommt immer auf die Persönlichkeit an, und wer sich im Rahmen dieses Problems selbst bemitleidet, den sollte man kopfschüttelnd belächeln.« »Wir haben«, erklärt ein dritter, »wenn man es addieren wollte, sicher ein paar Jahre lang unentwegt exerziert. Wir haben, wenn man's aneinanderreiht, gewiß monatelang Reden gehört, wochenlang mit erhobener Hand gestanden und uns während eines Jahrzehnts sagen lassen, daß wir die Zukunft seien. So schön, wie mancher behauptet, war das ja nun auch nicht! … Sechs Jahre lang wurde scharf auf uns geschossen, und ein halbes Jahr haben wir wohl alle hinter Draht gesessen. Natürlich gab es auch die ältere Generation; sie stellte erstaunlich viele Vorgesetzte: Lehrer, Professoren, Majore und Generale – na ja, und die Gauleiter. Zugegeben, wir sollen nicht so träge sein, so uninteressiert, nihilistisch und broteifrig. Aber daß wir keinen Humor haben, deswegen sollte uns keiner schelten. Zumindest nicht die Älteren.«

Alexander Borelius, ein junger Autor, schreibt: »Es sind in der Tat etwa zehn Jahrgänge. Sie reichen von 1912 bis 1922. Gemeinsam ist ihnen, daß sie 1933, beim Einbruch der großen ideologischen Flut, noch zu jung waren, um vorher schon aus dem Vollen geschöpft zu haben, aber alt genug, um im Laufe der NS-Ära ›eingesetzt‹ zu werden, vorzüglich dann im Krieg.« Drei Eigenschaften seien, meint er, bei den Dreißigjährigen besonders entwickelt. Sie seien völlig unbürgerlich. Sie räumten der Erfahrung das Primat ein. Und sie besäßen eine merkwürdige Vitalität, die auf das Wie des Lebens kaum noch Rücksicht nähme. Diese »verlorene« Generation verhalte sich nicht nihilistisch, sondern »typisch existentiell«, und »man soll sich hüten, beide Begriffe gleichzusetzen. Mag es Menschen geben, die den Bestand der Kultur durch diese Eigenschaften gefährdet sehen ... Vielleicht haben sie recht. Aber sie sollten zuvörderst bedenken, daß die Erfahrungen, in denen diese Eigenschaften geboren wurden, unmittelbare Folge davon sind, daß die Älteren ihren Standard länger aufrechterhalten haben, als sie es seiner inneren Struktur – seiner kranken Struktur – nach hätten verantworten dürfen.«

Die Meinung der Erfahrenen

Im allgemeinen wird zugegeben, daß die Zwanzig- und die Dreißigjährigen sich beträchtlich unterscheiden, aber der Unterschied wird, nicht zuletzt von den Universitätslehrern, positiver ausgelegt, als es in meiner Ausgangsthese geschehen war. Professor Dr. Werner Wagner, ein Münchener Psychiater, schreibt: »Gegen alles, was sein soll, ist die in Frage gestellte Generation erschreckend mißtrauisch. Von Programmen, die sagen, was sein soll, haben sie übergenug. Sie mögen keinen Enthusiasmus mehr hören. Sie murmeln: Illusionen, Schwindel! ... Alle Parteien scheinen bestürzt, daß es keine Anhänger mehr gibt. Aber das, was den Programmatikern solche Sorgen macht, ist ein Zeichen der Gesundung.« Der Stuttgarter Psychotherapeut Dr. Felix Schottländer urteilt ähnlich: »Ein erstaunlicher Spürsinn für echte menschliche Qualität ist gerade bei den älteren Studierenden, aber auch in den praktischen Berufen überall sehr deutlich zu sehen. Wer laut gepriesene Werte so kläglich hat zusammenbrechen sehen, prüft genau, wen er vor sich hat, und vergleicht aufmerksam das, was gerade wird, mit der Person dessen, der spricht.« Illusionsloser Sinn, realistische Kritik, gesunde Skepsis, echtes Bedürfnis nach höheren Werten – mit diesen Vorzeichen, mit solch günstigen Vorzeichen, werden unsere Dreißigjährigen von den Kennern ausgestattet. »Es setzt mich immer wieder wieder in Erstaunen«, schreibt Theodor Litt, der Bonner Ordinarius für Philosophie, »zu sehen, wieviel unverbrauchte Bereitschaft des Aufnehmens und Verarbeitens, wieviel Entschlossenheit, es mit diesem verworrenen Leben aufzunehmen, auch bei diesen jungen Menschen anzutreffen ist, denen man in entscheidenden Werdejahren jede Eigenheit des Urteils und jede Selbständigkeit der Entscheidung abzugewöhnen so hartnäckig bemüht war. Messen wir, wie es sich gehört, das tatsächlich Vorhandene an dem billigerweise zu Erwartenden, dann werden wir uns weigern, durch Übernahme der Formel von der ›verlorenen Generation‹ mehrere Jahrgänge der Nachrückenden, deren Mitarbeit uns wahrlich blutnötig ist, unter den Passiva unserer nationalen Lebensbilanz zu buchen.«

Da an der Aufrichtigkeit dieser und anderer auf Erfahrung gegründeten Urteile nicht zu zweifeln ist, dürfen die These von der verlorenen Generation und die damit verknüpften Zukunftsbefürchtungen ad acta gelegt werden. Der Stein, der uns vom Herzen fällt, wiegt schwer. Der Versuch, ein wenig aufzuatmen, macht Mühe. Es gibt noch Steine genug, die uns das Herz abdrücken.

Oktober 1948, Pinguin. Ein Abgesang und Satyrspiel auf den in großen Teilen mißglückten Versuch, das deutsche Volk zu »entnazifizieren«. Unlösbare Aufgaben sind unlösbar. Man hätte die vorliegende Aufgabe auf gelungenere Art nicht lösen können.

Wer fürchtet sich vorm schwarzen Mann

Es saßen zwei Männer in der Kneipe und haderten lautlos vor sich hin. Die Luft war ihnen zu dick. Das Bier war ihnen zu dünn. Die Mädchen waren ihnen hier zu dünn, dort zu dick, je nachdem. Nichts war den beiden recht, und sie schwiegen derartig, daß es gewissermaßen zum Himmel schrie. Und der Steinhäger war ihnen zu teuer. Es gibt solche Tage. Jeder kennt das. Außerdem war es gar kein Steinhäger.

Wie sie so saßen und maulten, kam der dritte ins Lokal, hatte etwas Liedähnliches auf den Lippen, klopfte der Wirtin generös aufs Altenteil, warf mit dem Hut nach dem Garderobenhaken, setzte sich zu den zweien, musterte ihre dunkelgrüne, portierenschwere Düsternis und wiegte das Haupt. »Ihr leidet«, sagte er, »man sieht es bis auf die Straße. Kopf hoch. Ich will versuchen, euch aufzuheitern. Das bin ich unserer Freundschaft schuldig.« Nachdem er aus dem großen und dem kleinen Glase getrunken hatte, die ihm gebracht worden waren, griff er mit Schwung in die Brusttasche. »Was ihr hier seht«, erklärte er, »ist das Amtsblatt des Hessischen Ministeriums für politische Befreiung, und zwar die Nummer 45 dieser gratis zur Verteilung kommenden periodischen Publikation. Darin wird, mutig und nicht frei von Grazie, eine Frage angeschnitten, die euch gefallen wird. Denn sie lautet: ›Darf ein Minderbelasteter als Bezirksschornsteinfeger tätig sein?‹ Nun, ihr Lieben, will sich einer sachdienlich zu dem Thema äußern?«

»So leicht bringst du uns nicht zum Lachen«, knurrte der Erste. Und der Zweite sagte: »Wenn ich darauf eingehe, so eigentlich nur, um nicht ungefällig zu erscheinen. Bevor ich freilich meinen Scharfsinn spielen lasse, drängt es mich zu erfahren, was Bezirksschornsteine sind.«

»Markiere, bitte, nicht den Begriffsstutzer!« erwiderte der Dritte. »Ein Bezirksschornsteinfegermeister fegt nicht Bezirksschornsteine, sondern die Schornsteine seines Bezirks. Aber er übt, und das behaltet im Auge, nicht nur dieses Gewerbe aus. Das tun schließlich alle Schornsteinfegermeister, keineswegs nur die Bezirksschornsteinfegermeister. Nein, er ist obendrein – und zwar nach § 27, Absatz I der Verordnung über das Schornsteinfegerwesen vom 28. 7. 1937 – Feuerstättenbeschauer. Versteht ihr?«

»Mitnichten«, antwortete der Erste. »Feuerstättenbeschauer waren wir schließlich mehrere Jahre alle miteinander. Das ist nichts Besonderes.« »Anno 1937 war's aber noch keine obligatorische Beschäftigung. Es muß was anderes bedeuten«, entgegnete der Zweite. »Tut's ja auch«, sagte der Dritte. »Feuerstätten, die vom Bezirksschornsteinfegermeister beschaut werden, sind im vorliegenden Falle brennende Öfen und Kamine, nicht Häuser, Straßenzüge und Stadtviertel!« »Meine Feuerstätte«, meinte der Erste, »hat noch nie jemand betrachtet, beziehungsweise beschaut.« »Kein Wunder«, bemerkte der Zweite ziemlich bitter. »Unsere Öfen waren in den letzten Wintern keine Feuerstätten im eben definierten Sinne.« Der Dritte klopfte ärgerlich auf den Tisch. »Müßt ihr denn immer gleich persönlich werden und euch damit den erforderlichen Weitblick verderben? Daß es keine Kohlen gab ...« »Es gab Kohlen«, stellte der Erste ruhig fest, »nur für uns gab's keine. Darüber hilft kein Weitblick weg.« »Ruhe!« rief der Dritte. »Der Bezirksschornsteinfegermeister in seiner Eigenschaft als Feuerstättenbeschauer ...« »So ein Quatsch!« konstatierte der Zweite. »Das einzige, was diese schwarzen Männer tun, ist, daß sie von Zeit zu Zeit jemanden mit einem Stückchen Kreide schicken, und der schreibt dann ›Montag kehren!‹ auf eine Treppenstufe. Mehr ist mir nicht bekannt. Nicht von Bezirksschornsteinfegermeistern und nicht von Feuerstättenbeschauern.« »Meiner unmaßgeblichen Meinung nach«, höhnte der Erste, »ist der ganze Beruf eine bloße Erfindung. Ein luftiges Spiel der Göttin Phantasie. Schornsteinfeger sollen Glück bringen, wenn man sie trifft. Man trifft sie nie. Es gibt sie gar nicht. Die Leute, die zu Silvester rußgeschwärzt, mit rosigen Ferkeln im Arm, Trinkgelder kassieren, sind geschäftstüchtige Masken.«

Der Dritte knirschte leicht mit den Zähnen. »So kommen wir nicht weiter. Hört gefälligst zu! Belehrt euch! Staunt! Als Gewerbetreibender gehört der Bezirksschornsteinfegermeister dem Handwerk an. Als Feuerstättenbeschauer hingegen ist er ein Beauftragter der Polizeibehörde. Das müßt ihr festhalten. Sehr fest sogar. Sonst versteht ihr weder das Problem noch seine Feinheiten. In seiner Eigenschaft als Handwerker dürfte der minderbelastete Bezirksschornsteinfegermeister während seiner ihm auferlegten Bewährungsfrist kehren und fegen, soviel er will. Denn er ist ein Kleinbetrieb und beschäftigt nur wenige Arbeitnehmer. In seiner Eigenschaft als Feuerstättenbeschauer, mithin als Beauftragter der Polizeibehörde, könnte er nun aber für einen Beamten oder etwas Ähnliches gelten, – und dann und insofern dürfte er *nicht*!«

»Noch ein Dünnbier!« rief der Erste zur Theke hinüber. Der Dritte ließ sich nicht beirren. »Da der Feuerstättenbeschauer jedoch von der Polizeibehörde keine Vergütung erhält, ändert sich das schwankende Bild von neuem. Er nimmt, laut Amtsblatt, eine ähnliche Stellung wie ein Notar insoweit ein, als er auf Gebühren angewiesen ist und seine Angestellten zu bezahlen hat.« »Das nenne ich Logik!« sagte der Zweite mürrisch. »Genausogut kannst du behaupten, daß der Hund am Baum eine ähnliche Stellung einnimmt wie der Flamingo im Teich, insoweit beide Tiere eines ihrer Beine hochhalten.« »Dein Vergleich ist reichlich abgeschmackt«, mäkelte der Dritte. »Außerdem darf man, laut Amtsblatt, nicht übersehen, daß der Bezirksschornsteinfegermeister eben doch, im Gegensatz zum Notar, kein ganz richtiger Beamter ist. Denn in der Präambel zur Verordnung über das Schornsteinfegerwesen wird geäußert, der Bezirksschornsteinfegermeister sei zwar der Aufsicht und der Ordnungsstrafgewalt einer Behörde unterstellt, habe aber trotzdem nicht Beamteneigenschaft.« »Das wäre ja auch noch schöner«, meinte der Erste. »Wenn sämtliche Menschen, die der Aufsicht und Strafgewalt einer Behörde ausgeliefert sind, schon deswegen Beamteneigenschaft hätten, gäb's ja überhaupt nur noch Beamte auf der Welt!«

Der Dritte wurde giftig. »Haltet lieber den Mund!« eiferte er. »Ihr sollt nicht den Mund aufsperren, sondern die Ohren! Also, soweit der Bezirksschornsteinfegermeister als Feuerstättenbeschauer Beauftragter der Polizeibehörde ist, liegt ein öffentlich-rechtliches Auftragsverhältnis vor. Dieses ähnelt der Stellung eines Beauftragten im Sinne des § 662 BGB, der durch einen solchen Auftrag von seiner Selbständigkeit nichts einbüßt. Kurz und gut, der Mann darf arbeiten!« »Na, Gott sei Dank!« »Es sei denn, man berufe sich auf § 47, Ziffer 10 der Verordnung über das Schornsteinfegerwesen aus dem Jahre 1937, wonach die Bestellung eines Bezirksschornsteinfegermeisters zu widerrufen ist, wenn Tatsachen vorliegen, die seine politische Unzuverlässigkeit erweisen.«

»Entschuldigung«, murmelte der Erste, »aber mir wird, glaube ich, übel«, und er sank im Zeitlupentempo in sich zusammen. »Und das Resultat all dieser Erwägungen?« fuhr der Dritte unerbittlich fort. »Es liegt kein gesetzliches Tätigkeitsverbot für minderbelastete Bezirksschornsteinfegermeister vor. Doch hat die Aufsichtsbehörde die Möglichkeit, einem solchen die Tätigkeit durch Widerruf oder Versagung der Bestellung unmöglich zu machen!« Da kippte auch der Zweite ohnmächtig um. Sein Kopf sah aus wie feinstes Lübecker Marzipan.

Der Dritte bestellte drei zweistöckige Steinhäger. »Falls die beiden sich nicht wieder erholen sollten«, vertraute er der Wirtin an, »trinke ich die drei Gläser allein.« Hierauf rappelten sich der Erste und der Zweite wieder hoch, mit ihrer letzten Kraft, als hätten sie Angst, zum Jüngsten Gericht zu spät zu kommen, und setzten sich hin, wie sich's gehört. »*Du* hast Nerven!« erklärte der Erste. Und der Zweite fragte: »Aufheitern nennst du das?« »Ihr habt keinen Sinn für Humor«, sagte der Dritte, »und für die Finessen der Gerechtigkeit schon gar nicht. Prosit!« Sie tranken ihre zweistöckigen Steinhäger, schüttelten sich, machten »Brrr!« und wollten das Thema wechseln.

Doch da mischte sich der Herr Schikaneder, der am Nebentische saß, in das Gespräch. »Ihre Schornsteinfegergeschichte war soweit ganz nett«, meinte er, »aber meine Straßenkehrergeschichte ist besser.« Und ohne recht um Erlaubnis zu fragen, fuhr er fort: »Es kehrte jemand die Straße, und ein anderer, der ihm gedankenvoll zuschaute, fragte: ›Ein gelernter Straßenkehrer sind Sie wohl nicht?‹ ›Nein‹, erwiderte der Mann, ›ich tu's zur Strafe.‹ ›Warum denn?‹ ›Weil ich in der Partei war.‹ Der andere nahm ihm wortlos den Besen aus der Hand und fegte die Straße mit einer Sachkunde, daß es eine wahre Lust und Wonne war. ›Alle Wetter!‹ rief der Mann, ›Sie *sind* aber vom Fach!‹ ›Jawohl‹, antwortete der andere, ›doch ich darf nicht.‹ ›Warum denn?‹ ›Zur Strafe! Weil ich in der Partei war.‹« Herr Schikaneder rieb sich die Hände. »Ist das eine schöne Geschichte?«

»Vor allem ist sie kürzer«, erklärte der Dritte und bestellte vier doppelte Steinhäger. Obwohl es gar kein Steinhäger war.

August 1948, Neue Zeitung. Diese Glosse ergänzt den vorangegangenen Beitrag. Es handelt sich um die Kehrseite der Medaille.

Wahres Geschichtchen

Voraussetzungen, die eine zwingende Schlußfolgerung zulassen, nennt man, wie jeder Mittelschüler in und außer Dienst gern bestätigen wird, Prämissen. Die folgende wahre Geschichte hat der Prämissen zwei. Erstens: Kunst und Wirklichkeit sind in der Lage, die seltsamsten chemischen Verbindungen einzugehen.

Zweitens: Die Tiroler sind lustig. Das Subjekt der zweiten Prämisse ließe sich beliebig erweitern. Aber im vorliegenden Falle, den mir eine uns allen bekannte Schauspielerin erzählte, handelt sich's nun einmal um die Tiroler. Wahre Geschichten soll man nicht durch Phantasie – zehn Tropfen auf einen Liter Tatsachen – verwässern. Was ich hier erzähle, ist die ungepanschte Wahrheit.

Neulich – im Jahre 1948 – drehte man in Tirol einen Film. Der Film war, wie sich das gehörte, »zeitnahe«. Weil der Film zeitnah war, das heißt: weil er im Dritten Reiche spielte, brauchte man etliche SS-Männer. Weil es keine echten SS-Männer mehr gibt und weil wenig echte Schauspieler zur Hand waren, suchte der Regisseur unter den männlichen Dorfschönen die acht Schönsten, Herrlichsten, Athletischsten, Größten, Gesündesten, Männlichsten aus, ließ ihnen vom Kostümfritzen prächtige schwarze Uniformen schneidern und benutzte beide, die Schönen und die Uniformen, für seine Außenaufnahmen. Er war mit beiden recht zufrieden. Die Alpenbewohner haben ja einen natürlichen Hang zur, sagen wir, Schauspielerei. Die Rauhnächte, das jesuitische Barocktheater, die Bauernbühnen – die Lust am Sichverstellen und die Fähigkeit dazu, es liegt den Leuten im Blut.

In einer Drehpause, vielleicht waren zuviel oder zuwenig Wolken am Himmel, schritten nun die acht falschen SS-Männer fürbaß zum Wirtshaus. Tiroler Landwein ist etwas sehr

Hübsches. Die Filmgage auch. Die acht sahen gewisse Möglichkeiten. Indes sie so schritten, kam ihnen der Autobus entgegen, der dort oben im Gebirg den Verkehr und die Zivilisation aufrechterhält. Und weil die Tiroler so lustig sind, stellten sich unsere acht SS-Männer dem Vehikel in den Weg. Der Bus hielt. Einer der acht riß die Wagentür auf und brüllte: »Alles aussteigen!« Und ein zweiter sagte, während er die zitternd herauskletternden Fahrgäste musterte: »Da samma wieda!« Ich weiß nicht, ob ich bei diesem Satze die richtige phonetische Schreibweise anwende. Auf alle Fälle wollte der zweite zum Ausdruck bringen, daß nunmehr die SS und das Dritte Reich wiedergekehrt seien.

Es geht nichts über den angeborenen Trieb, sich zu verstellen, und die diesem Trieb adäquate Begabung. Die Fahrgäste schlotterten vor soviel Echtheit, daß man's förmlich hören konnte. Die acht begannen, barsche Fragen zu stellen, Brieftaschen zu betrachten und die Pässe zu visitieren. Tirol gehört ja zu Österreich, und in Österreich hat man bekanntlich schon wieder Pässe. Während die acht nun ihre schauspielerische Bravour vorbildlich zum besten gaben, kam der Herr Regisseur des Weges, sah den Unfug, rief seine Film-SS zur Ordnung, schickte sie ins Wirtshaus und entschuldigte sich zirka tausendmal bei den blaßgewordenen Reisenden, die nervös und schnatternd auf der Landstraße herumstanden. Bei einem der Fahrgäste mußte sich der Regisseur sogar drinnen im Omnibus entschuldigen. Es war ein alter, kränklicher Herr, dieser letzte Fahrgast. Er hatte vor Schreck nicht aussteigen können. Er stammte aus der Gegend. Er war das gewesen, was man heutzutage einen »Gegner des Dritten Reiches« nennt. Er hatte das seinerzeit gelegentlich zum Ausdruck gebracht und infolgedessen mit der SS Bekanntschaft machen müssen. Nun saß er also, bleich wie der Tod, in der Ecke, unfähig, sich zu rühren, stumm, entsetzt, ein Bild des Jammers. »Aber, lieber Herr«, sagte der Filmregisseur, »beruhigen Sie sich doch, bittschön. Wir drehen einen zeitnahen Film, wissen Sie. Dazu braucht man SS-Männer. Die Szene, die Sie eben erlebt haben, hat weder mit dem Film noch mit der Wirklichkeit etwas zu tun. Es war eine Lausbüberei, nichts weiter. Die Buam sind Lausbuam, und Jugend hat keine Tugend, und nehmen Sie's doch nicht so tragisch. Es sind harmlose, muntere Skilehrer und Hirten aus dem Dorf hier!«

Da schüttelte der alte Herr den Kopf und sagte leise: »Ich habe in dieser Gegend mit der SS öfter zu tun gehabt, Herr Regisseur. Sie haben gut ausgewählt, Herr Regisseur. Es sind ... *dieselben*!«

Trostlied im Konjunktiv

Wär ich ein Baum, stünd ich droben am Wald.
Trüg Wolke und Stern in den grünen Haaren.
Wäre mit meinen dreihundert Jahren
noch gar nicht sehr alt.

Wildtauben grüben den Kopf untern Flügel.
Kriege ritten und klirrten im Trab
querfeldein und über die Hügel
ins offene Grab.

Humpelten Hunger vorüber und Seuche.
Kämen und schmölzen wie Ostern und Schnee.
Läg ein Pärchen versteckt im Gesträuche
und tät sich süß weh.

Klängen vom Dorf her die Kirmesgeigen.
Ameisen brächten die Ernte ein.
Hinge ein Toter in meinen Zweigen
und schwänge das Bein.

Spränge die Flut und ersäufte die Täler.
Wüchse Vergißmeinnicht zärtlich am Bach.
Alles verginge wie Täuschung und Fehler
und Rauch überm Dach.

Wär ich ein Baum, stünd ich droben am Wald.
Trüg Sonne und Mond in den grünen Haaren.
Wäre mit meinen dreihundert Jahren
nicht jung und nicht alt …

DIE KLEINE FREIHEIT

Chansons und Prosa 1949–1952

Der Titel des Programms

Der Titel des Programms – DIE KLEINE FREIHEIT –
klingt eigentlich, als wüßten wir Bescheid.
Der Titel des Programms – DIE KLEINE FREIHEIT –
stammt nicht von uns. Den Titel schrieb – die Zeit!

Die große Freiheit ist es nicht geworden.
Es hat beim besten Willen nicht gereicht.
Aus Traum und Sehnsucht ist Verzicht geworden.
Aus Sternenglanz ist Neonlicht geworden.
Die Angst ist erste Bürgerpflicht geworden.
Die große Freiheit ist es nicht geworden,
die kleine Freiheit – vielleicht!

Wir sind so frei! Das heißt: Soweit's erlaubt ist.
Wir sind so frei! (Soweit man's überhaupt ist.)
Wir dürfen wieder zittern, wenn wir frieren.
Wir dürfen staunend vor Geschäften stehn.
Wir dürfen atmen, lachen, vegetieren.
Wir dürfen schimpfen und den Kopf verlieren.
Wir dürfen, wenn's so weitergeht, marschieren.
Wir sind so frei. Wir werden ja sehn.

Der Titel des Programms – DIE KLEINE FREIHEIT –
hat seinen Grund. Sie wissen nun Bescheid.
Der Titel des Programms – DIE KLEINE FREIHEIT –
stammt nicht von uns. Der Autor heißt: DIE ZEIT!

Nachträgliche Vorbemerkungen

»Der Titel des Programms ›Die Kleine Freiheit‹ stammt nicht von uns. Der Autor heißt: die Zeit!« Mit diesen Zeilen eröffneten wir im Januar 1951 unser zweites Kabarett in München. »Die Schaubude«, das erste und schon Ende 1945 gegründete, war an den Folgen einer unvermeidlichen »Die Währungsreform« genannten Operation unsanft entschlafen. Der 19. Juni 1948, ein regnerischer Sonntag, war der Sterbetag manchen Übels und einiger Hoffnungen gewesen. Zwanzig in England gedruckte Deutsche Mark hatte uns, gegen Ausweis und Quittung, der Staat in die Hand gedrückt. Und das war nun alles, was wir besaßen. Außer knurrenden Mägen, gewendeten Mänteln, Schuhen aus Edelpappe, grauer Gesichtsfarbe, fusligem Kartoffelschnaps und ein paar Zigarettenkippen.

Als dann tags darauf die bis dahin öden Schaufenster voller Hemden, Anzüge, Würste, Hüte, Schuhe, Socken und Konserven lagen, erlebten wir, leise mit den Zähnen knirschend, aus eigener Anschauung, was später unter dem bravourösen Stichworte »Deutsches Währungswunder« in die neuere Wirtschaftsgeschichte eingehen sollte.

Nachdem wir unsere ersten zwanzig Mark in den Geschäften gegen deren letzten Ramsch eingetauscht hatten, zeichnete sich sehr bald die nächste Nachkriegsetappe ab, und auch sie hat mit Recht einen wohlklingenden Namen erhalten. Er wurde im kopfschüttelnden Auslande geprägt. Wir litten damals, hieß es, an der »Großen Lethargie«. Unsere große Lethargie sah, bei Lichte betrachtet, folgendermaßen aus: Wir arbeiteten wie die Wilden, um uns wieder einmal sattzuessen. Wir arbeiteten wie die Besessenen, um uns einen Anzug zu kaufen, der nicht aus Holz gesponnen war. Wir arbeiteten wie die Berserker, um im Winter zehn Zentner Kohlen zu haben. Wir arbeiteten wie die Sklaven, um nicht länger unter Woilachs schlafen und auf Margarinekisten sitzen zu müssen.

Und als wir schließlich – wenn auch nicht alle, so doch viele – eines schönen Tages einigermaßen satt, in einem ziemlich warmen Zimmer, auf einem beinahe stuhlähnlichen Gegenstande sitzend, mit sauber gewaschenem Hals, denn auch Seife gab's ja wieder, aus unserer großen Lethargie erwachten und das eben erworbene Radio andrehten, staunten wir nicht schlecht. Wir waren in der Zwischenzeit an die Vergangenheit verkauft worden! Wir besaßen allerdings, bis auf Widerruf, die im Grundgesetz verbriefte »kleine Freiheit«, darüber zu murren und zu schimpfen. Und ein Kabarett gleichen Namens zu gründen. Das war nicht viel. Aber es war besser als gar nichts.

*

Vor Jahrzehnten sah ich einmal eine ausgezeichnete Tanztruppe, die in einer ihrer Darbietungen das Vereinsturnen parodierte. Der Vorhang hob sich. Die Hände im Hüftstütz, hatte sich eine altmodische Riege entschlossener Männer und Frauen zu Freiübungen aufgestellt. Vor den Gesichtern trugen sie Fastnachtsmasken. Mit hochgewichsten Schnurrbärten, mit Mittelscheitel, Gretchenzöpfen und Apfelbäckchen. Als die Musik einsetzte, begannen sie schneidig mit Kniebeugen, Armspreizen, Auslagen, Rumpfbeugen und Ausfällen – und den Zuschauern blieb die Luft weg! Denn das bekannte Repertoire an Freiübungen spielte sich völlig verkehrt ab! Die Kniekehlen drückten sich nicht wie üblich, sondern nach hinten durch. Die Körper beugten sich nicht vorwärts, sondern rückwärts bis zur Erde. Die ausgestreckten Arme schwangen hinterrücks mit einer Vollendung, daß man meinte, sie müßten jeden Augenblick splittern und brechen.

Da machte, auf ein zackiges Kommando, die Riege linksumkehrt, – und das Wunder der Natur war keines mehr. Das Rätsel war mit einem Schlage gelöst, und das Publikum brach in schallendes Gelächter aus. Die Turner trugen die Fastnachtsmasken nicht vorm Gesicht, sondern vorm Hinterkopf! Das nächste Kommando ertönte. Die Turner machten erneut kehrt, wendeten uns wieder ihre komischen Masken zu, und nun, als ins Geheimnis Eingeweihte, konnten wir die nur scheinbar absurden Verrenkungen erst richtig würdigen und feinschmekkerisch bekichern.

Während der »Großen Lethargie« hatten wir uns gelegentlich über die skurrilen Bewegungen unserer durch öffentliche Wahlen bestellten Vorturner gewundert. Wir hatten gemeint, sie kehrten ihre Gesichter der Zukunft zu. Das war ein fundamentaler Irrtum gewesen. Was wir für Gesichter gehalten hatten, waren Masken. Die Gesichter selber blickten sehnsüchtig in die Vergangenheit. Dort leuchteten ihre Ideale, und dort winkten die Geschäfte. Dort leuchten ihre Ideale, und dort winken die Geschäfte. Man sagt »Europa«, und man meint »Kattun«.

Mit der Entflechtung der Konzerne und der Demontage der Rüstungswerke begann es. Mit der Rückgabe des Kruppschen Vermögens und dem Bau »europäischer« Kasernen hörte es auf. Hörte es auf? Im laufenden Geschäftsjahr unserer Republik ist für den Kasernenbau zwischen Rhein und Elbe eine Summe vorgesehen worden, mit der statt dessen vierhunderttausend Wohnungen errichtet werden könnten. Über den Satz »Si vis pacem, para bellum!« lachen nicht einmal mehr die Lateinschüler, höchstens noch die Hühner. Man baut Flugzeuge und Panzer nicht, um sie eines Tages fabrikneu zu verschrotten. Solch eine Fehlinvestition kann sich kein Kanonenkönig und kein Kanonenpräsident leisten. Und wenn das lateinische Zitat jemals einen Sinn gehabt hat, dann nur den, daß es einem Rüstungsfabrikanten den Taufnamen für eine Schußwaffe lieferte, für die Parabellum-Pistole. Mehr war auch nicht zu erwarten.

*

Im ersten Programm der »Kleinen Freiheit« kam Bum Krüger, als Inspizient und Faktotum, auf die Bühne, kaute an einem Butterbrot und sagte: »Stört Sie's, wenn ich esse? Ich hab heute so'n komisches Gefühl. Und immer, wenn ich so'n komisches Gefühl habe, muß ich essen. Haben Sie 'ne Ahnung, wieviel ich in meinem Leben schon zusammengefressen habe! Ich bin sehr witterungsempfindlich. Ja. Wenn sich der Wind drehen will, merk ich das wie – wie ein blecherner Hahn auf dem Turm. Aber, und das ist das Fatale, ich kann mich nicht drehen! Ich bin wie ein Turmhahn, den ein paar Lausejungen heimlich festgebunden haben. Und jedesmal, wenn der Wind umschlägt, drehen sich alle Wetterfahnen in Stadt und Land – außer mir. Ich kann nicht! Und alle andern starren mich an und – na ja, daher kommt dann das eingangs erwähnte komische Gefühl. So wie heute ... Übrigens: Wenn sich Wetterfahnen nicht drehen, nennt man das ›Charakter‹. Drehen sie sich aber, nennt man's ›Entwicklung‹.« Damit ging unser Inspizient, kauend und leise in sich hineinlachend, wieder in die Kulisse.

Und die Wetterfahnen rotieren fleißig weiter. Sie entwickeln sich zusehends.

*

Der vorliegende Band enthält – wie sein Vorgänger, »Der tägliche Kram«, Atrium Verlag – Chansons, Gedichte, Szenen, Epigramme, Glossen, Feuilletons und Aufsätze. Diesmal aus den Jahren 1949 bis 1952. Manche Beiträge dienen der schieren Unterhaltung. Die meisten aber sind Rechenschaftsberichte eines Turmhahns, der sich nicht drehen kann.

Herbst 1952 *Erich Kästner*

Ansprache zum Schulbeginn

Liebe Kinder,

da sitzt ihr nun, alphabetisch oder nach der Größe sortiert, zum erstenmal auf diesen harten Bänken, und hoffentlich liegt es nur an der Jahreszeit, wenn ihr mich an braune und blonde, zum Dörren aufgefädelte Steinpilze erinnert. Statt an Glückspilze, wie sich's eigentlich gehörte. Manche von euch rutschen unruhig hin und her, als säßen sie auf Herdplatten. Andre hocken wie angeleimt auf ihren Plätzen. Einige kichern blöde, und der Rotkopf in der dritten Reihe starrt, Gänsehaut im Blick, auf die schwarze Wandtafel, als sähe er in eine sehr düstere Zukunft.

Euch ist bänglich zumute, und man kann nicht sagen, daß euer Instinkt tröge. Eure Stunde X hat geschlagen. Die Familie gibt euch zögernd her und weiht euch dem Staate. Das Leben nach der Uhr beginnt, und es wird erst mit dem Leben selber aufhören. Das aus Ziffern und Paragraphen, Rangordnung und Stundenplan eng und enger sich spinnende Netz umgarnt nun auch euch. Seit ihr hiersitzt, gehört ihr zu einer bestimmten Klasse. Noch dazu zur untersten. Der Klassenkampf und die Jahre der Prüfungen stehen bevor. Früchtchen seid ihr, und Spalierobst müßt ihr werden! Aufgeweckt wart ihr bis heute, und einwecken wird man euch ab morgen! So, wie man's mit uns getan hat. Vom Baum des Lebens in die Konservenfabrik der Zivilisation, – das ist der Weg, der vor euch liegt. Kein Wunder, daß eure Verlegenheit größer ist als eure Neugierde.

Hat es den geringsten Sinn, euch auf einen solchen Weg Ratschläge mitzugeben? Ratschläge noch dazu von einem Manne, der, da half kein Sträuben, genau so »nach Büchse« schmeckt wie andre Leute auch? Laßt es ihn immerhin versuchen, und haltet ihm zugute, daß er nie vergessen hat, noch je vergessen wird, wie eigen ihm zumute war, als er selber zum erstenmal in der Schule saß. In jenem grauen, viel zu groß geratenen Ankersteinbaukasten. Und wie es ihm damals das Herz abdrückte. Damit wären wir schon beim wichtigsten Rat angelangt, den ihr euch einprägen und einhämmern solltet wie den Spruch einer uralten Gedenktafel:

Laßt euch die Kindheit nicht austreiben! Schaut, die meisten Menschen legen ihre Kindheit ab wie einen alten Hut. Sie vergessen sie wie eine Telefonnummer, die nicht mehr gilt. Ihr Leben kommt ihnen vor wie eine Dauerwurst, die sie allmählich aufessen, und was gegessen worden ist, existiert nicht mehr. Man nötigt euch in der Schule eifrig von der Unter- über die Mittel- zur Oberstufe. Wenn ihr schließlich drobensteht und balanciert, sägt man die »überflüssig« gewordenen Stufen hinter euch ab, und nun könnt ihr nicht mehr zurück! Aber müßte man nicht in seinem Leben wie in einem Hause treppauf und treppab gehen können? Was soll die schönste erste Etage ohne den Keller mit den duftenden Obstborten und ohne das Erdgeschoß mit der knarrenden Haustür und der scheppernden Klingel? Nun – die meisten leben so! Sie stehen auf der obersten Stufe, ohne Treppe und ohne Haus, und machen sich wichtig. Früher waren sie Kinder, dann wurden sie Erwachsene, aber was sind sie nun? Nur wer erwachsen wird und Kind bleibt, ist ein Mensch! Wer weiß, ob ihr mich verstanden habt. Die einfachen Dinge sind so schwer begreiflich zu machen! Also gut, nehmen wir etwas Schwierigeres, womöglich begreift es sich leichter. Zum Beispiel:

Haltet das Katheder weder für einen Thron noch für eine Kanzel! Der Lehrer sitzt nicht etwa deshalb höher, damit ihr ihn anbetet, sondern damit ihr einander besser sehen könnt. Der Lehrer ist kein Schulwebel und kein lieber Gott. Er weiß nicht alles, und er kann nicht alles wissen. Wenn er trotzdem allwissend tut, so seht es ihm nach, aber glaubt es ihm nicht! Gibt er hingegen zu, daß er nicht alles weiß, dann liebt ihn! Denn dann verdient er eure Liebe. Und da er im übrigen nicht eben viel verdient, wird er sich über eure Zuneigung von Herzen freuen. Und noch eins: Der Lehrer ist kein Zauberkünstler, sondern ein Gärtner. Er kann und wird euch hegen und pflegen. Wachsen müßt ihr selber!

Nehmt auf diejenigen Rücksicht, die auf euch Rücksicht nehmen! Das klingt selbstverständlicher, als es ist. Und zuweilen ist es furchtbar schwer. In meine Klasse ging ein Junge, dessen Vater ein Fischgeschäft hatte. Der arme Kerl, Breuer hieß er, stank so sehr nach Fisch, daß uns anderen schon übel wurde, wenn er um die Ecke bog. Der Fischgeruch hing in seinen Haaren und Kleidern, da half kein Waschen und Bürsten. Alles rückte von ihm weg. Es war nicht seine Schuld. Aber er saß, gehänselt und gemieden, ganz für sich allein, als habe er die Beulenpest. Er schämte sich in Grund und Boden, doch auch das half nichts. Noch heute, fünfundvierzig Jahre danach, wird mir flau, wenn ich den Namen Breuer höre. So schwer ist es manchmal, Rücksicht zu nehmen. Und es gelingt nicht immer. Doch man muß es stets von neuem versuchen.

Seid nicht zu fleißig! Bei diesem Ratschlag müssen die Faulen weghören. Er gilt nur für die Fleißigen, aber für sie ist er sehr wichtig. Das Leben besteht nicht nur aus Schularbeiten. Der Mensch soll lernen, nur die Ochsen büffeln. Ich spreche aus Erfahrung. Ich war als kleiner Junge auf dem besten Wege, ein Ochse zu werden. Daß ich's, trotz aller Bemühung, nicht geworden bin, wundert mich heute noch. Der Kopf ist nicht der einzige Körperteil. Wer das Gegenteil behauptet, lügt. Und wer die Lüge glaubt, wird, nachdem er alle Prüfungen mit Hochglanz bestanden hat, nicht sehr schön aussehen. Man muß nämlich auch springen, turnen, tanzen und singen können, sonst ist man, mit seinem Wasserkopf voller Wissen, ein Krüppel und nichts weiter.

Lacht die Dummen nicht aus! Sie sind nicht aus freien Stücken dumm und auch nicht zu eurem Vergnügen. Und prügelt keinen, der kleiner und schwächer ist als ihr! Wem das ohne nähere Erklärung nicht einleuchtet, mit dem möchte ich nichts zu tun haben. Nur ein wenig warnen will ich ihn. Niemand ist so gescheit oder so stark, daß es nicht noch Gescheitere und Stärkere als ihn gäbe. Er mag sich hüten. Auch er ist, vergleichsweise, schwach und ein rechter Dummkopf.

Mißtraut gelegentlich euren Schulbüchern! Sie sind nicht auf dem Berge Sinai entstanden, meistens nicht einmal auf verständige Art und Weise, sondern aus alten Schulbüchern, die aus alten Schulbüchern entstanden sind, die aus alten Schulbüchern entstanden sind, die aus alten Schulbüchern entstanden sind. Man nennt das Tradition. Aber es ist ganz etwas anderes. Der Krieg zum Beispiel findet heutzutage nicht mehr wie in Lesebuchgeschichten statt, nicht mehr mit geschwungener Plempe und auch nicht mehr mit blitzendem Küraß und wehendem Federbusch wie bei Gravelotte und Mars-la-Tour. In manchen Lesebüchern hat sich das noch nicht herumgesprochen. Glaubt auch den Geschichten nicht, worin der Mensch in einem fort gut ist und der wackre Held vierundzwanzig Stunden am Tage tapfer! Glaubt und lernt das, bitte, nicht, sonst werdet ihr euch, wenn ihr später ins Leben hineintretet, außerordentlich wundern! Und noch eins: Die Zinseszinsrechnung braucht ihr auch nicht mehr zu lernen, obwohl sie noch auf dem Stundenplan steht. Als ich ein kleiner Junge war, mußten wir ausrechnen, wieviel Geld im Jahre 1925 aus einem Taler geworden sein würde, den einer unserer Ahnen Anno 1525, unter der Regierung Johanns des Beständigen, zur Sparkasse gebracht hätte. Es war eine sehr komplizierte Rechnerei. Aber sie lohnte sich. Aus dem Taler, bewies man uns, entstünde durch Zinsen und Zinseszinsen das größte Vermögen der Welt! Doch dann kam die Inflation, und im Jahre 1925 war das größte Vermögen der Welt samt der ganzen Sparkasse keinen Taler mehr wert. Aber die Zinseszinsrechnung lebte in den Rechenbüchern munter weiter. Dann kam die Währungsreform, und mit dem Sparen und der Sparkasse war es wieder Essig. Die Rechenbücher haben es wieder nicht gemerkt. Und so wird es Zeit, daß ihr einen Rotstift nehmt und das Kapitel »Zinseszinsrechnung« dick durchstreicht. Es ist überholt. Genau so wie die Attacke auf Gravelotte und der Zeppelin. Und wie noch manches andere.

Da sitzt ihr nun, alphabetisch oder nach der Größe geordnet, und wollt nach Hause gehen. Geht heim, liebe Kinder! Wenn ihr etwas nicht verstanden haben solltet, fragt eure Eltern! Und, liebe Eltern, wenn Sie etwas nicht verstanden haben sollten, fragen Sie Ihre Kinder!

Dieser Artikel erschien Anfang 1950 in der »Münchener Illustrierten«. Das debattierte Gesetz ist noch nicht verabschiedet worden. Der Entwurf aus dem Jahre 1952 trägt einen harmloseren Titel als damals. Auch die vorgeschlagenen Paragraphen seien, heißt es, harmloser geworden. Man lasse sich nicht täuschen, – der Plan bleibt Dünnbrettbohrerei.

Der Trojanische Wallach

Aus einem Brief an den Bund in Bonn:
>*1. Februar, z. Z. Ägypten*
… und vernehme ich mit besonderer Genugtuung und stolzer Freude, daß Sie endlich wieder ein Gesetz zur Wahrung unserer gemeinsamen Interessen vorbereiten. Am Nil schneit es. Bei Ihnen soll Frühling sein. Die Frösche sind auch nicht mehr wie früher. Nur Sie und ich, wir bleiben die alten. Auf baldiges und frohes Wiedersehen mit Ihnen und Ihren Damen!
Ihr unverwüstlicher Klapperstorch.«

Was mag er meinen? Worauf spielt er an, der stelzfüßige Schwerenöter, der die Damen nachts ins Bein zu beißen pflegt? Er meint, das steht außer Frage, das Schmutz- und Schundgesetz, das gegenwärtig in Bonn und anderswo ausgearbeitet wird. Es heißt, man wolle mit Hilfe dieses Gesetzes den Magazinen und den Aktfotos an den Kragen. Den abgebildeten Fräuleins, die auch den letzten Zweifler unter uns einwandfrei – wenn auch nicht immer in einwandfreien Posen – davon überzeugen wollen, daß der Busen keine poetische Lizenz verderbter Dichter, sondern eine mehr oder weniger unumstößliche Tatsache ist, mit der man rechnen muß. Man will mit des Gesetzes Schärfe jene Fotografien verbieten, worauf sich Mannequins der Entkleidungsbranche schelmisch Medizinbälle, Teddybären, Muffs oder große Haarschleifen vor den Nabel halten. Der Staat will seine Bürger zwingen, wieder rot zu werden und sich zu entrüsten, wo es genügte, zu lachen oder die Achseln zu zucken. Will er das? Ja. Will er nichts weiter? Doch.

Hinter dem Gesetz verbirgt sich eine Tartüfftelei. Man will nicht nur dem weiblichen Akt an die Gurgel. Man will dem natürlichen Menschen zuleibe. Zur Bekämpfung des Vertriebs eindeutiger Zweideutigkeiten genügen, auch nach Meinung namhafter Juristen, nach wie vor die einschlägigen Paragraphen des Strafgesetzbuchs, der Staatsanwalt und die Polizei. Die Antragsteller und die Auftraggeber wollen ein Kuratelgesetz gegen Kunst und Literatur zuwege bringen. Sie sagen »Schmutz« und meinen »Abraxas«. Da zwar für sie beides ein und dasselbe ist, nicht aber fürs Strafgesetzbuch, brauchen sie ein Sondergesetz zur Entmündigung moderner Menschen. Da helfen keine Schwüre, das Gesetz werde großzügig gehandhabt werden. Nicht einmal dann, wenn es keine falschen Schwüre wären. Denn der jetzigen Regierung werden andere folgen. Vielleicht solche, denen es noch viel besser in den Kram paßt, die Kunst, die Bürger und den Feierabend zu dressieren.

Die freien Künste dürfen nicht zum staatlich betriebenen Flohzirkus werden. Um nicht im Bilde zu bleiben: Daß es bestimmte Kreise juckt, aus der Wiege unserer Verfassung das schönste Patengeschenk, die Freiheit, wegzuzaubern, liegt in der Natur, genauer, in der Unnatur der Sache, um die es diesen Kreisen und ihren Kreisleitern geht. Sie wurde schon einmal und fast von den gleichen Leuten in den zwanziger Jahren unseres fatalen Jahrhunderts betrieben.

Damals, zwischen Inflation und Hitlerei, gelang es ihnen, durch ein ähnliches Gesetz mit dem gleichen ungezogenen Titel, das Ansehen der freien Künste in den Augen der Bevölkerung so herabzusetzen, daß es etliche Jahre später keiner sonderlichen Anstrengungen bedurfte, angesichts von Bücherverbrennungen und Ausstellungen »entarteter« Kunst das erforderliche Quantum Begeisterung zu entfachen.

Nun holt man also wieder zu einem ganz gewaltigen Streiche aus, zu dem gleichen Schildbürgerstreich wie 1926. Herrn Brachts fromme Erfindung, die geschlechtslose Badehose mit dem Zwickel, werden wir, gelingt der Streich, in der Sommersaison gleichfalls wiedersehen. Uns tun jetzt noch die Lachmuskeln weh. Aber wenigstens eins haben wir im letzten Vierteljahrhundert hinzugelernt: Lächerlichkeit tötet *nicht*! Es sei denn die Lacher. Deshalb dürfen wir uns diesmal nicht mit Gelächter begnügen.

Die Geschichte vom Trojanischen Pferd ist bekannt. Das Schmutz- und Schundgesetz ist ein neues Trojanisches Pferd. Man hat, züchtig gesenkten Blicks, an dem hölzernen Sagentier ein bißchen herumgehobelt. Bis ein sittlicher Wallach draus wurde. Nun steht der Trojanische Wallach, mit Kulturkämpfern bemannt, vor den Toren. Die Stadt heißt diesmal nicht Troja. Sie heißt *Schilda*.

*

Wären's nur die Reaktionäre verschiedener Fehlfarben, die das Schundgesetz fordern, ginge es noch an. Denn in Bonn sitzen auch andere Leute. Aber es kommen weitere Fürsprecher hinzu: die sogenannten *Dünnbrettbohrer*. Wenn's schon nicht gelingt, die tatsächlichen Probleme zu lösen, die Arbeitslosigkeit, die Flüchtlingsfrage, den Lastenausgleich, das Wohnungsbauprogramm, den Heimkehrerkomplex, die Steuerreform, dann löst man geschwind ein Scheinproblem. Das geht wie geschmiert. Hokuspokus – endlich ein Gesetz! Endlich ist die Jugend gerettet! Endlich können sich die armen Kleinen am Kiosk keine Aktfotos mehr kaufen und bringen das Geld zur Sparkasse! Dadurch werden die Sparkassen flüssig, können Baukredite geben, Arbeiter werden eingestellt, Flüchtlinge finden menschenwürdige Unterkünfte, und die Heimkehrer werden Kassierer bei der Sparkasse. Ja?

Ich will mir, bevor man mir's umbindet, kein Feigenblatt vor den Mund nehmen! Ich habe Flüchtlingsbaracken gesehen, worin Familien dutzendweise nebeneinander hausten, aßen und schliefen. Die einzelnen Wohnquadrate schamhaft durch an Stricken aufgehängte Pferdedecken abzugrenzen, wurde verboten. Die Decken seien nicht als Komfort geliefert worden, sondern für die Bettstellen. Glaubt man, daß die Halbwüchsigen und die Kinder aus diesen Baracken durch Aktfotos sittlich noch zu gefährden sind? Weiter: Ich lese die ständig steigenden Ziffern gerade der jugendlichen Arbeitslosen und bewundere die frischfröhliche Art, mit der man diese Lawine verniedlicht. Prostituieren sich junge Mädchen, die es in normalen Zeiten gewiß nicht täten, weil man ihnen Magazine zeigt, worin andere junge Mädchen, aus ähnlichen sozialen Anlässen, die kaufkräftige Öffentlichkeit, vor allem natürlich ärmliche Kinder und Waisen, anschaulich damit überraschen, daß sie den Busen vorn und nicht auf dem Rücken haben? Sind Menschen, die dergleichen zu glauben vorgeben und deswegen ihr Schand-, nein, ihr Schundgesetz durchpeitschen wollen, ehrliche Leute?

Sie bohren das Brett an der dünnsten Stelle. Das ist das ganze Geheimnis. Ein paar tausend Maler, Schauspieler, Schriftsteller, Bildhauer und Musiker, die dagegen protestieren, braucht man nicht sonderlich ernst zu nehmen. Das Volk der Dichter und Denker hat seine Dichter und Denker nie ernst genommen. Warum sollten's die Volksvertreter tun?

Wenn das Schmutz- und Schundgesetz – man sucht übrigens krampfhaft nach einem weniger blamablen Namen – ratifiziert sein wird, werden die Antragsteller den Dünnbrettbohrern zeigen, was sie meinten, als sie für die Jugend in den Kampf zogen.

Der Trojanische Wallach steht vor den Toren. Klopft, ihr Toren, dem Tier auf den Bauch! Er ist hohl, aber nicht leer.

»Das PEN-Zentrum Deutschland wendet sich mit Entschiedenheit gegen Maßnahmen und Tendenzen in allen Teilen Deutschlands, die das freie literarische Schaffen beeinträchtigen. Die direkte oder indirekte Zensur widerspricht der internationalen PEN-Charta. Wir protestieren auch heute schon gegen die Einführung eines sogenannten Schmutz- und Schundgesetzes, weil wir seine mißbräuchliche Anwendung fürchten.«

Stimmen von der Galerie

Im November 1948 ereignete sich während einer Sitzung der UNO-Delegierten im Pariser Trocadero ein seltsamer Zwischenfall. Es war übrigens der erste Zwischenfall, der nicht von den Delegierten höchstselbst, sondern von einigen Tribünenbesuchern angezettelt wurde. Also von nichtsnutzigen Müßiggängern, die von der Galerie aus den weisen Baumeistern des Weltstaates zusahen und zuhörten und die dann, als sei ihnen Hören und Sehen vergangen, gegen alle Regeln der Geschäftsordnung in die Debatte eingriffen. Es handelte sich um etwa dreißig junge Leute, und sie riefen plötzlich unter der Chorleitung eines großen blonden Mannes den ehrwürdigen Herren drunten im Saale zu: »Schluß mit der Komödie!« Sie schrien: »Es ist ein Skandal, wie hier gearbeitet wird!« Sie brüllten: »Wir haben genug von eurem Café Trocadero!«

Wer um alles in der ganzen Welt waren diese Schreier? Chauvinistische Jugend? Jeunesse dorée? Gaullisten? Gaulisten? Faschistische Wüteriche? Etliche unter den ungebärdigen Burschen zerrissen ihre Pässe und warfen die Fetzen auf die ehrwürdigen Häupter der erstaunten und gekränkten Delegierten. Zerreißen Jungnationalisten ihre Pässe? Dergleichen entspricht eigentlich nicht ihren Gepflogenheiten ...

Es waren keine Nationalisten. Den Weltbaumeistern, die sich ärgerlich umwandten und zur Galerie hinaufblickten, blieb verblüfft der Mund offen. Sie erkannten den großen blonden Mann! Und die Polizisten, die kurz darauf ihn und die übrigen Weltfriedensstörer verhafteten und abführten, erkannten ihn auch! Sie hatten schon mehrfach mit diesem unbequemen Menschen zu tun gehabt. Eines schönen Tages hatte er, vor Monaten, auf dem UNO-Gelände am Eiffelturm sein Feldbett aufgeschlagen. Ein lästiger, ein außerordentlich lästiger Ausländer, der den Polizisten und Journalisten rundheraus erklärt hatte, er sei weder Aus- noch Inländer, sondern etwas völlig Neuartiges. Er, Garry Davis aus USA, sei Weltbürger. Er sei der Weltbürger Nummer Eins.

Merkwürdig an dem Vorfall ist natürlich nicht, daß Garry Davis mit seinen Kumpanen verhaftet und aus dem Saal entfernt wurde. Wer demonstriert, stört. Wer stört, wird von den Hütern der Ordnung ein bißchen eingesperrt. Es gehört zu den Spielregeln. Demonstranten wissen das. Sie haben damit zu rechnen, und sie rechnen damit. Merkwürdig ist etwas anderes. Merkwürdig ist, daß in dem Saale, in dem über Weltstaat, Weltfrieden und Weltpolizei diskutiert wurde, Menschen demonstrierten, die genau den gleichen Zielen entgegeneifern.

Oder – ist es gar nicht so merkwürdig?

Als Davis und seine französischen Freunde »Schluß mit der Komödie!« riefen, kritisierten sie nicht die Sache, nicht die Ziele, sondern die Methoden. Sie demonstrierten um der Sache willen, die ihnen am Herzen liegt. »Es ist ein Skandal, wie hier gearbeitet wird!« schrien sie, und sie dachten dabei an die krampfhaften Anstrengungen der Diplomaten, die Souveränität ihrer Staaten zu erhalten, statt sie im Interesse der »Vereinigten Nationen« schrittweise aufzugeben. Sie dachten an das spitzfindige Getue um die Atombombe. Sie dachten an die Friedensschalmeien auf den Konferenzen und an die Wiederaufrüstung in den Ländern. Sie dachten, als sie von französischen Polizisten arretiert wurden, an die Weltpolizei. Sie dachten an das chinesische Volk. Sie dachten an die Berliner Bevölkerung. Und sie mochten wohl auch denken: »Wenn der Weltstaat auf diese Weise zustande kommt, haben wir zwar den letzten Weltkrieg hinter uns, aber den ersten Welt-Bürgerkrieg vor uns!« Es war nahezu konziliant, daß sie: »Schluß mit der Komödie!« riefen. »Tragikomödie« hätte besser gepaßt. Die Staaten sollen, zu Nutz und Frommen ihrer Bürger, Harakiri begehen. Sie haben sich prinzipiell dazu bereit erklärt. Doch so oft sie auf das kitzlige Thema zu sprechen kommen, sagt jeder zum andern: »Bitte, nach Ihnen!« Das ist ebenso höflich wie sinnlos. Garry Davis und allen übrigen einzelnen, denen das Menschheitsbegehren nach Schlichtung und Frieden teuer ist, reißt die Geduld. Sie zerreißen ihre Pässe. Dreißig Franzosen wurden mit Davis verhaftet. Zwanzig Hamburger teilten demselben Davis neulich mit, daß auch sie Weltbürger geworden seien. Henry Martyn Noel aus USA verzichtete »auf jede Staatsbürgerschaft überhaupt« und kam nach Deutschland, um als Staatenloser beim Aufbau mitzuhelfen. Eine deutsche Gruppe, deren Wortführer, Stefan Zickler, in Bad Nauheim ansässig ist, erklärt in einem »Weltbürgerschaft« überschriebenen Manifest: »Wir sind der Ansicht, daß die Mehrheit aller Menschen einen Zusammenschluß wünscht. Alle Widerstände gehen von kleinen, aber starken Minderheiten aus, die als Interessengruppen, Parteien oder Politiker überholte Rechte erhalten oder Sonderwünsche berücksichtigt wissen wollen ... Wir sind als Weltbürger der Ansicht, daß die Menschenrechte oft genug proklamiert und debattiert wurden und daß es an der Zeit ist, endlich eines der Rechte – das Recht der Freizügigkeit für alle – auch zu verwirklichen. Regierungen und Organisationen sind bisher gescheitert. Jetzt soll jeder selbst entscheiden; wir fordern als Weltbürger die Anerkennung von Weltbürgerpässen als Personalausweis, Paß und Visum. Die Grenzen müssen fallen.«

Die Stimmen von der Galerie mehren sich. Noch werden die Rufer als Demonstranten verhaftet und als Sektierer belächelt. Das müßte nicht so bleiben. Die Zahl der Stimmen entscheidet. Viele Millionen Bewohner eines Landes, das uns sehr am Herzen liegt, könnten sich zum Weltbürgertum bekennen. Sie brauchten nicht einmal ihre Pässe zu zerreißen. Sie haben nämlich keine.

1. Die Glosse erschien 1949. Mittlerweile haben nun auch wir wieder Pässe.

2. Garry Davis ist nach USA heimgekehrt und Herausschmeißer in einem Nachtklub geworden.

3. Man sieht: Mit der Zeit renkt sich alles ein.

Es ist mißlich, eine »Kantate für Kabarett« in einem Buch, also ohne Musik, abzudrucken. Doch der Text gehört zu dem Rechenschaftsbericht des Verfassers. Die bedeutsame Komposition – auch das gehört zu einem Rechenschaftsbericht – stammt von Karl Feilitzsch.

Die Kantate »De minoribus«

Chor und aufgeteilte Stimmen:
Kriege lassen sich nicht vermeiden.
Kriege sind Stürme wie der Taifun.
Katastrophen machen bescheiden.
Bete, wer kann! Er ist zu beneiden.
Kriege lassen sich nicht vermeiden.
Der Mensch muß leiden. Er kann nichts tun.

Was nützt da Vernunft? Was helfen Choräle?
Kriege sind Stürme wie der Taifun.
Stürme erteilen sich selbst die Befehle.
Das ist auch die Ansicht der Generäle.
Was nützen Verträge? Was helfen Choräle?
Der Mensch muß leiden. Er kann nichts tun.

Kriege lassen sich nicht verhindern.
Kriege sind Stürme wie der Taifun.
Doch da ruft es aus tausend Mündern:
»Was wird das nächste Mal aus den Kindern?«
Kriege lassen sich nicht verhindern.
»Was aber wird aus den Kindern? *Nun*?«

Rezitativ (Männerstimme):
So begab es sich, daß am Weihnachtstage des Jahres 1950 nach Christi Geburt Frauen und Männer, und es waren die Besten, zusammentraten und Rats hielten. Und sie, die sich selber aufgegeben hatten, gründeten einen in den Registern einzutragenden uneigennützigen Verein. Sie nannten ihn »Rettet die Kinder!« und erwirkten in der Folge, daß alle Regierungen der

Erde ihn anerkannten und feierlich versprachen, ihn, gemäß den Satzungen der Genfer Konvention, zu achten. Dem Haager Gerichtshof wurde schließlich – noch dazu einstimmig, was selten ist – das Urteilsrecht in Streitfällen überantwortet.

Rezitativ (Frauenstimme):
Es war ein guter Plan. Und da gute Pläne einfach sind, war's ein einfacher Plan. Wenn Vater und Mutter sich streiten, schickt man die Kinder aus dem Zimmer. Diese Methode, die sich bewährt hat, übertrug man entschlossen ins Große. Jede Regierung suchte, fand und markierte ein angemessenes Areal, sei's eine Insel, sei es ein fruchtbarer Bezirk im Innern des Landes und fern der Heerstraßen. Diese Gebiete erhielten die Bezeichnung »Kinderzonen« und wurden auf allen Generalstabskarten mit dem Vermerk »Unantastbar« versehen.

Gesungener Bericht (zweistimmig):
In summa läßt sich behaupten:
Woran die Völker auch glaubten,
an Mohammed, Buddha, den Christ oder Marx
und den Sieg der Arbeiterklasse, –
sie alle erstellten Naturschutzparks
zur Erhaltung der menschlichen Rasse.

Lyrischer Bericht (Frauenstimme):
Und es schrieb eine Frau aus Kevelaar:
»Sie wissen, wie Mütter sind!
Mein Junge ist zwar schon achtzehn Jahr', –
doch bitt ich euch …

(alle Frauen):
 ich bitt euch …

(solo):
 Rettet!

(alle Frauen):
 Rettet!

(solo):
Ich bitt euch: Rettet mein Kind!«

Rezitativ (Männerstimme):
Die Frage, wann der Mensch aufhöre, ein Kind zu sein, wurde vom Haag dahin beantwortet, daß die Kindheit mit dem dreizehnten Jahr ende. Dies entspreche etwa dem Beginn der körperlichen Reife. Außerdem sei erwiesen, daß Vierzehnjährige schon recht gut mit automatischen Leichtmetallwaffen umzugehen verstünden. Mütteraufstände wurden niedergeschlagen.

Rezitativ (Frauenstimme):
Sodann begannen die Völker, die Kinderzonen mit der gebotenen Eile herzurichten. Drei Planjahre genügten. Siedlungen, Schulen, Versorgungslager, Kirchen, Viehfarmen, Elektrizitätswerke, Tempel, Textilfabriken und Krankenhäuser wuchsen, schneller als Bohnen, aus dem verbrieften Boden. Einige hundert Erwachsene wurden ins Kinderland abgestellt: im letzten Krieg erblindete Lehrer, einbeinige Ärzte, Beamte mit Prothesen statt Armen, in Straflagern verkrüppelte Priester, – untaugliche Leute für harte Zeiten.

Rezitativ (Männerstimme):
Man hatte versucht, an alles zu denken, und man hatte an alles gedacht. Nun konnte, wenn's schon sein mußte, die Katastrophe kommen.

Alle (im Sprechton):
Und die Katastrophe kam!

Ballade (Soli, strophenweise):
Was hilft es, daß ich Ihnen erzähle,
was damals in jener Nacht geschah?
Sämtliche Sender erteilten Befehle.
Sirenen heulten aus voller Kehle.
Das große Abschiednehmen war da.

Soldaten trieben die Kinder wie Herden
in Schiffe und Güterzüge hinein.
Sie schlugen um sich, gleich scheuen Pferden.
Sie wollten gar nicht gerettet werden!
(Sie waren noch dumm. Denn sie waren noch klein.)

Es gab auch Fraun, die ihr Jüngstes versteckten.
Sie glaubten im Ernst, ihr Herz sei im Recht.
Die Suchkommandos aber entdeckten
alle Verstecke und alle Versteckten.
(Ein paarmal kam es zum Feuergefecht.)

Im großen ganzen ging's aber im Guten.
Und man verlor nicht einmal viel Zeit.
Mit einer Verspätung von zwanzig Minuten
nahmen die Schiffe den Kurs durch die Fluten
und brachten die Frachten in Sicherheit.

Arioso (Frauenstimme):
Vor den Häusern gehen Wachen.
Und die Wiegen stehen leer.
Kinderweinen, Kinderlachen
sind vorbei und lange her ...

Mond und Sonne werden scheinen.
Und die Wiegen stehen leer.
Kinderlachen, Kinderweinen
sind vorbei und lange her ...

Rezitativ (in Stimmen aufgeteilt):
Viel Zeit zum Nachtrauern blieb den Zurückbleibenden nicht. Die Gasmasken wurden ausgegeben. Die Geigerzähler, die Eiserne Ration, die Zyankalikapseln und die Bakterienminen wurden verteilt. Desgleichen das im Frieden geheimgehaltene Verhütungsmittel X 4. Denn Lust ist unverbietbar, auch wenn der Tod auf die Uhr blickt. Doch in seiner Gegenwart Kinder zu zeugen, galt als Sünde. – Als man dann die Türen der

Bleitürme öffnen wollte, fiel die erste Bombe aus dem leeren Himmel. Da steckte der Tod die Uhr in die Tasche.

Sprecher (ohne Musik):
Was nun folgte, wissen Sie. Ich spare mir die Mühe. Zu erwähnen wäre allenfalls, wie zäh die Völker waren. Sie widerstanden den wissenschaftlichen Formeln länger, als man vorher vermutet und in den Laboratorien errechnet hatte. Nach drei Jahren lebten noch über zweihundert Millionen Menschen, gemessen an den Vorhersagen ein ansehnlicher Prozentsatz. Freilich kamen auch sie nicht davon. Denn die Felder waren vergiftet, und die Tiere in Stall und Wald fielen um. Ob man sie schlachtete oder nicht, ob man Brot buk oder es ließ, man starb an beidem. Man hatte die Wahl.

Anderer Sprecher (ohne Musik):
Man starb nicht eben »in Schönheit«. Wissen Sie, was Mutationen sind? Wer, im Schatten des zehntausend Meter hohen, glühenden, qualmenden Atompilzes, mit dem Leben davongekommen war, begann sich zu verändern. Der Körper fing an, mit sich selber zu spielen. Sinnlos und widerlich. Die Ohren schossen ins Kraut. Die Arme schrumpften wie Gras im Hochsommer. Der Rücken trieb Knollen, als trüge man Kohlensäcke.

Dritter Sprecher (ohne Musik):
So schleppten sich die Überlebenden über die Berge. So ruderten sie, Männer und Frauen, übers Meer. Den seligen Kinderinseln entgegen. So knieten sie vor den Wachttürmen und schrieen: »Jimmy!« und »Aljoscha!« und »Waltraud!« Man mußte sie totschlagen. Aus sanitären Gründen. Ihr trauriges Ende war unvermeidlich. Sie hatten die Kinder gerettet, ohne an die Menschen zu glauben. Das war ihr frommes Verbrechen.

Männerstimme:
Das war's, was sich dereinst begab.
So sieht die Welt von morgen aus:
Halb Massengrab, halb Waisenhaus ...

Alle:
halb Waisenhaus, halb Massengrab.

Frauenstimme:
Ich habe Angst.

Männerstimme:
Man darf nicht länger säumen.

Frauenstimme:
Komme, was mag, – mein Kind gehört zu mir.

Frauenstimme:
War's nur geträumt? Dann laßt uns öfter träumen.
Dann wissen Träume mehr von uns als wir.

Männerstimme:
Wir haben's weit gebracht.

Männerstimme:
Die Menschheit stirbt modern.

Frauenstimme:
Ich hab einmal gedacht,
die Erde sei – ein Stern …

Alle senken die Köpfe. Dunkel.

Kleine Epistel

Wie war die Welt noch imposant,
als ich ein kleiner Junge war!
Da reichte einem das Gras
   bis zur Nase,
falls man im Grase
   stand!

Geschätzte Leser –
das waren noch Gräser.
Die Stühle war'n höher,
   die Straßen breiter,
der Donner war lauter,
   der Himmel weiter,
die Bäume war'n größer,
   die Lehrer gescheiter!
Und noch ein Pfund Butter,
   liebe Leute,
war drei- bis viermal schwerer
   als heute!
Kein Mensch wird's bestreiten –
das waren noch Zeiten!

Wie dem auch sei,
vorbei ist vorbei.
Nichts blieb beim alten.
Man wuchs ein bißchen.
Nichts ließ sich halten.
Der Strom ward zum Flüßchen,
der Riese zum Zwerg,
zum Hügel der Berg.
Die Tische und Stühle,
die Straßen und Räume,
das Gras und die Bäume,
die großen Gefühle,

die Lehrer, die Träume,
dein Wille und meiner,
der Mond und das übrige
Sternengewölbe –
alles ward kleiner,
nichts blieb dasselbe.

Man sah's. Man ertrug's.
Bloß weil man später
ein paar Zentimeter
wuchs.

Das lebensgroße Steckenpferd

Als ich wieder einmal die Eltern besuchte – es ist lange her, und mein Vater mag damals um die Siebzig gewesen sein –, meinte die Mama: »Er tut seit Wochen so geheimnisvoll. Jede freie Minute steckt er im Keller.« Zur Erläuterung muß gesagt werden, daß er sich dort unten, zwischen Steinkohlen, Briketts und Kartoffeln, eine Werkstatt eingerichtet hatte. Mit Petroleumlampe, Spirituskocher, Leimtopf, Leinenschürze, Sohlenleder, Pechfaden, Knieriemen, Dreikantfeilen, Pfriemen, Messern, Wachskugeln, Sandpapier, Nägeln, Holzstiften, scharfen Glasscherben, Schuhschäften, Saffianresten, Hämmern und Zangen aller Art und anderem Gerät.

Hier brachte er das ramponierte Lederzeug der Nachbarn wieder ins Geschick: Fritzchen Kießlings Schulranzen, Frau Försters Handtasche, Bäckermeister Zieschers Portemonnaie, Fräulein Jakobis Boxcalfschuhe und Lehrer Schurigs Rucksack für die Dolomitenwanderung. Meist kannte die Kundschaft ihren Kram kaum wieder, so prächtig war er hergerichtet. Und man zahlte statt mit Geld mit guten Zigarren. Denn Zigarrenrauchen war (und ist heute noch) »Vater Kästners« große Leidenschaft. Früher einmal hatte er die Werkstatt in der Küche aufgeschlagen gehabt, noch dazu vor dem einzigen Fenster. Bis die Mama kategorisch erklärt hatte, Leimgeruch vertrage sich nicht mit den sonstigen Küchendüften; und so war er, ein wenig in seiner Berufsehre gekränkt, samt dem Handwerkszeug in den Keller umgezogen. In den Keller, worin es neuerdings so geheimnisvoll zuging.

Eines schönen Frühlingstages brachte dann der Papa, mit Hilfe etlicher kräftiger Nachbarn, sein Geheimnis ans Licht. Mit »Hauruck!«, unter Ächzen und allerhand Gelächter. Man mußte beide Flügel der Haustür aushängen, um das Geheimnis in den Hof zu bugsieren. Da stand es endlich in der Sonne und war – ein Pferd. Ein lebensgroßes Pferd, das nicht lebendig war. Fuchsbraun, mit echter Mähne und langem Schweif, mit Zaum- und Sattelzeug, von der Hand eines Meisters gefertigt, und das Mittelstück, vom Widerrist bis zur Kruppe, von einer fast am Boden schleppenden Schabracke bedeckt.

Die Fenster ringsum wurden aufgerissen. Der Hof füllte sich mit staunendem Volk. Die Kinder steckten den Daumen in den Mund und sperrten die Augen auf. Die Mama erschien, blickte erst verblüfft das große Pferd an und dann den kleinen Mann, mit dem sie seit vierzig Jahren verheiratet war und den sie nicht kannte. Und der Papa? Der schnallte die Steigbügel länger, schwang sich auf sein selbstgemachtes Roß, ergriff lächelnd die Zügel, zog die Schirmmütze in die Stirn und ließ sich, in Jockeyhaltung, von Naumanns Richard »6 mal 9« fotografieren. Nachdem er wieder heruntergeklettert war, wurden der Reihe nach alle Kinder aufs Pferd gehoben. Und hintendrein lüftete der Papa den Schleier, genauer, die Schabracke seines Geheimnisses. Was wir sahen, war eine komplizierte Stangenkonstruktion mit zwei Paaren achsenverbundener Gummiräder. Das vordere Paar war lenkbar, und die Lenkstange befand sich, braungefärbt, oben in der fuchsbraunen Mähne, kaum zu sehen.

Die Anerkennung war allgemein. Jede Einzelheit wurde gebührend bewundert. Sachkundige priesen die sinnvolle Steuerung des Fahrradgauls, die musterhafte Gerbung des Pferdeschwanzes, die unübertreffliche Sattlerarbeit, das gelungene Schabrackencaché – trotzdem schien meine Mutter allen miteinander aus der Seele zu sprechen, als sie fragte: »Und *wozu* hast du dir die ganze Mühe gemacht?« Absichtslos und zwecklos waren für sie Synonyme.

Glücklicherweise hatte den Papa nicht das schiere l'art pour l'art getrieben. Er gestand, einigermaßen verlegen, wenn auch fest entschlossen, er werde auf seiner Rosinante im Faschingszug mitreiten. Der pensionierte Rektor Horn, ein ehemaliger Schulkamerad, habe sich bereit erklärt, unter die Schabracke zu kriechen und den Gaul zu schieben. Horn sei, bei einem Meter und achtundfünfzig Zentimeter Körperlänge, der ideale Untermann. Diese geplante Nutzanwendung stellte die Mama und die übrigen zufrieden. Daß dann, am Faschingdienstag, der Arzt dem Rektor Horn strengstens verbot, mit Grippe und neununddreißig Grad Fieber aus dem Bett zu steigen, und daß Papas lebensgroßes Steckenpferd ungenutzt im Keller blieb und dort allmählich aus dem Leime ging, ist eine andere Sache. Nicht alle Blütenträume reifen. Man muß sich damit abfinden ...

*

Warum aber habe ich die kleine Geschichte erzählt? Wollte ich nur eben eine Erinnerung ausgraben? Ohne jede Absicht? Keineswegs. Ich wollte von jenen großen alten Männern sprechen, die heute achtzig Jahre und älter sind, übermütig, heiter, vital, genußfroh, zäh wie Sohlenleder und in ihren Berufen wie auf ihren Steckenpferden so sattelfest, daß man sie beneiden könnte. Da kam mir das Pferd des kleinen Handwerkers, der mein Vater ist, sehr zupasse. Ich hätte auch Hans Poelzigs, des großen Baumeisters, Antwort hinschreiben können, die er gab, als man ihn fragte, ob ihn seine erwachsenen Kinder endlich zum Großvater hätten avancieren lassen. Er sagte, drastisch, wie er war: »Meine Enkel mach ick mir alleene!«

Wie werden wir ausschauen, wenn wir so alt sind? Man könnte die alten Herren beneiden. Doch ich finde, wir sollten sie bewundern. Es macht mehr Freude.

Fragen und Antworten

Es ist schon so: Die Fragen sind es,
aus denen das, was bleibt, entsteht.
Denk an die Frage deines Kindes:
»Was tut der Wind, wenn er nicht weht?«

Der imaginäre Garten, worin die Fragen gesät werden und die Antworten wachsen, ist groß. Es gibt Nutzfragen, wie es Nutzpflanzen gibt, und man erntet nahrhafte Antworten. Es gibt Zierfragen, und die buntblühenden Antworten tun uns wohl. Sie schmücken das Heim, bis sie welken, ungemein. Mehr haben sie nicht im Sinn. Es gibt pompöse Fragen. Tucholsky nannte sie »Proppleme«. Die plustrigen Antworten hierauf nehmen im Garten viel Platz weg. Aber sie sind beliebt und weitverbreitet. Es gibt parasitäre Fragen und Antworten. Sie pflegen sich auf echten, knorrigen und schattigen Antworten anzusiedeln und, von diesen unbeachtet, aus zweiter Hand zu leben. Es gibt ungenießbare und giftige Antworten, die sich von den eßbaren kaum unterscheiden. Unkraut, das keiner gesät hat, wuchert zwischen Würzkräutern und grünem Antwortkohl. Manchmal kommen Gärtner mit ihren Scheren und stutzen große, mächtige Antworten, damit sie das liebliche Landschaftsbild nicht stören. Und zuweilen stecken Scherzbolde farbig aufgedonnerte Papierblumen zwischen echte Dahlien und Astern. Da kann es dann geschehen, daß ein kurzsichtiger Botaniker den Spaß nicht merkt, sondern über die vermeintlich neue Blumensorte ein dickes Buch schreibt.

Besonders hübsch und sehenswert sind die am Gartenrand gelegenen Spezialbeete mit den dort blühenden Antworten auf jene Fragen, die uns schlichten Bürgern nie kämen. Sie wirken exotisch wie Orchideen oder gar, als seien sie aus buntem Draht geflochten. Am vorigen Sonntag blieb ich vor einem solchen Spezialbeet stehen. Ein Schild teilte mit, daß hier von einem Medizinischen Informationsdienst eine grundsätzliche Frage ausgesät worden sei. Sie lautete: »Wem gehören operativ entfernte Gegenstände?« Einige der Antworten, die bereits aus dem Boden geschossen waren, sahen recht kurios aus. Zahnplomben, beispielsweise, sind nur zu Lebzeiten Eigentum des Inhabers. Stirbt der Gute, so zählen sie zum Nachlaß und gehören den Erben. Bei Gewehrkugeln und Granatsplittern, die der Arzt entfernt hat, ist das anders. Der Feind, also der Schütze oder der Kanonier, hat durch den Abschuß sein Besitzrecht freiwillig aufgegeben. Die »Sache« ist somit herrenlos geworden und bleibt es auch im Körper des Empfängers. Handelt es sich hingegen um wertvollere Gegenstände, etwa um Brillanten oder Diamanten, die ein Dieb, wie auch immer, seinem Körper einverleibt hat, so fallen diese, nach erfolgreichem Eingriffe, dem Bestohlenen wieder zu. Wie aber liegt der Fall bei Nierensteinen? Sie sind, nach erfolgreich vollzogener Operation, nicht etwa herrenloses Gut geworden. Sie gehören weder der unbekannten Macht, der wir sie verdanken, noch dem Arzt, der sie entfernt hat. Sie bleiben, obwohl sie von erheblichem wissenschaftlichen Interesse sind, nach wie vor Eigentum des Inhabers. Er kann, wenn er will, eine juristisch einwandfreie Stiftung daraus machen. Er kann sie aber auch, mit gutem Gewissen, in einem Fläschchen bei sich tragen und stolz am Stammtisch herumzeigen.

So und ähnlich sieht's im Garten der Zivilisation aus, und die ordnungsliebende Gartenverwaltung hat alle Hände voll zu tun, daß ihr und uns die Antworten nicht über den Kopf wachsen und daß die Untergärtner nicht etwa bei ihrer Arbeit in die falsche Fragentüte greifen. Gärten verwildern nur zu rasch. Nun mögen wilde Gärten ihre eigne Schönheit haben. Aber die Gartenverwaltung ist dagegen. Erst neulich herrschte im Büro des Direktors berechtigte Aufregung. Ein spanisches Jagdgeschwader hatte, während in Barcelona ein geistlicher Würdenträger die Botschaft des Papstes an den Eucharistischen Kongreß verlas, in weißen Schleifen die Worte »PAX CHRISTI« an den Himmel geschrieben. Und ein leichtfertiger Untergärtner hatte die Frage »Meinen der Papst und die spanische Luftwaffe denselben Himmel?« in ein Nutzbeet gepflanzt. Zum Glück wurde der Fehlgriff von einem Aufseher entdeckt. Man konnte die Antwort, ehe sie Wurzel faßte, wieder ausjäten. Der Untergärtner wurde ins Treibhaus strafversetzt.

Besonders gefährlich sind auch Fragen, die auf kindlichen Unbedacht zurückzuführen sind. So kam vor einiger Zeit eine Mutter zur Gartenverwaltung und wollte ihres Söhnchens Frage »Ist der Liebe Gott eigentlich evangelisch oder katholisch?« eintopfen lassen. Man sagte, sie möge die Frage dalassen, und gab ihr statt dessen einen Levkojenstock für den Kleinen mit. Die Frage nach des Lieben Gottes Konfession wurde dann mit anderen Unkrautsamen verbrannt.

Das Zeitalter der Empfindlichkeit

Wenn am kommenden Sonntag ein Fußballkapitän erklärte: »Wir spielen ab heute mit fünfzehn Mann«, würde man ihn zunächst auslachen. Beharrte er auf seinem Standpunkt, so brächte man ihn in die psychiatrische Klinik. Nehmen wir nun an, auf Grund von Überlegungen und Zufällen setzte sich, etwa in fünfzig Jahren, das Fünfzehn-Mann-System durch und es erklärte dann ein Fußballkapitän: »Wir spielen ab heute mit elf Mann«, würde man ihn zunächst auslachen. Beharrte er auf seinem Standpunkt, so brächte man ihn in die psychiatrische Klinik.

Dieses Beispiel soll zweierlei veranschaulichen. Einmal: Spielregeln sind unantastbar. Zum andern: Spielregeln wandeln sich, indem man sie antastet. Das gilt nicht nur für Fußballklubs, sondern für jede Gemeinschaft. Das Zusammenleben – im Staat, in der Sippe, in der Partei, in der Kirche, in der Zunft, im Verein – ist ohne Spielregeln unmöglich. Deshalb haßt man die Spielverderber weit mehr und fanatischer als die Falschspieler. Denn die Falschspieler betrügen zwar, aber sie tun es »regelrecht«. Doch wenn jemand auftaucht und behauptet, die Monarchie sei eine überholte, abgetakelte Staatsform oder gar, die Erde drehe sich um die Sonne, muß er gewärtigen, daß man ihn verbrennt. Eines Tages werden dann seine Thesen die neuen Spielregeln bestimmen.

Die Gemeinschaften merken nicht, wenn und wann ihre Konventionen altern. Sie merken's auch nicht, wenn diese mausetot sind. Und die Repräsentanten der Gemeinschaften? Sie *wollen* es nicht merken. Sie verteidigen die Totems und Tabus mit Krallen und Klauen, mit Bann und Acht. Jene Männer, die mit dem Finger auf das Welken und Sterben der alten Regeln zeigen und neue, lebendige Regeln fordern, sind ihre natürlichen Feinde. Luther, Swift, Goya, Voltaire, Lessing, Daumier und Heinrich Heine waren solche Spielverderber. Sie gewannen den Kampf. Aber erst nachdem sie gefallen waren.

Von Lessing gibt es ein paar Sätze, die das Spannungsverhältnis zwischen den Wortführern der reaktionären Kräfte und dem Spielverderber, den einzig sein Gewissen treibt, unübertrefflich kennzeichnen. »Ich habe auf kein gewisses System schwören müssen. Mich verbindet nichts, eine andere Sprache als die meinige zu reden. Ich bedauere die ehrlichen Männer, die nicht so glücklich sind, dieses von sich sagen zu können. Aber diese ehrlichen Männer müssen nur andern ehrlichen Männern nicht auch den Strick um die Hörner werfen wollen, mit welchem *sie* an die Krippe gebunden sind. Sonst hört mein Bedauern auf, und ich kann nichts, als sie verachten.«

Solche ehrlichen Männer, die nichts als ihre eigene Sprache reden, sind rarer als vierblättriger Klee. Die Lessings gibt es nicht im Dutzend. Da müssen sich erst Ehrlichkeit, Verstand, Mut, Talent und kaltes Feuer in ein und demselben Menschen mischen, ehe halbwegs ein echter Spielverderber zustande kommt. Und wie oft vereinigen sich diese fünf Gaben schon in einem einzigen Manne? Luthers Satz »Hier stehe ich, ich kann nicht anders!« gehört ins Deutsche Museum. Ins Raritätenkabinett.

Nun gibt es auch kleinkalibrige Spielverderber. Sie sind die »Unruhe« des konventionellen Alltags. Man nennt sie Journalisten. Es gibt nicht nur Journalisten der Feder, sondern auch des Zeichenstifts. Und es gab sie! Erinnern Sie sich noch jener kräftigen Beiträge, die von einigen Spielverderbern unseres Jahrhunderts herrühren und aus frühen Jahrgängen des Münchner »Simplizissimus« stammen? Also aus jenen guten alten und aschgrauen Tagen, die man sich ehestens mit Stichworten wie »Reisekaiser« und »Affäre Zabern«, »Boxeraufstand« und »Prozeß Eulenburg«, »Schlotbarone« und »Ostelbier«, »Bülow« und »Hertling«, »Wehrvorlage«, »Peterspfennig« und »Sittlichkeitsvereine« ins müde Gedächtnis zurückruft? Wer in den vergilbten Bänden blättert und liest, studiert nicht nur die Geschichte des deutschen Jugendstils, erlebt nicht nur den gewittrigen Vorabend des Ersten Weltkrieges, sondern erfährt in Bild und Text, an zahllosen Beispielen, wie Polemik aussehen kann, auch wenn sie nicht eben von lauter Daumiers und Lessings geführt wird. Wenn sich heutzutage jemand erdreistete, staatliche und kirchliche Mißstände, Justizwillkür und Kunstschnüffelei so anzuprangern, wie es etwa Ludwig Thoma als »Peter Schlemihl« getan hat, man briete den Kerl am Spieß!

Die Publizisten und das pp. Publikum sind mittlerweile ins Zeitalter der Empfindlichkeit hineingetreten. Wir haben vor lauter Aufregungen, und es gab ja genug, »total« vergessen, den Maulkorb abzunehmen, den man uns 1933 umgebunden hatte. Die einen können nicht mehr schreiben. Die anderen können nicht mehr lesen. Versuchen sie's trotzdem, so lesen sie, statt mit den Augen, versehentlich mit den Hühneraugen. Man kann ohne Übertreibung von einer Hypertrophie des Zartgefühls sprechen. Schon in den zwanziger Jahren schrieb Kurt Tucholsky, auch so ein rastloser Spielverderber, in einem satirischen Gedicht:

»Sag mal, verehrtes Publikum:
bist du wirklich so dumm?
Ja, dann ...
Es lastet auf dieser Zeit
der Fluch der Mittelmäßigkeit.
Hast du so einen schwachen Magen?
Kannst du keine Wahrheit vertragen?
Bist also nur ein Grießbreifresser?
Ja, dann ...
Ja, dann verdienst du's nicht besser!«

Was schriebe er erst, wenn er noch lebte? Über das Publikum? Und gar über unsere Repräsentanten? Ganz besonders über unsere Rrrrrepräsentanten und -onkels, die, faßt man sie am Knopf, Hilfe schreien, weil sie ihre Knöpfe mit den heiligsten Gütern der Nation verwechseln? Und was schließlich schriebe er über seine lieben Kollegen? Ehrlichkeit, Verstand, Mut, Talent und kaltes Feuer, noch dazu in Personalunion, wie selten sind sie geworden! Dort bricht einer mit gewaltigem Getöse und Handgepäck zu einem fulminanten Leitartikel auf und nach den ersten Sätzen wieder zusammen! Hier schleicht ein Kritiker mit seiner abgerüsteten Armbrust hinters Gebüsch und legt vorsichtig an. Wenn das nicht Tells Geschoß wird! Man wartet und wartet. Blickt endlich hinter den Busch, und siehe – der Brave ist überm Zielen eingeschlafen! Da wieder verspricht uns einer, er träfe mit jedem Pfeil ins Schwarze. Stattdessen knallt er dann mit einer veritablen Kanone mitten ins Blaue!

Kritik, Kontroverse, Pamphlet und Polemik sind mehr denn je Fremdwörter. Die Leser müssen wieder lesen und wir Publizisten müssen wieder schreiben lernen. Es sei denn, wir entschlössen uns, dem Ratschlag eines zeitgenössischen Epigrammatikers zu folgen, der in seiner »Großdeutschen Kunstlehre« schreibt:

»Die Zeit zu schildern, ist eure heilige Pflicht.
Erzählt die Taten! Beschreibt die Gesinnungen!
Nur – kränkt die Schornsteinfeger nicht!
Kränkt die Jäger und Briefträger nicht!
Und kränkt die Neger, Schwäger, Krankenpfleger und
                                                    Totschläger nicht!
Sonst beschweren sich die Innungen.«[*]

---

[*] Das Epigramm ist übrigens ironisch gemeint. Es wäre schade, wenn einige Leser den Autor womöglich mißverstünden.

Man wird und sollte sich daran erinnern, daß der »Fall Harlan«, also der robuste und reuelose, unermüdliche Versuch des »Jud-Süß«-Regisseurs, sich den Platz unter den Jupiterlampen zurückzuerobern, immer wieder auf Widerstand stieß, z. B. in Freiburg, wo die Polizei höchst handgreiflich gegen die Demonstranten vorging.

Brief an die Freiburger Studenten

Sehr geehrter Herr Linke!
Darf ich Ihnen meine Ansicht kurz im Zusammenhang skizzieren, also ohne den Komplex vierzuteilen?

Wenn die Anhänger der echten und insofern die Gegner einer nur formalen Demokratie nicht scharf aufpassen, wird die noch sehr junge und ganz und gar nicht gesunde Bundesrepublik solange mit dem Schwert der Gerechtigkeit herumfuchteln, bis sie auf diese Weise, obzwar versehentlich, Selbstmord begeht. Das Weimarer Harakiri dürfte noch in bester Erinnerung sein.

Das Hamburger Gericht sprach Herrn Harlan frei. Nicht einmal zu einem befristeten Berufsverbot reichte das »objektive« Finden des Rechts aus. Also waren die Filmproduktion und der Filmverleih im Recht, Herrn Harlan umgehend zu beschäftigen. Also sind die Kinobesitzer im Recht, seine Filme vorzuführen. Also ist die Polizei im Recht, gegen Demonstranten einzuschreiten. Also sind die einzigen Menschen, die im Unrecht sind, diejenigen, die ihr Gewissen aufruft, im Namen der Menschlichkeit gegen eine derartige Gerechtigkeit und ihre sichtbaren, wie unabsehbaren Folgen zu protestieren.

Wäre der Fall Harlan ein Einzelfall, ginge es noch eben an. Aber er ist ein Symptom. Und so bleibt all denen, die das Wesen der Demokratie lieben und eine demokratische Heimat wünschen, seien sie nun Atheisten, Lutheraner oder Katholiken, nichts übrig, als »Protestanten« zu werden. Das Harakiri entspricht nicht ihren Plänen für die Zukunft.

Mit den besten Grüßen an die Kommilitonen　　　　Ihr *EK*

Der Prozeß, der den Freiburger Vorfällen mühselig folgte, glich dem Hornberger Schießen.

Während es in unserer Republik noch bei Strafe verboten war, auch nur eine Jagdflinte zu besitzen, wurden Hitlergeneräle nach Bonn beordert, um hinter verschlossenen Türen der Regierung wertvolle Ratschläge zu erteilen. – An Stelle der im laufenden Geschäftsjahr geplanten Kasernen könnten vierhunderttausend Wohnungen gebaut werden. – Das Chanson wurde 1952 in München, Berlin, Düsseldorf und Zürich gesungen.

Solo mit unsichtbarem Chor

Prospekt: *Obst- und Gemüsegarten. Blumen, Bäume und Sträucher parodistisch in gedrillter Anordnung. Wie auf dem Exerzierplatz.*

Der General: *In umgearbeiteter Uniformjacke. Er beginnt jovial, mit einer Art Stammtischhumor.*

>Alle mal herhören!
>Auch die, die schwerhören!
>Wie erholsam war dies Gärtchen,
>als der Krieg sein Ende fand!
>Statt der Generalstabskärtchen
>Obst und Blumen anzufert'gen,
>hieß zwar: Hoffnungen beerd'gen
>und herab vom hohen Pferdchen,
>doch es zeugte von Verstand.

>Man wohnte in Villen
>unter den »Stillen
>im Land« auf dem Land.
>Es war nicht nur das Mindeste,
>es war auch das Gesündeste,
>das merkte auch der Blindeste.
>Es läuteten schon frühe
>die Kirchen und die Kühe.
>Ich hatte meine Ruhe,
>trug statt der Stiefel Schuhe

und liebte Berg und Tal.
Mir blieb gar keine Wahl.

Soldatenchor, unsichtbar:
Damals noch nicht!
Damals noch nicht, Herr General!

Der General (in dieser Strophe nicht mehr gemütlich, sondern etwas übergeschnappt):
Alle mal herhören!
Auch die, die schwerhören!

So ein Leben auf dem Land
ist nicht nur für junge Stiere,
Raps und Flachs und Vogelmiere,
Bauersfraun und andre Tiere,
sondern auch für höh're Offiziere
außeror'ntlich int'ressant.
Ein Garten, noch so winzig,
hat's militärisch in sich!
Ob Soldaten,
ob Tomaten,
für 'nen richt'gen General
ist das ziemlich egal.
Ist schließlich alles – Material.
Wenn der Spargel nicht »schießt«,
wird er angeniest.

(in Richtung Gartenprospekt)
Alle mal herhören!
Auch die, die schwerhören!

(wieder zum Publikum)
Die Natur ist nicht bloß Verzierung.
Der Schritt vom Spalierobst
zum Exerzierobst
ist nur eine Frage der Führung.

Man kann im Grase liegen, unter schneid'gen Bäumen,
auf Hälmchen blicken und von Helmen träumen.
Die Baumfront steht Stamm bei Stamm.
Den linken Flügel übernimmt der Salat.
Die Marschall-Niel-Division steht stramm,
die Hände an der Rosennaht!
So ein Garten galt bis heute
nur als Ausflug und Hors d'œuvre.
Das hat aufzuhören, Leute!
Die Natur wird zum Manöver!
Soweit alles klar im Saal?

Chor, ironisch:
    Soweit schon!
    Soweit schon, Herr General!

Der General, befriedigt:
    Fern von blutigen Geschäften
    kam man im Verlauf der Zeit
    wieder zu Pension und Kräften.

    Alle mal herhören!
    Auch die, die schwerhören!
    Denn nun ist es wieder soweit!

    In der Luft, zu Wasser und zu Lande, –
    ohne uns komm'n die andern nicht zu Rande!
    Noch ist's ihnen etwas fatal.
    Doch sie brauchen uns wieder einmal.

(stolz)
    Hätten sie denn ohne uns
    Weltkrieg Nummer eins begonnen?
Chor:
    Nein, Herr General!
General:
    Hätten sie denn ohne uns
    Weltkrieg Nummer eins gewonnen?

Chor:
>Nein, Herr General!

General:
>Hätten sie denn ohne uns
>Weltkrieg Nummer zwei begonnen?

Chor:
>Nein, Herr General!

General:
>Hätten sie denn ohne uns
>Weltkrieg Nummer zwei gewonnen?

Chor:
>Nein, Herr General!

General:
>Na also und hurra:
>Drum sind wir wieder da.
>
>Vorderhand noch sehr beneidet
>und sogar manchmal verhöhnt,
>doch nur der Erfolg entscheidet,
>und den sind wir ja gewöhnt.
>
>Wir haben ziemlich jeden Schwur
>geschworen und gehalten.
>Das liegt nun mal in unsrer Natur,
>und wir sind noch ganz die alten.
>Wir kommen, sehn und siegen
>in ziemlich allen Kriegen,
>ganz wurscht, unter welcher Regierung.
>Das ist eine Frage der Führung.
>Na also und hurra:
>Drum sind wir wieder da.
>
>Unter Hitler hieß es »Wehrmacht«.
>Unter Doktor Lehr heißt's »Lehrmacht«.
>Doch ob Wehr – oder Lehr,
>ist ja völlig sekundär.

Hauptsache, daß wir wieder Ordnung kriegen.
Und daß wir wieder gegen England fliegen.

(erschrickt, schüttelt den Kopf, sagt laut zu sich selber): »Ist ja kompletter Blödsinn! Wie komm ich denn darauf? Zurück, marsch-marsch!« *(holt ein Monokel aus der Tasche, klemmt es ins Auge, findet so den nötigen inneren Halt und singt):*
Hauptsache, daß wir wieder Ordnung kriegen.
Und das deutsche Rückgrat wieder gradebiegen.
Und daß wir wieder mal richtig liegen.
Und, wenn es sein muß, zum drittenmal siegen!

Alle mal herhören!
Auch die, die schwerhören!
Ob nun Wehr, oder Lehr –
Deutschland, ans Gewehr!
Und nun woll'n wir wieder mal!

Chor:
Ohne uns, ohne uns,
ohne uns, Herr General!

Der General (wütend, stemmt die Hände in die Seiten):
Wer hat denn da gestört?
Das ist ja unerhört!
»Kerls, wollt ihr denn ewig leben?«
brüllte schon der große Friedrich.
Und das meinte noch Sepp Dietrich.
Antwort braucht kein Aas zu geben.
Aber eines will ich wissen.
Und ihr werdet reden müssen.
Laßt ihr euch ungestraft beleidigen?
Muß sich der Mensch nicht eines Tags verteidigen,
gesetzt, es bleibt ihm keine Wahl?

Chor:
Alle mal herhören!
Auch die, die schwerhören!

Ohne SIE, ohne SIE,
　　　　ohne SIE, Herr General!
General (ihm fällt das Monokel aus dem Auge. Dunkel. Vorhang).

Der Jahrmarkt

PERSONEN: Seiferts Oskar
Eine Wahrsagerin
Ein Ausrufer
Noch ein Ausrufer
Zwei leichte Mädchen
Eine lyrische Gesangsstimme

REGIEANDEUTUNGEN: *Musik à la Leierkasten und Orchestrion. Die Darsteller, solange sie nicht vortragen, in marionettenhafter Unbeweglichkeit. Stimmung und Atmosphäre traumhaft und skurril.*
Alle stehen in bezeichnenden Stellungen. Musik setzt ein. Eine Frauenstimme singt, hinterm Vorhang:

> Hippodrome, Karusselle,
> alles dreht sich auf der Stelle,
> auf der Stelle voller Schwung.
> Nur der Wechsel ist von Dauer.
> Und der Himmel ist noch blauer
> als in der Erinnerung ...
>
> Türkenhonig, Limonade,
> Reise auf dem Riesenrade, –
> Jahrmarkt schminkt die Herzen jung.
> Fortgeweht sind Spott und Trauer.
> Und der Himmel ist noch blauer
> als in der Erinnerung ...

Seiferts Oskar (fliegender Händler mit Bauchladen oder provisorischem Ladentisch, erwacht aus seiner Erstarrung und beginnt in Ausrufermanier):
Was darf's denn noch sein? Ja, was haben wir denn da? Schauen Sie diskret her, liebe Landsleute und End-Europäer! Was erblicken Sie in meiner leidgegerbten Hand? Einen Reißverschluß. Ganz recht. Doch das ist kein gewöhnlicher, kein

geläufiger Reißverschluß, o nein. Oskars Reißverschluß können Sie nicht im Laden erwerben. Oskars Reißverschluß ist ein Weltwunder und Patent. Nun werden Sie, offnen Kopfes, wie Sie sind, mißtrauisch fragen: Wieso ein Wunder? Inwiefern ein Patent? Ich spanne Sie nicht auf die lange Bank, ich halte nicht hinterm Berge. Geben Sie acht. Sie kommen des Abends nach Hause. Sind müde von der Arbeit. Müde von Frühstück und Brotzeit. Müde von der Heimfahrt. Wer kommt Ihnen mit Ihren Filzpantoffeln und offnen Armen entgegen? Das geliebte Weib, die treusorgende Gattin, die üppige Hälfte Ihres irdischen Wallens. Doch, o Jammer, sie hat einen schlechten Tag, die Gute. Sie hat zuviel auf dem Herzen. Sie redet und redet und redet. Sie kann, nennen wir ihren rosenlippigen Mund beim Namen, sie kann die Schnauze nicht halten. Die geliebte Zeitung will Ihnen nicht munden, und der warme Leberkäs schmeckt wie gebratener Badeschwamm. Und ohne Oskars Reißverschluß wären Sie aufs tiefste zu bedauern, zu bemitleiden und zu beklagen. So aber bringen Sie denselben zur Anwendung, haben endlich die ersehnte Ruhe sowie den wohlverdienten Abendfrieden. Das Rezept ist höchst einfach, die Methode ist probat und erprobt. Geben Sie acht. Zunächst verabreichen Sie der Redseligen oder Plaudertasche eine mittelschwere Ohrfeige aus nächster Entfernung. Was wird die Folge sein? Die Dame Ihres Herzens sperrt verwundert den Mund auf. Darauf kommt es an, und nun heißt es rasch und entschlossen handeln. An beiden Enden meines Reißverschlusses sind kleine, aber erstklassige Haftgummis montiert, die es schnellstens links und rechts im Mund anzubringen gilt. Ist das geschehen, bleibt der Rest ein Kinderspiel. Sie ziehen den Verschluß zu, ritsch und basta, und haben, solange es Ihnen beliebt, sagen wir bis zum Gutenachtkuß, soviel Ruhe, wie Sie nur wünschen. Das Mittel ist in Tausenden von Fällen bewährt und mit sechs Goldmedaillen ausgezeichnet und prämiiert. Damit noch nicht genug, hat sich Oskars Reißverschluß nicht nur im abendlichen Schoß der Familie erprobt, an diesem traulichsten Orte der geplagten Menschheit, sondern auch anderweitig, insbesondere bei öffentlichen Anlässen. Oskars Reißverschluß tat und tut die nämlichen, die gleichen und guten Dienste am Stammtisch, bei strengwissenschaftlichen Vorträgen, in stürmischen Wahlversammlungen, Gesangskonzerten und, geben Sie acht, in den Volksvertretungen oder Parlamenten. Aber, so werden Sie, bis ins Innerste aufgewühlt, fragen, ist dieses Wundermittel, dieser Zauberverschluß, diese umwälzende Erfindung auch nicht zu teuer? Seien Sie unbesorgt und guter Hoffnung. Freilich, die Luxusausführung, feuervergoldet und auch von den wildesten Rednern unzerbeißbar, kostet fünf Mark und achtzig, und ich kann nichts nachlassen, ohne zuzuzahlen. Aber die Ausführung für Familie, Heim, Hof und Kleingarten, die Volksausgabe in Nirostastahl, mit Pfefferminzgeschmack und auch sonst gut zu leiden, kostet nicht drei Mark, nicht zwei Mark fünfzig, nicht zwei Mark, sondern geben Sie acht – sage und schreibe: eine Mark und siebzig Pfennige! Das ist geschenkt und wäre mein Ruin, hätten sich nicht die eingetragenen Friedensgesellschaften sämtlicher Hemisphären auf der Kopenhagener Weltausstellung entschlossen, mich zu subventionieren. Sie taten recht daran. Denn ihr Wahlspruch ist auch der meine. Er lautet: Si vis pacem, para pacem! Das heißt auf deutsch: Willst du deine Ruhe, müssen die andern das Maul halten! *(erstarrt zur Marionette)*

Kartenlegerin (wird lebendig. Musik. Singt):
 Welkes Laub, vom Baum der Zeit gerissen,
 jagt der Wind euch durch den Staub der Welt.
 Nichts wißt ihr – und möchtet alles wissen.
 Buntes Laub, zertreten und verschlissen,
 fegt der Wind euch vor mein altes Zelt.

(geschäftlich)
 Komm'n Sie rein! Komm'n Sie rein!
 Keiner braucht bei mir zu warten.
 Eins, zwei, drei leg ich die Karten,
 und Sie solln zufrieden sein.
 Tut mir leid – weiß Bescheid!
 Dicken Männern, kleinen Hürchen,

allen deut ich wie am Schnürchen
Zukunft und Vergangenheit.
(erstarrt)

Zwei leichte Mädchen (werden lebendig, singen, mit lasziven Tanzschritten):
Komm'n Sie rein! Komm'n Sie rein!
Billig sind die Eintrittskarten.
Keiner braucht bei uns zu warten,
und Sie solln zufrieden sein.
(erstarren)

Kartenlegerin (wird lebendig, singt):
Linke Hand – rechte Hand!
Alle Linien sind sinnvoll,
und ich weiß, wo jede hinsoll,
vorbestimmt und urbekannt.

Dieses Zelt ist die Welt.
Kommen Sie getrost herei –en!
Lassen Sie sich prophezeien!
Siebzig Pfenn'ge sind kein Geld.

(bis jetzt Jargon, nun wieder bedeutungsvoll)
Daß die Leute soviel wissen müssen!
Haben welke Blätter denn ein Ziel?
Buntes Laub, vom Baum der Zeit gerissen, –
nichts wißt ihr und möchtet alles wissen.
Ich weiß alles, – und das ist zuviel.
(erstarrt)

Die leichten Mädchen (werden lebendig, singen und tanzen):
Linke Hand – rechtes Bein!
Komm'n Sie rein! Komm'n Sie rein!
Keiner braucht bei uns zu warten.
Sichern Sie sich Eintrittskarten.
Denn wir sind nicht gern allein.
(erstarren)

Erster Ausrufer (einer Raritätenschau, Kostüm etwa Kunstschütze oder Rummelplatzringer, erwacht aus seiner Erstarrung und ruft):

Das ist noch gar nichts! Wir zeigen Ihnen den Boxer Samson und Fräulein Dalila, eine ebenso hübsche wie arbeitslose Friseuse, Brust an Brust im Zweikampf, im Ringkampf, im Daseinskampf der Geschlechter. Das muß man gesehen haben! Während ihrer harten körperlichen Auseinandersetzung, bei der alle verbotenen Griffe erlaubt und alle erlaubten Griffe verboten sind, schneidet Dalila dem kraftstrotzenden Gegner allabendlich die Haare, wodurch sie denselben schwachmatt setzt und auf seine, beziehungsweise ihre Schultern zwingt! Lassen Sie sich diesen ebenso seltenen wie allabendlichen Genuß nicht entgehen! Einige Parkettplätze sind noch frei! Aber das ist noch gar nichts! Wir zeigen Ihnen außerdem Obstinatus Maximus, den aktuellen Kraftakt, der sich von einem Volkswagen überfahren läßt, ohne denselben zu beschädigen! Obstinatus Maximus, auch der »unzerbrechliche Fußgänger« genannt, hat einmalige Rekorde zu verzeichnen. Ist er doch der vorläufig und bis auf weiteres einzige Mitmensch, der es fertigbrachte, in München die Brienner Straße ohne Hast und trotzdem bei voller Gesundheit zu überqueren. Damit nicht genug, – mußten zwei LKW, vier PKW, acht Fahrräder, ein Elefant des Zirkus Krone, ein Funkstreifenwagen und der zufällig vorbeikommende Londoner Verkehrsdezernent Mr. Augustus Traffic abgeschleppt werden! Die Versicherungsgesellschaften sind aufs äußerste bestürzt und haben gegen Herrn Obstinatus Maximus, den unzerbrechlichen Fußgänger, Klage erhoben. Seine eiserne Konstitution widerspreche sowohl den Gesetzen der Natur, als auch denen des Verkehrs. Aber das ist noch gar nichts! Wir zeigen Ihnen anschließend die Sensation der Sensationen, Amanda Halbe, die Dame ohne Oberleib! In der guten alten Zeit war die Dame ohne Unterleib das Interessante, das Elektrisierende, das Angemessene, der heimliche Wunschtraum des Mannes! Aber welch grausamer Wunsch, welch böser Traum! Suchen Sie sich in die Dame ohne Unterleib hineinzuversetzen! Welch ein Leben voller Mängel und Nachteile mußte die Bedauernswerte führen! Bar der Mutterfreuden und der vorausgehenden Annehmlichkeiten, untauglich für Spaziergänge aller Art, eine Existenz an Ort und Stelle und statt auf ein ausgefülltes Dasein auf die Leihbibliothek angewiesen, gewissermaßen eine liebreizende Blume ohne Topf (trocknet sich die Augen), – nein, die Dame ohne Unterleib war nicht das Richtige, sie war ein Mißgriff der Zivilisation! Dies schließlich erkennend, haben wir unermüdlich geforscht, gezüchtet, experimentiert. Zunächst erzeugten wir die Dame ohne Vorderleib! Ein gewagtes Projekt, und ein tieftrauriges Ergebnis! Der Herr dort links nickt und pflichtet mir bei. Er scheint Phantasie zu besitzen. Der Anblick war schauderhaft. Die Dame ohne Vorderleib war ein Mißgriff, und wir warfen sie weg. Wir zahlten Lehrgeld und schritten zum nächsten Versuch: wir schufen die Dame ohne Hinterleib. Auch sie war ein Mißgriff, und was für einer! Ersparen Sie mir, näher darauf einzugehen. Ein Mensch, der nicht sitzen, noch liegen kann, der immer stehen muß, bei Tag und bei Nacht, und immer mit dem Rücken, den er nicht hat, zur Wand! (trocknet sich die Augen) Wir warfen sie weg! Erst die letzte, die vierte Möglichkeit brachte die Erfüllung! Amanda Halbe, die Dame ohne Oberleib, vereinigt in sich alle Vorteile ohne jeden Nachteil. Sie ist das Ideal des modernen Mannes. Ich darf das sagen. Ich spreche aus Erfahrung. Ich bin mit ihr verheiratet. Wir haben drei Kinder, und unsere Ehe ist eine denkbar glückliche. Amanda ist von den entzückenden Füßen bis zur mit zwei Händen umspannbaren Taille vorhanden und besitzt innerhalb dieser Grenzen eine himmlische Figur. Treten Sie näher. Überzeugen Sie sich selbst. Sie kann stehen, liegen und sitzen, ist häuslich und spart Hüte, Jumper, Schminke und Handtaschen. Sie ist von ausgesprochen lustigem Temperament, außerdem Landesmeisterin im Langstreckenlauf, beherrscht alle Drahtseilakte vollendet, und ihre Lieblingsbeschäftigung ist der Ausdruckstanz. Sie zeigt Ihnen zwei Tänze. Zuerst den »Guten Kameraden«, mit ihrer geradezu ergreifenden Ausdeutung der Zeile »Kann dir die Hand nicht geben!« und spielt und tanzt dann die ihr auf den Leib geschriebene Hauptrolle in der beschwingten Kurzrevue »Ich hab den Kopf in Heidelberg verloren!« Gehen Sie nicht an Amanda vorüber! Treten Sie näher! Treten Sie ein! *(erstarrt)*

Zweiter Ausrufer (Haar, Brille und Kleidung à la Existentialist. Grotesk melancholisch und verbittert. Erwacht zum Leben und singt):
>Hier haben Sie nichts zu versäumen.
>Drum kommen Sie gar nicht erst rein!
>Wir schütteln das Nichts aus den Bäumen.
>Wir locken die Angst aus den Träumen.
>Wir finden das Leben zum Spein.
>'s wird Zeit, daß jeder es erfährt:
>Der Mensch ist zwei Mark zwanzig wert!

Chor:
>Zwei Mark zwanzig! Zwei Mark zwanzig!

Ausrufer:
>Schwefel, Kalk und Kieselsäure
>sind an ihm das einzig Teure!
>Der Mensch ist zwei Mark zwanzig wert.
>Und wenn der Mensch zur Hölle fährt,

Chor:
>riecht es ranzig! Riecht es ranzig!

Ausrufer:
>Wir braten den Ekel im Tiegel.
>Wir schwärzen die Schönheit des Lichts.
>Die Freiheit verleiht keine Flügel.
>Sie sehen in unseren Spiegel
>und erblicken nicht sich, sondern – nichts!
>Der Mensch ist zwei Mark zwanzig wert.
>Ihn hochzuschätzen, ist verkehrt

Chor:
>*in* und *an* sich! In und an sich!

Ausrufer:
>Eisen, Phosphor, Kieselsäure
>sind an ihm das einzig Teure.
>Ob schön, ob edel, ob gelehrt, –
>der Mensch ist zwei Mark zwanzig wert.

Chor:
>Zwei Mark zwanzig! Zwei Mark zwanzig!

(zweiter Ausrufer erstarrt)

Erster Ausrufer:
>Das ist noch gar nichts!

Seiferts Oskar:
Die Ausführung für Familie, Heim, Hof und Kleingarten, mit Pfefferminzgeschmack und auch sonst gut zu leiden, kostet bei mir nicht zwei Mark zwanzig, nicht zwei Mark zehn, sondern geben Sie acht, eine Mark und fünfundneunzig! Das ist geschenkt! Geschenkt ist das!

Kartenlegerin:
>Dieses Zelt ist die Welt,
>wohlbekannt und unverständlich,
>zählbar, meßbar und unendlich.
>Und wer glaubt, er steht, der fällt.

Alle:
>Schöne Frau – junger Herr,
>komm'n Sie rein! Komm'n Sie her!
>Und hat's Ihnen gut gefallen,
>sagen Sie's den andern allen,
>bitteschön und dankesehr!

(alle erstarren zur Anfangsgruppe)

Frauenstimme hinter dem Vorhang:
>Feuerschlucker, Riesendamen,
>Zaubrer mit Chinesen-Namen,

alte Träume bleiben jung.
Fortgeweht sind Spott und Trauer.
Und der Himmel ist noch blauer
als in der Erinnerung ...

VORHANG

Ist Existentialismus heilbar?

Kürzlich besuchte mich eine französische Journalistin. Also unterhielten wir uns über französische Literatur. Also kamen wir auf Sartre zu sprechen. Jean Paul Sartre. Sie wissen schon. Ich zollte seinem Talent meine Anerkennung, geriet aber an die falsche Adresse. »Er ist nicht aufrichtig!« rief das französische Fräulein ärgerlich. »Er ist nicht konsequent! Sonst hätte er sich längst aufhängen müssen!« Oh, sie kenne ihn gut, fuhr sie fort. Wie oft habe sie ihm, in seinem Pariser Stammcafé, nahegelegt, doch endlich mit seiner sträflichen Inkonsequenz und sich selber Schluß zu machen! Habe er ihren Rat befolgt? Kein Gedanke! Sie war sehr erbost. Der Ärger stand ihr gut zu Gesicht.

Ich wagte einige Einwände. Unter anderem sagte ich, Sartre sei, mindestens nebenberuflich, Philosoph, und von derlei tiefschürfenden Leuten, auch noch von den glühendsten Pessimisten und Nihilisten, könne man höchstens erwarten, daß sie sich aus freien Stücken umbrächten, nicht aber auf Drängen einzelner junger Damen. Und aus freien Stücken hätte sich fast noch kein Philosoph umgebracht! Philosophieren sei der gesündeste Beruf, den es gäbe! Die Philosophen erreichten, laut Statistik, das höchste Durchschnittsalter! Scharfes Nachdenken schone vermutlich Körper und Seele! Man sieht, ich argumentierte gar nicht so übel. Das französische Fräulein aber schlug die Hände über der Frisur zusammen. »Sartre ist doch kein Philosoph!« rief sie. »Und überhaupt der Existentialismus!«

Da war es wieder gefallen, dieses schreckliche Wort. Dieses Donnerwort! Ich zuckte zusammen. Seit Jahren höre und lese ich das Wort, und jedesmal zucke ich zusammen! Es reißt mich. Ob es sich um eine Idiosynkrasie handelt? Man hat sich doch wahrhaftig im Laufe der Zeit an mancherlei gewagte Vokabeln gewöhnt! An »Quantentheorie«, »Archetyp«, »Surrealismus«, »Phenolphthalein«, »Dermatoplastik«, »Indeterminismus«, »Inflation«, »Kulturmorphologie« und, nun ja, »Idiosynkrasie!« Zuerst stutzt man ein bißchen. Später gewöhnt man sich. Der Mensch ist geduldig. Schließlich verbindet man mit diesen Wörtern, wenn man sie lange genug verwendet hat, sogar einen gewissen Sinn! Aber bei dem Wort »Existentialismus« – da versage ich. Jeder bessere Mitmensch hantiert damit. Jeden Tag ist in jeder Zeitung davon die Rede. Wie Tinte fließt es von den Lippen. Wie Honigseim strömt es aus den Federn. Und was tue ich? Ich zucke zusammen. Dergleichen nagt am Selbstgefühl. Wer ist schon gerne der Dümmste! Noch dazu in Gegenwart einer französischen Journalistin …

Nach einer schlaflosen, von Selbstvorwürfen zerfleischten Nacht packte ich einen Koffer und schlich aus dem Hause. Auf dem Zettel, den ich hinterlassen hatte, stand nur: »Kurze Reise in stilles Gebirgstal. Zweck: Schwierige Lektüre. Gießt die Blumen pünktlich!« In der Buchhandlung, die ich, auf dem Weg zum Bahnhof, betrat, wußte man – ich kam nur bis zur Silbe »Ex …« – sofort, was ich benötigte. Zunächst brachte man mir ein fachphilosophisches Werk. Darin blätternd, fand ich bedenkliche Druckfehler und gab es mißgelaunt zurück. Nein, meinte der Verkäufer, das seien keine Druckfehler. Das Verbum »sein« bedeute dem Verfasser etwas anderes als »seyn«, außerdem bedeute »ist« etwas anderes als »west«, und … Ich entschuldigte mich und blätterte von neuem. Es war da vom »seienden Sein« und sogar von der »Seiendheit« die Rede. Nun gab ich das Buch erneut zurück. Ich wollte ja schließlich nicht für immer ins Gebirge, sondern höchstens für vierzehn Tage! Ich wollte mich mit einer philosophischen Meinung beschäftigen, aber doch keine neue Sprache lernen! Es ist durchaus möglich, daß man, philosophischerseits, mit dem Deutsch Kants und Schopenhauers nicht mehr auskommt. Die Physiker und Astronauten von heute kommen mit den alten, traditionellen Formeln ja auch nicht mehr zu Fache. Aber wohin soll das führen, wenn neue philosophische Lehren nur noch von ein paar Professoren und deren Assistenten verstanden werden? Und nicht mehr von den übrigen »Freunden der Weisheit«? Ich bat also um leichtere Lektüre. Immerhin wog das Bücherpaket, mit dem ich abends in X. eintraf, gut seine zehn Pfund.

Existentialistische Dramen, existentialistische Romane, existentialistische Broschüren, existentialistische Gedichtbände und ein Wälzer über das Wesen der Angst, vom 1. Brief des Johannes bis zu Sigmund Freud, lagen drohend auf dem Tisch. Er wackelte. Vermutlich vor Angst. (Platzangst oder Agoraphobie.) Das Bett wackelte nicht. Trotzdem schlief ich miserabel. Ich hatte noch mehr Angst als der Tisch. (Gesteigerte Ich-Entwertung, auch Ohnmächtigerklärung des Menschen oder Anthropokenosis.) Vielleicht lag es auch nur an dem dicken Deckbett. Im modernen Menschen soll sich einer auskennen!

Die nächsten zwei Tage regnete es in Strömen. Richtiges Existentialistenwetter. Zum Lesen von Büchern, worin laufend Angst, Einsamkeit, Ekel, Verzweiflung, Häßlichkeit und Absurdität beschrieben werden, wundervoll geeignet! Als die Kellnerin am zweiten Morgen ins Zimmer kam, um zu hören, was ich frühstücken wolle, sagte ich versehentlich: »Einmal Hoffnungslosigkeit komplett!« So weit war ich schon in die Materie eingedrungen. Das Mädchen verstand mich nicht. Die jeweils moderne Bildung gerät eben doch nur sehr langsam und spät in die Gebirgstäler. Wir einigten uns schließlich auf Spiegeleier mit Schinken. – Angst und Freiheit in ihrer geheimnisvollen Wechselbeziehung zu erforschen, ist eines der existentialistischen Hauptanliegen. Die Angst sei vom Nichts erzeugt, das wie ein Etwas vor den Menschen hintritt, las ich gerade, als die stramme Kellnerin wiederkam und eine Platte mit vier Spiegeleiern vor mich hintrat, nein, hinstellte. »Noch *etwas*?« fragte sie. »*Nichts*«, antwortete ich. Die Ärmste hatte keine Ahnung, wie philosophisch wir uns unterhielten. Sie lächelte mich an, als habe sie viel Zeit. Sie hatte gut lächeln! Sie war halt, im strengen Sinne, kein Individuum und hatte sich insofern nicht nur ihrer Freiheit begeben, sondern eben auch der Angst! Außerdem war sie gewiß fromm und profitierte, im Ernstfalle, von der »Angstbekämpfung in der Gemeinschaft«.

Es regnete ohne Gnade. Der Nebel vorm Fenster verwandelte die waldigen Höhen und das Wiesental ins pure Nichts. Während ich, in echter Verlassenheit, die Spiegeleier hinunterwürgte und den existentialistischen Freiheitsbegriff erwog, fiel mir, in diesem doppelten Zusammenhange, Buridans Esel ein, jenes scholastische Tier, das sich, zwischen zwei gleich großen Heubündeln befestigt, für keines der beiden entschließen konnte und infolgedessen verhungerte. Sich nicht zu entschließen, las ich, sei auch ein Entschluß; und einen der möglichen Entschlüsse zu fassen, bedeute, in einer Welt ohne allgemeingültige Wertmaßstäbe, daß der Einzelmensch frei, daß er zur Freiheit verurteilt sei. Verurteilt? Ja. Es gäbe keine Vorausbestimmung, keine objektiven Werte, kein authentisches Gewissen. An nichts könne man sich halten, und doch müsse man handeln. Der Mensch – Existenz hin, Existenz her – sei nichts als die Summe seiner Handlungen. Der Mensch sei das, was er aus sich mache! Anläßlich dieses fundamentalen Kalenderspruchs faßte ich, in voller Freiheit handelnd, den Entschluß, das vierte Spiegelei nicht aufzuessen. Die Wirtin hatte die Eier in Talg gebraten. Außerdem war mir aufgefallen, daß ich vor Jahren in einem Artikel geschrieben hatte, man dürfe sich weder Illusionen machen noch resignieren, sondern müsse, unnachgiebig, den »Abgrund als Basis« betrachten. Um alles in der Welt! Sollte ich, ohne jede Ahnung, was Existentialismus bedeutet, womöglich selbst ein Existentialist sein? Das fehlte gerade noch! Der Regen. Das Hammelfett. Und nun diese gräßliche Befürchtung! Mir wurde heiß und kalt. Ich ging schleunigst in die Gaststube und ließ mir eine Messerspitze Natron geben. Und ein Gläschen Kirschwasser. Mir wurde besser. Natron hilft. Manchmal. Kirschwasser immer.

Es lag auch daran, daß ich ein Buch über die erkenntnistheoretische Seite des Existentialismus mitgenommen hatte. Da merkte ich bald, daß meine gräßliche Befürchtung verfrüht gewesen war. Ich las nämlich, daß die Welt so existiere, wie wir sie erfahren, »und nur insofern«. Es sei nicht so, daß unsere Wirklichkeit die Schatten ewiger Ideen »verkörpere«, und sonst nichts. Es sei nicht so, daß wir die Welt »an sich« nicht erkennen könnten, sondern lediglich in einem uns mitgegebenen Schema, und sonst gar nicht. Es sei auch nicht so, daß wir handeln und uns einrichten müßten, »als ob« unsere Wirklichkeit die echte sei. Mir fiel ein Stein vom Herzen. Da ich so sehr an den genialen Denkpoesien Platons und Kants hänge, konnte ich Glückspilz gar kein Existentialist sein! Aber – schon wieder ein Aber – genügte es als Entschuldigung, daß ich, trotz mehrtägiger Bemühung, noch immer nicht wußte, was Existentialismus ist und daß ich statt dessen hier und da Widersprüche und Gedankensprünge bemerkt hatte? Da fiel mein Blick auf folgenden Satz: »Im Grunde hat das Wort Existentialismus heute einen solchen Umfang und eine solche Ausdehnung angenommen, daß es überhaupt nichts mehr bedeutet!«

In diesem historischen Moment brach die Sonne durch die Wolken. Es hörte zu regnen auf. Der Nebel verschwand wie ein Taschentuch in der Hand eines Zauberkünstlers. Die bunten Wiesen leuchteten in ihrer Feuchte so herrlich, als habe sie ein unsichtbarer Gärtner mit einer riesigen Blumenspritze geduscht. Und die laub- und tannengrünen Berge winkten zur Gaststube herüber, als wollten sie sagen: »Nun komm schon endlich, du alter Schafskopf!«

P. S. Der alte Schafskopf kam.

Über den Tiefsinn im Parkett

Vor längerer Zeit sah und hörte ich in einem Berliner Theater das Schauspiel eines berühmten englischen Zeitgenossen, das auf fast allen namhaften Bühnen gespielt worden ist, obwohl es nichts taugt. Ich werde weder den Titel noch den Verfasser nennen, da mir's um etwas anderes zu tun ist, als mich darüber zu mokieren, daß gute Autoren gelegentlich schlechte Stücke schreiben. Erstaunlicher finde ich, daß es niemand merkt! Voltaire fand es nicht erstaunlich und sagte zu einem jungen Mann, dessen Erstlingswerk er gelesen hatte: »So schlechte Sachen dürfen Sie erst schreiben, wenn Sie berühmt sind.«

Ein solches Stück sah ich also vor längerer Zeit in Berlin. Und da es nicht sehenswert war, betrachtete ich das Publikum, und was sah ich? Ehrfürchtig umflorte Augen, bedeutsam und jalousiengleich hochgezogene Brauen, Stirnen voller Falten, zahlreich wie die Geleise vor großen Bahnhöfen, atemlos geöffnete Lippen, in die Hand versenkte Grübelköpfe, fasziniert klappernde Lider – als wanke auf den Brettern König Lear über die Heide. Statt dessen kam ein junger Lord von einer ausführlichen Reise zurück und eröffnete den versammelten Verwandten, daß er nicht wisse, ob er seine Frau über die Reling ins Meer gestoßen habe oder ob sie von selbst hineingefallen und ertrunken sei. Manchmal lüftete er den Fenstervorhang und erblickte dahinter einen Voraustrupp katholischer Erinnyen. Die Verwandtschaft, eine Tante ausgenommen, sah nichts, auch die Kusine nicht, die er eigentlich hätte heiraten sollen. Da ihn ihre Kurzsichtigkeit verdroß, reiste er im letzten Akt ab, um Missionar zu werden. Dabei wäre es, hätte er schon büßen und tätige Reue zeigen wollen, viel lohnender und auch billiger gewesen, er wäre geblieben. Aber so entsetzlich büßen wollte er nun auch wieder nicht, sondern floh, ein wenig feige, zu den Menschenfressern.

Verdrießlich war nicht die im Dialog vorgetäuschte Tiefe, sondern der Taschenspielertrick, womit sie vorgetäuscht wurde. Der Kniff war stets derselbe: Jedesmal, wenn die Trivialität faustdick zu werden drohte, und dies geschah unentwegt, sagte eine Bühnenfigur zu irgendeiner anderen mit elegischer Stimme: »Du kannst mich nicht verstehen.« Oder: »Ich kann es dir nicht erklären.« Oder: »Auch wenn ich's dir zu erklären versuchte, du verstündest mich nicht.« Oder: »Erklärung führt nur zu schlimmeren Mißverständnissen.« Oder: »Ich glaube zu ahnen, was du meinst. Vielleicht werde ich's später einmal verstehen.« Und jedesmal war die Situation für kurze Zeit gerettet. Denn die Zuhörer dachten: Es muß sich um ein tiefes, bedeutendes Stück handeln. Nicht einmal die Mitspieler verstehen's.

Während ich die ergriffenen Premierengäste musterte, fiel mir die klassische Antwort ein, die ein Dresdener Polizist dem Gründer des Sächsischen Heimatmuseums, Hofrat Seyffert, gegeben hatte. Die Behörde hatte ihm zugesagt, daß die Verkehrspolizei, vor allem an den Bahnhöfen, die Fremden künftig nicht nur auf die Gemäldegalerie und das Grüne Gewölbe, sondern auch auf sein Heimatmuseum hinweisen werde. Seyffert war skeptisch, zog den Havelock an, stülpte sich den Kalabreser auf, ergriff einen leeren Koffer, fuhr mit der Straßenbahn zum Hauptbahnhof, tat, als käme er von auswärts, und fragte einen Polizisten: »Können Sie mir, bitte, sagen, wie ich zum Heimatmuseum komme?« Der Polizist blickte ihn verdutzt an und meinte: »Ja, Herr Hofrat, wenn Sie's nicht wissen –, wer soll's denn dann wissen?«

Das Publikum saß also im Theater und ließ sich zu hohen Eintrittspreisen für dumm verkaufen. Es ließ sich weismachen, ein Stück, das flach war, sei tief. Und der Autor, übrigens ein gescheiter Mann, dem ganz gewiß ein eleganterer Kunstgriff hätte einfallen können, hatte sich gar nicht erst die Mühe genommen. Er wußte, was man den Leuten zumuten kann, und er mutete es ihnen zu.

In der ersten Pause »verriet« ich meiner Begleiterin den Trick. Ich muß das wohl ziemlich laut getan haben. Denn als das Stück weiterging, lachte etwa ein Dutzend Menschen links, rechts, vor und hinter uns jedesmal hell auf, wenn schon wieder jemand jemandem etwas nicht erklären konnte, was er sowieso nicht verstünde. Die bis zum Schluß äußerst vergnügte kleine Gruppe wurde von den übrigen scheel angesehen, es wurde gezischt, und an der Garderobe hätte einer der Verkicherten von einem düsteren Tiefdenker beinahe eins hinter die Ohren gekriegt.

Am nächsten Tage kaufte ich die Buchausgabe des Stükkes und machte eine statistische Erhebung. Nun, auf hundert Druckseiten kam der erwähnte Trick achtundachtzigmal vor! Er war demnach durchschnittlich in jeder Spielminute einmal angewandt worden. Und die Leute hatten es nicht gemerkt. »Wer Ohren hat, zu hören, der höre!« heißt es im Buch der Bücher. Doch wer richtet sich danach? Die meisten Menschen haben ihre Ohren wohl nur, damit ihnen der Hut nicht über die Nase rutscht.

Es scheint angebracht, das mehr oder weniger offene »Geheimnis« zu lüften: Das Stück, von dem die Rede ist, heißt »The Family Reunion«, zu deutsch »Der Familientag«, und stammt von T. S. Eliot.

Marktanalyse

Der Kunde zur Gemüsefrau: »Was lesen Sie denn da, meine Liebe? Ein Buch von Ernst Jünger?« Die Gemüsefrau zum Kunden: »Nein, ein Buch von Gottfried Benn. Jüngers kristalline Luzidität ist mir etwas zu prätentiös. Benns zerebrale Magie gibt mir mehr.«

Der Aufsatz erschien 1950. Der durchaus unbefriedigende Zustand hat sich seitdem, mindestens in summa, nicht geändert. Zwar ist der Kontakt zwischen den ausgewanderten Schriftstellern und uns wieder enger geworden, um so fataler aber gleichzeitig die westöstliche Spaltung der deutschen Literatur.

Die literarische Provinz

Das ist nun gut fünfzehn Monate her. Damals unterhielten sich, in einer kleinen deutschen Universitätsstadt, Schriftsteller und Studenten über dies und jenes und natürlich auch über Literatur. Vor allem wollten die vom Krieg und seinen Folgen noch arg zerzausten Musensöhne wissen, was wir von unserer »jungen« Literatur hielten. Man spürte, wie ihnen Frage und Antwort am Herzen lagen. Nachdem ich mich kurz und skeptisch geäußert und einige zureichende Gründe für diese Skepsis angeführt hatte, erhob sich einer meiner Kollegen in Apoll und richtete das Auditorium mit kernigen Worten wieder auf. Er verhielt sich nicht nur allgemein, sondern er schüttelte, neben einigen auch mir bekannten jüngeren Talenten, mühelos ein weiteres Dutzend »berechtigter Hoffnungen« locker aus dem Ärmel. Es waren Namen, die ich an diesem Abend zum erstenmal erfuhr und von denen ich seitdem nichts wieder gehört habe.

In der Zwischenzeit, also im vergangenen Jahr, waren nun viele deutsche Schriftsteller, die 1933 in die Verbannung gingen, im Heimatland ihrer Muttersprache zu Besuch. Mit ihnen, alten Freunden und Bekannten, kam es begreiflicherweise zu lebhaften Diskussionen über das gleiche Thema. Manche dieser Gäste blieben viele Monate, nicht zuletzt, um sich an Ort und Stelle von der »daheimgebliebenen« Literatur ein Bild zu machen. Einige gingen mit einem Eifer an die Sache heran, als planten sie, trotz ihrer angegrauten Haare, zumindest eine Dissertation. Da sie aber Doktorarbeiten und ähnliche Fleißaufgaben schon vor mehr als fünfundzwanzig Jahren hinter sich gebracht hatten, konnte es daran nicht liegen. Sie trieb das lautere Interesse, nichts anderes. Ihre angeborene Staatsbürgerschaft und ihre wohlerworbenen Titel hatte man ihnen, wenigstens vorübergehend, stehlen können. Nicht aber ihre leidenschaftliche, tätige und kritische Anteilnahme an der ihnen und uns gemeinsamen Sprache und Literatur. Sie hatten inzwischen »die Welt gesehen«. Sie waren aus einem Land ins andere geflohen. Sie hatten Teller und Leichen gewaschen. Ihre Liebe zur deutschen Sprache und Literatur war echt und rein geblieben. Sie war, nach alledem, eher noch größer als zuvor.

Einen von ihnen – einst bei uns, heute in der ganzen Welt angesehen, dafür zu Hause fast vergessen – fragte ich nach seinen Eindrücken. Zweifellos gäbe es, sagte er, einige Bücher von Belang, vielleicht gar eine Handvoll neuer Talente. Das habe ihn nicht überrascht, sondern gefreut. Nicht gefreut, sondern überrascht habe ihn etwas anderes: der fast überall ins Auge springende »Provinzialismus«.

Ich glaube und befürchte, mein alter Freund, der Deutschland und den ich nach sechzehn Jahren wiedersah, hatte recht. Für diesen bedauerlichen Zustand – daß wir von einem Zweige der Weltliteratur ins Provinzielle heruntergefallen sind – gibt es eine Anzahl ebenso bekannter, wie plausibler Ursachen. Nun vermögen zwar gute Gründe einen schlechten Zustand nicht zu beheben. Sich ihrer ohne Schönfärberei und Gedächtnisschwäche zu erinnern, kann immerhin von einigem Nutzen sein. Rechtschaffene Rechenschaft hat noch niemals und noch niemandem geschadet. Diagnose und Therapie sind ganz gewiß nicht dasselbe. Immerhin kann der erste Schritt zum zweiten führen. Auf keinen Fall kann man mit einem zweiten Schritt antreten. Die Diagnose des uns teuren Patienten ergibt folgendes Krankheitsbild ...

1.

Nahezu alle namhaften Autoren, die seinerzeit emigrierten, im Ausland starben, Selbstmord begingen oder trotz ihrer abenteuerlichen Schicksale weiterlebten, sind hierzulande so gut wie unbekannt. Wer kennt, beispielsweise, die alten oder gar die neuen Werke von Lion Feuchtwanger, Bruno Frank, Leonhard Frank, A. M. Frey, Hermann Kesten, Annette Kolb, Heinrich Mann, Alfred Neumann oder Alfred Polgar? Unsere auslandsdeutsche Literatur und die daheim sind noch immer – fünf Jahre nach dem Kriegsende und trotz mancher Bemühungen – auseinandergerissen. »Man begegnet uns mit Respekt«, sagte einer der eben Genannten, »aber man behandelt uns, recht besehen, auch in den Redaktionsstuben und Literaturbeilagen, als seien wir etwa serbokroatische Nobelpreisträger.« So ist es. Während man, und zwar seit Monaten, keine Zeitung aufschlagen kann, ohne die mindestens dreispaltige Elefantiasis unserer Redakteure, die Ernst Jüngerei, zu bestaunen, werden bedeutende Bücher aus der Emigration meist am Rande »erledigt«. Die beiden Teile unserer Literatur müssen wieder zu einem Ganzen zusammengefügt werden. Zum Nutzen unserer Leser, unserer an Vorbildern und Tradition verarmten jungen Schriftsteller und somit unserer Literatur selbst.

2.

Weil man im Dritten Reich tabula rasa gemacht hatte, aber repräsentieren wollte und mußte, lobte man zahlreiche mittelmäßige und belanglose Autoren in die Höhe, soweit sie ins Regime paßten oder sich ihm anzupassen wußten. In der Autarkie ist alles möglich. Die Einäugigen wurden König, und der Geschmack wurde blind. Urteil und Empfinden nicht nur breiter Schichten, sondern gerade der heranwachsenden Jugend und der werdenden Talente wurden »total« irregeleitet. Dieses Blindekuhspiel gelang um so gründlicher, als auch in Deutschland verbliebene und vordem geachtete Schriftsteller verfemt wurden, als Muster fortfielen und während der zwölf Jahre genau so vergessen wurden wie ihre ausgewanderten Freunde.

3.

Die künstliche Erblindung befiel nicht nur die Literatur im engeren Sinne. Sie ergriff auch die Nachbargebiete: die Buch- und Theaterkritik, die Lektorate, die Dramaturgie, die Literaturgeschichte, den Film, den Rundfunk, die Verlage und den Buchhandel. Auch hier warf man den Mantel des Schweigens und Vergessens auf die eigenwilligen Anreger, Förderer, Kenner und Kritiker. Wer weiß heute noch von Rudolf Arnheim, Julius Bab, Friedrich Gundolf, Fritz Mauthner, Kurt Pinthus, Fritz Strich, Kurt Wolff? Soweit die talentierte Jugend nicht im Krieg umkam, stand sie, nach seinem Ende, verwirrt und ratlos zwischen den Trümmern nicht nur der Städte und Existenzen, sondern auch inmitten zerbrochener Wegweiser, Ziele, Ideale und Urteile. Wir Älteren versuchten und taten, was wir konnten. Wir waren zu wenige, die Aufgabe war zu umfangreich. Der Kontakt mit der Emigration wurde von den Siegern, aus falschen taktischen Erwägungen heraus, eher erschwert als begünstigt oder gefördert. Nur die Russen gingen anders vor: Sie holten eine große Zahl Emigranten, oft auf recht abenteuerlichen Wegen, sofort zurück. Becher, Brecht, Renn, Anna Seghers, Friedrich Wolf und Arnold Zweig haben ihr Wirkungsfeld.

4.
Dem unheilvollen Riß zwischen der auslandsdeutschen und der »daheimgebliebenen« Literatur folgte, nach 1945, der zweite. Die politische Spaltung West- und Ostdeutschlands hatte auch für unsere zeitgenössische Literatur, für das Niveau, die Vielfalt und den Charakter unseres Theaters höchst abträgliche Konsequenzen. Um nur ein Beispiel herauszugreifen: Wir haben unsere kulturelle Hauptstadt eingebüßt, und keine andere deutsche Stadt ist willens oder fähig, den Verlust zu ersetzen. Noch in den dunkelsten Augenblicken des letzten Jahrzehnts hatten wir nicht daran gezweifelt, Berlin werde eines Tages wieder jene Metropole der Künste werden, ohne die etwa meine Generation ihre Talente nicht hätte entwickeln können und ohne die wir nicht erfahren hätten, was Theater bedeuten und wie vielfältig es sein kann. Ein politischer Zankapfel, im Berliner Format, wirft auch die stärkste Muse um.

5.
Man hat unsere jungen Autoren – einige sind immerhin schon 35 bis 40 Jahre alt – zwar nicht mit den Werken der jetzt im Ausland lebenden Deutschen und Österreicher vertraut gemacht, um so ausgiebiger aber mit Büchern und Stücken aus Amerika, England, Frankreich und Rußland. Diese Begegnung mit fremden Literaturen wäre noch viel nützlicher und weniger einseitig gewesen, wenn ihr das Rendezvous mit der eigenen Literatur vorausgegangen wäre. Das erste Stelldichein ist bekanntlich das eindrucksvollste, auch im geistigen Gefilde. Unter dem Einfluß besonders des amerikanischen Romans und der »short story« entstanden einige Bücher, die als Talentproben gelten dürfen. Ob und wieweit es sich um erste Bücher echter Schriftsteller handelt, wird die Zeit lehren. Sicher sind – nach Katastrophen wie diesem Kriege – auch Werke darunter, die eher in das Gebiet der psychotherapeutischen Eigenbehandlung gehören. Ihre vordringliche Aufgabe war, den Verfasser von einem Schock zu befreien. Ob er, nach dieser Selbstbefreiung, noch immer ein Schriftsteller ist, geeignet, in unserem zur Zeit schwach besuchten Pantheon Stammgast zu werden, muß sich erst zeigen. Vorbestellungen sind überflüssig. Es sind noch ein paar Tische frei.

Darf ich's am Schluß noch einmal wiederholen? Das Notwendigste ist: unsere zerstückelte Literatur wieder zusammenzufügen. Das Ganze, das dann entstünde, wäre wesentlich mehr als die Summe seiner einzelnen Teile. Es handelt sich um kein schöngeistiges Puzzlespiel für den deutschen Feierabend, sondern um unseren kulturellen Auftrag Nummer eins.

Don Juans letzter Traum
(Entwurf zu einem Gobelin)

Welch ein Traum aus blauem, gläsern klarem
Licht und aus Orchestrionmusik!
War's die Weibermühle? War's ein Harem?
Welch ein Traum aus Trug und Kitsch und Wahrem!
Aus Handgreiflichem und Wunderbarem –
welch ein ungestümes Mosaik!

Tausend Frauen, steif wie Gipsfiguren,
lagen nackt und hingemäht im Saal.
Feiste Kruppen, kindliche Konturen,
Häupter von Madonnen und Lemuren,
geile Herzoginnen, zahme Huren –
tausend Weiberleiber auf ein Mal.

Tonnen Fleischs umgaben den Verblüfften.
Weiße Ware, wie zum Ausverkauf,
Brüste, Schenkel, Haare, Hüften,
Dampf und Dunst aus Stallgeruch und Düften,
tausend Fraun, gestapelt wie in Grüften –
und dann schlugen sie die Augen auf!

Ihm erschien's, als öffneten sich Blüten,
lautlos aufgerufen durch Magie.
Wimpern zitterten und Wünsche sprühten.
Das Geheimnis war nicht mehr zu hüten.
Tausend Frauen dehnten sich und glühten –
ihn betraf's, und er erkannte sie!

Was er sah, waren Erinnerungen.
Diese Fraun hatte er einst beschwätzt,
angefleht, gehaßt, bezahlt, gezwungen,
sanft umschlungen, wie ein Hengst besprungen,

seufzend war er in sie eingedrungen –
und Erinnerungen waren's jetzt ...

Aus dem einen Bild, dem kolossalen,
blitzten immer neue Bilder auf,
wie bei Feuerrädern aus Bengalen:
Gold und Gift und kunstgesüßte Qualen,
Küsse, Schüsse, spanische Kabalen –
die Vergangenheit nahm ihren Lauf!

Welch ein Traum aus gestrigen Gebärden,
aus verwehtem Flüstern und Getu!
Das Gewesne ließ sich nicht gefährden,
lebte noch, fing wieder an zu werden –
und nun schwankten gar, wie weiße Herden,
diese tausend Leiber auf ihn zu!

Hochgescheucht von aufgetauten Lüsten,
tausendschößig, züngelnd, krank vor Gier,
Bäuche schwenkend und behängt mit Brüsten
wie ein einziges, monströses Tier,
wälzte es sich näher, schwoll und schäumte,
troff und schrie, versessen aufs Versäumte
und mit tollen Augen, die nichts sahn!
Brausend sank der Traum auf den, der träumte,
sich ans Herz griff und erstickend bäumte –
so geschah's, ihr Herrn. So starb Don Juan.

Ein wohlhabender Zwerg

Als wir, nachts und neulich, in Nizza bei »Maxim« saßen, eine halbe Flasche »Chablis Tête, 1945« tranken und, kritischen Auges, eine kleine aus Paris importierte Revue begutachteten, worin vier mühelos entkleidbare und deshalb beharrlich ausgezogene Mädchen bewegt kundtaten, daß sie ihre Kostüme aus purem Versehen in der Garderobe gelassen hätten, betrat eine junge Dame, die viele der männlichen Gäste intensiv zu kennen schien, das Lokal, lächelte dreideutig und hielt, trotz der vorgerückten Stunde, ein Kind an der Hand. Bei näherem Hinsehen war es ein Zwerg. Nicht etwa irgendein Liliputaner mit greisenhaftem Gesicht, nein, ein recht hübscher, nachdenklich dreinblickender Miniaturmann. Er mochte dreißig Jahre alt sein und war, ordentlich proportioniert, ungefähr so klein wie ein Kind, das Anno 1954 in die Schule kommen soll. Die junge Dame streichelte sein wohlgeformtes Hinterköpfchen, stellte ihn sorgfältig an die hellbraune holzgetäfelte Wand und verließ, noch immer lächelnd, das Etablissement, vermutlich um auf der Promenade des Anglais, am Ufer des Mittelmeers und unterm gestirnten Himmel, jenem Gewerbe nachzugehen, vor dessen ungeschriebenem Gesetze Riesen, Zwerge und Normalgrößen gleich sind.

Da stand nun der sympathische Zwerg, adrett gekleidet, hielt die Ärmchen wie ein Spielzeugfeldherr vor der Brust verschränkt und fand es nur in der Ordnung, daß die Gäste nicht länger auf die nackten Fräuleins, sondern, samt den Fräuleins, fasziniert auf ihn blickten. Er nahm die Neugier, die man seiner Rarität entgegenbrachte, gelassen hin und musterte seinerseits die hüpfenden Pariser Nacktfrösche, daß es aussah, als wolle Grimms Däumling einen weißen Elefanten einkaufen und wisse bloß noch nicht, welchen. Dann eilte der Geschäftsführer herbei, verbeugte sich bis zum Munde des Zwergs, schien einen Befehl entgegenzunehmen und winkte dem Kellner. Dieser, groß und schlank, hob den kleinen Mann hoch, trug ihn, wie ein Bauchredner seine Puppe, bis zu einem Tisch an der Balustrade und setzte ihn behutsam auf einen Stuhl. Von dem Zwerg war, nun er saß, nicht mehr viel zu sehen. Schon gar nicht, nachdem der Kellner eine Flasche Irroy in einem Eiskübel auf den Tisch gestellt und dem winzigen Gast eingeschenkt hatte. Wir sahen Händchen, die ein großes Glas hoben. Wir sahen ein Köpfchen, das, knapp überm Tisch und an dem Kübel vorbei, aufs Parkett lugte. Wir sahen, wie der Kellner erneut herbeikam und das Sektglas nachfüllte.

Als wir uns nach einer halben Stunde wieder umdrehten, war der kleine Mann ganz und gar verschwunden. Scheinbar verschwunden. Er hatte den Kopf aufs Tischtuch gelegt und schlief, halboffnen Munds und im kühlenden Schatten des Eiskübels, seinen Liliputrausch aus. Fünf Glas Champagner üblicher Größe ergeben, durch einen Zwerg dividiert, naturgemäß einen höheren Nutzeffekt als bei unsereinem. Das in eitel Nachsicht getauchte Lächeln der Umsitzenden wurde noch breiter, als, die Revuepause nutzend und diesmal bekleidet, eins der vier Girls Platz nahm, vom Kellner mit Sekt versehen wurde und den schlummernden Gast mit Samthänden und Plüschblicken zu wecken versuchte. Das gewissenhaft und planmäßig durchgeführte Experiment hatte ein unerwartetes Ergebnis. (Dergleichen ist bei gewagten Experimenten keine Seltenheit.) Der Zwerg erwachte, schaute der Bajadere mürrisch auf die Bluse, gab dem Kellner ein Zeichen und ein paar Banknoten, ließ sich vom Stuhl heben und verließ, unsicher zwischen den Tischen lavierend, nur als Schopf bemerkbar, den galanten Pampelmusentempel. Draußen erkletterte er ein dreißig Zentimeter niedriges Fahrrad und fuhr, einsam und im Zickzack, eine stille Avenue hinauf. »Gleich wird er umkippen«, erklärte der Geschäftsführer sachkundig. »Macht nichts. Er hat Übung.« Gesagt, getan. Das Rad fiel um. Der Kleine rappelte sich auf, bestieg das Vehikel von neuem, und das rote Schlußlicht verschwand torkelnd im nächtlichen Schatten der Palmen und Zypressen.

Es handelte sich, wie sich gesprächsweise herausstellte, um einen wohlhabenden Zwerg. Er könnte, meinte der Barkeeper, vergleichsweise glücklich und zufrieden leben, doch das Dasein en miniature sei kostspielig und voller Tücken. Die Hausschlüssel seien zu schwer. Die Schlüssellöcher unerreichbar hoch. Die Kleiderbügel viel zu breit. Die Lichtschalter in astronomischer Entfernung. Der Stuhl, den der Kleine zum Anknipsen erklimmen müsse, werde zum Möbelsaurier, Matrosenanzüge aus dem »Paradis des enfants« seien für dreißigjährige Zwerge nicht sonderlich kleidsam und Maßanzüge teurer als für Riesen. Besonders irritierte die Größe größerer Geldscheine. Die dafür nötigen Brieftaschen bedingten, am Anzug gemessen, unförmige Brust- und Hosentaschen, und den Zwergen sei zumute wie uns, falls wir auf den Gedanken verfielen, dicke Aktenmappen ins Jackett zu stopfen. Der kleine Mann habe mehrere Eingaben gemacht, der Staat möge Zwergen angemessene Geldsorten drucken, doch man habe ihn nicht einmal einer Antwort gewürdigt. Jetzt eben lasse er sich, denn er sei musikalisch, einen Miniaturflügel bauen, da er sonst die Oktaven nicht spannen könne.

Nach dem dritten Rémy Martin schilderte ich dem Barkeeper die echte Betroffenheit der Luftschutzangestellten, als, gleichzeitig mit mir, während des Krieges eine berühmte Liliputanertruppe erschien, um die obligatorischen Gasmasken entgegenzunehmen. Die Wichtelmänner hätten, während der Anprobe, ausgesehen wie Taucher für einen von Bosch gemalten Goldfischteich. Und auch die kleinsten Gasmasken seien für die Kerlchen zu groß gewesen. Der Mann hinter der Theke schenkte nach, hob sein Glas und sagte aus voller Brust: »Ein Wohl auf die Durchschnittsmenschen!«

Berliner Hetärengespräch 1943
Nach Tagebuchaufzeichnungen

Halli und hallo! Herbert! Was machst denn du im Reisebüro? Willst du dich auch verlagern? Oder nur ein paar Kubikmeter Landluft inhalieren? Mal ruhig schlafen, hm? Weißt du noch, wie wir damals am Plauer See …, wie? Ruhig schlafen konnte man das ja nun nicht gerade nennen, wenn ich mich recht erinnere. Lag aber nicht an der Luft. Lag an der Lage, haha. Das waren noch Zeiten, Junge, Junge! Und heute? Heute wird man, hast du nicht gesehn, zum Heldenweib. Stell dir vor – Dienstag abend ist meine Wohnung hopsgegangen. Samt dem drumrumliegenden Gebäude. Meine süße, kleine Atelierwohnung! Ach Herbert! Gestatte, daß ich verhalten seufze … Der blaue Lehn- und Wohnsessel für zwei Personen, weißt du noch? Die Schleiflackfrisiertoilette mit dem dreiteiligen, abendfüllenden Spiegel. Das Bett und die Bar. Die Wäsche. Die Kimonos. Der Plattenspieler. Meine dreihundert Platten. Die Kleider! Alles im Eimer. Aus, dein treuer Vater. Stell dir das illustriert vor, Liebling. Bricht dir das Herz? Willst du mein Taschentuch? O Pardon, ich hab ganz vergessen, euch vorzustellen. Also – Pieter van Houten. Aus Amsterdam an der Amstel. Hat nichts mit Kakao zu tun, nein, macht in Radioröhren. Und dies, Piet, ist Doktor Herbert Kleinhempel. Rechtsanwalt en gros, hihi. Gebt euch die Händchen. So ist's schön. Hat übrigens gar keinen Sinn, die Vorstellerei. Das meiste versteht er ja doch nicht. Ist das ein Nachteil? Na also. Piet ist mein augenblicklicher Augenblicklicher, weißt du? Gefällt er dir? Warum starrst du denn seinen Mantel so an? Die Ärmelchen sind zehn Zentimeter zu kurz. Und der reizende braune Samtkragen macht mich schwach. Und wenn Mijnher in einem fort so dämlich grinst, dann liegt das nicht an seinem Geisteszustand, obwohl, na ja, sondern daran, daß er lauter gepumpte Bekleidungsgegenstände um seinen werten Körper versammelt hat. In einem solchen Aufzuge täten sogar Berliner Rechtsanwälte dämlich grinsen, mein lieber Herbert. Wetten, daß? Ich habe wenigstens meinen

Schmuck noch. Und zwei Pelzmäntel. Den Nerz und den Breitschwanz. Das beste wird sein, ich erzähl dir die Geschichte. Zum Schieflachen. Stell dir vor: Dienstag abend, wir sind in meiner Wohnung, Piet, ich in eigner Person, Marga, kennst du auch, das tizianrote Mannequin mit dem einnehmenden Wesen, ganz recht, und Bünger, netter Kerl, von der Allianz. Na schön. Wir tanzen. Trinken. Tanzen durcheinander. Schickern durcheinander. Sind so richtig in Fahrt. Du kennst mich ja. Kurz und klein – mitten im schönsten Lämmerhüpfen gibt's Alarm! Marga beginnt mit allem, was sie hat, zu zittern. Ich nehm mein Köfferchen mit dem Schmuck und die beiden Pelze. Sehr nüchtern waren wir alle nicht mehr. Aber mein Pieter hatte am meisten davon abgebissen und wollte nicht in den sogenannten Luftschutzkeller. Nicht für einen Wald voll Affen. Nichts zu wollen. Die Flak begann zu bummern. Wir drei trabten die Treppen bergab. Mijnher hingegen schwankte, hat er später erzählt, ins Badezimmer. Um sich an der Wanne festzuhalten. Blau wie tausend Veilchen. Große Zeiten erfordern große Gläser. Stimmt's, oder hab ich recht? Bon. Also, wir drei haben im Keller kaum unsere Parkettplätze eingenommen, da geht auch schon das Licht aus, ich hab zwei gehäufte Eßlöffel Kalk zwischen den Jacketkronen, es ist ein Getöse, als ob das Haus einstürzt, und so war es ja denn auch. Es stürzte ein. Mit Pauken und Trompeten. Luftmine! Vorher hab ich nichts gehört. Muß auf Pantoffeln angekommen sein, das Biest. Jetzt ging's aber los: Die Kinder brüllten. Ein paar Damen schrien wie am Spieß. Jemand betete laut. War Frau Splittstößer aus der dritten Etage. Ich erkannte sie an der Stimme. Jemand andres sagte: »Ruhe bewahren!« Das war, glaub ich, meine eigne werte Person. Es hörte natürlich keiner zu. Ich auch nicht. Ich dachte an meine Wohnung. An die Möbel. An die Perser. Und an den Holländer. Armer Piet, dachte ich, da hast du's nun, das kommt vom Saufen. Mittlerweile stellte sich heraus, daß die Kellertür nicht aufging. Wir rüttelten wie die Wilden. Typischer Fall von Denkste. Sie zuckte mit keiner Wimper. Die Taschenlampen flatterten wie die Glühwürmchen. Einer rief, wir sollten nicht so tief atmen. Wegen des Sauerstoffverbrauchs. Ein andrer brüllte, der andre solle nicht so laut schreien. Auch wegen des Sauerstoffverbrauchs. Es war ein tolles Theater. Meine Knie waren wie aus Sülze. Meine hübschen Knie, Herbert! Na, dann suchten wir die Hacke und die markierte Stelle an der Mauer. Zum Durchbruch ins Nebenhaus. Das stand vielleicht noch. Als wir die Hacke hatten, begann Thielecke, der Portier, auf die Ziegel loszuschlagen. Und nun stell dir vor – wie das Loch groß genug ist, rufen sie aus dem anderen Keller: »Na endlich!« Drüben war auch irgendwas ins Auge gegangen. Gasrohrbruch oder was ähnlich Flottes. Wir hatten hinübergewollt. Sie wollten zu uns. Sie waren die Stärkeren. Es wurde scheußlich eng. Die Tusche brannte in den Augen. Ich dachte: Nun ist mein letztes Viertelstündchen gekommen. Und an Piet dachte ich auch. Möge ihm das Badezimmer leicht sein, dachte ich. Irrtum, Herbert! Was war faktisch passiert? Stell dir vor – als die geehrte Luftmine runtersegelte und das Haus wegblies, kam sie nicht alleine, sondern in Gesellschaft, und dadurch entstand in der Luft ein merkwürdiges Hin und Her. Piet sah noch, wie sich die Badewanne in die Höhe hob und wie sich die Wand senkte, und schob das auf den Kognak. Der war nicht gut gewesen. Und dann flog mein Augenblicklicher durch den Äther. Als ob du schwebst. Sanft wie ein Engel. Aus dem vierten Stock mittenmang auf die Pariser Straße. Er plumpste nicht viel ärger auf, als ob er aus dem Kinderwagen gepurzelt wäre. Toll, was? Dann rappelte er sich hoch und wollte zu mir in den Keller. Das ging leider nicht. Weil vor der Kellertür ein kleines Stückchen von unserm Hause lag. Und nun begann Piet, das kleine Stückchen Haus vor der Kellertür wegzuräumen. Die Gegend brannte wie Stroh. Die Bomben platzten. Die grünen und roten Christbäume standen am Himmel. Und Piet räumte Steinbrocken beiseite. Und rief um Hilfe. War aber niemand da außer ihm. Mittlerweile hockten wir im Keller. Wie die Sardinen in der Büchse, wenn Sardinen hocken könnten. Wir waren müde und still und atmeten nur ganz flach, von wegen dem Sauerstoff. Da hör ich plötzlich draußen rufen: »Mia, Mia! Lebt ihr noch?« Ich muß ein Gesicht gemacht haben wie ne Gans, wenn's donnert. Zum Glück war's dunkel. »Piet!« brüll ich wie verrückt, »jawoll, ich lebe noch! Aber wie ist denn das mit dir?« Und dann rütteln wir alle an der Tür. Doch das Luder geht noch immer nicht auf. Und dann sind wir still und halten die Luft an und lauschen, und ich rufe: »Piet, bist du noch da?« Aber Piet antwortet nicht mehr. Das war'n Ding. Marga kriegte einen Schreikrampf. Und auch sonst war's gar kein bißchen hübsch mehr in dem verdammten Kellerloch. Was war geschehen? Stell dir vor – Piet war plötzlich bewußtlos zusammengebrochen. Rums, weg war er. Gehirnerschütterung. Ganz so sanft war er anscheinend doch nicht auf der Straße gelandet. Aber irgendein Luftschutzonkel hatte ihn zuvor noch rufen hören, und das war unser Glück. Er holte Verstärkung. Sie trugen Piet ins Revier, buddelten die restlichen Steine vor der Kellertür weg und holten uns ins Freie. Und was soll ich dir sagen? Kaum waren wir draußen, krachte der letzte Rest des Hauses zusammen! Na ja. Aber merkwürdig ist es doch, nicht? Wenn Piet nicht so blau gewesen wäre, wäre er mit in den Keller gekommen. Und wenn er mit in den Keller gekommen wäre, könnten wir jetzt nicht im Reisebüro stehen und Fahrkarten nach Königstein im Taunus verlangen. Stell dir das vor! Quatsch! Stell dir's lieber nicht vor. Ich tu's auch nicht. Es verdirbt nur den Teint. In Frankfurt werd ich die kleine Brillantagraffe zu Geld machen und meinen Fliegenden Holländer erst einmal wieder einkleiden. So wie jetzt kann er unmöglich noch sehr lange herumlaufen. Dann bleiben wir, bis er nach Amsterdam zurück muß, in Königstein, damit ich mich bei ihm in aller Ruhe für die Lebensrettung bedanken kann. Das wird zirka vierzehn Tage beanspruchen. Dann bin ich wieder in Berlin. Du auch? Steht deine Wohnung noch? Na großartig! Falls ich nicht weiß, wohin ich mein müdes Haupt betten soll. Ach ich armes Kind! Nun muß ich wieder von vorn anfangen. Lach nicht so unverschämt, Herbert! Also, auf Wiedersehen Mitte Dezember! Moment! Das hätte ich ja fast vergessen! Weißt du, was von dem ganz großen Hause übriggeblieben ist? Stell dir vor – eine Glasschüssel! Sie stand, mit Vanillepudding, auf Splittstößers Balkon. Drei Tage später fand man sie zufällig drei Häuser weiter im Hof stehen. Der Pudding sah zwar nicht mehr ganz neu aus. Aber die Schüssel war völlig intakt. Genauso durch die Luft gesegelt wie mein Augenblicklicher. So, das wär's für heute. Wiedersehen. Hals- und Beinbruch!

Das schweigsame Fräulein

Sie war sehr jung, sehr unerfahren und sehr wißbegierig. Er war genauso wißbegierig, nicht eben unerfahren und fast zwanzig Jahre älter. Trotzdem hätte er von ihr manches lernen können; denn sie war, wenn auch ein Mädchen, eine Frau, und er, wenn auch ein Mann, ein Kind. Aber sie kamen nicht auf diesen naheliegenden Gedanken. Oder scheuten sie sich, darauf zu kommen.

In den Tagen, da sie ihn heimlich besuchte, damit er ihr schönes Gesicht wieder und wieder zeichne, um den Zauber ihrer Züge aufzuspüren, sagte er gelegentlich: »Sie dürfen getrost sprechen, während ich arbeite. Ich will Sie ja nicht fotografieren. Reden Sie getrost, mein Kind.«

»Ich bin kein Kind«, antwortete sie dann ruhig. Und so redete er statt ihrer, indes sein Blick gespannt zwischen dem Gesicht und dem Block hin- und herwanderte. Sie schwieg, schaute ihn unverwandt an und sagte nur manchmal: »Aha.« Oder: »Ja, ja.« Oder: »So, so.«

*

»Lesen Sie zuweilen Liebesromane?« fragte er eines Tages. Und als sie, wie gewöhnlich, schwieg, fuhr er fort: »Lassen Sie's sein. Man kann nichts daraus lernen, mein Kind.«

»Ich bin kein Kind«, sagte sie ruhig.

»Nirgendwo«, sagte er, »wird so niederträchtig geheuchelt, nirgends werden Wirklichkeit und Wahrheit so kaltblütig unterschlagen wie in den Liebesromanen. Wenn ein Schriftsteller beschreiben will, wie jemand jemanden umbringt, oder in kleine Stücke schneidet, oder sich selbst aufhängt, oder eine Stadt anzündet, oder ein Tier quält, sind seiner Genauigkeit keine Grenzen gesteckt. Niemand käme auf die Idee, ihm seine Gründlichkeit zu verübeln. Keine Behörde würde versuchen, sie ihm zu verbieten. Manche Romane sind wahre Handbücher für angehende Räuber und Mörder. Unterfängt sich aber ein Dichter, Dinge der Liebe zu schildern, die ja doch das größte, wenn nicht das einzige Glück für uns Menschen bedeutet, ist er so gut wie verloren. Er täte besser, sich umzubringen, bevor es die anderen tun. Das Scheußlichste darf er entschleiern. Das Schönste mit Worten auch nur anzudeuten, ist ihm verwehrt. Es dennoch zu versuchen, wäre Todsünde. Die Grundlagen des Staates, der Kirche und der Gesellschaft würden sonst wanken. Und die Gebäude, die darauf errichtet worden sind, müßten einstürzen wie Kartenhäuser. Die Hüter der Konventionen zittern Tag und Nacht vor der elementaren Gewalt des Glücks und der Liebe.« Sie sah ihn unverwandt an und murmelte: »Aha.«

*

»Im Grunde«, sagte er ein andermal, »ist es zwei Menschen, die sich lieben oder sich doch zu lieben glauben, völlig unmöglich, einander wahrhaft nahezukommen. Vermutlich werden Sie diese Behauptung bezweifeln, mein Kind.«

»Ich bin kein Kind«, erwiderte sie sanft.

»Ein französischer Dichter unserer Tage«, fuhr er fort, »hat die Unmöglichkeit, einander vollkommen zu begegnen, in einer recht düsteren Allegorie zu veranschaulichen versucht. Jeder der beiden Liebenden, meint er, sei wie in einem groben Leinensack eingenäht, so daß er nichts sehen und sich kaum bewegen könne. In dieser betrüblichen Verfassung stünden sie sich nun gegenüber, sie spürten die beglückende Nähe des anderen, fühlten die Welle der ans Schmerzliche grenzenden Zuneigung, sähen Dunkelheit, Leinwand rühre täppisch an Leinwand, unbeholfen und unzulänglich, und keiner der beiden wisse eigentlich, wer denn nun und wie in Wahrheit der andere sei. Der Vergleich klingt nicht sehr poetisch, aber ich befürchte, daß er zutrifft. Es heißt, daß schon Adam und Eva den Apfel vom Baume der Erkenntnis gepflückt und verzehrt hätten. Ich halte das für eine Falschmeldung. Man hat nur vergessen, sie zu dementieren. Er hängt noch immer hoch oben im Baum, der geheimnisvolle Apfel, und ist den Menschen ewig unerreichbar.«

Sie schaute ihn unverwandt an und sagte leise: »So, so.«

»Man verfällt nur allzuleicht – was man doch längst weiß, vergessend – der Meinung«, sagte er eines schönen Nachmittags, »die hierzulande offizielle Ächtung der Liebe sei alt wie die Welt. Wie aber verhält es sich denn wirklich? Wurde die Liebe immer und wird sie etwa überall versteckt, als sei sie eine Sünde und Schande? Als gehöre sie ins Gefängnis, und man täte recht, von ihr zu schweigen wie von einer Verwandten, die silberne Löffel zu stehlen pflegt? Es war nicht immer so, das weiß jedes Kind.«

»Ich bin kein Kind«, antwortete sie ruhig.

»Es war nicht immer so«, wiederholte er. »Denken Sie nur an die alten Griechen, die der leiblichen Schönheit in den Tempeln anbetend huldigten. Es war und ist nicht überall so. Denken Sie nur an die indischen Lehrbücher der Liebe. Und vergessen Sie nicht die natürliche, offenherzige Auffassung des Japaners, die er von Dingen und Vorgängen hat, die man im heutigen Abendlande in geradezu kindischer Manier totschweigt oder unappetitlich bekichert. Wie aber, frage ich, kann man denn aufrichtig vom seelischen, vom himmlischen Anteil der Liebe sprechen, wenn man die irdische Liebe verachtet, ächtet und sich ihrer schämt? So wird nicht nur ein Teil, so wird das Ganze zur Lüge.«

Sie blickte ihn unverwandt an und sagte: »Ja, ja.«

*

So und ähnlich redete er, während er sie immer und immer wieder zeichnete. Und so und ähnlich schwieg sie dazu. Bis dann jener Nachmittag nahte, da er, den Kopf schief haltend, die letzte Zeichnung prüfte und sagte: »Besser kann ich's nicht, mein Kind.«

Sie schwieg.

»Es wäre leichtfertig«, fuhr er fort, »Sie weiterhin um Ihre Besuche zu bitten. Die Zeichnung ist, an meinem Talent gemessen, nicht übel. Wollen Sie sich das Blatt ansehen, mein Kind?«

Sie stand schweigend auf und trat hinter ihn.

Er räusperte sich. Dann fragte er: »Darf ich's Ihnen schenken – mein Kind?«

»Nein«, sagte sie. »Wir hängen es dort drüben übers Sofa.«

Er drehte sich erstaunt zu ihr um. Sie lächelte ein wenig, blickte sinnend von einem Fenster zum andern und meinte: »Neue Vorhänge sollten wir besorgen. Wenn es – dir recht ist.«

Er sah sie unverwandt an und murmelte, nach ihrer Hand greifend:

»Oh, ich Kind.«

Der Pechvogel
(Ein Couplet. Melodie: Das Hobellied)

Die Welt, die ähnelt, Sie verzeihn,
zum Beispiel einem Haus.
Durch manche Türen tritt man ein,
durch andre tritt man aus.
Und alle Türen dieser Welt
hab'n nur den einen Sinn:
Wenn irgendwo 'ne Tür zufällt,
hab ich die Finger drin.

Die einen brechen das Genick.
Die andern bleiben heil.
Sehr viele Leute haben Glück.
Ich hab das Gegenteil.
Und wer mein Pech für Zufall hält,
verkennt des Lebens Sinn:
Wenn irgendwo 'ne Tür zufällt,
hab ich die Finger drin.

Das Geld hab ich noch nie vermißt.
Ich fürchte mich davor.
Denn wenn ein Mensch bei Kasse ist,
dann braucht er 'nen Tresor.
Und hätt ich einen Schrank voll Geld,
ging ich ja doch nicht hin.
Denn wenn dem Schrank die Tür zufällt,
hab ich die Finger drin.

Komm ich dereinst zum Himmel, und
der Petrus sagt: »Herein!«
und öffnet mit dem Schlüsselbund,
trau ich mich nicht hinein.
's wird sein wie auf der Erdenwelt.

Ich hab, wie ich schon bin,
wenn dann die Himmelstür zufällt,
ja doch die Finger drin.

Die Naturgeschichte der Schildbürger

Neulich kam mir eines unserer Volksbücher in die Hände: »Der Schildbürger wunderseltsame, abenteuerliche, unerhörte und bisher unbeschriebene Geschichten und Thaten.« Da nun die mit Beifuß, Kümmel und Majoran gewürzte, hausschlachtene Sprache der alten Schwänke so herzhaft schmeckt wie Landleberwurst, griff ich zu. Und las mich fest. Und machte eine Entdeckung. Ich entdeckte, wie das so zu sein pflegt, natürlich nur, was längst entdeckt worden ist. Aber auch Columbus hat sich nicht daran gestoßen, daß die Wikinger vor ihm in Amerika gelandet sind. Er war trotzdem verblüfft. Mir ging's wie ihm. Ich las in aller Ausführlichkeit, daß die Schildbürger, mindestens in der ersten verbrieften Generation, ganz und gar nicht blöd und albern, sondern überdurchschnittlich intelligent waren und daß ihre sprichwörtliche Dummheit auf einem freiwilligen und wohlüberlegten Entschluß beruht. In den Bilderbüchern steht kein Wort davon. Die kinderliebenden Herausgeber und Bearbeiter haben sich, juristisch gesprochen, der Unterschlagung schuldig gemacht, und es wird nachgerade Zeit, die Unterschlagung und den Fund zu melden.

Also: Schilda (oder Schildau, Kreis Torgau, ehemals Provinz Sachsen) war eine Kleinstadt mit Feldern, Gärten und Allmendewiesen vor der Ringmauer, mit Schweinen auf dem Marktplatz und Ackergäulen in den Ställen. Und die Bürger waren fleißig, tüchtig, erfahren, beherzt und gescheit. Wenn man anderswo nicht weiterwußte, schickte man einen Boten nach Schilda, daß er guten Rat einhole. Schließlich kamen sogar Abgesandte aus fernen Königreichen, brachten fürstliche Geschenke und baten, die Stadt möge ihren Monarchen den einen oder anderen klugen Mann als ständigen Ratgeber schicken. So verließen im Laufe der Jahre immer mehr Schildbürger ihre Vaterstadt, erwarben sich im Auslande Ehre und Hochachtung und sandten ab und zu Geld nach Hause.

Das mochte gut und schön sein, doch Schilda geriet es nicht zum besten. Denn nun mußten die Frauen die Felder bestellen, das Vieh und das Federvieh schlachten, den Marktplatz pflastern, die Pferde beschlagen, die Katastersteuern festsetzen, die Ernte verkaufen, die Kinder lesen und rechnen lehren – kurz, es war zuviel. Deshalb ging es mit Schilda bergab. Die Felder verrotteten. Das Vieh verkam. Der Gemeinde-Etat war zerrüttet. Die Kinder wurden frech und blieben dumm. Und die Frauen wurden vor lauter Sorgen, Tränen und Gezänk häßlich. Schließlich schrieben sie den Männern einen Brief, daß und warum es so nicht weitergehe, und sie sollten sich schleunigst heimscheren.

Da erschraken die Auslandsschildbürger, packten die Koffer, verabschiedeten sich von den tiefbetrübten Kurfürsten und Königen und fuhren mit der Extrapost nach Hause. Hier schlugen sie erst einmal die Hände über den Köpfen zusammen. Dann krempelten sie die Hemdsärmel hoch und begannen vor ihrer eignen Tür zu kehren. Ein paar Tage später trafen sich alle im »Roten Ochsen« beim Bier und klagten einander ihr Leid. Vorm Gasthof standen schon wieder fünf Gesandte aus fremden Ländern mit dringenden Gesuchen. »Schickt sie weg!« sagte der Ochsenwirt. »Diesmal können wir unseren guten Rat selber brauchen.« Und dann überlegten sie, was zu tun sei. Man konnte, da Diplomatie zur Klugheit gehört, ehrenhafte Anträge fremder Potentaten nicht rundheraus ablehnen, das war klar. Andrerseits mußte man Schilda retten; denn das Hemd ist jedermann näher als der Rock. Beim sechsten Glase wischte sich der Schweinehirt, der in Mantua zehn Jahre lang Geheimrat gewesen war, den Schnauzbart und erklärte dezidiert: »Die Klugheit war unser Verderb. Nur die Dummheit kann uns retten. Und sie wird es tun. Drum wollen wir uns künftig dummstellen. Es wird nicht ganz leicht sein. Aber wer könnte es besser und naturgetreuer als so gescheite Leute wie wir?«

Der Antrag wurde einstimmig angenommen. Bereits vier Wochen später begann man mit dem Bau jenes dreieckigen Rathauses, das in die Geschichte eingegangen ist, weil man die Fenster »vergaß«. Durch diesen Trick und andere Streiche erlangten die Schildbürger eine nagelneue, von ihrer früheren grundverschiedene Berühmtheit. Man holte sie nicht mehr ins Ausland, doch man kam nach Schilda. Der Fremdenverkehr blühte. Die Devisen flossen. Die Handelsbilanz wurde aktiv. Die Stadt war gerettet. Und ihren Spaß hatten die Bewohner obendrein.

So und nicht anders ist es gewesen. In unseren Bilderbüchern liest man nichts davon. Die neueste Bearbeitung, die ich mir besorgt habe, fängt folgendermaßen an: »Als die Schildbürger ihre Stadt erbauten, vergaßen sie das Schulhaus. Seitdem wurden sie dumm und immer dümmer.« Ach, du heiliger Strohsack! Das sollen euch die Kinder glauben? Habt ihr denn völlig vergessen, wie gescheit und gewitzt ihr wart, als ihr noch kurze Hosen trugt?

Errol Flynns Ausgehnase

Die Zeiten Harun al Raschids sind seit längerem vorüber. Wollte er nachts bummeln und in Bagdads Basaren, Straßen und Cafés hören, was man von ihm dachte, zog er kurzerhand einen abgewetzten Trenchcoat an, stahl sich durchs Hinterpförtchen des Serails, und schon trat er in den Schatten der Anonymität. Man erkannte ihn nicht!

Man erkannte ihn nicht, weil man ihn auch nicht kannte. Man wußte nicht, wie er aussah. Denn es gab in jenen ungehobelten Tagen keine Wochenschau und keine Illustrierte, ja nicht einmal den Fernsehfunk. Von der Frage, wie die Leute diesen Zustand optischer Unbildung und Langeweile ertragen konnten, ohne, gerechterweise, zu verzweifeln, wie auch von einer Beantwortung darf aus Neigung und Platzmangel abgesehen werden. Übrig bleibt eine haarsträubende und hinreißende Tatsache: Sogar der Kalif wurde, kaum daß er das fürstliche Kostüm abgelegt und den Bühnenausgang des Palastes verlassen hatte, nur, aber auch endlich ein Irgendwer und Jemand. Das Gesicht hatte seine Unschuld noch nicht verloren. Die Wasserträger, die Teppichhändler, die Derwische, die Märchenerzähler, die Bettler und der Sohn des Propheten blieben unbefangen. Man schenkte ihm, trotz der mohammedanischen Prohibition, reinen Wein ein. Am nächsten Morgen staunten die Wesire, wie gut der Alte Bescheid wußte. Vielleicht wunderten sie sich auch, daß er schon wieder Kopfschmerzen hatte. Das war aber auch alles.

Die Zeiten haben sich geändert. Das Antlitz hat nicht nur seine Unschuld verloren. Das könnte, Soll und Haben aufgerechnet, womöglich ein Gewinn sein. Nein, man hat es prostituiert! Und das ist schauderhaft. Der Ruhm wurde zur Prominenz, und die Leute wurden zur Meute. Es grenzt an Kopfjägerei. Wer wunderte sich sonderlich, läse er in der Zeitung, ein Jüngling habe in einer Straßburger Weinstube Albert Schweitzer mit einer Nagelschere die linke Schnurrbarthälfte abgeschnitten? Nur eben so und zum Andenken? Und geht Furtwängler durch die Hotelhalle, stürzen sich die Backfischmänaden auf ihn, um ein Autogramm oder wenigstens ein Kind von ihm zu kriegen. Kein Kopf und kein Knopf sind ihres Lebens sicher.

Seinen Namenszug zu krakeln, tut nicht weiter weh, und Schnurrbärte wachsen nach. Das ist es nicht. Das Arge und Ärgste ist die Versteppung der Arglosigkeit. Der Nobelpreisträger, der Maler, der Staatssekretär, der Philosoph, der auf die Straße tritt, hat sein Privatleben verwirkt. Die Öffentlichkeit überfährt ihn wie ein Lastwagen. Er kann nichts und niemanden mehr beobachten. Er darf seinen Gedanken nicht mehr nachhängen. Er schlendert nicht mehr. Er hört und sieht nichts. Jeder Schritt und Tritt wird zum Auftritt. Das Leben wird zur Bühne. Und das Heim wird zum Gefängnis, worin er vom Draußen nur noch durch schwer entzifferbare Kassiber erfährt. Und noch zu Hause muß der arme Hund die Schlüssellöcher verhängen und den Kachelofen zum Papierkorb machen. Das klingt übertrieben? Es ist die reine, einfache Wahrheit. Die Lichtstärke des modernen Ruhms unterbricht den Kontakt mit dem Leben. Die Sicherungen sind durchgebrannt.

In welchem Ausmaße das stimmt, erweist sich an einer Zeitungsmeldung, die man kürzlich lesen konnte. Errol Flynn, der strahlende Filmheld, gestand einem Reporter, wie unerträglich er darunter leide, von der Wirklichkeit abgeschnitten und vom Leben ausgestoßen zu sein. Und Schauspieler sind, von Ausnahmen abgesehen, doch ganz gewiß, als »öffentliche« Personen, strapazierfähig wie Straußenmägen und unzerreißbare Bilderbücher! Errol Flynn sagte übrigens, genau genommen, nicht, daß er unter diesem Ausnahmezustand leide, sondern gelitten habe. Er gehe neuerdings in Konzerte, Bars und Museen, auf Rummelplätze und zu Pferderennen, unerkannt und unbefangen, höre, sehe, lache und staune wie irgendeiner und sei glücklich wie ein Schuljunge.

Und weil er so guter Laune war, verriet er dem Zeitungsmann auch sein Geheimnis. Errol Flynn setzt sich, bevor er das Auto verläßt und ins Leben tritt, eine künstliche Nase auf! Ein bedeutender Chiroplastiker habe sie hergestellt, und sie wirke täuschend echt. Begreiflicherweise sei sie größer und weniger edelgeformt als die eigene, aber was mache das schon aus, verglichen mit der Seligkeit, ein Niemand, allenfalls ein großnasiger Jemand zu sein! (Cyrano de Bergerac hätte, wenn er noch lebte, allen Grund, Mister Flynn zu beneiden.) Und ohne mir lange darüber Gedanken zu machen, wie man sich in eine künstliche Nase schneuzt, bewundere ich den Einfall und Entschluß, die Rückkehr zur Natur durch Künstelei zu erreichen.

Die große Nase hat das Zeug dazu, Schule zu machen. Die Backfische aller Geschlechter und Länder werden sich umstellen müssen. Mein Milchmann – schade, daß Sie seine Nase nicht kennen – mein Milchmann hat jetzt schon Angst.

Fahrten ins Blaue

Erfahrungen sind dazu da, daß man sie macht. Ob man dadurch, wie der Volksmund behauptet, klug wird, steht auf einem anderen Blatt. Dafür, daß Millionen Menschen Tag für Tag Erfahrungen sammeln, gibt es, an unserem Sprichworte gemessen, zwei Milliarden kluge Leute zu wenig, und das sollte zu denken geben.

Eine Unterabteilung der Erfahrungen, die man macht, ohne daraus zu lernen, sind die Wünsche, die in Erfüllung gehen. Wem wäre, so mäkelig in eigner Sache er auch sein mag, nicht schon das eine oder andre Mal ein Wunsch in Erfüllung gegangen! Gab er deshalb die Wünscherei auf? Nein. Und wenn er sich, falls er eine Märchenfigur ist, sogar drei Wünsche gestatten darf, – wird er von Wunsch zu Wunsch klüger? Nein.

Man kennt Ausnahmen. Im Märchen und im Leben. Frau Grosche zum Beispiel. Übrigens nicht aus einem Märchen, sondern aus Weixdorf, einem reizenden Seeflecken bei Dresden. Frau Grosche lernte tatsächlich aus der (allerdings recht verqueren) Erfüllung eines Wunsches, und das wollen wir ihr nicht vergessen. Die Geschichte passierte vor rund zwanzig Jahren, und somit bleibt ungeklärt, ob es derartig belehrbare Mitmenschen auch heute noch gibt. Ich habe Freunde, die es bezweifeln.

In Dresden existierte also, früher einmal, eine halbamtliche Einrichtung, die sich »Fahrten ins Blaue« nannte und, besonders bei den kleinbürgerlichen Hausfrauen, sehr beliebt war. Man fand sich, mittwochs und samstags nach dem Mittagessen, am Stübelplatz ein, wo mehrere leere Omnibusse warteten, zahlte ein paar Mark und erwarb sich damit das Anrecht, an einem Ausfluge teilzunehmen, dessen Ziel »unbekannt« war. An einem von den Schaffnern bis zuletzt geheimgehaltenen Endpunkte, irgendeinem der zahlreichen ländlichen Juwele der Umgebung, wurden Kaffee und Kuchen geboten. Und abends trafen die Frauen, von dem kleinen vorgespiegelten Abenteuer aufs angenehmste unterhalten und ermüdet, wieder bei ihren aufs Abendbrot und den Reisebericht wartenden Familien ein.

So geschah es eines schönen mittwochs früh, daß Frau Grosche, übrigens die Wirtin eines hübschen Gartenrestaurants, zu ihrem Manne sagte: »Das ganze Jahr komme ich nicht aus dem Haus. Man gönnt sich nichts. Habe ich deshalb geheiratet? Nein, mein Lieber! Weißt du was? Ich werde heute eine ›Fahrt ins Blaue‹ mitmachen!«

»Meinetwegen!« antwortete der Gatte. »Amüsier dich gut!«

Sie benutzte den Vorortzug nach Dresden, stieg am Neustädter Bahnhof in die Straßenbahnlinie 6 und erklomm, am Stübelplatz angelangt, einen der wartenden Omnibusse. Die Fahrt ins Abenteuer begann pünktlich und nahm für alle den normal überraschenden Verlauf. Nur nicht für Frau Grosche. Ihre Überraschung war anderer Natur.

Haben Sie es schon erraten? Ja? Genau so kam es! Das sorgfältig verschwiegene Reiseziel war an diesem Mittwoch ausgerechnet der ländliche Gasthof, dessen Wirtin Frau Grosche war und den sie am Morgen mit der festen Absicht verlassen hatte, endlich etwas Funkelnagelneues zu erleben!

»Gut, daß du kommst!« rief ihr Mann, der den Quark- und den Streuselkuchen eifrig in Streifen schnitt. »Binde dir schnell 'ne frische Schürze um, und hilf mir beim Servieren!« Sie band sich eine frische Schürze um und belud ein Tablett mit Kaffeegeschirr und selbstgebackenem Kuchen. Als sie es anhob, um es in den Garten zu tragen, wo ihre Reisegefährten in der Sonne saßen, sagte sie, und dies spricht für ihre überdurchschnittliche Fähigkeit, aus Erfahrungen zu lernen: »Das nächste Mal bleib ich *gleich* hier!«

Der Prinz auf Zeit

(Auftritt mit Fanfarenstoß. Innerhalb der Strophen Lichtwechsel.)

Ich bin der Lieblingswunsch der Götter.
Sie tauften mich – Prinz Karneval.
Ich bin ein Fürst, trotz aller Spötter.
Philipp der Zweite war mein Vetter.
Wir sahn uns oft im Escorial.
Er stets vergrämt, ich immer munter –
teilten wir uns der Sonne Lauf:
In seinem Reich ging sie nicht unter,
in meinem Reich geht sie nicht auf.
Mein Reich ist aus Samt und aus Seide,
bekränzt mit Gestirn und Geschmeide,
verwunschen in Tanz und Gesang.
Nur, ich herrsche nicht ununterbrochen.
Ich regier im Jahr ein paar Wochen,
dies freilich – jahrhundertelang.
(Lichtwechsel)
Jubelt! Hört nicht den Lärm der Gefechte!
Hört nicht auf das Schleichen der Pest!
Blickt nicht auf die blutroten Nächte!
Liebt euch, Gerechte und Ungerechte!
Lacht und glaubt, die Welt sei ein Fest!
(Lichtwechsel)
Küßt die Närrinnen! Küßt die Narren!
Greift in die Mieder!
Greift zu den Pritschen! Zupft die Gitarren!
Das Jetzt kommt nicht wieder!
Drückt Mund auf Mund, und laßt das Fragen!
Laßt alle Uhren stillestehn!
Was soll ihr Ticken? Was ihr Schlagen?
Ihr sollt zum Augenblicke sagen:
Verweile doch! Du bist so schön!
Was werden wird, wissen die Götter.

Hebt euer Glas, und hört auf mich!
Ich bin ein Fürst, zum Donnerwetter!
Im Karneval befehle *ich*!
(Lichtwechsel)
Entzündet die Kerzen und Lichter!
Hängt Masken vor eure Gesichter!
Verzaubert den Raum und die Zeit!
Behängt euch mit Orden und Tressen!
Vergeßt! Denn ihr *wollt* ja vergessen,
was *ist*, und das, was ihr *seid*.
Seid ein paar Wochen *ehrliche* Sünder!
Ehrliche Sünder stimmen mich froh.
Blickt nicht auf die Opfer der Schinder!
Hört nicht auf das Weinen der Kinder
in Korea* und anderswo!
(Lichtwechsel)
Laßt die Toten die Toten verscharren!
Singt *meine* Lieder!
Morgen kommen die *wirklichen* Narren –
und regieren euch wieder!
Dunkel

---

* Der Koreakrieg begann am 27. August 1950. Das Chanson stammt aus dem ersten Programm der »Kleinen Freiheit« im Januar 1951. Dieses Buch erschien im Herbst 1952, und der Koreakrieg geht weiter.

Dieser Ballade fürs Kabarett liegt Jeremias Gotthelfs berühmte Erzählung gleichen Titels zugrunde.

Die Schwarze Spinne

Hinter dem Chronisten, ihn überragend, auf einem übermannshohen Haubenstock ein mächtiger silberner Ritterhelm mit geöffnetem Visier.

Es ist ein dunkles Lied, das ich beginne.
Kein neues Lied. Das alte Lied vom Leid.
Und von der großen Angst, der Schwarzen Spinne.
Still wie die Pest lief sie durchs Land der Zeit.

Lautlos erklomm sie noch die höchste Zinne.
Und ließ sich nieder auf den Schlaf der Stadt.
Sie trank die Herzen leer, die Schwarze Spinne.
Die Stadt war tot. Die Spinne war nicht satt.

Sie lief durchs Land der Zeit. Und hielt nur inne,
wo wieder Menschen wohnten, Haus bei Haus.
Sie wob ihr Netz aus Gift, die Schwarze Spinne.
Und fing die Menschen ein. Und trank sie aus.

Doch eines Tages trat, mit Schwert und Brünne,
ein Ritter klirrend vor den Hohen Rat.
»Mein Leben oder das der Schwarzen Spinne!
Ich werd sie finden! Segne mich, Prälat!«

Man sang und segnete, daß er gewinne.
Er stieg aufs Pferd. Dann schloß er das Visier.
Da schrien sie alle auf: »Die Schwarze Spinne!«
Er ritt davon, bewaffnet bis zum Kinne.
Und dachte nur: »Was wollen sie von mir?«

Das Visier des Ritterhelms rasselt herunter. Oben auf dem Helm sitzt die Schwarze Spinne.

Die Schwarze Spinne aber saß auf seinem Helm!

So ritt und ritt er, der Ritter und Retter.
Doch die Kunde, er käm, ritt noch schneller als er.
Es flohen die Bauern. Es flohen die Städter.
Er sah sie fliehen und ritt hinterher.

Sie krochen in Höhlen. Sie sprangen in Flüsse.
Sie schwammen zitternd hinaus ins Meer.
Er wollte nur fragen, ob man nicht wisse,
wo denn die Schwarze Spinne wär.

Die Schwarze Spinne aber saß auf seinem Helm!

So ritt er und trieb die Menschen zu Paaren.
Bis er ermattet vom Pferde sank.
Warum sie flohen, er hat's nie erfahren.
Sein letztes Wort war: »Das ist nun der Dank!«

Morgens lag die Rüstung, fern der Straße,
neben einem wilden Schlehenstrauch.
Und ein Pferd stand angepflockt im Grase.
Und ein Schwert und ein paar Knochen sah man auch.

Und eine Schwarze Spinne schlief in einem Helm.

Das Visier öffnet sich langsam. Das Helm-Innere ist von Spinnweben überzogen. Dahinter, am Netze hängend, sieht man die Schwarze Spinne.

Die vier archimedischen Punkte
Kleine Neujahrs-Ansprache vor jungen Leuten

In den Wochen vor und nach der Jahreswende pflegt es Ansprachen zu schneien. Sie senken sich sanft, mild und wattig auf die rauhe Wirklichkeit, bis diese einer wärmstens empfohlenen, überzuckerten und ozonreichen Winterlandschaft gleicht. Doch mit dem Schnee, wie dicht er auch fällt, hat es seine eigene Bewandtnis – er schmilzt. Und die Wirklichkeit sieht nach der Schmelze, mitten im schönsten Matsch, noch schlimmer aus als vor dem großen Schneetreiben und Ansprachengestöber.

Was war, wird nicht besser, indem man's nachträglich lobt. Und das, was kommt, mit frommen Wünschen zu garnieren, ist Konditorei, nichts weiter. Es hat keinen Sinn, sich und einander die Taschen vollzulügen. Sie bleiben leer. Es hat keinen Zweck, die Bilanz zu frisieren. Wenn sie nicht stimmt, helfen keine Dauerwellen.

Rund heraus: das alte Jahr war keine ausgesprochene Postkartenschönheit, beileibe nicht. Und das neue? Wir wollen's abwarten. Wollen wir's abwarten? Nein. Wir wollen es nicht abwarten! Wir wollen nicht auf gut Glück und auf gut Wetter warten, nicht auf den Zufall und den Himmel harren, nicht auf die politische Konstellation und die historische Entwicklung hoffen, nicht auf die Weisheit der Regierungen, die Intelligenz der Parteivorstände und die Unfehlbarkeit aller übrigen Büros. Wenn Millionen Menschen nicht nur neben-, sondern miteinander leben wollen, kommt es aufs Verhalten der Millionen, kommt es auf jeden und jede an, nicht auf die Instanzen. Das klingt wie ein Gemeinplatz, und es ist einer. Wir müssen unser Teil Verantwortung für das, was geschieht, und für das, was unterbleibt, aus der öffentlichen Hand in die eigenen Hände zurücknehmen. Wohin es führt, wenn jeder glaubt, die Verantwortung trüge der sehr geehrte, wertgeschätzte Vordermann und Vorgesetzte, das haben wir erlebt. Soweit wir's erlebt haben ...

Ich bin ein paar Jahre älter als ihr, und ihr werdet ein paar

Jahre länger leben als ich. Das hat nicht viel auf sich. Aber glaubt mir trotzdem: wenn Unrecht geschieht, wenn Not herrscht, wenn Dummheit waltet, wenn Haß gesät wird, wenn Muckertum sich breitmacht, wenn Hilfe verweigert wird, – stets ist jeder einzelne zur Abhilfe mitaufgerufen, nicht nur die jeweils »zuständige« Stelle.

Jeder ist mitverantwortlich für das, was geschieht, und für das, was unterbleibt. Und jeder von uns und euch – auch und gerade von euch – muß es spüren, wann die Mitverantwortung neben ihn tritt und schweigend wartet. Wartet, daß er handle, helfe, spreche, sich weigere oder empöre, je nachdem. Fühlt er es nicht, so muß er's fühlen lernen. Beim einzelnen liegt die große Entscheidung.

Aber wie kann man es lernen? Steht man nicht mit seinem Bündel Verantwortung wie in einem Wald bei Nacht? Ohne Licht und Weg, ohne Laterne, Uhr und Kompaß?

Ich sagte schon, ich sei ein paar Jahre älter als ihr, und wenn ich bisher auch noch nicht, noch immer nicht gelernt habe, welche Partei, welche Staatsform, welche Kirche, welche Philosophie, welches Wirtschaftssystem und welche Weltanschauung »richtig« wären, so bin ich doch nie ohne Kompaß, Uhr und Taschenlampe in der Welt herumgestolpert. Und wenn ich mich auch nicht immer nach ihnen gerichtet habe, so war's gewiß nicht ihr, sondern mein Fehler.

Archimedes suchte, für die physikalische Welt, den einen festen Punkt, von dem aus er sich's zutraute, sie aus den Angeln zu heben. Die soziale, moralische und politische Welt, die Welt der Menschen nicht aus den Angeln, sondern in die rechten Angeln hineinzuheben, dafür gibt es in jedem von uns mehr als einen archimedischen Punkt. Vier dieser Punkte möchte ich aufzählen.

Punkt 1: Jeder Mensch höre auf sein Gewissen! Das ist möglich. Denn er besitzt eines. Diese Uhr kann man weder aus Versehen verlieren noch mutwillig zertrampeln. Diese Uhr mag leiser oder lauter ticken, – sie geht stets richtig. Nur wir gehen manchmal verkehrt.

Punkt 2: Jeder Mensch suche sich Vorbilder! Das ist möglich. Denn es existieren welche. Und es ist unwichtig, ob es sich dabei um einen großen toten Dichter, um Mahatma Gandhi oder um Onkel Fritz aus Braunschweig handelt, wenn es nur ein Mensch ist, der im gegebenen Augenblick ohne Wimperzucken das gesagt und getan hätte, wovor wir zögern. Das Vorbild ist ein Kompaß, der sich nicht irrt und uns Weg und Ziel weist.

Punkt 3: Jeder Mensch gedenke immer seiner Kindheit! Das ist möglich. Denn er hat ein Gedächtnis. Die Kindheit ist das stille, reine Licht, das aus der eigenen Vergangenheit tröstlich in die Gegenwart und Zukunft hinüberleuchtet. Sich der Kindheit wahrhaft erinnern, das heißt: plötzlich und ohne langes Überlegen wieder wissen, was echt und falsch, was gut und böse ist. Die meisten vergessen ihre Kindheit wie einen Schirm und lassen sie irgendwo in der Vergangenheit stehen. Und doch können nicht vierzig, nicht fünfzig spätere Jahre des Lernens und Erfahrens den seelischen Feingehalt des ersten Jahrzehnts aufwiegen. Die Kindheit ist unser Leuchtturm.

Punkt 4: Jeder Mensch erwerbe sich Humor! Das ist nicht unmöglich. Denn immer und überall ist es einigen gelungen. Der Humor rückt den Augenblick an die richtige Stelle. Er lehrt uns die wahre Größenordnung und die gültige Perspektive. Er macht die Erde zu einem kleinen Stern, die Weltgeschichte zu einem Atemzug und uns selber bescheiden. Das ist viel. Bevor man das Erb- und Erzübel, die Eitelkeit, nicht totgelacht hat, kann man nicht beginnen, das zu werden, was man ist: ein Mensch.

Vier Punkte habe ich aufgezählt, daß ihr von ihnen aus die Welt, die aus den Fugen ist, einrenken helft: das Gewissen, das Vorbild, die Kindheit, den Humor. Vier Angelpunkte. Vier Programmpunkte, wenn man so will. Und damit habe ich unversehens selber eine der Ansprachen gehalten, über die ich mich eingangs lustig machte. Es läßt sich nicht mehr ändern, höchstens und konsequenterweise auf die Spitze treiben, indem ich, anderen geschätzten Vor- und Festrednern folgend, mit ein paar Versen schließe, mit einem selbst- und hausgemachten Neujahrsspruch:

Man soll das Jahr nicht mit Programmen
beladen wie ein krankes Pferd.
Wenn man es allzu sehr beschwert,
bricht es zu guter Letzt zusammen.

Je üppiger die Pläne blühen,
um so verzwickter wird die Tat.
Man nimmt sich vor, sich schrecklich zu bemühen,
und schließlich hat man den Salat.

Es nützt nicht viel, sich rotzuschämen.
Es nützt nichts, und es schadet bloß,
sich tausend Dinge vorzunehmen.
Laßt das Programm, und bessert euch drauflos!

Oft genug wird darauf hingewiesen, daß zwischen den Künstlern und Forschern einerseits und ihren Zeitgenossen andererseits in jeder Epoche echte und unvermeidliche Beziehungslosigkeit geherrscht habe. Doch will mir scheinen, daß sich die gegenwärtige Krise von den früheren nicht nur dem Grade nach, sondern leider wesentlich unterscheidet.

Ein Wort zur Kulturkrise

An allen Zweigen der Kultur zeigen sich, auch heute, junge Triebe und frisches Grün. Aber – niemand weiß, ob sich's um echten Wuchs oder um Blätter aus Papier und um Blüten am Draht handelt. Wenn, grob gesprochen, Planck nur noch von Einstein, Heisenberg nur noch von de Broglie, Hahn nur noch von Schrödinger, Heidegger nur noch von Hartmann »verstanden« wird, Picasso nur noch von Baumeister, Schönberg nur noch von Hindemith und Joyce nur von Goyert, dann darf man wohl von einer Kulturkrise reden. Dem Kulturspezialistentum einiger entspricht ein Kulturanalphabetentum aller. Das verzückte Getue von ein paar tausend Snobs verwischt zwar den Eindruck, ändert jedoch nichts an der Tatsache.

Nun sind in früheren Kulturepochen, trotz eines ähnlichen Analphabetentums, unvergängliche Kunstwerke, gewaltige Denkgebäude und bedeutende wissenschaftliche Lehren entstanden und selten genug zu ihrer Entstehungszeit erkannt und anerkannt worden. Aber zwischen damals und heute besteht ein fundamentaler Unterschied. Damals wirkte dem kulturellen Kontaktmangel ein Zusammenhalt aller durch eine unverletzte »religio« entgegen, durch eine Bindung in einem Glauben. Die Hoffnung auf eine Behebung unserer Kulturkrise durch die Restauration einer allgemeinverbindlichen, z. B. christlichen Metaphysik dürfte ein frommer Wunsch bleiben, unbeschadet aller korporativen Versuche und aller Einzelbemühungen. Das andere große Experiment: den Kontakt durch freiwillige Nivellierung des wissenschaftlichen, philosophischen und künstlerischen Schaffens wiederherzustellen, mißlingt, oder es führt, wie wir's erlebt haben, nicht nur aus der Kulturkrise, sondern zur Demission aus dem Kreise der Kulturvölker überhaupt.

In unserer Lage helfen keine »terribles simplificateurs«, sondern die berufenen Vereinfacher. Es hülfen, aber es fehlen heute die echten Mittler zwischen dem kaum Verständlichen und den fast Verständnislosen, jedoch Verständniswilligen. Es fehlen die Enzyklopädisten der Gegenwart, die wahren Aufklärer. Wir brauchen keine eifernden Reformatoren und Gegenreformatoren, sondern starke »Transformatoren«, die uns die von der Anschauung entleerte Wissenschaft und Philosophie, die esoterische Lyrik, die Zwölftonmusik und die abstrakte Kunst ins Begreifliche und Anschaubare verwandeln. Ohne solche Mittelsmänner von Format müßte die Kluft zwischen denen, die Kultur schaffen, und denen, die nichts damit anfangen können, immer unüberbrückbarer und die Kulturkrise unseres Jahrhunderts immer offenkundiger werden.

Wissenschaftliche Umfragen haben ihre Schattenseiten. Der Volksmund sagt: »Wer dumm fragt, kriegt dumme Antworten.« Die Antworten deutscher Poeten, im 66. Bande des »Archivs für die gesamte Psychologie« gesammelt, bestätigen die Wahrheit des Satzes aufs einleuchtendste.

Diarrhoe des Gefühls

Wenn ein Universitätsprofessor (Scripture) aus Wien im sechsundsechzigsten Band des »Archivs für die gesamte Psychologie« jene menschliche Tätigkeit beschreibt, »welche aus einem innern Druck entsteht und welche eine Erleichterung schafft«, so meint er damit keineswegs, obwohl man es denken sollte, das Verdauungsfinale. Sondern die Dichtkunst. Diese Definition stammt aus keiner Maßschneiderei: sie ist zu weit und paßt, weil sie nicht paßt, auf vieles. Sie ist das Resultat einer wissenschaftlichen Rundfrage.

Wer dreißig Lyriker befragt, wie sie dichten, darf sich nicht wundern, wenn er Antworten wie diese erhält: »Oft kamen die Lieder angeflogen, während ich auf dem Rade fuhr und mich schleunigst auf einen Eckstein oder einen Grabenrand setzen mußte, um es festzuhalten (?) ... Oft drängt es mich auch so, daß ich ... irgendein Blättchen ..., das grade zur Hand ist ...«, beichtet einer der Befragten. Sogar der Nichtmediziner weiß da sofort, worum es sich handelt, und wird zu Haferschleimsuppe raten.

Vierzehn Fragen hat der Professor den Herren vorgelegt. Frage 2 lautet: »Wie kommen Sie zu der benutzten Versform?« Frage 5: »Setzen Sie die Anzahl der betonten und unbetonten Silben vorher fest?« Frage 9: »Schreiben Sie einfach, ohne an Rhythmus und Metrik zu denken?« Frage 12: »Wie teilen Sie die einzelnen Zeilen ein?« Und Frage 14: »Warum schreiben Sie Gedichte?« Eulenberg hat geantwortet: »Weil ich's kann.«

Die Fragen und Antworten hat der Professor durch einen in seinem besten Sonntagsdeutsch formulierten Satz verbunden:

»Den Hauptteil des Folgenden bilden die Beantwortungen dieser Fragen seitens der obengenannten Dichter.« Und nun legen die Befragten, diese männlichen, vom Größenwahnsinn befallenen Backfische, gründlich los. Sie reden dem Vollbart ein, daß sie ein intimes Verhältnis mit dem Heiligen Geist hätten und bei der Ausgießung jedesmal doppelte Portionen kriegten. Ernst von Wolzogen renommiert mit dem »seligen Schauer des Entrücktseins«. Wildgans schreibt »wie nach einem mystischen Diktat«. Ginzkey gerät aus beruflichen Gründen in Trance und dichtet »aus einer Art priesterlichen Dranges heraus«. Wille liest »ungedruckte Gedichte im Wachtraum« und verweist im übrigen auf das Bruno Wille-Buch. Franz Lüdtke, auch »der Dichter des ostmärkischen Herbstes« genannt, schafft in »Wachsuggestion oder Wachhypnose« und wundert sich dann über das, »was da gereift ist«. Hermann Bartel arbeitet auch nicht persönlich, sondern »es« dichtet in ihm. Unter »Hingebung an genanntes Es« hat er in sich »etwas von dem Geiste, der tausend Jahre warten kann«!!! Wenn er's nur täte. Stattdessen »treibt er so viel Blüten, wie wohl ein Lenz kann ... Nachstehende Verse zum Beispiel sind durch eine Art Blitzlicht entstanden! Sie waren auf dem Papier, ehe ich wußte, was ich schrieb, ich tat weiter nichts, als daß ich einem Gefühl nachgab!

> Alles ist Rhythmus – –
> Rhythmus ist alles – –
> Seele ist Gefühl für Rhythmus – –
> Geist, ist Rhythmus im Gefühl –«

Da Bartel, wie gesagt, meist gar nicht weiß, was er schreibt, sollte man es ihm noch einmal hingehen lassen. Nur eine etwas weniger blöde Art der Interpunktion könnte er seinem Heiligen Geist beibringen. Joseph August Lux bekennt: »Von mir ist nichts, alles Gute ist Gottes!« Er hat »die Gnade des Himmels offen über sich«, er erlebt »eine Empfängnis und Zeugung des Heiligen Geistes! Aber es gibt im Himmel auch einen Engelsturz ... Wenn letzterer herrscht, dann ist es immer von

Übel!« Drollige Jungens! Wenn sie beim Arbeiten rote Backen kriegen, denken sie schon, der liebe Gott habe geheizt. Georg Bonne kann gleichfalls »auf Wunsch oder mit Willen kaum einen vernünftigen Vers dichten«. Die besseren Sachen macht ihm, wie den andern, der Himmel. »Sie wollen in die Werkstatt des Dichters schauen? Da müssen Sie sich schon Flügel aufspannen, um ihn zu begleiten: Bald kommen die Lieder zu mir auf's Fahrrad geflogen, bald zu mir auf's Pferd, oft in der Eisenbahn ... und gelegentlich am Schreibtisch – aber immer, wenn eins kommt, ist es eine Weihestunde ... Warum ich dichte? Fragen Sie meine Lieder! Sie werden Ihnen sagen: ein Kommen und damit waren sie da!« Das Durchfall-Artige dieser Lyrik schildert er besonders anschaulich, wenn er von der Entstehung einer Ode berichtet: »Da hatte ich es so eilig, die Ode, die mich wie ein Sturmwind durchbrauste, niederzulegen, daß ich mir, da ich kein Papier bei mir hatte, meine Manschetten abriß ...« Ahornblätter hätte er nehmen sollen.

Emil Uellenberg antwortet auf die Frage, warum er dichte, mit der Gegenfrage, warum dem Bock Hörner wüchsen. Und nur ganz wenige haben die Rundfrage überhaupt ablehnend beantwortet, so Ricarda Huch, Wilhelm von Scholz, Hugo von Hofmannsthal, Lulu von Strauß und Torney, und Münchhausen ließ dem Professor schreiben, er verbitte sich »weitere Belästigungen durch solche unsäglich kindlichen Fragen«.

Da die Antworter den Heiligen Geist zum Sekretär haben, wissen sie selbst natürlich nicht das mindeste vom Rhythmischen und Musikalischen. Heinrich Vierordt »denkt an die Versform, wie gesagt, nie«. Oscar Wiener kümmert sich »um die Versform noch weniger als um den Inhalt«. Dem Hermann Bartel ist das alles »in der Blume des Einfalls schon geboten«. Bei Lux besorgt es »die Musik des Himmels«. Und so sitzen denn der Herr Professor zum Schluß da und reden, mit Zittern in der Stimme, vom Unbewußten, anstatt den angesammelten Quatsch ins Feuer zu werfen, wo der Ofen am tiefsten ist.

Gibt es etwas Alberneres als diese Grossisten der Intuition? Je unbegabter sie sind, um so mehr prahlen sie mit ihren mystischen Beziehungen. Dabei verwechseln sie offensichtlich eine ganz gemeine Produktionsnervosität mit prophetischem Bauchgrimmen. Wo käme der Heilige Geist hin, wenn er bei jedem Reim persönlich anwesend sein müßte?

Die Abenteuer des Schriftstellers

Der Schriftsteller verwandelt Vorstellungen in Worte. Der Leser verwandelt Worte in Vorstellungen. Inwieweit diese und jene Vorstellungen einander ähneln, ist unkontrollierbar. Das mag bedauerlich, kann aber auch ein Glück sein. Denn der Erzähler, geschweige der Lyriker erschräke vermutlich, könnte er die unzureichende Präzisionskraft des Wortes von Fall zu Fall prüfen und messen. Womöglich garantiert gerade die Unüberprüfbarkeit des Verständnisses und der Mißverständnisse, von der Verständnislosigkeit nicht zu reden, den herrschenden Zustand, die wechselseitige Zufriedenheit im obligaten Schatten des Ungewissen. Der Schriftsteller erfährt nicht, ob man ihn »versteht«. Darüber dürfen auch begeisterte Zuschriften nicht hinwegtäuschen. Die zeugende und überzeugende Kraft des Mißverständnisses ist nicht etwa geringer als die des Verstehens.

Anders beim Dramatiker. Seine Stücke werden aufgeführt. Und die Aufführung zeigt ihm näherungsweise, welche Vorstellungen seine Worte beim Regisseur, beim Bühnenbildner und bei den Schauspielern erweckt haben. Er kann sie mit den eigenen vergleichen. Wird das Stück an zehn verschiedenen Bühnen gespielt, hat er sogar zehn Vergleichsmöglichkeiten. Alle zehn Vorstellungen werden untereinander und von seiner ursprünglichen, imaginären »Vorstellung« abweichen. Aus diesem zehnfachen Abenteuer wird er viel lernen können. Sowohl für künftige Stücke, als auch über die Grenzen der Bildübertragung durch das Wort. (Es wäre, in diesem Zusammenhang, ein keineswegs sinnloser Spaß, beispielsweise einen vorhandenen Stuhl mit äußerster Akribie zu beschreiben und die Beschreibung an hundert Schreiner zu vergeben. Was käme zustande? Hundert einander unähnliche Stühle, deren keiner dem vorhandenen und exakt beschriebenen Stuhle gliche.) Doch zurück zum Abenteuer der Schriftstellerei.

Der Lyriker und der Erzähler können das Echo ihrer Worte nicht prüfen. Dem Dramatiker bieten sich, von Bühne zu

Bühne, stets neue Gelegenheiten. Mitteninne steht der Filmautor. Seine Vorstellungen werden realisiert, aber nur ein einziges Mal. Die schiefgetretene Treppe im Hinterhaus, die Laterne im Winternebel, ein kaum merklicher Wimpernschlag, ein zärtlich geflüstertes, hingehauchtes Wort, alles, was er sich vorgestellt hat, und wär's ein sprechendes Pferd oder ein Mensch ohne Kopf, alles wird fotografiert, synchronisiert und konserviert. Einmal und nicht wieder. Ein Glücksspiel mit einem einzigen Würfel und nur einem Wurf – ein echtes Abenteuer!

Hier ist nicht die Rede von Autoren, die einen »Stoff«, als handle sich's um Cheviot oder Kattun, an eine Konfektionsfirma verkaufen und sich nicht weiter darum kümmern. Hier ist auch nicht die Rede von Filmleuten, die den Schriftsteller auf der Lieferantentreppe abzufertigen pflegen. Hier ist an den seltenen Fall gedacht, daß der Regisseur, der Architekt, der Kameramann, die Schauspieler, der Tonmeister und der Cutter talentiert genug und entschlossen sind, genau das, was der Autor niedergeschrieben hat, für Hunderttausende hör- und sichtbar zu machen. Und das ist kein ausgetüftelter Fall. Dergleichen kommt in der vielgeschmähten Filmindustrie gelegentlich vor. Doch auch, wenn eine solche Arbeitsgemeinschaft zusammenkommt und den Film »nach Maß« herzustellen trachtet, – welche Überraschungen können noch immer eintreten! Die Technik ist ja nicht nur ein Wunder, sondern auch ein Kobold! Und wie folgenschwer ist der ökonomische Zwang, den Stoff nicht chronologisch, also in der Szenenfolge des Drehbuchs, »abdrehen« zu können, sondern in Rücksicht auf die Milieus, also die Atelierbauten, willkürlich im zeitlichen, dramatischen und psychologischen Ablauf von vier- bis fünfhundert Einstellungen wie verrückt umherspringen zu müssen! Welch strapaziöse, gewalttätige Inanspruchnahme der schauspielerischen Einfühlfähigkeit! Und für den Regisseur, welche Anforderung an seine Suggestivkraft und an die souveräne Beherrschung des Stoffs!

Damit noch immer nicht genug! Nehmen wir ein beliebiges, mir naheliegendes Beispiel. Für die Verfilmung des Buches »Das doppelte Lottchen« wurde ein zehnjähriges Zwillingspaar gesucht. Man mußte zwei einander zum Verwechseln ähnliche kleine Mädchen finden. Sie sollten verschiedenen Charakters und Naturells sein. Und sie mußten überdies fähig sein, im Verlaufe der Handlung ihre Rollen und die entsprechenden Temperamente glaubhaft zu vertauschen. Daß man das in meinen Vorstellungen lebende Paar nicht finden könne, war klar. Es existierte ja nicht, außer in meiner Phantasie. Und als man schließlich unter hundertzwanzig Zwillingspaaren, die verschiedensten Gesichtspunkte abwägend, *das* Paar ausgewählt hatte, – welche Überraschungen standen meiner Einbildungskraft bevor?

Nun, es geschah etwas sehr Merkwürdiges. Während der Wochen der Verfilmung änderten sich die beiden Kinder. Sie paßten sich – dadurch, daß sie das, was ich geschrieben hatte, sagen, tun, denken und empfinden mußten – meinem Phantasiepaare immer mehr an. Diese Verwandlung fiel nicht etwa nur mir auf, sondern allen, die an dem Film mitarbeiteten. Und den Rest des Weges kam meine Vorstellung den beiden entgegen, bis sich beide Paare überdeckten und zu ein und demselben wurden. Einbildung und Wirklichkeit verschmolzen. Das war ein Glücksfall. Ich weiß es. Die Kongruenz von »Vorstellung« und Vorstellung kommt nicht alle Tage vor. Sie verleiht dem Autor ein eigenartiges Wohlgefühl, das sich insofern vom Stolz unterscheidet, als er weiß, daß ein solches Ergebnis kaum zur Hälfte sein Verdienst ist.

Zu Ernst Penzoldts sechzigstem Geburtstage
(14. 6. 52)

Auf die Gefahr hin, von den Lesern endgültig für nicht seriös gehalten zu werden, sehe ich mich, trotz des festlichen Anlasses, genötigt, eine unfeierliche Erklärung abzugeben: Ich bin außerstande, von meinem Freund Ernst Penzoldt im folgenden als »Ernst Penzoldt« zu sprechen. Ich hab's versucht. Der Papierkorb ist mein Zeuge. Es ging nicht. Bei jedem »Penzoldt«, das ich hinschrieb, wurde mir zumute, als geriete ich vom Wege. Genausogut könnte ich Vetter Fritz das Sie anbieten, meine schwarze Katze Pola Gnädiges Fräulein nennen und das Mandelbäumchen vorm Fenster Herrn Mandelbaum. Ich käme in die falsche Tonart, und wer könnte das im Ernste wünschen, lieber Ernst?

Die Jahre, die man zählt, besagen nichts über das eigentliche Alter. Es gibt Menschen, die schon als Greise zur Welt kommen. Es gibt Menschen, die bis ans Ende Kinder bleiben. Es gibt Frauen, die ihr Leben, nahezu vom ersten bis zum letzten Tage, als Backfische verbringen. Mein Freund Ernst (Penzoldt), der nun also sechzig Jahre alt wird, – er war, ist und wird etwas Seltenes bleiben: ein Jüngling. Ein poetischer Jüngling mit schwärmerischem Anflug, naiv und anmutig, verschmitzt und verspielt, am Leben und am Tode rätselnd, ins Träumen verliebt, dem Guten im Schönen auf der Spur, von Haus aus fränkisch, im Wesen ein wenig altfränkisch. Die Werthertracht, der Biedermeierfrack, ja noch der Bratenrock unserer Väter säße ihm echter als das, was man heute trägt, in einer Zeit ohne Stil, im Zeitalter der Konfektion. Ernst ist eine Individualität, und die letzten dieser Mohikaner haben's in der Mitte des zwanzigsten Jahrhunderts nicht eben leicht.

Ein Jüngling, eine Individualität und, damit noch nicht genug, ein Mensch voller Achtung vor der Tradition. Der Humanismus ist der ästhetische, das Christentum ist der ethische Pol seiner Welt. Wenn man ihn schon katalogisieren müßte, hieße ich ihn einen attischen Protestanten. Und er ist noch mehr und anderes: ein Schriftsteller, der malt und zeichnet, ein Dichter, der kaum Gedichte geschrieben hat; ein Lebensfrommer, der mit den Krankheiten gut Freund ist, ein sanftmütiger, herzenshöflicher Mann, mit der kühnsten Nase, die ich jemals erblickt habe, – jeder Condottiere hätte ihn darum beneidet.

Und all das Widersprüchliche in Gesicht, Hirn und Herz führt nicht zum Widerspruch. Denn Ernst ist, trotz des irreführenden Vornamens, heiter und hat, was mehr ist, Humor. In diesem entscheidenden Punkt blieb er kein Jüngling. Denn wenn auch der Humor, wie vermutet werden darf, zu den angeborenen Gaben zählt, so kommt er doch, wie die Äpfel und Zwetschgen, erst im Herbste recht zum Vorschein. Freilich gibt es ihn seltener. Die Nadelbäume sind auch in der Literatur häufiger als die Obstbäume. Da vielen Lesern poetische Tannenzapfen besser schmecken als saftig erdichtete Birnen, läßt der literarische Ernährungszustand der Deutschen einigermaßen zu wünschen übrig. Wie auch das Einkommen und Ansehen der Humoristen. Beides ist aufs tiefste zu bedauern. Immerhin, ein Tannenzapfenesser hat's im Grunde noch etwas schwerer als ein Birnbaum.

Da ich sowieso kaum vom Schriftsteller, sondern fast nur vom Individuum vornamens Ernst gesprochen habe, mag zum Schluß ein kleines Erlebnis folgen, das wir mit ihm vor Jahren, eines Nachts, in einem Eisenbahnabteil hatten. Es war viel gelacht, gehechelt und erzählt worden. Ernst wurde müde, lehnte sich ins Polster zurück und schlief ein. Wir schwiegen und hörten ihn friedlich atmen. Nach ungefähr zehn Minuten fuhr er hoch, griff in die Westentasche, brachte ein Medikamentenröhrchen zum Vorschein und meinte, verschmitzt lächelnd: »Nein, so etwas! Jetzt hätte ich doch fast geschlafen, ohne meine Schlaftabletten einzunehmen!«

Und so möchte ich von ihm als Schriftsteller nur sagen: Er schreibt, wie er lebt, weil er lebt, wie er schreibt.

»Die Acharner«, die erste der elf erhaltenen Komödien des Aristophanes, wurde im Jahre 415 vor Christus, also während des langen Kriegs und obwohl sie gegen den Krieg gerichtet ist, öffentlich aufgeführt. Aristophanes, der den Feldherrn Lamachos gespielt haben soll, gewann den Wettbewerb.

Die Acharner
(frei nach Aristophanes)

Dikaiopolis (Großbauer, behäbig, lebenslustig)
Seine Frau
Der Prytane (alt und diktatorisch)
Amphitheos (weise, rechtschaffen)
Lamachos (Feldherr, humorlos)
Junger Herold (Frauenrolle)

1. Akt

Vorm Prytaneion (dem Haus der Ratsmitglieder)

DIKAIOPOLIS *kommt in Toga und mit Knotenstock auf die Bühne*: Mein Name ist Dikaiopolis. *trocknet sich die Stirn* Ein heißer Tag. Immerhin, er hat sich gelohnt. Die Schweine, der Wein, die Aale, das Öl, der Kerbel und der Knoblauch, – bis auf vier Hühner haben wir alles an den Mann gebracht, und die Preise waren nicht übel. Diese Athener haben einen Hunger! Im Vertrauen, sie fressen aus Angst! Sie pökeln ein. Sie hamstern. Nun, in Kriegen ist das so. Ich bin ein Großbauer, mir muß es recht sein. *setzt sich* Aber was mach ich mit meinem Geld? *zeigt auf das Prytaneion* Die Prytanen haben das Metall beschlagnahmen lassen. Man hämmert Helme und Spieße, ich brauche Pflugscharen. Man schmiedet Schwerter, ich brauche Mistgabeln und Winzermesser. Zehn Jahre dauert dieser Unfug schon! *zum Publikum* Sie, meine Herrschaften, leben zweitausendfünfhundert Jahre später als ich und haben in der Schule gelernt, wie lange dieser Peloponnesische Krieg noch dauern und wie er enden wird. *abwehrende Geste* Nein, ich will es nicht wissen! Ich kann mir's ohnedies denken. Athen oder Sparta, einer muß ihn verlieren! Und der andre wird sich eine Zeitlang einbilden, er habe ihn gewonnen! *holt etwas aus der Tasche und kaut* Knoblauch! Sehr gesund! Verlängert das Leben! Falls einem nicht irgendein harmloser Soldat aus Megara oder Mytilene ein Stück zugespitztes Eisen durch den Bauch stößt. *Da*gegen hilft *kein* Knoblauch. Im Augenblick haben wir Waffenstillstand. Deswegen konnte ich mich um die Ernte kümmern. Eigentlich bin ich Unteroffizier bei den Hopliten. Nun haben sie *zeigt auf das Prytaneion* Lamachos, unsern Feldherrn, nach Sparta geschickt. Zu Friedensverhandlungen. Auch eine Idee! Ein General soll Frieden schließen! Eine ungewöhnlich berufsfremde und berufsschädigende Beschäftigung! Genausogut könnten sie mich, als Viehzüchter, auf einen Kongreß gegen's Fleischessen schicken! Nun, man wird sehen. Es heißt, er sei zurück und wolle nachher vorm Prytaneion *zeigt auf das Gebäude* Bericht erstatten. *blickt in die Kulisse* Dort kommt meine Frau. Sehr tüchtig. Tut, was sie kann, während ich mich bei Potidäa und Delion herumschlage. Aber ein Gut mit zweihundert Sklaven und mit Söhnen und Töchtern, die ohne Vater heranwachsen, ist keine Kleinigkeit. Überall fehlt der Mann! Im Stall, im Feld, im Haus und, na ja, wir verstehen uns! *zwinkert.*

FRAU des Dikaiopolis *handfeste Person*: So. Die Hühner hab ich auch noch verkauft. Drei Drachmen. *gibt ihm Geld.*

DIK.: Setz dich, und ruh dich aus!

FRAU *setzt sich, holt etwas aus der Tasche und kaut. Zum Publikum*: Knoblauch! Sehr gesund. Verlängert das Leben!

DIK.: Das hab *ich* ihnen schon gesagt.

FRAU: Es stimmt trotzdem!

HEROLD *tritt aus dem Prytaneion*: Bürger! Kleon, der Prytane, wird im geweihten Kreis erscheinen.

FRAU: Er braucht nicht zu »erscheinen«. Uns genügt's, wenn er kommt.

HEROLD: Ruhe, Bürger! Der Prytane und Lamachos, der Feldherr!

KLEON *und* LAMACHOS, *dieser in Rüstung, treten auf und nehmen vorm Prytaneion Platz.*

KLEON: Ich grüße die Bürger Athens. Und ich grüße Lamachos, den Feldherrn.

HEROLD: Wer will reden?

LAMACHOS: Ich!

HEROLD: Wer?

LAMACHOS: Lamachos, Athens Feldherr im Pontos und in Sizilien …

FRAU: Ich dachte, Lamachos, der Parlamentär, der aus Sparta zurückkam!

HEROLD: Ruhe, Bürger!

LAMACHOS: Ich ging nach Sparta, weil die Prytanen es wollten, nicht weil ich mich darum gerissen hätte.

AMPHITHEOS *tritt auf und setzt sich unter die Bürger.*

LAMACHOS: Sparta sagt, es wolle Frieden, aber es läßt seine Hilfsvölker marschieren. Meine Reise war überflüssig. Sie hat drei Talente gekostet.

DIK.: Seit wann hat er Talente?

LAMACHOS: Ich verhandelte mit Brasidas, ihrem General.

AMPHITHEOS: Ein General hackt dem andern kein Auge aus.

LAMACHOS: Das Essen war miserabel. Der Wein war zu süß. Und soviel wir redeten, Brasidas gab sein Mißtrauen nicht auf. Sein Kehrreim war: »Athen sagt, es wolle den Frieden, aber es läßt seine Hilfsvölker marschieren!« Wenn sie's täten, warf ich ein, so läge das nicht an uns. Er behauptete seinerseits ähnliches in betreff Spartas und seiner Bundesgenossen. Wir verhandelten vierzig Tage. Und weil keiner den anderen überzeugen konnte, gaben wir die Sache auf. Außerdem hätte ich das miserable Essen nicht länger ertragen. *setzt sich.*

PRYTANE: Der Peloponnesische Krieg geht weiter!

AMPHITHEOS: Nein!

HEROLD: Wer will reden?

AMPHITHEOS: Ich!

HEROLD: Wer?
AMPHITHEOS: Amphitheos, ein Bürger Athens, so gut wie irgend einer, und, was nicht weniger wert ist: ein Mensch mit Freunden. Mit Freunden überall. Mit Freunden auch in Sparta.
PRYTANE: Höchst bedenklich.
AMPHITHEOS: Sollen wir unsere Freundschaften so leichtsinnig wechseln wie die Staaten ihre Interessen? Wollt ihr ehrlich Frieden, dann schickt Männer, die ihn ehrlich wollen! Detachiert nicht die Generäle! Sendet nicht die Gesandten! Sondern schickt die Geschickten! Entsendet mich zu meinen Freunden in Sparta. Sie haben Einfluß. Sie können dem Lamachos nicht glauben, daß er Frieden will. Sie glauben es dem Brasidas, ihrem eigenen General, genausowenig! Laßt mich, im Namen unserer Bürger, mit meinen Freunden verhandeln! Gebt mir Vollmachten! Gebt mir ein Pferd, und, da ich arm bin wie meistens die redlichen Leute, gebt mir ein paar Drachmen Reisegeld!
PRYTANE: Die Wache!
DIK. *springt erregt auf*: Was denn?
HEROLD: Wer will reden?
DIK.: Ich!
FRAU: Mein Mann! Und halte du den Mund!
DIK.: Man will Amphitheos verhaften, weil er, nach zehn Jahren Krieg, der keinen Sinn und Nutzen hat, den Frieden wünscht, wie wir alle, und weil er, erfahrener als wir und ehrlicher als ihr, ihn uns heimholen könnte? Das ist stark! Ich finde, die Prytanen und die Generäle gehen sehr leichtfertig mit meinem Leben und dem Leben meiner Söhne um! Sehr leichtfertig auch mit meinem Gesinde, meinem Gehöft und meinem Vermögen!
FRAU: Und sehr leichtfertig mit der Zukunft Athens!
HEROLD: Ruhe, Bürger!
FRAU: Du Grünschnabel!
LAMACHOS *zum Prytanen*: Wo bleibt die Wache?
PRYTANE: Wir ändern unsre Meinung. Staatsfeinde in Gefängnissen zu füttern, ist unweise und verteuert den Haushalt.

Amphitheos wird des Landes verwiesen. Er trachtet, in spätestens drei Tagen die Grenze zu überschreiten. Später wäre es zu spät.

DIK.: Es ist eine Schande.

FRAU: Die besten Männer fortzujagen, nennt ihr Sparsamkeit? Ihr Esel!

DIK. *gibt Amphitheos Geld*: Da, nimm! Du wirst es brauchen.

AMPHITHEOS: Ich danke dir. Davon wird nicht nur der Magen satt.

FRAU: Wo gehst du hin?

AMPHITHEOS: Ich bin ein Mensch mit Freunden.

DIK.: Grüße sie von Dikaiopolis! Und sag ihnen, sie seien auch seine Freunde. *hat eine Idee* Geh nach Sparta! Geh nach Sparta! Sag ihnen, Dikaiopolis, der Athener, wolle mit ihnen Frieden schließen! Mit seiner Familie, mit seinem Gesinde, mit seinen Sklaven!

LAMACHOS: Das ist unerhört!

DIK.: Sag ihnen, ich wüßte nicht, wieso deine Freunde meine Feinde wären. Und sollten auch sie's nicht wissen, um so besser. Dann unterschreib in meinem Namen den Vertrag! Sie und Dikaiopolis, der Athener, führten nicht länger Krieg miteinander, soll drinstehn!

FRAU: Und send uns, kommt's zustande, einen Boten! Am Ende können wir schon das Erntefest in Frieden feiern! In unserm Frieden!

LAMACHOS: Der Mann ist verrückt.

PRYTANE: Ein Friedensvertrag zwischen Privatpersonen ist völkerrechtlich unmöglich. Man wird ihn auslachen.

DIK.: Warten wir's ab.

AMPHITHEOS: Ich bin ein Mensch mit Freunden.

DIK.: Ich bin ein Bauer. Ich bin ein Familienvater.

FRAU: Und er ist ein Dickkopf.

DIK.: Wenn man mit mir Frieden schließen will, – ich bin bereit. Und niemand soll mir dazwischenreden, ihr Herrn! Wo ich wohne, ist bekannt. Wer etwas von mir will, soll kommen. Für den Krieg kämpfen genug Leute. Ich kämpfe für den Frieden! Es hat mehr Sinn.

AMPHITHEOS: Ihr werdet von mir hören. *eilig ab.*
Vorhang.

Zwischentext

HEROLD *tritt vor den Vorhang*: Der zweite und letzte Akt spielt einige Zeit später und nicht mehr in der Hauptstadt, sondern vor dem Gut des Dikaiopolis. Diesen Sprung über Zeit und Raum soll ich mit ein paar Worten überbrücken. Nun gut. Und worüber könnte ich reden? *nachdenkend* Zum Beispiel ... Wissen Sie, warum Aristophanes dieses Stück die »Acharner« genannt hat? Acharnä ist eine Provinz des Staats Athen, doch seine Einwohner, die Acharner, wurden vom Feind vertrieben, ihre Güter und Häuser wurden zerstört oder ausgeraubt, und nun hat man die Acharner in Athen behelfsmäßig untergebracht. In Kasernen, in Tempeln und in Bunkern. Sie kommen sich wie Bettler vor, und im großen ganzen werden sie von den Athenern auch so behandelt. Deshalb wollen sie nach Acharnä zurück, und da auch viele Athener sie loswerden wollen, sind die meisten dafür, daß der Krieg weitergeht. Ob das die richtige Methode ist, weiß ich nicht. Denn wenn ich auch ein alter Grieche bin, bin ich doch noch zu jung, um dergleichen logisch beurteilen zu können. In unserm Stück ist man jedenfalls geteilter Meinung, wie Sie und ich bereits bemerkt haben. Ja. Und nun soll ich nur noch im Namen der Direktion um Entschuldigung bitten, daß die zwei Halbchöre der racheschnaubenden Acharner auf der Bühne überhaupt nicht erscheinen. Die Bühne ist für solche Zwecke zu klein. Und der Verlust ist nicht allzu groß. Denn was Parteien, die zum Krieg aufhetzen und die Vernünftigen steinigen wollen, im Chor oder in Halbchören schreiend erklären, wissen Sie ja so ungefähr ... *durch Vorhang ab.*

2. Akt

Dikaiopolis
Seine Frau
Eine Sklavin
Lamachos

Herold
Amphitheos
Ein Soldat

Szene:
Vorm Gut des Dikaiopolis. Erntekränze. Blumen. Ein Schild am Zaun: »Vorsicht, Friede!« *Später wird eine mannshohe Landkarte von Hellas herausgetragen, worauf die Sklavin, nach Amphitheos' Geheiß, die neuen Ortschaften schraffiert, die Frieden schließen wollen.*

LAMACHOS *und* HEROLD *kommen, verstaubt und erschöpft, des Weges. Schleppen die Waffen nach.*
HEROLD *zeigt auf das Schild*: Wo man hinkommt, ist Frieden!
LAMACHOS *verbittert*: Der Krieg wird immer kleiner! Es ist, um aus der Rüstung zu fahren! Frieden hier! Frieden dort! Zutritt für Militär verboten! Wo nehm ich einen einigermaßen geräumigen Kriegsschauplatz her?
HEROLD: Wozu, General? Deine und Spartas Armeen sind geschmolzen wie der Schnee auf dem Parnaß. Vorgestern hattest du noch ein Regiment. Demnächst kannst du dich mit Brasidas duellieren, und außer euren Generalstäblern wird nicht einer zuschauen, ob Athen oder Sparta gewinnt!
LAMACHOS: Wir sind ruiniert. Mich schmerzt neuerdings die Galle. Die Bagage ist nicht wert, daß man sich ihretwegen Schlachtpläne ausdenkt. Mein Entwurf, Brasidas bei Theben einzukesseln, war genial!
HEROLD: Aber es war niemand zum Einkesseln da, und niemand zum Eingekesseltwerden!
LAMACHOS: Ich schäme mich für Griechenland!
HEROLD: Und ich hab Hunger. Aber sie geben uns nichts. Sie haben untereinander Frieden gemacht, mästen ihre Schweine, leben im Überfluß, und wenn wir in ihre Ställe wollen, verprügeln sie uns!

SKLAVIN *kommt und macht sich an den Erntekränzen zu schaffen.*
HEROLD: He, du Hübsche! Bring uns mal ein bißchen Brot und Rauchfleisch!
SKLAVIN: Soldaten geben wir nichts.
LAMACHOS: Sei nicht so unverschämt! Ich bin Lamachos, euer Feldherr!
SKLAVIN: Offizieren geben wir erst recht nichts.
LAMACHOS: Rufe sofort den Bauer!
SKLAVIN *lacht schadenfroh, dann*: Dikaiopel! Die Armee will dich sprechen! *bückt sich und arbeitet weiter.*
DIK'S *Stimme*: Sofort!
HEROLD: Dikaiopolis? Wir sind an der falschen Tür.
DIK. *kommt heraus, mit einem Prügel bewaffnet*: Nur zwei? *wendet sich uninteressiert ab, mustert statt dessen die sich bückende Sklavin* Ich habe fünfundachtzig von der Sorte. Und kenne sie alle. Sogar von hinten. Das ist beispielsweise – *haut ihr genüßlich eins auf den Hintern* Aspasia!
SKLAVIN *fährt amüsiert hoch.*
DIK. *lachend*: Es stimmt!
SKLAVIN *eifersüchtig*: Ich werde dir helfen, alle fünfundachtzig sogar von hinten zu kennen!
DIK.: Helfen willst du mir auch noch? Du kriegst Lohnzulage! *er lacht, wendet sich Lamachos zu.*
SKLAVIN *ohne daß er's merkt, ab.*
DIK.: Was wollt ihr?
LAMACHOS: Die nötige Ehrerbietung und für eine Dekade Verpflegung! Wir ziehen ins Feld!
DIK.: Geh weiter! *drohend* Geh weiter! Aber schnell! Und zieh, in welches Feld du willst! Nur nicht in meines! Und nicht in die Felder der übrigen Gemeinde! Wir haben, im weiten Umkreis, tiefsten Frieden. *kommt näher* Und solche Knüppel! *schwingt ihn.*
FRAU *kommt, ohne daß er's merkt, auf die Bühne und schafft an den Blumen. In ähnlicher Stellung wie die Sklavin.*
LAMACHOS: Mein Schwert ist für dich zu schade!
DIK.: Und kürzer als mein Knüppel! Außerdem spar deine

Kräfte auf! Dein Feind Brasidas muß ganz in der Nähe sein,
– so allein und tapfer wie du! Tut euch aber nicht zu weh,
denn wer übrigbleibt, wird arbeitslos!

LAMACHOS *greift zum Schwert*: Unverschämter Kerl!

DIK. *kommt noch näher, hebt den Knüppel.*

HEROLD: Exzellenz, er war nur Unteroffizier!

LAMACHOS *stößt das Schwert in die Scheide*: Fast hätte ich mich vergessen!
Beide ab.

DIK.: Hauptsache, daß ihr mich nicht vergeßt! Zieht eure Straße, aber ja nicht ins Feld! Vorsicht, Friede! *lacht, geht nach hinten, sieht die sich bückende Frauensperson* Wer ist denn das? *haut ihr eins hintendrauf.*

FRAU *fährt hoch.*

DIK. *zuckt erschrocken zusammen.*

FRAU *reibt sich die Rückseite*: Dikaiopel! Die eigne Frau! Das geht zu weit!

DIK.: Es soll nicht wieder vorkommen, meine Liebe!

AMPHITHEOS *und* SKLAVIN *kommen mit Post, also Wachstafeln, und legen die neuen Eingänge auf einen Tisch. Amph. nimmt Platz. Sklavin blickt mißtrauisch und ungehalten zwischen Dik. und seiner sich die Rückfront reibenden Frau hin und her.*

AMPHITHEOS: Setz dich, Aspasia!

SKLAVIN *setzt sich.*

DIK.: Neue Post?

AMPHITHEOS: Eben eingetroffen! *ruft* Die Landkarte!

Inspizient kommt aus der Kulisse und dreht oder kippt den Hintergrundprospekt um, der eben noch eine Landschaft mit Tempeln, Ölbäumen usw. zeigte, nun aber eine Karte Griechenlands, und zwar so, daß alle Gemeinden, die keinen Krieg mehr führen, deutlich markiert sind, etwa schraffiert. Inspizient ab.

FRAU: Unsre Landkarte ist mir lieber als die schönste Landschaft.

DIK. *reibt sich die Hände*: Der Peloponnesische Krieg sieht schon recht blaß und mager aus.

AMPHITHEOS *liest*: »Die bisherigen Freunde des Dikaiopolis und des Amphitheos, die mit euch Frieden geschlossen haben, sind auch unsere Freunde. Wir möchten es ihnen gleichtun, eure Freunde werden und bleiben und bitten euch deshalb, uns in euren Friedensbund als aktive Mitglieder aufzunehmen. Der Ältestenrat der Stadt Chalkis.«

FRAU: Chalkis auch!

SKLAVIN *geht zur Landkarte und schraffiert, etwa mit Kohlestift, das Stadtgebiet von Chalkis, ruft*: Nun gibt es auf ganz Euböa kein Fleckchen Krieg mehr!

DIK.: Es leben mehr vernünftige Leute in Griechenland, als man denkt.

AMPHITHEOS: Weiter! Bleib gleich stehen! *liest* »Korinth-Stadt und Korinth-Land sind einmütig entschlossen, eure und des Friedens Freunde zu werden und bitten um Aufnahme in euren Bund, der recht daran tut, einen einzigen Feind zu haben und zu bekämpfen: den Krieg. Der Ältestenrat. PS: Eines unsrer Handelsschiffe hat soeben eine Ladung vorzüglicher Eichenknüppel aus dem Teutoburger Wald heimgebracht. Es handelt sich um erstklassige Ware, und wir bieten sie den Mitgliedern eures, nunmehr auch unsres Bundes, zu mäßigem Preise, mit zehn Prozent Rabatt und bei Sofortzahlung mit weiteren fünf Prozent Skonto an. Prospekt folgt.« *legt die Wachstafel beiseite* Das nenn ich einen Korintherbrief!

DIK.: Tüchtige Leute!

SKLAVIN *schraffiert Korinth, Isthmus usw.*

AMPHITHEOS: Weiter! *liest* »Der Ältestenrat der Stadt Larissa in Thessalien entbietet euch zuvor seinen Gruß ...«

SKLAVIN *schraffierend* ... Larissa ... Thessalien ...

AMPHITHEOS: »Wir sind in unserer Ratsversammlung einstimmig zu dem Entschluß gekommen, an euren bilateralen Friedens- und Handelsverträgen teilzuhaben und verpflichten uns, jeder militärischen Truppe, wie stark sie auch sein und woher sie auch stammen möge, den Zutritt zu unserer Stadt unnachgiebig zu verweigern ...«

LAMACHOS *und* HEROLD *treten auf. Lamachos hat einen großen Kopfverband und humpelt.*

DIK.: Treibt ihr euch schon wieder herum?

FRAU: Was ist geschehen?

LAMACHOS: Schief ist's gegangen.

HEROLD: Wie wir drüben beim nächsten Bauern um etwas Brot und Zukost vorsprechen, steht schon ein andrer Mann im Hof. Ebenso hungrig. Auch in Uniform. Wir kriegen Streit. Grad wie ich ihm eine herunterhauen will, erkenn ich ihn ...

AMPHITHEOS: Brasidas?

HEROLD *nickt*: Der Feldherr Spartas!

LAMACHOS: Ausgerechnet!

HEROLD: Die Herren Exzellenzen erheben ein beträchtliches Feldgeschrei. »Für Frieden und Freiheit!« rufen sie beide und ziehen die Generalsschwerter. Gelernt ist gelernt!

LAMACHOS: Er haut mir eins auf den Schädel ... Der Schmerz macht mich rasend ... Ich gehe in Rechtsausfall ... Ich fintiere ...

HEROLD: In diesem Augenblick rutscht Brasidas aus ... Auf einem Stück fetten Schinkens ... mitten im Hof ... So ein Brocken! ... Diese Bauern leben! ...

SKLAVIN: Rutscht aus und?

HEROLD: Und fällt meinem Chef mitten in den Säbel!

FRAU: Fetter Schinken ist seit jeher unbekömmlich.

AMPHITHEOS: Tot?

LAMACHOS: Mausetot.

DIK. *zu Lamachos*: Da hast du's. Ich habe dich gewarnt. Nun bist du arbeitslos. Und eine Beule hast du überdies am Kopf.

FRAU: Was willst du tun?

LAMACHOS: Ich gehe nach Athen. Ins Prytaneion. Ich bin pensionsberechtigt.

DIK.: Das ist die Hauptsache.

FRAU: Am Ruin der Heimat und am Tod Tausender schuld

sein, – und dafür Pension nehmen, ohne sich zu schämen, das ist auch eine Moral!

HEROLD: Was soll er denn sonst tun?

DIK.: Umlernen, umsatteln!

AMPHITHEOS: Der Militarismus ist ein Saisonberuf. Such dir was Besseres, eine Lebensstellung. Eine Stellung, die dem Leben dient und nicht dem Massakrieren!

DIK.: Schau dich um, und nimm Vernunft an. Der Peloponnesische Krieg ist zu Ende. Durch den Willen der einzelnen. Wenn uns die späteren Geschlechter nacheifern, war es der letzte Krieg!

FRAU: Das walten die Götter!

LAMACHOS *und* HEROLD *schauen einander an und lachen ganz leise und höhnisch*: Hihi! *Dann gehen sie ab.*
Beklommene Pause.

EIN SOLDAT *in Overall, mit Gasmaske, Maschinenpistole usw. kommt auf die Bühne. Es ist der Darsteller des Prytanen aus dem I. Akt, aber unkenntlich*: Da haben wir's. Die Dichter fordern den Frieden. Die Menschen wollen ihn. Und die Prytanen quatschen über ihn. Schindluder treiben sie mit dem edlen Wort. »Frieden!« schreit's aus allen Kanzleien. Sie behandeln das Wort, als sei's eine Margarinereklame. Sie heben an diesem Wunschwort der Welt ihr Bein wie die Hunde.

FRAU: So war unser Traum und der des Aristophanes ein bloßer Traum?

DIK.: Schau ihn doch an, bewaffnet bis an die Zähne!

SOLDAT: Glaubt ihr, ich will? Ich muß! – Je größre Sternwarten man baut, um so kleiner wird der Mensch. Nächstens wird er ein Supermikroskop erfinden müssen, wenn er sich noch erkennen will!

AMPHITHEOS: Aber ... will er sich denn erkennen?
Musik.

ALLE *aufgeteilt*:

Schneidet das Korn, und hütet die Herde,
indes der Planet um die Sonne rollt!

Keltert den Wein, und striegelt die Pferde!
Schön sein, schön sein könnte die Erde,
wenn ihr nur wolltet, wenn ihr nur wollt!

Reicht euch die Hände, seid *eine* Gemeinde!
Frieden, Frieden hieße der Sieg.
Glaubt nicht, ihr hättet Millionen Feinde.
Euer einziger Feind heißt – Krieg!

Frieden, Frieden, helft, daß er werde!
Tut, was euch freut, und nicht das, was ihr sollt.
Schneidet das Korn, und hütet die Herde!
Keltert den Wein, und striegelt die Pferde!
Schön sein, schön sein könnte die Erde,
wenn ihr nur wolltet, wenn ihr nur wollt!

VORHANG

Die Maulwürfe
oder Euer Wille geschehe!

I
Als sie, krank von den letzten Kriegen,
tief in die Erde hinunterstiegen,
in die Kellerstädte, die druntenliegen,
war noch keinem der Völker klar,
daß es der Abschied für immer war.

Sie stauten sich vor den Türen der Schächte
mit Nähmaschinen und Akten und Vieh,
daß man sie endlich nach unten brächte,
hinab in die künstlichen Tage und Nächte.
Und sie erbrachen, wenn einer schrie.

Ach, sie erschraken vor jeder Wolke!
War's Hexerei, oder war's noch Natur?
Brachte sie Regen für Flüsse und Flur?
Oder hing Gift überm wartenden Volke,
das verstört in die Tiefe fuhr?

Sie flohen aus Gottes guter Stube.
Sie ließen die Wiesen, die Häuser, das Wehr,
den Hügelwind und den Wald und das Meer.
Sie fuhren mit Fahrstühlen in die Grube.
Und die Erde ward wüst und leer.

II
Drunten in den versunkenen Städten,
versunken, wie einst Vineta versank,
lebten sie weiter, hörten Motetten,
teilten Atome, lasen Gazetten,
lagen in Betten und hielten die Bank.

Ihre Neue Welt glich gekachelten Träumen.
Der Horizont war aus blauem Glas.
Die Angst schlief ein. Und die Menschheit vergaß.
Nur manchmal erzählten die Mütter von Bäumen
und die Märchen vom Veilchen, vom Mond und vom Gras.

Himmel und Erde wurden zur Fabel.
Das Gewesene klang wie ein altes Gedicht.
Man wußte nichts mehr vom Turmbau zu Babel.
Man wußte nichts mehr vom Kain und vom Abel.
Und auf die Gräber schien Neonlicht.

Fachleute saßen an blanken, bequemen
Geräten und trieben Spiegelmagie.
An Periskopen hantierten sie
und gaben acht, ob die anderen kämen.
Aber die anderen kamen nie.

III
Droben verfielen inzwischen die Städte.
Brücken und Bahnhöfe stürzten ein.
Die Fabriken sahen aus wie verrenkte Skelette.
Die Menschheit hatte die große Wette
verloren, und Pan war wieder allein.

Der Wald rückte vor, überfiel die Ruinen,
stieg durch die Fenster, zertrat die Maschinen,
steckte sich Türme ins grüne Haar,
griff Lokomotiven, spielte mit ihnen
und holte Christus vom Hochaltar.

Nun galten wieder die ewigen Regeln.
Die Gesetzestafeln zerbrach keiner mehr.
Es gehorchten die Rose, der Schnee und der Bär.
Der Himmel gehörte wieder den Vögeln
und den kleinen und großen Fischen das Meer.

Nur einmal, im Frühling, durchquerten das Schweigen
rollende Panzer, als ging's in die Schlacht.
Sie kehrten, beladen mit Kirschblütenzweigen,
zurück, um sie drunten den Kindern zu zeigen.
Dann schlossen sich wieder die Türen zum Schacht.

Die folgende ironische Glosse erschien zu Beginn des Jahres 1949. Und die darin ausgesprochenen Befürchtungen waren, wie sich im Verlauf des Jahres herausstellen sollte, durchaus angebracht gewesen.

Das Goethe-Derby

Die Bleistifte sind messerscharf gespitzt. Die Federhalter haben frisch getankt. Die neuen Farbbänder zittern vor Ungeduld. Die Schreibmaschinen scharren nervös mit den Hufen. Die deutsche Kultur und die umliegenden Dörfer halten den Atem an. Es kann sich nur noch um Sekunden handeln. Da! Endlich ertönt der Startschuß! Die Federn sausen übers Papier. Die Finger jagen über die Tasten. Die Rotationsmaschinen gehen in die erste Kurve. Die Mikrophone beginnen zu glühen. Ein noch gut erhaltener Festredner bricht plötzlich zusammen. Das Rennen des Jahres hat begonnen: das Goethe-Derby über die klassische 200-Jahr-Strecke! Das olympische Flachrennen! Ein schier unübersehbares, ein Riesenfeld! (Hinweis für den Setzer: Vorsicht! Nicht Rieselfeld!) Ein Riesenfeld! Was da nicht alles mitläuft!

»Goethe und der Durchstich der Landengen«, »Faust II, Law und die Emission von Banknoten«, »Klopstock, Goethe und der Schlittschuhsport«, »Weimar und der historische Materialismus«, »Erwirb ihn, um ihn zu besitzen«, »Das Genie und die zyklische Pubertät«, »Goethe und die Bekämpfung der Kleidermotten«, »Die abgerundetste Persönlichkeit aller Zeiten«, »Sesenheim, ein Nationalheiligtum«, »Goethe und die Leipziger Messe«, »Goethe als Christ«, »Goethe als Atheist«, »Goethe als Junggeselle«, »War Johann Wolfgang ein schwererziehbares Kind?«, »Goethe und der Sozialismus«, »Goethe und der Monopolkapitalismus«, »Goethe auf Carossas Spuren«, »Ist Oberst Textor, USA, ein Nachkomme von Goethes Großvater Textor?«, »Goethe und die doppelte Buchführung«, »Goethes Abneigung gegen Hunde auf der Bühne«, »Von Lotte in Wetzlar zu Lotte in Weimar«, »Goethe und die Feuerwehr«, »Goethe und der Zwischenkiefer«, »Wo stünde Goethe heute?«, »Voilà c'est un homme!«, »Spinozas Einfluß auf Goethes Pantheismus«, »Genie und Kurzbeinigkeit«, »Vom Mütterchen die Frohnatur«, »Goethe als Weltbürger Nr. 1«, »Faust als ...«, »Cotta und Göschen über ...«, »Newtons Farbenlehre und ...«, »Tiefurt zur Zeit ...«, »Die Freimaurerei und ihr Einfluß auf ...«, »Goethe in ...«, »Goethe mitnachnächstnebstsamtbeiseit ...«

Es dürfte ziemlich schrecklich werden. Keiner wird sich lumpen lassen wollen, kein Redakteur, kein Philologe, kein Pastor, kein Philosoph, kein Dichter, kein Rektor, kein Bürgermeister und kein Parteiredner. Seine Permanenz, der Geheimrat Goethe! In Göttingen verfilmen sie den Faust. In München verfilmen sie den Werther. Von allen Kalenderblättern dringt seine Weisheit auf uns ein. Kaufen Sie die herrlichen Goethe-Goldorangen! Skifahrer benutzen die unverwüstlichen Berlichingen-Fausthandschuhe! Davids Goethe-Büste für den gebildeten Haushalt! Der Goethebüstenhalter, Marke Frau von Stein, in jedem Fachgeschäft erhältlich! O Mädchen, mein Mädchen, die Schallplatte des Jahres! Goethe-Tropfen erhalten Sie bis ins hohe Alter jung und elastisch!

Sind diese Befürchtungen übertrieben? Von der falschen Feierlichkeit bis zur echten Geschmacklosigkeit wird alles am Lager sein, und wir werden prompt beliefert werden. Am Ende des Jubiläumsjahres – wenn uns bei dem Wort »Goethe« Gesichtszuckungen befallen werden – wollen wir's uns wiedersagen. Die Schuld trifft das Vorhaben. Goethe, wie er's verdiente, zu feiern, mögen ein einziger Tag oder auch ein ganzes Leben zu kurz sein. Ein Jahr aber ist zu viel.

Zur »Woche des Buches«

Hinz kam zu Kunz um Rats gelaufen.
»Was schenkt ein Vater seinem Sohn?«
Kunz schlug ihm vor, ein Buch zu kaufen.
»Ein Buch? Ach nein. Das hat er schon.«

Zwischen hier und dort

Die Sonne scheint. Sie streichelt den Balkon. Pola Negri, die samtschwarze Katze aus dem Lande Halbangora, nistet in einem der Blumenkästen zwischen den Stiefmütterchen und tut, als sei sie selber eines, wenn auch, im Gegensatz zu den übrigen, beweglicher und auf Blumenkästen nicht unbedingt angewiesen. Oskar de Mendel, Polas Sohn und vom Vater her persisch blauen Geblüts, pflückt gerad wieder ein Büschel knospiger Nelkenstengel und trabt damit, als trüge er einen viel zu großen grüngefärbten Schnurrbart, stolz ins Arbeitszimmer. Sangesfroh wie er ist, stößt er unterwegs helle, spitze Triumphschreie aus. Es klingt nach Kindertrompete. Die Mama schaut elegisch hinter ihm drein. So blicken die Mütter und Bonnen im Jardin du Luxembourg, wenn die Kinder davonrennen. Dann wendet sich Pola wieder ihrem Roman, ach nein, den Stiefmütterchen zu und schnurrt ein altes Dienstmädchenlied. Der Jardin du Luxembourg ...

> Dieser Park liegt dicht beim Paradies.
> Und die Blumen blühn, als wüßten sie's.
> Kleine Knaben treiben große Reifen.
> Kleine Mädchen tragen große Schleifen.
> Was sie rufen, läßt sich schwer begreifen.
> Denn die Stadt ist fremd. Und heißt Paris.

In ein paar Tagen werde ich wieder einmal auf jenen Bänken sitzen. Wie jetzt auf meinem Balkon. Hier ist es schön. Dort wird's schön sein. Wenn nur die Zwischenzeit schon vorüber wäre! Ach, diese miserable Zwischenzeit! Der Paß. Das Visum. Die Devisen. Die Fahrkarten. Die Liste fürs Kofferpacken. Die Hotelbestellungen. Die Karte ans Postamt: »Da ich demnächst verreise, bitte ich Sie, Wert- und Einschreibsendungen bis zum ...« Die Miete im voraus. Die Orders für die Sekretärin. Für die Haushälterin. Die Abfahrt und die Pünktlichkeit. (Zu früh am Zug zu sein ist nicht weniger unpünktlich als zu spät zu kommen.) Natürlich kein Speisewagen. Dafür die Paßkontrolle. Die Devisenkontrolle. Die Zollkontrolle. Hierzulande und dortzulande.

Unvergeßliches Lindau! Als ein quarkblasser Grenzer ins Abteil trat, die Tür verschloß, die Vorhänge zog und an mir, dem einzigen Coupébewohner, zum Sherlock Holmes wurde! Als er in die Aschenbecher kroch, die Polster hochhob, sich auf den Fußboden legte, in meinen Rock- und Hosentaschen kramte und mich nötigte, die Schuhe auszuziehen! Als er, ein gelehriger Schüler Agatha Christies, zwischen meinen Zehen nach Opium, Curare, chiffrierten Notizen und Diamanten grub! Als er, während ich meine kitzligen Zehen wieder in die Schuhe tat, eine harmlose Zwanzigerpackung Laurens aufschnitt und darin nach Mikrofilmen mit Atomformeln suchte! »Um Ihren Beruf beneide ich Sie nicht«, sagte ich, die Schnürsenkel knüpfend. Er nahm's nicht weiter übel. Draußen fuhren im selben Augenblick Güterzüge voller Zigaretten vorüber, ohne Zoll und Banderole, und man muß, auch als Beamter, Haupt- und Nebensachen gewissenhaft auseinanderhalten können.

Reisen ist eine arge Beschäftigung. Das moderne Unterwegs ist womöglich noch schlimmer als das vergangene. Früher wurde man von unkonzessionierten Räubern überfallen und ausgezogen, und man hatte immerhin das Gefühl, daß einem Unrecht geschähe. Das hat sich geändert. Man sollte lieber nicht auf Reisen gehen, sondern auf dem Balkon sitzen bleiben. Wie Pola. Zwischen den Stiefmütterchen. Oder man sollte sich vor der Abreise chloroformieren lassen.

Mir wird die Geschichte jenes großen deutschen Philosophen aus dem 18. Jahrhundert unvergeßlich bleiben, der sich viele Jahre beharrlich sträubte, seine Universitätsstadt auch nur für einen Tag zu verlassen. Als er endlich einmal nachgab und, eines Vortrags wegen, mit der schnellen Post in eine andere Stadt fuhr, blieb er für den Rest des Lebens dort. Der Rest des Lebens betrug in seinem Falle dreißig Jahre. Die Hinreise hatte ihm genügt. Der Mann war konsequent. Das soll bei Philosophen vorkommen. Ich bin keiner.

Ein reizender Abend

Einladungen sind eine schreckliche Sache. Für die Gäste. Der Gastgeber weiß immerhin, wer ins Haus und was auf den Tisch kommen wird. Ihm ist, im Gegensatz zu mir, bekannt, daß Frau Ruckteschel, meine Nachbarin zur Linken, taub ist, aber zu eitel, die kleine Schwäche zuzugeben. Und was es bedeuten soll, wenn seine Gemahlin, in vorgerückter Stunde, mit Frau Sendeweins Frühjahrshut ins Zimmer tritt und flötet: »Ein entzückendes Hütchen, meine Liebe! Setzen Sie's doch einmal auf, damit wir sehen, wie es Sie kleidet«, also, was das bedeuten soll, weiß auch nur der Gastgeber. Die Gäste können es höchstens ahnen. Und aufbrechen.

Ach, wie schön ist es, von niemandem eingeladen, durch die abendlichen Geschäftsstraßen zu schlendern, irgendwo eine Schweinshaxe und ein wenig Bier zu verzehren und, allenfalls, mit einem fremden Menschen über den neuen Benzinpreis zu plaudern! Aber Einladungen? Nein. Dafür ist das Leben zu kurz.

Nehmen wir beispielsweise die Einladung bei Burmeesters. Vor drei Wochen. Entzückende Leute. Gebildet, weltoffen, hausmusikalisch, nichts gegen Burmeesters. Und wir wußten, wer außer uns käme. Thorn, der Verleger, mit seiner Frau, also alte Bekannte. Wir waren pünktlich. Der Martini war so trokken, wie ein Getränk nur sein kann. Thorn erzählte ein paar Witze, weder zu alt noch zu neu, hübsch abgehangen. Lottchen sah mich an, als wollte sie sagen: ›Was hast du eigentlich gegen Einladungen?‹ Ja. Und dann flog die Tür auf. Ein Hund trat ein. Er mußte sich bücken. So groß war er. Eine dänische Dogge, wie wir erfuhren. Lottchen dachte: ›Die Freunde meiner Freunde sind auch meine Freunde‹, und wollte das Tier streicheln. Es schnappte zu. Wie ein Vorhängeschloß. Zum Glück ein wenig ungenau. »Vorsicht!« sagte der Hausherr. »Ja nicht streicheln! Doktor Riemer hätte es neulich ums Haar einen Daumen gekostet. Der Hund ist auf den Mann dressiert.« Frau Thorn, die auf dem Sofa saß, meinte zwinkernd: »Aber doch nicht auf die Frau.« Sie schien hierbei, etwas vorlaut, eine Handbewegung gemacht zu haben, denn schon sprang die Dogge, elegant wie ein Hannoveraner Dressurpferd, mit einem einzigen Satze quer durchs Zimmer und landete auf Frau Thorn und dem Sofa, daß beide in allen Nähten krachten. Herr und Frau Burmeester eilten zu Hilfe, zerrten ihren Liebling ächzend in die Zimmermitte und zankten zärtlich mit ihm. Anschließend legte der Gastgeber das liebe Tier an eine kurze, aus Stahlringen gefügte Kette. Wir atmeten vorsichtig auf.

Dann hieß es, es sei serviert. Wir schritten, in gemessenem Abstand, hinter dem Hunde, der Herrn Burmeester an der Kette hatte, ins Nebenzimmer. Die Suppe verlief ungetrübt. Denn der Hausherr aß keine. Als die Koteletts mit dem Blumenkohl in holländischer Soße auf den Tisch kamen, wurde das anders. Man kann kein Kalbskotelett essen, während man eine dänische Dogge hält. »Keine Angst«, sagte Herr Burmeester. »Das Tier ist schläfrig und wird sich gleich zusammenrollen. Nur eins, bitte, – keine heftigen Bewegungen!« Wir aßen wie die Mäuschen. Mit angelegten Ohren. Wagten kaum zu kauen. Hielten die Ellbogen eng an den Körper gewinkelt. Doch das Tier war noch gar nicht müde! Es beschnüffelte uns hinterrücks. Sehr langsam. Sehr gründlich. Dann blieb es neben mir stehen und legte seine feuchtfröhliche Schnauze in meinen Blumenkohl. Burmeesters lachten herzlich, riefen nach einem frischen Teller, und ich fragte, wo man sich die Hände waschen könne.

Als ich, ein paar Minuten später, aus dem Waschraum ins Speisezimmer zurück wollte, knurrte es im Korridor. Es knurrte sehr. Mit einem solchen Knurren pflegen sich sonst größere Erdbeben anzukündigen. Ich blieb also im Waschraum und betrachtete Burmeesters Toiletteartikel. Als ich, nach weiteren zehn Minuten, die Tür von neuem aufklinken wollte, knurrte es wieder. Noch bedrohlicher als das erstemal. Nun schön. Ich blieb. Kämmte mich. Probierte, wie ich mit Linksscheitel aussähe. Mit Rechtsscheitel. Bürstete mir einen Hauch Brillantine ins Haar. Nach einer halben Stunde klopfte Herr Burmeester an die Tür und fragte, ob mir nicht gut sei. »Doch,

doch, aber Ihr Hündchen läßt mich nicht raus!« rief ich leise. Herr Burmeester lachte sein frisches, offenes Männerlachen. Dann sagte er: »Auf diese Tür ist das Tier besonders scharf. Wegen der Einbrecher. Einbrecher bevorzugen bekanntlich die Waschräume zum Einsteigen. Warum, weiß kein Mensch, aber es ist so. Komm, Cäsar!« Cäsar kam nicht. Nicht ums Verrecken. Statt dessen kam Frau Burmeester. Und Lottchen. Und das Ehepaar Thorn. »Sie Armer!« rief Frau Thorn. »Der Obstsalat war himmlisch!« »Soll ich Ihnen den neuesten Witz erzählen?« fragte Thorn. Er schien, nun sich der Hund auf mich konzentriert hatte, bei bester Laune. Und ich? Ich gab nicht einmal eine Antwort. Sondern begann ein Sonett zu dichten. Einen Bleistift habe ich immer bei mir. Papier war auch da.

Zwischendurch teilte mir Herr Burmeester mit, er wolle den Hundedresseur anrufen. Irgendwann klopfte er und sagte, der Mann sei leider im Krankenhaus. Ob er später noch einmal geklopft hat, weiß ich nicht. Ich kletterte durch das leider etwas schmale und hochgelegene Fenster, sprang in den Garten, verstauchte mir den linken Fuß und humpelte heimwärts. Bis ich ein Taxi fand. Geld hatte ich bei mir. Aber keine Schlüssel. Hätte ich vorher gewußt, was käme, hätte ich, als ich in den Waschraum ging, den Mantel angezogen. So saß ich schließlich, restlos verbittert, auf unserer Gartenmauer und holte mir einen Schnupfen. Als Lottchen mit meinem Hut, Schirm und Mantel angefahren kam, musterte sie mich ein wenig besorgt und erstaunt. »Nanu«, meinte sie. »Seit wann hast du denn einen Scheitel?«

Wie gesagt, Einladungen sind eine schreckliche Sache. Ich humple heute noch.

Lob des Tennisspiels

Am Rande einer sonntäglichen Allee stauen sich die Spaziergänger und blicken, als stünden sie im Zoo, fasziniert durch die Maschen eines drei Meter hohen Drahtnetzes. Sie sehen roten Kies, weiße Kreidelinien, zwei pfleglich gekleidete, Pritschen schwingende Männer, einen Ball, den sie aus Leibeskräften malträtieren, und einen Jungen, der den Ball gelegentlich aufklaubt und einem der Männer zuwirft. Dann nimmt die seltsame Prozedur des Hin und Her ihren Fortgang. Die Sonne brennt. Es ist sehr still. Man hört nur die Pritschenschläge und mitunter kurze Zwischenrufe, die nach Algebra klingen. »Dreißig zu Fünfzehn!« »Vierzig zu Fünfzehn!« Die Männer laufen voneinander weg und aufeinander zu, als gelte es das Leben, schwingen ihre Saiteninstrumente, jagen den Ball aus einer Ecke in die andere, schütteln sich, unvermittelt, in der Platzmitte, an einem Netz aus Hanf, die Hand, strahlen, wenn auch erschöpft, übers ganze Gesicht und verlassen einträchtig das Drahtgehege, um sich, notgedrungen, dem Ernste des Daseins zu widmen.

Über den Spieltrieb des Menschen ist schon sehr viel geschrieben worden, und zwar von den jeweils klügsten Leuten. Immer wieder zerbricht man sich über diese unsere ebenso rätselhafte wie beglückende Neigung den Kopf. Wir stellen Regeln auf und tun, als ob sie bestünden. Um alles in der Welt, gibt es denn nicht schon genug Gesetze? Müssen wir noch neue dazuhexen? Wir müssen's wohl. Wir müssen uns ihnen freiwillig und spielend beugen, und so, als sei's im Ernst. Valéry hat gesagt, noch die Falschspieler unterwürfen sich den Regeln. Sonst könnten sie ja mit offenen Karten falschspielen, doch gerade das täten sie nicht. Die eigentlichen und einzigen Feinde und Verächter des Spiels seien die Spielverderber. Sie erkennten die Regeln nicht an und verneinten damit die Realität des Spiels überhaupt. Das Spiel ist ein Geschöpf des Menschen, und es lebt zur Freude seines Schöpfers in jenem märchenhaften Lande, wo »ernst« und »heiter« kein Gegensatz, sondern eines sind. Und das er nur spielend betreten kann.

Doch nun zurück von Schiller, Valéry und Huizinga zum Tennisplatz! Worin liegt der besondere Zauber des weißen Sportes? Tennis ist ein Duell auf Distanz, noch dazu das einzige Beispiel dieser Spezies. Insofern gleicht es, auf anderer Ebene, der Forderung auf Pistolen. Der wesentliche Unterschied besteht darin, daß man sich nicht abmüht, dahin zu schießen, wo der Gegner steht, sondern möglichst dorthin, wo er nicht steht. Außerdem, doch das zählt nur als Folge, ist Tennis ein höchst bewegliches Duell. Da der beste Schuß jener ist, der am weitesten danebentrifft, und da der Gegner mit der gleichen Kugel und derselben Absicht zurückschießt, lautet der wichtigste Tennislehrsatz: Laufenkönnen ist die Hauptsache. Wer die unermüdliche Fähigkeit besitzt, rechtzeitig und in der richtigen Stellung »am Ball« zu sein, wird auch den schlagstärksten Gegner besiegen. Wer je erlebt hat, wie ein Überathlet im Court von einem wieselgleichen Läufer herumgehetzt wurde und schließlich zusammenbrach, weiß das zur Genüge.

Die Skiläufer kämpfen gegen die Uhr. Die Schwimmer kämpfen nebeneinander. Die Stabhochspringer kämpfen nacheinander. Beim Fußball kämpft man in Rudeln. Die Boxer kämpfen Fuß bei Fuß. Nur die Tennisspieler duellieren sich auf Distanz. Und als einzige ohne zeitliche Regelgrenze! Theoretisch könnte ein Kampf zwölf Stunden und noch länger dauern, doch der Tennisspieler ist auch nur ein Mensch. Immerhin, vierstündige Duelle hat es schon gegeben. Und bis zur letzten Minute bleibt es ungewiß, wer Sieger sein wird.

Die entscheidenden Eigenschaften für ein solches Duell sind Kraft, Diplomatie, Konzentration, Schnelligkeit, Ökonomie, Präzision, Ahnungsvermögen, Witz, Ruhe, Selbstbeherrschung und Verstand. Man braucht sie alle, und sie entwickeln sich »spielend«. Und wer die eine oder andere Fähigkeit nicht besitzt, muß trachten, sie durch die zuletzt genannte, den Verstand, zu ersetzen. Da Prenn, einer der größten deutschen Spieler, schlecht zu Fuß war, hatte er sich »verdeckte« Schläge angeeignet, die unberechenbar waren. Er holte zu einem Drive aus, der Gegner stürzte zur Grundlinie zurück, aber Prenns Ball fiel, müde wie eine ausgekeimte Kartoffel, gleich hinterm Netz und unerreichbar zu Boden.

Tennis ist nicht nur ein Sport, sondern auch eine Kunst. Und wie es Dichter gibt, die ihre besten Einfälle geistig hochprozentigen Getränken verdanken, soll es, wenn auch seltener, Tenniskünstler geben, deren Divination alkoholischen Ursprungs ist. Nachdem im Endspiel eines internationalen Turniers wieder einmal die bekannten Matadoren X. und Y. aufeinandergetroffen waren und X. wieder einmal gewonnen hatte, sagte Y.: »Zugegeben, daß du gewonnen hast, – aber mußtest du dich gestern nacht so betrinken, daß du im ersten Satz kaum geradestehen konntest?« »Ich mußte«, antwortete X. »Wenn ich weniger trinke, sehe ich den Ball doppelt, und dann treffe ich, das ist eine klare Rechnung, den richtigen nur in fünfzig von hundert Fällen. Trinke ich aber gründlich, so sehe ich drei Bälle.« – »Und?« – »Dann schlage ich den in der Mitte!«

Der Verfasser möchte sich bei den Lesern entschuldigen, daß er nicht nur in diesem, sondern auch in dem »Das Zeitalter der Empfindlichkeit« überschriebenen Artikel auf den »Spieltrieb« und die »Spielregeln« zu sprechen kommt. Es handelt sich um eines seiner Steckenpferde.

Diese kleine Tafelrede über mich selbst ist, sieht man von der scherzhaften Seite ab, ein analytischer Eigenversuch. So wurde sie auch, trotz der Heiterkeit der gemütlichen Kollegen und Gastgeber, verstanden; und nicht anders erging es der mutwilligen Selbsterwiderung.

Kästner über Kästner

Es ist ein hübscher Brauch des Zürcher PEN-Clubs, den jeweiligen Gast, bevor er selber zu Worte kommt, durch jemand anderen, der seine Arbeiten, womöglich auch *ihn* einigermaßen kennt, kurz einzuführen. Diesem Brauche folgend, hat man mich gefragt, ob ich heute Erich Kästner einleiten wolle. Man wisse, daß ich ihn kenne. Vielleicht nicht so gut und so genau wie etwa ein Literaturhistoriker. Aber diese Gilde habe sich nicht sonderlich mit ihm beschäftigt, und zu ein paar mehr oder weniger treffenden Sätzen werde es bei mir schon reichen.

Nun, solche Versuche einer knappen Charakteristik haben ihre mißliche Seite. Wer kennt den anderen so, daß er sich vermessen könnte, *wenig* über ihn mitzuteilen? So gut, meine Herrschaften, kennt man sich nicht einmal selber. Trotzdem habe ich den Anlaß beim Schopfe genommen und mir über unseren Gast, diesen Journalisten und Literaten aus Deutschland, ein bißchen den Kopf zerbrochen. Sollte es *ihm* nicht nützen, so wird es doch *mir* nicht geschadet haben. Sich am anderen selber klar zu werden, ist nicht das schlechteste Verfahren. Das mag, in Hinblick auf die mir gestellte Aufgabe, unangemessen und egoistisch klingen – in jedem Falle heißt es: mit offenen Karten spielen. Und wenn Offenheit – die man nicht mit Unverfrorenheit verwechseln wird – vielleicht auch keine Tugend ist, so ist sie immerhin der erträglichste Aggregatzustand der Untugenden. Ich muß um Entschuldigung bitten, daß ich zuviel von mir und zu wenig von unserem Gaste spreche, und will mich bemühen, den Fehler, wenn auch nicht völlig zu vermeiden, so doch aufs mindeste zu reduzieren.

Ich kenne Leute, die behaupten, über Kästner besser Bescheid zu wissen als gerade ich: ein paar Freunde, ein paar Frauen, ein paar Feinde. Nun könnte ich zwar für mich anführen, daß wir die Kindheit gemeinsam verlebt haben, daß wir in und auf dieselben Schulen gegangen sind, daß wir, Auge in Auge, im Guten wie im Bösen, die gleichen Erfahrungen machen durften und machen mußten, wenn auch er als Schriftsteller und ich nur als Mensch – aber am Ende haben die anderen wirklich recht. Vielleicht war ich tatsächlich zu oft und zu lange mit Kästner zusammen, um über ihn urteilen zu können? Vielleicht fehlt mir der nötige Abstand? Denn erst die Distanz vereinfacht, und die echte Vereinfachung ist ja die einzige Methode, jemanden zu zeichnen und zu kennzeichnen. Man darf dem Nagel, den man auf den Kopf treffen will, nicht zu nahe stehen, und lieben darf man ihn schon gar nicht ...

Nun, er soll's, vor Ihnen als Zeugen, ruhig hören: Ich bin keineswegs so vernarrt in ihn, daß ich seine Grenzen, Mängel und Fehler nicht sähe und in einem Werturteil über ihn nicht einzukalkulieren wüßte. Da er unser Gast und Gästen gegenüber Rücksicht am Platze ist, möchte ich mein Urteil höflicherweise *bildlich* äußern. Er wird mich schon verstehen ... Da er das Tennis kennt und liebt, will ich diesen Sport zum Vergleiche heranziehen und sagen: Kästner war von den nationalen und internationalen Konkurrenzen zu lange ausgeschaltet, als daß man über seine derzeitige Form genau Bescheid wissen könnte. Trotzdem ist eines so gut wie sicher: zur A-Klasse gehört er nicht. Nach Wimbledon würde ich ihn nicht schikken. Und auch für die deutsche Daviscup-Mannschaft würde ich ihn nicht nennen. Höchstens als Ersatzmann. Er wird meiner Meinung, vermute ich, beipflichten. In seinem Alter hat man entweder die Überheblichkeit abgestreift, oder man ist ein hoffnungsloser Fall. (Außerdem soll es in Wimbledon schon sehr langweilige Spiele und in Klubturnieren die spannendsten Fünfsatzkämpfe gegeben haben.)

So einfach es ist, ihn dem *Werte* nach zu klassieren, so schwierig scheint es auf den ersten Blick, ihn zu katalogisieren. Welches Etikett soll man ihm aufkleben? Bei vielen anderen ist das viel leichter. Der eine rangiert als neuromantischer Hymniker, der zweite als Bühnenspezialist für komplizierte Ehebrüche, der dritte als reimender Voraustrompeter einer neuen Weltordnung, der vierte als zivilisationsfeindlicher Südsee- oder Chinanovellist, der fünfte als Verfasser historischer oder katholischer Erzählungen, der sechste als Meister des Essays in Romanform, der siebente als beseelte Kinderbuchtante mit sozialem Einschlag, der achte als nihilistischer Dramatiker mit philosophischem Hosenboden, der neunte als Epiker der Schwerindustrie und Eisenverhüttung, der zehnte als psychologischer Kunstseidenspinner, der elfte als Heimatdichter, Abteilung Bergwelt über 1500 Meter – man kommt bei einigem bösen Willen fast jedem bei. Schließlich wird nahezu jeder – ob er will oder nicht, und wer wollte schon – ein Fläschchen mit einem hübsch leserlich beschrifteten Schild auf dem Bauch.

Was aber soll man nun mit jemandem anfangen, der neben satirischen Gedichtbänden, worin die Konventionen der Menschheit entheiligt und »zersetzt« werden, wie es seinerzeit offiziell hieß und gelegentlich auch heute noch heißt, – der neben solchen gereimten Injurien Kinderbücher geschrieben hat, denen die Erzieher Anerkennung und die Erzogenen Begeisterung entgegenbringen? Mit einem Schriftsteller, bei dessen »Fabian« Bardamen, ja sogar Mediziner noch rot werden, dessen humoristische Unterhaltungsromane hingegen in manchen Krankenhäusern verordnet werden wie Zinksalbe und Kamillenumschläge? Mit jemandem, der, wenn er's für notwendig hält, für Zeitungen kulturpolitische Leitartikel und für Kabaretts Chansons und Sketche schreibt, letzthin zweieinhalbes Jahr lang, ohne abzusetzen, und dessen nächstes Projekt – in einer zutraulichen Minute hat er mir's verlegen gestanden – einem für ihn neuen Gebiete gilt: dem Theater? Wie soll man dieses Durcheinander an Gattungen und Positionen zu einem geschmackvollen Strauße binden? Wenn man es versuchte, sähe das Ganze, fürchte ich, aus wie ein Gebinde aus Gänseblümchen, Orchideen, sauren Gurken, Schwertlilien, Makkaroni, Schnürsenkeln und Bleistiften. Und so erhebt sich die fatale Frage, ob seine Arbeiten und Absichten überhaupt untereinander im Bunde sind. Ob nicht das ziemlich heillose

Durcheinander höchstens in ein Nach- und Nebeneinander verwandelt werden kann. Vielleicht sind seine Produkte wirklich nur mit Erbsen, Reiskörnern, Bohnen und Linsen zu vergleichen, die aus Zufall und Versehen in ein und dieselbe Tüte geraten sind? Wenn das stimmte, hätte ich das Thema besser nicht anschneiden sollen. Es wäre nicht sonderlich fein, einem Schriftsteller nach einem gemeinsamen Abendessen, quasi zum Nachtisch, die Meinung zu servieren, daß man ihn für einen Trödler und Gelegenheitsmacher hält. Sie, ich und er – wir alle sind somit aus Gründen der Gastfreundschaft daran interessiert, für seine Bücher einen gemeinsamen Nenner zu finden, schlimmstenfalls zu erfinden! Noblesse oblige ...

Nun denn: Als ich ihn einmal fragte, warum er neben seinen bitterbösen Satiren Bücher für kleine Jungen und Mädchen schreibe, gab er eine Antwort, die uns aus der Klemme helfen kann. Die Attacken, sagte er, die er, mit seinem als Lanze eingelegten Bleistift, gegen die Trägheit der Herzen und gegen die Unbelehrbarkeit der Köpfe ritte, strengten sein Gemüt derartig an, daß er hinterdrein, wenn die Rosinante wieder im Stall stünde und ihren Hafer fräße, jedesmal von neuem das unausrottbare Bedürfnis verspüre, Kindern Geschichten zu erzählen. Das täte ihm über alle Maßen wohl. Denn Kinder, das glaube und wisse er, seien dem Guten noch nahe wie Stubennachbarn. Man müsse sie nur lehren, die Tür behutsam aufzuklinken ... Und als er immer wieder von »gut« und von »böse«, von »dumm« und »vernünftig«, von »erziehbar« und von »unverbesserlich« daherredete, ging mir ein Licht auf. Ich hatte ihm eine verkehrte Mütze aufgesetzt und mich gewundert, daß sie ihm nicht passen wollte! Hier lag der Grund begraben! Unser Gast, meine Damen und Herren, ist gar kein Schöngeist, sondern ein Schulmeister! Betrachtet man seine Arbeiten – vom Bilderbuch bis zum verfänglichsten Gedicht – unter diesem Gesichtspunkte, so geht die Rechnung ohne Bruch auf. Er ist ein Moralist. Er ist ein Rationalist. Er ist ein Urenkel der deutschen Aufklärung, spinnefeind der unechten »Tiefe«, die im Lande der Dichter und Denker nie aus der Mode kommt, untertan und zugetan den drei unveräußerlichen Forderungen:

nach der Aufrichtigkeit des Empfindens, nach der Klarheit des Denkens und nach der Einfachheit in Wort und Satz.

Er glaubt an den gesunden Menschenverstand wie an ein Wunder, und so wäre alles gut und schön, wenn er an Wunder glaubte, doch eben das verbietet ihm der gesunde Menschenverstand. Es steckt jeder in seiner eigenen Zwickmühle. Und auch unser Gast hätte nichts zu lachen, wenn er nicht das besäße, was Leute, die nichts davon verstehen, seinen »unverwüstlichen und sonnigen Humor« zu nennen belieben.

Ich hoffe, die mir zugebilligte Sprechzeit einigermaßen nützlich ausgefüllt und Erich Kästner nach Wert und Art, so gut ich's vermochte, charakterisiert zu haben. Für jene unter Ihnen, die es nicht wissen, wäre allenfalls noch nachzutragen, daß er während des Dritten Reiches, obwohl verboten, freiwillig in Deutschland geblieben ist und daß die Meldung der »Basler Nationalzeitung« aus dem Jahre 1942, er sei bei dem Versuch, in die Schweiz zu entkommen, von Angehörigen der SS erschossen worden, nicht zutraf. Meine Damen und Herren, er lebt. Er weilt in unserer Mitte. Und so darf ich ihn bitten, das Wort zu ergreifen!

Hierauf erwiderte ich mir mit angemessener Bescheidenheit:

Meine Damen und Herren!

Ich danke Ihnen aufrichtig für den freundlichen und freundschaftlichen Empfang. Zum dritten Male bin ich nun seit Kriegsende in der Schweiz und möchte Ihnen gestehen, daß mir diese Besuche und die Begegnungen mit Ihnen von Grund auf wohltun. Das Leben hier und das Leben draußen unterscheiden sich recht deutlich voneinander, und der periodische Wechsel zwischen beiden wirkt ungefähr wie eine ärztlich verordnete Badekur; er erhält elastisch. Und Elastizität ist ja nicht nur ein wünschbarer Zustand an sich, sondern wir alle werden sie, fürchte ich, in Zukunft recht nützlich gebrauchen können …

Insbesondere danke ich meinem verehrten Herrn Vorredner für die teilnehmenden Worte, die er mir gewidmet hat. Ich war, wie sich leicht denken läßt, völlig überrascht davon, am heutigen Abend einer so sorgfältigen und behutsamen Würdigung unterzogen zu werden. Die Gelegenheit trifft mich somit ganz unvorbereitet. Improvisieren ist meine Stärke nicht. Ich muß sein Lob wohl oder übel auf mir sitzen lassen. Nur so viel möchte ich ihm antworten: Sich von anderen so einfühlsam verstanden zu wissen, gewährt nicht nur eine leise Befriedigung, sondern ermuntert den Autor auch, den von ihm eingeschlagenen Weg – diesen einen Weg unter hundert anderen – unverdrossen weiterzugehen. Und sollte ich mich hierbei dem gesteckten Ziele auch nur ein paar Schritte nähern, so wird es nicht nur mein Verdienst, sondern ebenso das meines Vorredners gewesen sein.

Eine unliterarische Antwort

»Woran arbeiten Sie?« fragt ihr.
»An einem Roman?« An *mir*.

KABARETTPOESIE.
NACHLESE 1929–1953

Was das Volk begehrt

Da steht nun das deutsche Volk und erfährt
an den Anschlagsäulen, was es begehrt.

Da stehen die Hauptunterstützungsempfänger,
die Kinder, die nachts auf der Erde liegen,
die Lungenkranken, die Drehorgelsänger,
die Dienstmädchen, die am Ersten fliegen,

die Wohnungslosen, die langen Bräute,
die Frauen, die sich im Dunkeln versteigern,
die Kleinrentner und noch andere Leute,
die unfreiwillig die Nahrung verweigern,

die Lumpensammler, die Krüppelverbände,
die Reisenden mit sieben Mark Spesen,
sie schreien und klatschen in sämtliche Hände
bzw. in ihre Prothesen:

»Wir begehren keine Dreizimmerwohnung.
Wir begehren weder Trinken noch Essen.
Wir begehren keine besondre Entlohnung.
Wir wollen weiter Kartoffeln fressen!

Wir begehren keine sozialen Gesetze.
Wir begehren nichts an Ideen und Entwürfen.
Wir begehren keine Kinderspielplätze.
Wir bitten, zugrunde gehen zu dürfen!

Wir begehren keine Raiffeisenprozesse.
Wir begehren kein Glück und kein Pflaumenkompott
Wir begehren, in Hugenbergs Interesse,
Deutschlands Bankrott!«

Der liebe Gott (falls er existiert)
ist hoffentlich nicht bei Scherl abonniert.

Surabaya-Johnny II
Frei nach Kipling und Brecht

Du kamst aus den Wäldern bei Pirna.
Du sagtest nicht Frau, sondern Weib.
Du warst tätowiert wie ein Seemann.
Du hattest nichts Warmes im Leib.
Du sagtest, du wärst viel auf Reisen.
Und du führest zu Schiff über Land.
Und du hättest Muskeln aus Eisen.
Und auch sonst hättst du allerhand.

    Das war gemein, Johnny.
    Ich fiel drauf rein, Johnny.
    Du hast gelogen, Johnny, du bist nicht echt.
    Du bist nicht gereist, Johnny.
    Du bist nicht von Kipling, Johnny.
    Nimm die Pfeife raus. Du bist von Brecht.
    Surabaya-Johnny!
    Kalkutta, Schanghai, Montreux!
    Johnny, sunny Johnny,
    mein Gott, my God, mon Dieu!

Du konntest vor Kraft nicht laufen.
Du hattest den größten Mund.
Du wolltest mich preiswert verkaufen,
in Dollars und nach Pfund.
Du schwärmtest von fernen Bordellen,
mit Huren und Kunden und Gin.
Dort gäbe es offene Stellen.
Und da gehöre ich hin.

    Weil du es wolltest, Johnny,
    sagte ich Ja, Johnny.
    Ich war so sinnlich, Johnny, mir war es recht.
    Doch die Bordelle, Johnny,
    warn frei erfunden, Johnny!

Du hast gelogen, wart! Ich sag es Brecht.
Surabaya-Johnny!
Du sprachest von Kolonien,
Johnny, sunny Johnny,
und kanntest nur Berlin.

Du sagtest, du wärst ein Verbrecher.
Und hättest die Konzession
als vereidigter Messerstecher.
Ich glaubte dir jeden Ton.
Du versprachst mir, mich zu ermorden.
Du stachst mich schon in die Haut.
Er ist nichts draus geworden.
Du hast dich nicht getraut.

Du renommiertest, Johnny,
sooft du sprachst, Johnny.
Nur mit dem Maul, Johnny, da warst du schlecht.
Du warst nicht englisch, Johnny.
Du warst nicht indisch, Johnny.
Kauft Kolonialwaren bei Bertolt Brecht!
Surabaya-Johnny!
Villon, Kipling, Rimbaud,
fourniert auf Mahagonny –
du bist der geborene ›& Co‹!

Friedrich Karsch

Friedrich Karsch war, was ihn betraf,
ein stellungsloser Fotograf,
seine Frau war hingegen brav und fast neu.
Und er sprach zu ihr: »Du siehst,
wie mein Geldmangel mich verdrießt:
warum bist du verfluchtes Biest mir so treu?!«

»Scher dich fort!« sprach der böse Mann.
Darauf zog sie ihr Seidenes an

und den Hut, und dann verließ sie ihn.
Und es regnete und war kalt –
Frau K. war blond von Gestalt,
und sie bestrich zitternd den Asphalt von Berlin.

Bei der Frau war, wohin man sah,
alles, was verlangt wird, da:
die Figur und et cetera u. P. P.
Doch sie war noch so wenig dreist,
und sie wackelte nur wie so'n Geist,
und die Männer sagten meist nur: »Nee, nee!«

Als sie heimkam von ihrem Marsch,
saß ihr Mann, der Herr Friedrich Karsch,
auf dem Sofa und sagte barsch: »Nun zack aus!«
Doch sie sprach: »Ach, bitte, gib mir
10 Mark. Die will ein Mann dafür,
und er steht unten in der Tür vor dem Haus.«

Friedrich Karsch nahm den Dolch und schlich,
zu dem Hausflur: Ein Stoß, ein Stich! –
Der Mann zuckte nur fürchterlich und war hin.
Friedrich Karsch reut' es später sehr,
denn der Mann in der Türe der
war ein Stadtverordneter von Berlin.

Friedrich Karsch rief aus vollster Brust:

»Hätt' ich das vorneweg gewußt,
hätt er nicht sterben gemußt, denn warum?!
Ich war herzlos im höchsten Grad:

Einem Mitglied vom Magistrat
nehme ich eine solche Tat doch nicht krumm.«

Friedrich Karsch kam dafür in's Loch,
und dort sitzt er bis heute noch;
und die Frau geht ja nun doch auf den Strich.

Die Moral dieser Moritat:

Wenn man wen zu erstechen hat,
fragt man: »Sind Sie vom Magistrat oder nicht!?«

Kinderlied für Arbeitslose

Schlafzimmer habt ihr immer noch keins.
Doch Kinder kriegt ihr fast jedes Jahr eins.
Warum ihr das wohl tut?
Euch geht's wohl noch zu gut?
Der letzte Groschen wird verfeuert.
Der Vater wird bald ausgesteuert.
Das Hinterhaus ist voll Geschrei.
Eia popeia, eia popeia –
Von wegen Eiapopei!

Die Dummheit sollte Grenzen haben.
Was sollen denn die vielen Knaben?
Sie werden erstens groß
und zweitens arbeitslos.
Wann werdet ihr denn nur gescheit?
Ihr seid nicht mehr, je mehr ihr seid!
Was soll die ewige Fortpflanzerei?
Eia popeia, eia popeia –
Von wegen Eiapopei!

Und jeder hat Töchter, und jeder hat Söhne.
Und immer tiefer drückt man die Löhne.
Laßt doch die Kindereien!
Begnügt euch mit einem und zweien.
Ihr seid der Bund der Kinderreichen.
Ihr liefert für die Zukunft Leichen.
Ihr liefert dem Elend frei ins Haus.
Eia popeia, eia popeia –
Schlaft ein? Nein! Schlaft aus!

Neues Volkslied
Im Norden Berlins auf die Melodie
»Drei Lilien, drei Lilien« gehört.
Mitgeteilt von Erich Kästner.

Es war einmal, es war einmal
ein Leutnant mit zwei Mann, ja mit zwei Mann,
Der sprach zu ihnen beiden:
»Wir gehn mal ran!«

Er ging zu Weiß und Heimannsberg,
zu Braun und Severing, ja Severing,
Er rief: »Ihr seid entlassen,
sonst gibt's ein Ding!«

Der Leutnant zeigte einen Brief,
in dem es schriftlich stand, ja schriftlich stand,
und auf ne Handgranate
in seiner Hand.

Da standen schnell die Herren auf
und wichen der Gewalt, ja der Gewalt
und haben nicht einmal mit
der Tür geknallt.

Die Polizei, die Polizei,
so groß als wie ein Heer, ja wie ein Heer,
die sah die Herrn verschwinden
und staunte sehr.

Es war einmal, es war einmal
ein Leutnant mit zwei Mann, ja mit zwei Mann.
Und doch ist es kein Märchen.
Denkt mal an!

Brief an den Weihnachtsmann

Lieber, guter Weihnachtsmann,
weißt du nicht, wie's um uns steht?
Schau dir mal den Globus an.
Da hat einer dran gedreht.

Alle stehn herum und klagen.
Alle blicken traurig drein.
Wer es war, ist schwer zu sagen.
Keiner will's gewesen sein.

In den Straßen knallen Schüsse.
Irgendwer hat uns verhext.
Laß den Christbaum und die Nüsse
diesmal, wo der Pfeffer wächst.

Auch um Lichter wär es schade.
Hat man es dir nicht erzählt?
Und bring keine Schokolade,
weil uns ganz was andres fehlt.

Uns ist gar nicht wohl zumute.
Kommen sollst du, aber bloß
mit dem Stock und mit der Rute.
(Und nimm beide ziemlich groß.)

Breite deine goldnen Flügel
aus, und komm zu uns herab.
Dann verteile deine Prügel.
Aber, bitte, nicht zu knapp.

Lege die Industriellen
kurz entschlossen übers Knie.
Und wenn sie sich harmlos stellen,
glaube mir, so lügen sie.

Ziehe denen, die regieren,
bitteschön, die Hosen stramm.
Wenn sie heulen und sich zieren,
zeige ihnen ihr Programm.

Und nach München lenk die Schritte,
wo der Hitler wohnen soll.
Hau dem Guten, bitte, bitte,
den Germanenhintern voll!

Komm, und zeige dich erbötig,
und verhau sie, daß es raucht!
Denn sie haben's bitter nötig.
Und sie hätten's längst gebraucht.

Komm, erlös uns von der Plage,
weil ein Mensch das gar nicht kann.
Ach, das wären Feiertage,
lieber, guter Weihnachtsmann!

Das Lied vom Kleinen Mann

Hoch klingt das Lied vom Kleinen Mann!
Es klingt, so hoch ein Lied nur kann,
hoch über seinem Buckel.
Es braust ein Ruf wie Donnerhall:
Den Kleinen Mann gibts überall,
von Köln bis Posemuckel!

Der Kleine Mann, das ist ein Mann,
mit dem man alles machen kann.
Er schwärmt für milde Gaben
und ruft bei jedem Fehlbetrag:
»Der Reichstag ist der schönste Tag,
den wir auf Erden haben!«

Er stört nicht gern. Er wird regiert
und so vom andern angeschmiert,
daß der sich selber wundert.
Und wenn wer seine Peitsche zückt,
dann ruft der Kleine Mann gebückt:
»Nicht fünfzig, sondern hundert!«

Er steht auf allen Vieren stramm,
beladen mit dem Notprogramm,
und wartet auf den Schinder.
Er schleppt und darbt und nennt es Pflicht,
denkt nicht an sich und denkt auch nicht
einmal an seine Kinder!

Er ist so klein. Sein Herz ist rein.
Und eine Suppe brockt er ein,
die muß die Nachwelt essen.
Hoch klingt das Lied vom Kleinen Mann.
Und wer sein Sohn ist, hör sich's an
und mög es nicht vergessen!

Aus der Deutschen Chronik

Anno 1931
war die deutsche Filmzensur sehr fleißig,
und die Leinewand kam ins Gedränge.
Deshalb schickte man dem Zensor Seeger
einen gut erhaltenen Bettvorleger,
daß er den als Vollbart um sich hänge.

Weil auch dieser kleine Scherz nichts nützte
und Herr Wirth* den Zensor unterstützte,
sah man sich nach andern Mitteln um.

* Anmerkung: Ein gewisser Doktor Joseph Wirth,
seinerzeit Reichsinnenminister.

Die Zensur begann sich zu erregen,
daß im Film die Hühner Eier legen,
ganz egal, ob tönend oder stumm.

Die Zensur verbot gefilmte Küsse,
weil das höchst verrohend wirken müsse.
Sie verbot im Film den Tanz zu zweit.
Sie verbot photographierte Betten,
und daß Frauen Frauenbeine hätten.
Schließlich sprach das Volk: »Das geht zu weit.«

Und das Volk beschloß, sich selbst zu wehren
und dem Staat kein Kind mehr zu gebären.
Ein Jahr später war der Jammer groß.
Die Statistik kam nicht von der Stelle.
Und Herr Wirth sprach auf der Deutschen Welle:
»Was, zum Donnerwetter, ist denn los?«

Tags darauf ging folgende Erklärung
(zu der unterbliebnen Volksvermehrung)
der Regierung zu. Man las und sah:
»Storch hat sich dies Jahr nicht blicken lassen.
Unterzeichneter kann's auch nicht fassen.
Gruß an Seeger.
      Deutsches Volk GmbH.«

Dummheit zu Pferde

In Dresden haben, Gott sei's geklagt,
die deutschen Kavalleristen getagt.
Sie haben getagt. Sie haben genächtigt.
Sie taten sehr existenzberechtigt.
Sie trabten in Horden,
sie trabten in Herden,
mit klappernden Orden,
auf klappernden Pferden.

In Anwesenheit eines Feldmarschalles
sangen sie: »Deutschland über alles.«
Die Pferde hielten vorzüglich Schritt
und sangen vor lauter Begeisterung mit.

Es glühten, im Widerschein solcher Späße,
die abgehärtetsten Reitergesäße.
Man sah gepanzerte Kürassiere,
gemeine Leute und hohe Tiere
und blaue Ulanen
mit wehenden Fahnen
und rote Husaren
mit langen Fanfaren,
und anläßlich dieses Maskenballes
sangen sie: »Deutschland über alles.«
Die Esel dachten auf ihren Pferden:
Durchs Reiten wird es schon besser werden.

Sie strahlten und ritten, die Beine breit,
retour in die deutsche Vergangenheit.
Sie blähten, ganz wie die Gäule, die Nüstern
und überhörten den Wind und sein Flüstern:
»Heute Spaß,
morgen Gas,
übermorgen
Würmerfraß!«
Stolz zogen sie über Stock und Stein,
ein reitender Männergesangverein.
Ein Nervenarzt, schon ziemlich alt,
sprach: »Marsch mit den Kerls in die Irrenanstalt!«

Poesie rer. Pol.

Subventionen
Subventionen sind die Summen,
ohne die wir prompt verkümmern.
Das Geschenk kommt von den Dummen
und das Geld von noch viel Dümmern.

Löhne
Unerhörte Geldbeträge
braucht man für die Arbeitskräfte.
Lohn ist nichts als Armenpflege
und verdirbt bloß die Geschäfte.

Kredite
Die Reichsbank jagt ins Ausland Briefe:
»Borgt Geld, weil sonst der Staat zerbricht!«
Das ist die Subalternative,
und etwas Drittes gibt es nicht.

Goldwährung
Das Gold, das liegt im Keller,
woselbst es Noten deckt.
Ihr jammert, ohne Heller,
vor eurem leeren Teller.
Das Gold, das liegt im Keller.
Hauptsache, daß es schmeckt!

Überproduktion
Wir fabrizieren nur ins Volle,
und wer nichts kauft, läßt's eben sein.
Der Konsument spielt keine Rolle.
Wir motten unsre Waren ein.

Kapitalflucht
Der Staat drapiert sich als Bezwinger
und flucht, weil unser Geld verschwand.
Die Schweiz ist weit. So lange Finger
hat keine öffentliche Hand.

Die Dame schreibt der Dame

Du hast es gut. Du steckst in Cannes.
Hier in Berlin sieht's böse aus.
Wir müssen sparen, sagt mein Mann,
und essen abends meist zu Haus.

Mir scheint, es ist nicht ganz geheuer.
Erst gestern sprach er sorgenvoll,
das Auto würde ihm zu teuer.
Da wurde mir's denn doch zu toll!

Ich hab geweint. Ich hab geschrien.
Max sprach in einem fort von Geld.
Im Bett hab ich ihm dann verziehn.
Er schwur, daß er den Horch behält.

Du steckst in Cannes. Du hast es gut.
Hier ist nun Herbst. Das Laub wird welk.
Max sagt bei allem, was sich tut:
»Mein Geld!« Es knistert im Gebälk.

Es steht zum Beispiel nicht mal fest,
ob das Programm der Winterbälle
sich regulär abwickeln läßt!
(Ich habe das aus sichrer Quelle.)

Ein Kleid brauch ich auf jeden Fall,
ob Max nun Geld hat oder nicht.
Wir gehn ja doch zum Presseball,
falls nicht Revolution ausbricht.

Ich denk an Grün. Und zwar Chiffon.
Es wäre wirklich unerhört,
wenn man uns diesmal die Saison
durch Streiks und Straßenkämpfe stört!

Vielleicht fängt's erst im Frühjahr an?
Es steht sehr schlecht! Doch was weißt du!
Du hast es gut. Du steckst in Cannes.
Und ich nehm, trotz der Sorgen, zu.

Heiliger Abend

Sanft und leise
sinken die Preise.
Es tut kaum weh.

Es sinken die Löhne.
Nun sinkt auch der schöne
weiße Schnee.

Das Fallen der Preise und Löhne erzeugt
Geräusche, die etwas stören.
Und wer sich nachts aus dem Fenster beugt,
kann die Miete fallen hören.

Die Schuldner schweigen.
Die Schulden steigen.
Das Geld wird alt.
Es kann kaum noch laufen.
Was soll ich dir kaufen
bei diesem Gehalt?

Kein Christbaum brennt im Hinterhaus.
Gib mir die Hand!
Mein liebes Kind, das Geld stirbt aus.
Vater hat's noch gekannt.

Schau doch mal in die Kammer hinüber.
Der Junge schreit.
O du fröhliche, o du selige
schadenbringende Weihnachtszeit!

Experiment mit Müttern

Ich bin überzeugt, daß der Mann, der unverheiratete dazu, in seiner Sympathie für Kinder Amateur bleiben muß. Kinder aus Profession zu lieben, ist das Vorrecht der Mütter. Nun gibt es allerdings auf diesem Gebiet, wie in anderen Fächern, nicht nur begabte und tüchtige Professionals, sondern auch ungeeignete und nachlässige. Als ich gar in einem Jugendbuch neben einer vorbildlichen Mutter eine mangelhafte, der Kritik bedürftige darstellte, trug mir das den Unwillen mancher Frau ein; und daß sich der Verband der Mütter nicht beschwerdeführend an die Gerichte wandte, lag wohl einzig darin, daß es einen solchen Verband nicht gibt.

Trotzdem ging ich in mich und wandte meine Aufmerksamkeit vorübergehend weniger den Kindern als ihren Müttern zu. Der wochenlange Aufenthalt in einem großen Gebirgshotel bot Gelegenheit. Kinder gab es in Hülle. Frauen gab es in Fülle. Ich begann zu beobachten. Ich machte Bekanntschaften. Ich riß Augen und Ohren auf, der liebevollen Mütter gewärtig. Ich hatte Pech. Die vorbildlichen Mütter hatten offensichtlich über das fünfhundert Menschen fassende Hotel den Boykott verhängt. Was ich sah und hörte, war ebenso bedauerlich wie das, was nicht zu sehen und nicht zu hören war.

Wenn ich mit ein paar Frauen zusammensaß und das Gespräch auf ihre Kinder brachte (denn unaufgefordert sprachen sie über alles andere eher als über diese), hörte ich zwar oft genug, man wisse nicht, was man tun solle, falls den lieben Kleinen etwas zustieße. Aber diese Äußerungen klangen wie eingepaukte Examensantworten. Die Damen schienen ihre Liebe zu den Kindern nur für die dringendsten Fälle aufsparen zu wollen.

Es steht außer Frage, daß sie, wäre der Sprößling krank geworden, nicht von seinem Lager gewichen wären. Aber er war nicht krank, der Sprößling! Und da er gesund und munter war, kräftig aß und das Erforderliche wog, bestand kein Anlaß, sich ernstlich um ihn zu kümmern. Das besorgte entweder das Kinderfräulein oder niemand.

Es gab da holländische Barone, englische Offiziere, französische Ritter der Ehrenlegion und Tiroler Sportgestalten – die Kinder waren hinter solch männlichen Figuren begreiflicherweise nicht zu erkennen. Sie liefen durch die Halle, sie waren allein, weil – wie die Damen erfahren bemerkten – Kinder am liebsten allein sind.

Da ich es bis jetzt unterlassen habe, Beispiele anzuführen, hole ich das Praktikum nach. Ich bringe wenigstens ein Exempel: Eines Abends kam eine der Bekannten an meinen Tisch, setzte sich, schien recht außer Atem zu sein und sagte: »Denken Sie, was ich erlebt habe! Soeben hat mir mein Junge eine Szene gemacht!«

Ich schwieg und wartete gespannt auf den Bericht.

Die Dame fuhr, aufrichtig ergriffen, fort: »Ich hatte versprochen, mit ihm zu Abend zu essen. Na, so etwas vergißt sich, nicht? Kann ja vorkommen. Aber er hatte es nicht vergessen und wurde wütend, als ich fortgehen wollte. Ich hatte nämlich eine kleine Verabredung mit Dottore Spalato. Kann ja vorkommen. Und was glauben Sie, sagt das Kind? ›Du kümmerst dich überhaupt nicht um mich‹, sagt er. ›Du bist überhaupt keine richtige Mutter‹, sagt er. ›Mein Kalender liegt im Schreibtisch, und das Parfüm hat Frau Schreitmüller gekriegt‹, brüllt er und heult, es war einfach schrecklich.«

Es läßt sich nicht leugnen, die Dame hatte ein schlechtes Gewissen. »Sein Kalender liegt im Schreibtisch?« fragte ich.

»Na ja«, meinte sie. »Er hat mir zu Weihnachten einen Kalender geschenkt, einen zum Abreißen, wissen Sie, einen selbstgemalten. Vier Wochen hat er dran herumgemalt. Mein Mann hat ihn wahrscheinlich in den Schreibtisch geschlossen. Kann ja vorkommen.«

Mir blieb, mit Verlaub, die Spucke weg. Ich bin, wenn es sein muß, ein sentimentaler Kerl und weiß, was es bedeutet, wenn ein zehnjähriger kleiner Junge vier Wochen lang an einem Abreißkalender malt. Und ich weiß, was es bedeutet, wenn so ein Kalender bis zum dritten Feiertag herumliegt, als sei er gar nicht da. Und der kleine Maler schleicht immer wieder am Tisch vorbei und stellt immer wieder fest, daß das Abreißprachtwerk von keinem bemerkt wird. Und dann verschwindet es achtlos in Vaters Schreibtisch.

»Und was war mit dem Parfüm, das Frau Schreitmüller gekriegt hat?« fragte ich.

»Ach ja, eine Flasche Parfüm hat er mir geschenkt«, sagte die Dame. »Er hat einen Spartopf, nicht wahr? Und von dem Geld, das er während eines Jahres spart, schenkt er mir jedesmal was zu Weihnachten. Das letzte Mal hat er mir Parfüm geschenkt.«

»Und?«

»Als wir auf einer Reise in München bei einer guten Bekannten wohnten, wollte ich die Parfümflasche öffnen. Dabei brach der Stöpsel ab. Kann ja vorkommen. Was sollte ich nun mit der Flasche anfangen? Ich hab' sie Frau Schreitmüller geschenkt.«

Ein Jahr lang hatte der Junge gespart. Dann hatte er das Geld aus dem Topf geangelt. Dann war er heimlich in die Stadt gelaufen, hatte eine der teuren Flaschen erworben, wie sie vor Mutters Schlafzimmerspiegel standen, und kein Geschenk war ihm prächtiger erschienen als das glitzernde Flakon unterm Christbaum. Und wer besaß es jetzt, dieses herrliche Geschenk? Frau Schreitmüller in München!

»Sie hätten den Flaschenhals über einer Flamme erhitzen müssen«, schlug ich vor. Aber ich sprach nicht weiter. Ich schwieg. Die Flasche stand ja nun in München. Mein Rezept kam zu spät.

»Förmlich getobt hat er«, erzählte die Mutter. »Mindestens eine halbe Stunde lang. Ich hab' ihn natürlich wieder beruhigt. Ab morgen sparen wir gemeinsam. Und wenn wir Geld genug beisammen haben, kaufen wir eine neue Flasche Parfüm.«

»Das hat ihn beruhigt?«

»Freilich.«

»Und die Sache mit dem Kalender?«

»Ach, ich hab' ihm gesagt, ich hatte den Kalender weggeschlossen, um ihn mir als Andenken aufzuheben. Weil es doch schade sei, so eine schöne und mühselige Arbeit durch tägliches Abzupfen zu entstellen und schließlich zu vernichten.«

»Das hat er geglaubt?« wagte ich zu fragen.

»Selbstverständlich. Er ist ein gutes Kind«, sagte die Dame. »Wir haben uns wieder versöhnt. Jetzt liegt er in seinem Bett und schläft glücklich und zufrieden.«

»Daß er Ihnen das geglaubt hat!« sagte ich leise.

»Wie merkwürdig Kinder sein können«, bemerkte sie, nahezu nachdenklich. »Fast ein Vierteljahr hat er diese Geschichte mit den Weihnachtsgeschenken für sich behalten. Komisch, nein?«

Natürlich redete ich der Dame ins Gewissen. Die Gelegenheit war günstig, sie hatte gerade eines, aber sie hatte es nicht lange. Der Dottore Spalato reiste ab; und Mister Price, ein notorisch und notariell beglaubigter Löwenjäger, schob sich in den Vordergrund.

Und wieder spazierte der kleine Junge melancholisch durch die Hotelhalle und fragte alle Leute, die er kannte: »Haben Sie meine Mutter nicht gesehen?«

Nur diesen einen Fall wollte ich mitteilen, obwohl es aus jenem Hotel noch andere Fälle von »Mütterlichkeit« zu berichten gäbe.

Abschließend möchte ich eine rhetorische Frage stellen. Warum schreibt man soviel über die Erhaltung der Staaten, obwohl der Staat ein Vorurteil ist, und warum beschäftigt man sich so wenig mit dem Wiederaufbau der Familie, wo diese doch das einzige unentbehrliche Kollektiv darstellt?

Brief an ein Brachtexemplar

Sehr verehrter Herr Doktor Bracht*,
das haben Sie wieder mal brachtvoll gemacht!
Leider ist Ihr Erlaß noch nicht scharf genug.
Mein Weib und ich erfanden in schlaflosen Nächten
einen wasserdichten Jackettanzug.
Ja, wenn Sie diesen in allen Badeanstalten
obligatorisch zur Anwendung brächten,
wäre die Unzucht in Schranken zu halten!
Lassen Sie uns die Atmosphäre reinigen!
Über den Preis werden wir uns schon einigen.

Denken Sie ferner an unsre Parks und Museen,
in denen nackte Leute aus Marmor stehen!
Gratis bieten sie Vorder- und Hinterteil,
noch dazu meist überlebensgroß, feil.
Auch hier muß der Staat einen Ausweg finden!

Mein Weib und ich haben dran gedacht,
nächstens eine Firma zu gründen,
die für Deutschlands Plastiken Kleider und Anzüge macht.
Der Staat gewährt, wie Sie wissen, so oft Subventionen.
In unserm Fall würde sich's endlich mal lohnen.

Ich habe mir übrigens vorgenommen,
am Donnerstag zu Ihnen zu kommen.
Mein Weib und ich sind in stillen Stunden
sehr fleißig und haben so mancherlei
zum Teil entdeckt, zum Teil erfunden.
Und deshalb komm ich bei Ihnen vorbei.

---

* Anmerkung: Minister Bracht wurde durch seinen »Zwickel-Erlaß« populär. Der Zwickel, laut Duden ein »keilförmiger Stoffeinsatz«, sollte, in den deutschen Badeanstalten, die besonders sündige Körperpartie doppelt bedecken.

Denn ich und Sie, die Kleinen und Großen,
wurden vom Himmel auserwählt,
die Nacktheit aus dem Anzug zu stoßen.
Das Ziel ist klar, nur das Geld, das fehlt.
Mit Ihrer Hilfe könnte da viel geschehn.
Am Donnerstag also auf Wiedersehn!

P.S.
Ich hätte den Brief fast nicht abgesandt.
Wissen Sie, was mir dann Mut gemacht hat?
Eine Tante von mir hat den Storch persönlich gekannt,
der Sie zu Brachts gebracht hat.

Die scheintote Prinzessin
(Ein Couplet*)

Ich heiß Doornröschen, und ich bin
die allerlängste Schläferin
bei Tage und bei Nacht.
Sie wissen, daß ich viele Jahr
ununterbrochen scheintot war.
Doch nun bin ich erwacht!
Was gibt's da groß zu reden,
wie das gekommen ist?
Es kam ein Prinz aus Schweden – und
der hat mich wachgeküßt.
Er gab mir einen Kuß.
Da war's mit Schlafen Schluß.
In Coburg wurden wir getraut.
Ich war die Braut und sang sehr laut:
»Ich hab geschlafen viele Jahr
und mag nicht schlafen mehr.
Und, es muß wieder werden, wie es früher war,

---

* Anmerkung: Damals, in Coburg, glaubte die monarchistische Idee,
Hitler wolle sie heiraten. Aber er ließ die dumme Braut sitzen.

weil's sonst nicht wie früher wär.«
Das war ein Fest für Groß und Klein.
Und alle fingen an zu schrein,
als sei es ihre Sache.
Sie schrien: »Deutschland erwache!«
und schliefen drüber ein.

Das war ein Fest für Groß und Klein.
Man hob den Arm und hob das Bein
und brüllte »Hoch!« und »Heil!«
Die Armut stand in Reih und Glied
und wünschte Guten Appetit
anstatt das Gegenteil.
Aus sämtlichen Provinzen
des Reichs erschienen sie
und brachen vor dem Prinzen – samt
und sonders in die Knie.
Ihr wollt euch nicht befreien.
Lakaien sind Lakaien.
Ihr schlaft mit der Vergangenheit!
Und alles schweigt. Und keiner schreit:
»Ihr habt geschlafen viele Jahr
und sollt nicht schlafen mehr.
Und es darf niemals werden, wie es früher war,
weil es sonst wie früher wär!«
Ihr seid Lakai'n. Ihr bleibt Lakai'n.
Ihr seid es. Und ihr wollt es sein.
Es ist nicht eure Sache,
zu schrein: »Deutschland erwache!«
Wenn *ihr* ruft, schläft es ein!

Glückwunsch eines Enfant terrible

Meinen Glückwunsch, holde Braut!
Endlich hat sich wer gefunden.
Gott sei Dank, du bist getraut
und kannst lachen für zwei Stunden.
Sozusagen über Nacht hast du ihn bekommen.
Ich, an deiner Stelle, hätt ihn nicht genommen!

Meinen Glückwunsch, Bräutigam!
Deine Braut ist eine Perle!
Bleibe treu und bleibe stramm,
denn sie liebt gesunde Kerle.
Daß du nicht der erste bist, wird dir zwar nicht passen.
Doch du wirst auch nicht der Letzte sein,
darauf kannst du dich verlassen.

Meinen Glückwunsch, junges Paar!
Glaubt nicht, ihr seid zu beneiden!
Woll'n wir wetten: übers Jahr
laßt ihr euch schon wieder scheiden.
Sitzt doch nicht so traurig da in den Festgewändern!
Denn es ist nun mal geschehen und nicht mehr zu ändern.

Ja, das mit der Liebe

Ja, das mit der Liebe, das ist so:

Ihr Kommen und ihr Gehen,
das läßt sich nicht verstehen.
Erst war man ganz und gar allein,
doch eines Tag's ist man zu zwei'n.
Ja, das mit der Liebe, das ist so!

Das Leben will's so, einmal muß es sein.
Und als er fragte, sagte man nicht nein.

Das war die schönste Zeit.
Sie heißt Vergangenheit.
Nun ist man wieder mehr als erst allein.
Man dachte, er bliebe, da ging er fort.
Man dachte, er schriebe, es kam kein Wort.
Man kann nicht immer weinen,
so viel man auch wollte,
und man vergißt den einen,
wie man es auch sollte.
Man sitzt und denkt:

Man wird nie wieder froh.

Doch das mit der Liebe, das ist so:

Man glaubt, es geht nicht weiter,
doch dann, dann kommt ein zweiter.
Die Zeit vergeht und man vergißt,
daß es nicht mehr der erste ist.
Ja, das mit der Liebe, das ist so!

Ihr Kommen und ihr Gehen,
das läßt sich nicht verstehen.
Erst war man ganz und gar allein,
doch eines Tag's ist man zu zwei'n.
Ja, das mit der Liebe, das ist so!
Mit der Liebe ist es so!

Der Gesang vom Singen

Man kann dies singen
und man kann das singen.
Man kann Tenor singen
und man kann Baß singen.
Man kann das singen
und man kann dies singen.
Man kann As singen

und man kann Gis singen.
Man kann es brüllen
und man kann's ins Ohr singen.
Man kann es solo singen
und man kann's im Chor singen:

»Daß die Welt schön ist,
wohin man schaut!«
Das kann man leise singen,
doch man kann es auch laut.
Wenn man es nur spricht,
dann klingt es noch nicht.
Vor allen Dingen
muß man es singen!

Man kann's hier singen
und kann's im Bett singen.
Man kann's im Brustton
und im Falsett singen.
Man kann's falsch singen
und man kann's rein singen.
Man kann's schön singen
und ganz gemein singen.
Man kann's im Chor singen
und man kann's zu dritt singen.
Man kann's auch vorsingen
und ihr könnt es mitsingen:

»Daß die Welt schön ist,
wohin man schaut!«
Das kann man leise singen
doch man kann es auch laut.
Wenn man es nur spricht,
dann klingt es noch nicht.
Vor allen Dingen
muß man es singen!

Rede, wie du sprichst

Zwei Herren, die wir – ohne sie dadurch über Gebühr zu beleidigen – A und B nennen wollen, geraten im Verfolg eines harmlosen Gedankenaustausches in einen herben Streit.

A: O Sie Hornochse! Das schießt denn doch der Krone den Gipfel ab! Sie geraten wahrhaftig aus dem Hundertsten in die Traufe; Sie schütten ja das Kind zum Fenster hinaus!

B: Jeder zupfe sich vor seiner eignen Türe! Und eines rate ich Ihnen: Treiben Sie mich nicht auf die Spitze ...

A: Bangemachen ist Glückssache, Sie falsches Gebiß! Tun Sie bloß nicht so schmalspurig!

B: Sie sind wohl nicht recht bei Stimme, was? Sie Heliotropf? Das setzt doch dem Faß die Krone auf, Sie Hottentrottel, Sie Schmalhans in allen Gassen, Sie ...

A: Ruhig Gut und Blut, Herr ... Sonst werden Sie noch sehen, was Sie ernten. Nicht umsonst heißt es: Der Esel tanzt so lange um den Brunnen, bis er bricht.

B: Den Stuhl sollte man Ihnen einfach vor die Pistole setzen, Sie fadenscheinheiliger Kerl! Sie mit Ihren fahreiligen Urteilen sollten, was ich sage, lieber etwas überlegen und nur von Durchfall zu Durchfall entscheiden ...

A: Pfui, Sie gemeines Objekt! Ihretwegen fällt mir kein graues Haar in die Suppe! Jawohl ... Die Axt im Hause ist besser als die Stumme auf dem Dach ... Ich könnte Ihnen was sagen, daß Ihnen das Herz zu Berge steht.

B: Ich soll Ihnen wohl zu Kopfe steigen? Sie werden gleich eine Ohrfeige beziehen, daß Sie denken, vorn und hinten fällt auf einen Tag!

A: Bei Ihnen ist wohl eine Schraube nicht ganz trocken, Sie Kommißbrotesser? Eher schlage ich Ihnen die Hosen kurz und klein, daß Ihnen dick und dünn zumute wird.

B: Haha! Geben Sie lieber Obacht, daß ich den Nagel zu Ihrem Sarge nicht ins Schwarze treffe! Von Ihnen lasse ich

mich nämlich nicht an der Straße herumführen! Es ist ja direkt zum Lachen ...
A: Da müssen Sie später zu Bett gehen. So schnell bläst man mir den Lebensfaden nicht aus! So schnell nicht! An den Rand des Zuchthauses müßte man Sie bringen!
B: Und Sie kommen doch noch zu Ihrer Ohrfeige, daß man alle zehn Finger singen hört, wo sich Ostern und Pfingsten gute Nacht sagen.
A: Ich werde Sie gleich zu Paaren treiben, verstanden?
B: Nun ist es aber genug! Sie stehen mir längst zum Halse heraus!
A: Überlegen Sie sich, was Sie sprechen, Herr! Der Krug geht so lange zur Neige, bis er die Nase voll hat! Ich kann Sie nicht riechen! Das ist gerade so, als ob man Taubenohren predigte ...
B: Halten Sie Ihren Rand, Mensch! Von Ihnen lasse ich mich nicht auf den Besen binden. Ich werde Sie zu Wasser lassen, daß Ihnen die Butter nicht weit vom Stamm fällt ...
A: Genug der Kopfspaltereien. Das Huhn im Topf erspart den Zimmermann. Machen Sie schnell dorthin, wo Sie hergekommen sind!

An dieser Stelle des Dialogs haut, wie zu erwarten war, der B dem A eine herunter. Teils von dem Knall angelockt, teils per Zufall, teils von links und teils, um dem Streit ein Ende zu bereiten, tritt jetzt Herr C auf. Obwohl unaufgefordert und da er den Sport liebt, ergreift er das Amt des Schiedsrichters und spricht also:

C: Darf man wissen, warum sich die Herren zanken?
A zu B: Wollen wir's ihm sagen?
B zu A: Meinetwegen.
B: Wir stritten uns um den Wortlaut einer Redensart. Dieser Herr hier war kühn genug zu behaupten, es heißt: Ein Kaiser reißt dem anderen keinen Bart aus. – Ich bitte Sie!
A: Lassen Sie mich auch bitten! Hören Sie nur, was er sagte: Es heiße: Das setzt doch dem Kaiser die Krone auf! Ist das nicht lächerlich?

C: Meine Herren, Sie sind beide im Unrecht. Es bereitet mir Genugtuung, Ihnen mitteilen zu können, daß die Redensart noch anders heißt.

A und B: Wie denn?

C: Sie heißt: Gehen Sie dorthin, wo selbst der Kaiser ein Loch gelassen hat ...

Daraufhin brachen die drei Herren in eine helle Blutlache aus, verloren die Köpfe und gingen hinfort.

Tugend und Politik

Auf der Bühne: Wandtafel mit anatomischer Zeichnung. Als Requisit für die Chansonette ein langer Stock zum Zeigen. Evtl. kleiner Tisch mit Wasserkaraffe und Glas.
  Die Rednerin der Muttertagung trägt ein Reformkleid und hat à la Scholz-Klink eine sehr zöpfereiche Frisur. Auf dem markanten Busen zwei Hakenkreuze. Die Dame kommt energisch nach vorn. Ihr Vortrag wechselt, je nach dem Inhalt, vorwiegend zwischen schneidigem Ton und verhaltener, verdrängter Geilheit.
  Sie schlägt die Hacken zusammen und hebt die Hand zum deutschen Gruß.

1.
Zur 6. Muttertagung, welche heute tagt,
sei den Parteimitgliedern klipp und klar gesagt:
Da die Geburtenfreudigkeit nicht höher steigt
scheint es der Reichsregierung endlich angezeigt,
den in Großdeutschland und den angeschloss'nen Ländern
beliebten Sittenkodex gründlich abzuändern!
Es muß zum Beispiel Schluß sein mit dem Kindermärchen,
das Liebesleben sei nichts für die Minderjähr'gen!
Herr Ministerialrat Linde
hat als Kampfruf ausgedacht:
»Früher nannte man es Sünde, –
heute heißt's Erzeugungsschlacht!«

Ich stell' Ihnen deshalb Gerlinde vor.
Sie werden sie gleich seh'n.
Gerlinde Gudrun Spittler aus
dem BDM, Bann X.
Achtzehn Jahr' alt ist Gerlinde.
Doch sie hat's schon weit gebracht!
Sie blickt in die Kulisse und klatscht in die Hände, dann:
Früher nannte man es Sünde, –
heute heißt's Erzeugungsschlacht!

Gerlinde, prächtig entwickelt, in BDM-Kleidung, dämlich und einwärts gehend, kommt anmarschiert.

GERLINDE: Gerlinde Gudrun Spittler!
REDNERIN: Heil Hitler, Mädel!
GERLINDE: Heil Hitler!

Die letzten vier Strophenzeilen klingen musikalisch genauso oder so ähnlich wie »SA marschiert!«

REDNERIN: Mein tapf'res Kind! Du bist kaum achtzehnjährig
    und schon Mama, man sieht es dir nicht an!
    Vier Kinder hast du schon …
GERLINDE: Götz, Elke, Jobst und Erich!
REDNERIN: Vier Kinder schon …
GERLINDE: und immer noch kein' Mann!

2.
REDNERIN: Gerlind' ist geistig nicht sehr regsam und nicht
                                          schlau.
    Ganz anders liegt der Fall bei ihrem Körperbau!
    Die volle inn're Frauenreife und noch mehr
    die äußern Formen wirkten schon mit Dreizehn …
GERLINDE: Sehr!
REDNERIN: Und wenn's auch damals staatlich noch nicht
                                       vorgesehn war,
    so gab sie doch dem frühen Drange nach …
GERLINDE: weil's schön war!
REDNERIN: Der Fall liegt sonnenklar: Es ist ein Kinder-
                                        märchen,
    die Liebeslust sei schädlich für die Minderjähr'gen!
    Achtzehn Jahr' und vierfach Mutter!
    O, wie stolz wir auf dich sind!
GERLINDE: Und die Kinder hab'n vier Väter!
REDNERIN: Davon später, liebes Kind!
    Die Fortpflanzung wird von oben gelenkt.

Dies Beispiel zeigt's bereits.
Sie hat dem Führer vier Kinder geschenkt
und er ihr – das Mutterkreuz!
Fahre nur so fort, Gerlinde!
Denk daran bei Tag und Nacht:
BEIDE: Früher nannte man es Sünde, –
heute heißt's Erzeugungsschlacht!
REDNERIN: Bleib schwach! Trotz aller Krittler!
Heil Hitler, Mädel!
GERLINDE: Heil Hitler! *geht ab.*
REDNERIN:
Musik wieder »SA marschiert!«
Da geht sie hin, die kleine Patriotin!
Sie eilt beschwingt an ihre schwere Pflicht.
Der deutschen Zukunft und der Göttin Freya Botin,
sie geht dahin und schont sich wahrlich nicht!

3.
Ich habe selbst ein süßes vierzehnjähr'ges Kind
und weiß, wie traditionsgebunden Mütter sind.
Genug! Es ist nicht Zeit für gestrige Moral!
Ruft euren Töchtern eisern zu: »Das war einmal!«
Es ist nicht Zeit, die Hände in den Schoß zu legen.
Ruft ihnen zu: »Sich regen, Töchter Teuts, bringt Segen!«
Der Führer hat gesagt: »Ich gönn' mir keine Ferien!«
Er sei auch hier das Vorbild für die Minderjähr'gen!
Einstens wurden sie getadelt
und vom Elternhaus verdammt.
Heute werden sie geadelt
durch das deutsche Rasseamt!

Die Sache ist die und der Umstand der:
Die Zukunft wird sehr groß,
und die Regierung blickt gespannt
in unsrer Töchter Schoß!
Lauscht dem Kampfruf nach dem Kinde!
Ruft ihn laut, und sagt ihn sacht:

»Früher nannte man es Sünde, –
heute heißt's Erzeugungsschlacht!«

Der Saaldiener kommt hastig auf die Bühne und erklärt:

Depesche für Frau Mittler!
REDNERIN: Heil Hitler, – ich danke!
DIENER: Heil Hitler! *schnell ab.*

REDNERIN *öffnet die Depesche und liest halblaut, bei ganz leiser Musik »SA marschiert!«:*
»Hurra, Mama! Gesundes Kind geboren!
Bin glücklich, stopp! Vorname: Gurnemanz!«

Zerknittert wütend das Telegramm, wirft es außer sich auf den Boden, kochend vor Wut:
Kaum vierzehn Jahr' ist sie, und schon so unverfroren!
Ich schlag sie tot! – So eine blöde Gans!

Erinnert sich plötzlich, daß sie nicht allein ist, und rennt ab. Musik.

Ein alter Herr geht vorüber

Ein alter Herr kommt langsam seines Wegs.
Mit einem Wägelchen voll Holz. Er bleibt, nur wie um
Atem zu holen, stehen, sieht die Zuschauer und singt:

Ich war einmal ein Kind. Genau wie ihr.
Ich war ein Mann. Und jetzt bin ich ein Greis.
Die Zeit verging. Ich bin noch immer hier
und möchte gern vergessen, was ich weiß.
Ich war ein Kind. Ein Mann. Nun bin ich mürbe.
Wer lange lebt, hat eines Tags genug.
Ich hätte nichts dagegen, wenn ich stürbe.
Ich bin so müde. Andre nennen's klug.

Ach, ich sah manches Stück im Welttheater.
Ich war einmal ein Kind, wie ihr es seid.
Ich war einmal ein Mann. Ein Freund. Ein Vater.
Und meistens war es schade um die Zeit.

Ich könnte euch Verschiedenes erzählen,
was nicht in euren Lesebüchern steht.
Geschichten, welche im Geschichtsbuch fehlen,
sind immer die, um die sich alles dreht.
Wir hatten Krieg. Wir sahen, wie er war.
Wir litten Not und sah'n, wie sie entstand.
Die großen Lügen wurden offenbar.
Ich hab ein paar der Lügner gut gekannt.

Ja, ich sah manches Stück im Welttheater.
Ums Eintrittsgeld tut's mir noch heute leid.
Ich war ein Kind. Ein Mann. Ein Freund. Ein Vater.
Und meistens war es schade um die Zeit.

Wir hofften. Doch die Hoffnung war vermessen.
Und die Vernunft blieb wie ein Stern entfernt.
Die nach uns kamen, hatten schnell vergessen.
Die nach uns kamen, hatten nichts gelernt.

Sie hatten Krieg. Sie sahen, wie er war.
Sie litten Not und sah'n, wie sie entstand.
Die großen Lügen wurden offenbar.
Die großen Lügen werden nie erkannt.

Und nun kommt ihr. Ich kann euch nichts vererben.
Macht, was ihr wollt. Doch merkt euch dieses Wort:
Vernunft muß sich ein jeder selbst erwerben,
und nur die Dummheit pflanzt sich gratis fort.
Die Welt besteht aus Neid und Streit und Leid.
Und meistens ist es schade um die Zeit.

(Er geht, sein Wägelchen hinterdreinziehend, ab.)

O du mein Österreich

Vier Buam in Krachledernen. Mit Hitlerbärtchen. Dreivierteltakt. Viel Gefühl und Schmalz. An den Strophenschlüssen fachmännisches Jodeln.

Wir sind die Ostmärker, pardon, die Österreicher.
(Ein Bua grüßt)
Meine Verehrung, Herr Baron!
Wir schicken's heim jetzt, die deutschen Landstreicher.
Wir sind a siegreiche Nation.

Sie dürfen net glauben, was S' in der Zeitung lesen.
(Ein Bua grüßt)
Küß die Hände, gnäd'ge Frau!
Die blaue Donau ist niemals braun gewesen!
Die blaue Donau war stets blau.
(Einige Takte Schuhplattln)

Wir sagten's uns am Anfang gleich:
»Dem Falott gehn wir nicht auf den Leim!«

Wir wollten niemals heim ins Reich,
sondern höchstens reich ins Heim.
Wenn's auch manchmal anders schien,
wir war'n immer gegen ihn!

Die Preußen strich er alle braun.
Doch bei uns hat er gar nichts erreicht.
Den Fehler, ei'm von uns zu trau'n,
den begeh ...
(ängstlich)
            Pg?
                Pg?
        ... den begeh'n wir nicht so leicht!
Hoch vom Dachstein bis nach Wien:
Wir war'n immer gegen ihn!

Was hat uns der Märchenerzähler
aus Braunau nicht alles erzählt!
Wir machten nur einen Fehler:
(leise, präzis)
Wir ham ihn trotzdem gewählt.

(laut)
Doch wir war'n kein entscheidender Faktor.
Es war mehr ein kleiner Scherz.
Die Hauptsache ist der Charakter
und das gold'ne Wiener Herz!
(Jodler und Schuhplattler)

Ja ja, wir Ostmärker, pardon, wir Österreicher.
(Ein Bua grüßt)
Bon soir, mon Colonel!
Wir führen Walzer aus, – nie wieder Anstreicher!
Wir wirken nur noch kulturell.

Die Nibelungentreue ist ein verflixtes Erbe.
(Einer grüßt)
Küß d' Hand und 's Herz, mein schönes Kind!
Wir sind ein Bergvolk mit viel Hotelgewerbe.
In unsern Alpen gibt's koa Sünd.
(Einige Takte Schuhplattler)

Und weil wir wieder Frieden ham,
seid's willkommen in unsrer Pension!
(Alle grüßen)
Good ev'ning, Sir! Bon soir, Madame!
Küß die Hände, Herr Baron!
Innsbruck, Salzburg, St. Johann,
die Saison fängt wieder an!

Der Schnee erglänzt. Die Seen sind naß.
Kommt's zu uns, wann's euch immer behagt!
(streng, aber gerecht)
Für Reisende mit deutschem Paß
ist es a ...
(ängstlich)
      SA?
           SA?
... ist es aber untersagt!
Unser Kanzler hat's befohl'n:
Deutschland darf sich – nicht erhol'n!

Es fallen nun wieder die Schranken.
Die Schrammeln, die sind schon bestellt.
Willkommen die Dollars und Franken
und Pfunde der besseren Welt!

Zwar, das Göld ist kein wichtiger Faktor,
wenn das Herz zuvor nicht sprach.
Die Hauptsache ist der Charakter,

und den macht uns keiner nach!
Die Hauptsache ist der Charakter,
und den macht uns keiner nach!
(Jodler und Schuhplattler)

Anmerkung: Das Couplet war die notwendige Antwort auf eine überflüssige Erklärung des österreichischen Bundeskanzlers. Beides erregte damals einiges Aufsehen.

Frage an das eigene Herz

Soll man sein Herz bestürmen:
»Herz, sprich lauter!«
da es auf einmal leise mit uns spricht?
Einst sprach es laut zu uns.
Das klang vertrauter.
Nun flüstert's nur. Und man versteht es nicht.
Was will das Herz? Man denkt: wenn es das wüßte,
dann wär es laut, damit man es versteht.
Dann riefe es, bis man ihm folgen müßte!
Was will das Herz, daß es so leise geht?
Das Allerschönste, was sich Kinder wünschen,
das wagt sich kaum aus ihrem Mund hervor.
Das Allerschönste, was sich Kinder wünschen,
das flüstern sie der Mutter bloß ins Ohr.
Ist so das Herz, daß es sich schämt zu rufen?
Will es das Schönste haben? Ruft es Nein?
Man soll den Mächten, die das Herz erschufen,
nicht dankbar sein.

Vom wohltätigen Einfluß des Staates auf das Individuum

Auf der Bühne stilisierte Trümmerszene. Auf dem Schutt, schief aufgepflanzt, ein großes, sehr leserliches Schild: »Gebt mir zwölf Jahre Zeit, und ihr werdet Deutschland nicht wiedererkennen!« Es tritt auf: Ein völlig abgerissener Großstädter, mit Hut, überm Arm hängt ein elegant gerollter Schirm. Der Mann geht zur Rampe, lüftet grüßend den Hut.

Schon beim ersten Blick merkt jeder,
wenn er mich hier oben sieht:
Zwischen Urmensch und Kulturmensch
ist ein Riesenunterschied!
Noch vor kaum zehntausend Jahren
war der Mensch das schwächste Tier.
Das hat sich dann sehr geändert,
und das Resultat – steht hier!
Einstens hauste er in Höhlen,
ohne Bibliothek und Bad,
und es ging auf Tod und Leben,
wenn er in den Urwald trat.
Tausend Mächten ausgeliefert,
runzelte er seine Stirn;
und so formte sich allmählich,
was ihm fehlte – das Gehirn!

Plötzlich wußte er sich Rat:
Es entstand der erste *Staat*!

Anfangs war das Staatsgebilde
selbstverständlich primitiv.
Denn die Bürger war'n noch Wilde.
Immerhin, die Sache lief!
Man begab sich mancher Rechte,
zog in corpore ins Feld,
aus den Freien wurden Knechte, –

aber »staatlich angestellt«!
Steuern gab es bald und Zölle.
Selbst ein Steinzeit-Staat braucht Geld.
Und auch Raub und Überfälle
wurden – »staatlich angestellt«.
Einzeln gab's nun nichts zu fürchten.
Nur den Staat traf die Gefahr.
Auch der Dümmste wird verstehn, daß
dieser Schritt ein Fortschritt war.

Welch ein Aufstieg! Welche Tat!
Ach, was wär'n wir ohne *Staat*!

Jede bessere Erfindung
braucht, wie alles Gute, Zeit.
Und so gab's auch diesbezüglich
Unordnung und frühes Leid.
Aber zwischen solchen Staaten
und dem großen deutschen Reich,
wie's die Älteren von uns kannten,
ist natürlich kein Vergleich!
Immer weiter auf der Leiter
kletterten die Dynastien.
Und der Bürger goß die Blumen;
denn es ging auch ohne ihn.
Alles war für ihn geregelt
durch des Staates Apparat.
Und der Mensch war sozusagen
ein vergnügter Automat.

Hände an die Hosennaht!
Alles andre tat der *Staat*!

Dann war Krieg in Ost und Westen,
den man unsrerseits verlor.
So etwas kommt in den besten
Staaten und Familien vor.
Immerhin, die Bürger klagten,

schimpften auf die Monarchie,
stampften mit dem Fuß und sagten:
»Wir versuchen's ohne sie!«
Man probierte dies und jenes.
Mancher Unfug schoß ins Kraut.
Doch dann ward ein neues, schönes
Staatsgebäude aufgebaut.
Kaiser, Kirche, Adel, Kenner
wichen vor dem neuen Geist.
Aus dem *Volke* zeigten Männer,
was ein Volk regieren heißt!

Mächtig griff die Zeit ins Rad.
Welch ein Fortschritt! Welch ein *Staat*!

Alles wurde jetzt verstaatlicht:
Kunst und Recht und Religion
und die sch ... öne braune Farbe
und die Freiheit der Person!
Das Gewissen wurde staatlich,
der Charakter, die Moral,
selbst die Ahnen und die Kinder, –
endlich war der Staat ›total‹!
Folgend diesem größten Siege,
den der Staat errang, entstand
der totalste aller Kriege,
Weltkrieg römisch Zwo genannt!
Krieg nach außen, Krieg nach innen,
Krieg von oben ward geführt.
In dem Buche der Geschichte
sind zwölf Seiten reserviert!

Das war der totale Staat, –
und nun hab'n wir den Salat!

Der Mann stößt mit dem Schirm auf.
Der Schirm zerbricht. – Der Mann geht ab.

Auf dem Nachhauseweg

Schwarzmarktzeit. Nachts im Englischen Garten. Ein beschwipstes Mädchen wartet auf ihren Begleiter, der sich für kurze Zeit in die Büsche geschlagen hat. Sie singt, trotz Schluckauf:

Wenn der Mond, die schiefe Apfelsine,
doch ein biß ..., ein bißchen heller schiene!
Alle Welt spart Strom, drum spart auch er.
Ich bin blau wie hunderttausend Veilchen.
Daran kann sich glatt noch wer beteil'gen.
Fritzchen, komm, ich fürchte mich so sehr!
Man verträgt nichts mehr, man verträgt nichts mehr.

Du, der Weißwein schmeckte sehr umstritten.
Und der Schnaps war mit Benzin verschnitten.
Na, und dann der grünliche Likör.
Und die vielen schwarzen Zigaretten
und die dicken fetten Schweinskot'letten
und die Linzer Torte hinterher!
Man verträgt nichts mehr, man verträgt nichts mehr.

Paulas Bräutigam, mein Lie..., mein Lieber,
ist doch auch nur irgend so ein Schieber.
Wer nicht schiebt, der hat es heute schwer.
Denk dir, in der Zeitung stand geschrieben:
Selbst die Wahlen wolle man verschieben!
Menschen sind das, brr, ich danke sehr.
Man verträgt nichts mehr, man verträgt nichts mehr.

Fritzchen, hupp, wo bleibst du denn so lange?
Stehst du hinter einem Bäumchen Schlange?
Die Alleen sind heute, hupp, so leer.
Immer feiern andre Mädchen Hochzeit,
und allmählich wird's für mich nun doch Zeit.
Ach, mir ist das Herz ja oft so schwer.
Man verträgt nichts mehr, man verträgt nichts mehr.

Stell dir vor, wir hätten tiefsten Frieden!
Deutschland läge irgendwo im Süden
und die Barerstraße dicht am Meer!
Alle Möbel heil, selbst die Vitrine,
Mutters Tisch und Singers Nähmaschine,
so, als ob nie Krieg gewesen wär, –
man verträgt nichts mehr, man verträgt nichts mehr.

Ängstlich: Fritzchen! Hupp! Friiitz! *Trocken*: Donnerwetter
nochmal, bin ich aber alleine! *Geht schwankend in die Kulisse.*

Herbstlied

*Prospekt: Bunte Herbstallee. Junges Mädchen in Regenmantel
und Baskenmütze kommt.*

Nun gibt der Herbst dem Wind die Sporen.
Die bunten Laubgardinen wehn.
Die Straßen ähneln Korridoren,
in denen Türen offen stehn.

Das Jahr vergeht in Monatsraten.
Es ist schon wieder fast vorbei.
Das, was man tut, sind selten Taten.
Das, was man tut, ist Tuerei.
Das Laub verschießt, wird immer gelber,
nimmt Abschied vom Geäst und fällt.
Die Erde dreht sich um sich selber
und außerdem ums liebe Geld ...

Wird man denn wirklich nur geboren,
um wie die Jahre zu vergehn?
Die Straßen ähneln Korridoren,
in denen Türen offen stehn.

Es ist, als ob die Sonne scheine.
Sie läßt uns kalt. Sie scheint zum Schein.
Man nimmt den Magen an die Leine.
Er knurrt und will gefüttert sein.
Nun regnet's gar. Die Wolken weinen.
Das Herz steht, wie ein Zimmer, leer.
Es wartet, wartet auf den Einen.
Die Liebe ist schon lange her ...

Nun gibt der Herbst dem Wind die Sporen
und galoppiert durch die Alleen.
Die Straßen ähneln Korridoren,
in denen Türen offen stehn.

Reden ist Silber

Vorstadtprospekt. Im Vordergrund – links und rechts symmetrisch – entsprechende niedere Hausstümpfe. DER SPRECHER *kommt aus der Kulisse, geht an die Rampe und grüßt das Publikum sachlich.*

»Wir wollen Ihnen ein kleines Lehrstück vorführen. Lehrstücke waren früher einmal Mode, und man darf behaupten: sie hatten ihr Gutes. Weil damit zu rechnen ist, daß nicht mehr alle wissen, was ein Lehrstück ist, will ich's Ihnen kurz erklären. Friedrich Schiller hat die Bühne eine moralische Anstalt genannt. Die Bühne, hat er damit gemeint, betreibe pädagogische Dinge und kleide sie, wie man Pillen verzuckere, in Unterhaltung ein. Beim Lehrstück fällt das unterhaltende Element fort. Der Autor geht kerzengerade und ohne mildernde Umstände auf die Erziehung des Publikums los. Er gibt die Pille und spart den Zucker. Im Gegensatz zu Schillers moralischer Anstalt könnte man beim Lehrstück von der Bühne als ›moralischer Strafanstalt‹ sprechen. Mehr wäre über diesen Gegenstand meines Wissens nicht zu sagen. *In die Kulisse* Ich glaube, wir können anfangen.«

Von rechts kommen drei Männer, bleiben vor dem rechten Hausstumpf stehen und unterhalten sich leise. Von links kommt ein Mann mit einem Schubkarren voller Ziegelsteine, setzt ihn vorm linken Hausstumpf nieder und beginnt den Hausrest durch Ziegelaufsetzen zu vervollständigen.

DER SPRECHER: Was hier geschieht, sehen Sie ja. Der eine setzt Ziegelsteine übereinander, und die anderen … *tritt zu den dreien* Was machen Sie eigentlich hier?
DER ERSTE: Wir?
DER ZWEITE: Wir debattieren.
DER DRITTE: Wir reden vom Aufbau.
DER ERSTE: Vom Neubau, möcht' ich's lieber nennen.

DER ZWEITE: Vom Wiederaufbau. Das trifft die Sache noch besser.
DER SPRECHER: Aha.
DER DRITTE: »Wieder«aufbau ist nicht gut. »Wieder« erinnert an das, was gerade vergessen werden soll.
DER ERSTE: Entschuldigen Sie, aber wir bauen nichts »wieder« auf, behüte. Wir bauen etwas ganz Neues. Wir sind radikal. Es wird ein Neubau.
DER DRITTE: Wir bauen nicht neu. »Neu« ist nicht das Entscheidende. Es trennt die Geister. Wir bauen »auf«! Dieser Gedanke, der Aufbau, eint uns alle.
DER SPRECHER: Jede Formulierung, scheint mir, hat etwas für sich.
DER ZWEITE: Jede Formulierung etwas für sich? Diese unentschiedene Haltung ist der Krebsschaden bei diesem unserem Wiederaufbau!
DER ERSTE: Neubau!
DER DRITTE: Aufbau!
DER ZWEITE: Jede offene, klar ausgesprochene Gegnerschaft ist uns hundertmal lieber als eine unverbindliche, verwaschene Anbiederei.
DER SPRECHER: Aha.
DER DRITTE: »Aha« sagen Sie? Mehr haben Sie nicht zu sagen, wo es Deutschlands Aufbau gilt?
DER ERSTE: Deutschlands Neubau?
DER ZWEITE: Deutschlands Wiederaufbau?
DER SPRECHER *zum Publikum*: Schwierige Menschen *geht zu dem Mann links, der unermüdlich Ziegel aufsetzt und sich sonst um nichts kümmert* Was sagen Sie dazu?
DER LINKE *baut weiter*: Nichts.
DER ERSTE: Man hat die Parteien viel zu früh wieder zugelassen.
DER ZWEITE: Zu spät, meinen Sie?
DER ERSTE: Ich meine genau, was ich sage. Ich ersuche Sie, nicht an meinem Gesagten zu rütteln.
DER DRITTE: Man hätte die Parteien überhaupt nicht zulassen sollen. Entweder alle oder gar keine. Das wäre deutsch!

DER ERSTE: Die vielgerühmte deutsche Objektivität, wie? Was hat sie nicht schon alles im Lauf unserer Geschichte zugrunde gerichtet! An einem soll sie nicht rühren: an unserm Neubau!

DER DRITTE: Aufbau!

DER ZWEITE: Wiederaufbau!

DER ERSTE: Durch den Parteizank kam die Bodenreform ins Hintertreffen. Man hätte sie längst in allen vier Zonen durchführen können!

DER ZWEITE: Um Gottes willen!

DER DRITTE: Eine so entscheidende Maßnahme dürften nur die Parlamente beraten, und Parlamente haben wir noch nicht.

DER ERSTE: Parlamente? Jetzt schon? Parlamente bremsen ja doch nur die Anfangsgeschwindigkeit nach einem politischen Umschwung!

DER ZWEITE: Eile stellt sich hinterdrein oft als Voreiligkeit heraus.

DER DRITTE: Die Reihenfolge ist ganz klar vorgezeichnet. Erst die Verfassung. Dann das Parlament. Und dann die Bodenreform.

DER SPRECHER *lächelnd*: Also keine Bodenreform ...

DER DRITTE: Sparen Sie sich Ihre Witze. Sie stören uns nur beim Aufbau!

DER ERSTE: Beim Neubau.

DER ZWEITE: Beim Wiederaufbau. Es geht ums Ganze! Das ganze Deutschland soll es sein! Ich warne vor einem Plural nebeneinander vegetierender Einzelstaaten.

DER DRITTE: Aber Einheit in der Vielheit! Deutschlands Zukunft liegt im Föderalismus.

DER ERSTE: Ein fatales Wort! Wer Föderalismus sagt, meint im stillen: Separatismus.

DER DRITTE: Heben Sie sich solche Lügen für Wahlreden auf.

DER ERSTE *wütend*: Sie!

DER ZWEITE: Haltung, meine Herren.

DER SPRECHER *zu dem Manne links*: Was sagen Sie dazu?

DER LINKE *baut weiter*: Nichts.

DER SPRECHER *tritt wieder zu den dreien und zeigt mit dem Daumen auf den Mann links*: Was sagen Sie dazu?
DER ERSTE: Unverantwortlich!
DER ZWEITE: Ein durch und durch unsoziales Element!
DER DRITTE: Man sollte dem Kerl das Handwerk legen.
DER ERSTE: Wir gönnen uns Tag und Nacht keine Ruhe ...
DER ZWEITE: Der Wiederaufbau ...
DER ERSTE: Der Neubau ...
DER ZWEITE: Wir reden ...
DER DRITTE: Und reden ...
DER ERSTE: Und reden ...
DER ZWEITE *außer sich*: Und dieser Bursche ...

Das Haus links ist kurz vorher fertig geworden. Der Mann geht hinein und schaut, ohne die drei zu beachten, zufrieden aus dem Fenster.

DER DRITTE: Dieser Bursche ...

Eine junge Frau mit Wickelkind kommt von links, reicht dem Mann das Kind zum Fenster hinein und geht ins Haus.

DER ERSTE: Dieser Kerl schaut aus dem Fenster ...
DER ZWEITE: Hält Maulaffen feil ...
DER DRITTE: Und ist glücklich! Ein Skandal!
DER SPRECHER *zum Publikum*: Es handelt sich, wie gesagt, um ein Lehrstück. Und damit der Inhalt völlig klar wird, muß ich die drei Herren noch eine Kleinigkeit fragen. *Zu den dreien* Entschuldigen Sie, – der Mann hat doch schließlich etwas geleistet!
DER ZWEITE: Was denn?
DER SPRECHER: Aber erlauben Sie! Er hat doch ein Haus gebaut!
DER DRITTE: Da hat er was Rechtes getan! Wir reden und reden! Vom zukünftigen Aufbau ...
DER ERSTE: Vom Neubau ...
DER ZWEITE: Vom Wiederaufbau ...

DER DRITTE: Und dieser kleine, blöde Egoist fängt einfach an!
DER SPRECHER: Ja, aber ist das denn nicht das Vernünftigste, was er für den Neubau, Aufbau oder Wiederaufbau an seiner Stelle tun konnte?
DER ERSTE: Finden Sie wirklich? *Die drei lachen abfällig.*
DER ZWEITE: Dieser unbelehrbare, kurzsichtige Spießer!
DER DRITTE: Dabei d u r f t e er überhaupt nicht bauen!
DER ERSTE: Eben! Gegen das Bauverbot hat er sich also auch noch vergangen!
DER ZWEITE: Sooo leicht, wie e r sich das denkt, ist das Leben nicht!
DER DRITTE: Wenn das nun alle machen wollten!
DIE ANDERN BEIDEN: Eben!
DER SPRECHER *zum Publikum*: Es war nur ein kleines trockenes Lehrstück. Lehrstücke sind aus der Mode gekommen. Man schrieb sie früher, damit die Zuschauer was draus lernten. D a s waren komische Zeiten! *seitlich ab.*

ENDE.

Strohhut im Winter

Schönböck erscheint in dünnem, kurzem Sommermantel (etwa Covercoat), Pulswärmern, elegant geschwungnem Shawl, enormen Stiefeln und mit einem schick aufgesetzten Strohhut, Typ Kreissäge.
    Bühnenprospekt: *Tiefster Ruinenwinter.*
    Grundstimmung der 1. Strophe: *Galgenhumor,* der 2. Str.: *Pepp.*

1. Strophe
    Ich habe meinen Strohhut auf.
    Es ist mein letzter Hut.
    Er paßt nicht ganz zur Jahreszeit.
    Er steht mir aber gut.

    Der Mantel läßt mich völlig kalt.
    Die Nähte sind geklebt.
    Schier dreißig Jahre ist er alt,
    hat manchen Sturm erlebt.

    Den Shawl hab ich mir seinerzeit
    in Bukarest besorgt.
    Die Schuhchen hat mir Onkel Fritz
    auf Lebenszeit geborgt.

    Das ist der neue deutsche Stil,
    der alle Moden schlägt:
    Man trägt nicht mehr was Mode ist,
    nein, –
    modern ist, was man *trägt!*

    Man trägt sein Bündel stolpernd durchs Gemäuer.
    Man trägt die Hoffnungen ins Leihhaus, ihr Herrn.
    Was man verdient, trägt man im Trab zur Steuer.
    Man trägt sein Los. Das Los war teuer.

2. Strophe
    Ich habe meinen Strohhut auf,
    und ich versichre Sie:
    Es ist nicht wichtig, *was* man trägt.
    Viel wichtiger ist, *wie*!

    *Ein*reihig wird die Not geknöpft.
    Die Schultern sind wattiert.
    Den Kummer trag ich rückenfrei,
    mit leichtem Spott verziert.

    Ich hab mein Herz fest in der Hand
    und lächle unbeirrt.
    Sogar mein Paletot glaubt dran,
    daß wieder Frühling wird.

    Das ist der neue deutsche Stil,
    der unser Leben prägt:
    Jetzt kommt viel auf die Haltung an,
    jawohl, –
    mit der man alles trägt!

    Man trägt den Kopf hoch, ohne Wimperzucken.
    Man trägt das Herz auf'm rechten Fleck, ihr Herrn!
    Man trägt sein Schicksal, ohne lang zu mucken.
    Man trägt sein Bündel, ohn' sich umzugucken.
    Man trägt den Kopf hoch, – das ist jetzt modern!

Die halbe Portion

Gesungen von einer kleinen, schmalen Frau. Sie hält sich an der Hand eines (aus Papiermaché oder Sperrholz fabrizierten) Zweimetermannes fest und blickt oft zu ihm hoch.

    Ich bin kein Riesenweib.
    Ich bin keine Mordsperson.

> Ich war, ich bin und bleib
> eine halbe Portion.

Ich brauch in deinem Herzen nicht viel Platz.
Ich eß und trink so wenig wie ein Spatz.
Wer mich zur Frau nimmt, spart das zweite Bett.
> Und auf der Hochzeitsreise
> reis ich zu halbem Preise
> auf Kinderbillett.
(streng, Sprechton)
> > Lach nicht!

Einst liebtest du die Frauen nach Gewicht.
Bei mir, mein Schatz, da geht das leider nicht.
Wo andre Damen rund sind, bin ich flach.
> Wie gerne wär ich füllig!
> Was hilft's! Der Geist ist willig,
> > das Fleisch aber schwach!
(streng, Sprechton)
> > Lach nicht!

> Ich bin kein Zentnerweib.
> Ich bin eine »leichte« Person.
> Ich unterschreib, wenn ich schreib:
> > »Deine halbe Portion!«

Doch wenn du noch viel größer wärst, mein Schatz,
an »keiner Brust« wie meiner ist viel Platz!
Blick mich nicht an, als täte ich dir leid!
> Die Frauen, klein und winzig,
> die haben's dafür *in* sich!
> > Nun weißt du Bescheid!
(streng, Sprechton)
> > Lach nicht!

Bei aller Liebe sag ich dir schon jetzt:
Gib acht, daß du dich bloß nicht überschätzt!

Die Größe, Liebling, macht's ja nicht allein.
> Das ist ein Aberglauben.
> Den werd ich dir noch rauben.
> > Dich krieg ich schon klein!
(streng, Sprechton)
> > Lach nicht!

Dann sag ich zu dir, meinem Mann
– zu dem Riesen die leichte Person –
ins Ohr und so zärtlich ich kann:
> »Meine halbe Portion!«
(wütend)
> Lach nicht!

Die Vertreibung in das Paradies

Prospekt halb Ruinenstadt, andre Hälfte Landschaft. Musik. Der Direktor und sein Chauffeur kommen zur Bühnenmitte. Der Chauffeur schleppt als Gepäck Wanderzeug: Rucksack, Knotenstock, Feldflasche, Hütchen, Gitarre mit bunten Bändern. In stummem Spiel gibt der Direktor Aktenmappe, Schirm, Stadthut, Hornbrille seinem Angestellten und macht sich zur Fußtour fertig. Dann reicht er dem betrübten Chauffeur die Hand. Chauffeur ab. Direktor atmet erleichtert auf. Singt:

1. Strophe:
> Früher legten sich die Räuber hinter Büsche,
> und dann fiel'n sie über Unsereinen her.
> Heute braucht man diesbezüglich keine Büsche
> und auch Räuber brauchen wir schon lange keine mehr.
> Denn das Geld, das wir verdienen
> in der Städte Schutt und Dreck,
> holt sich alles das Finanzamt,   *(Mel.: Blüh im Glanze ...)*
> holt sich das Finanzamt weg!

Ich bin der reiche Lazarus.
Ich habe geschuftet – da wackelt die Wand.
Nun hab ich's satt und mache Schluß.
Es muß nicht sein, was nicht sein muß.
Ich werde verrückt – und geh aufs Land!
Streif durch Wälder, lieg in Wiesen,
Schau den Gänseblümchen zu ...
Das Finanzamt sei gepriesen,
das mir diesen Weg gewiesen!
Das Finanzamt laß ich grüßen!
Endlich hat die liebe Seele Ruh.

Während der kurzen leisen Zwischenmusik präludiert er auf der Klampfe: Ich bin nur ein armer Wandergesell ...

2. Strophe:
 Tüchtigkeit ist teuer und auf Fleiß steht Strafe.
 Gute Menschen brauchen nur ein Taschengeld.
 Laßt die Böcke laufen, aber schert die Schafe!
 Denn Gerechtigkeit muß sein auf dieser schönen Welt ...
 Räuber, Büsche, Lust und Liebe,
 mit der Zeit wird alles knapp.
 Nun gewöhnet das Finanzamt
 uns auch noch die Arbeit ab!

Ich bin der reiche Lazarus.
Wenn die Herren nicht wollen – es muß ja nicht sein.
Das ist der Weisheit letzter Schluß:
Es muß nicht sein, was nicht sein muß.
Ich gehe aufs Land – ich passe mich ein,
Nähre mich von Wildgemüsen,
leb gesund wie Pfarrer Kneipp.
Streif durch Wälder, lieg in Wiesen –
das Finanzamt laß ich grüßen,
das mir diesen Weg gewiesen!
Grüß auch den Kontrollrat und mein Weib!

(Präludiert wieder auf der Klampfe, setzt sich langsam in Richtung Landschaft in Marsch und singt dazu halb im Abgehen: Die Steuerreform bleibt ja doch ein Idol, drum leb wohl, mein Finanzamt, leb wohl!)

Die große Zeit

Für Ursel Herking. Prospekt: Globus, der in Hälften auseinanderbricht. Aus der Bruchstelle fließt Blut. Musik: Mit Paukenschlägen.

So groß wie heute war die Zeit noch nie.
Sie paßt nicht in die Zeit, so groß ist sie.
Der Fortschritt taumelt durch Blut und durch Dreck.
Seht hin – er ist blind! Wir erstarren vor Schreck.
Die Luft, liebe Freunde, wird knapp.
Wir sind wieder mal übern Berg hinweg.
Nun geht's mal wieder bergab!
Es geht bergab mit Schwung.
Der Globus hat 'nen Sprung!
Wir stehn auf der Haut des Erdenballs
und denken weiter gar nichts als:

So groß wie heute war die Angst noch nie.
Kein Metermaß ist groß genug für sie.
Der Krieg ist noch nah und der Frieden noch weit.
Die Dummheit stolziert im Feiertagskleid.
Die Hoffnung hat sich verirrt.
Die Zeit ist groß, und es wird prophezeit,
daß sie noch viel größer wird!
Die Welt ist aus dem Lot.
Die Kinder schrei'n nach Brot.
Der Zukunft werden die Füße kalt.

Und noch im Traum stöhnt jung und alt:
So groß wie heute war die Zeit noch nie.

Man müßte sie verkleinern – aber wie?
Die einen sind dumm, und die andern sind schlecht
und jeder weiß alles, und keiner hat recht.
Das Tun reicht nicht zur Tat.
Nicht mal das Herz im Leib ist echt,
nicht mal das Herz weiß Rat.
Es geht bergab mit Schwung.
Der Globus hat 'nen Sprung.
Was ist denn bloß, und was ist denn los?
Der Mensch ist zu klein! Und die Zeit ist zu groß!

Man ist man

Terzett für zwei Männer und eine Frau. Dämliche Gesichter. Verbogene Hüte auf dem Kopf. Prospekt: Parteiparolen, Amtsschilder, Wegweiser. Vortragsweise und Komposition: Ins Komische übertriebene Monotonie, gelegentlich vorwurfsvoll und gereizt. Die Terzett-Aufteilung besorgt am besten der Komponist.

1.
Man gehört zu irgend einem Jahrgang.
Man gehört zu einem Völkerstamm.
Man gehört zu einer der Parteien.
Man gehört in ihr Parteiprogramm.
Man gehört in irgend ein Klima,
sei es Südsee oder Eis und Schnee.
Man gehört in irgend eine Zone.
Man gehört in irgend ein Milljöh.
Man gehört zu irgend einer Rasse,
die kann rein sein oder sehr gemischt.
Man gehört in eine Steuerklasse –

(langsam) aber sonst gehört ein'm *nischt*!

2.
Man hat irgend ein gewisses Alter.
Man hat irgend ein' Rang.
Man hat irgend eine kleine Schwäche:
Wein, Weib oder bloß Gesang.
Man hat irgend eine Schuh- und Handschuhnummer.
Man hat eine Lieblingsspeise, die ein'm schmeckt.
Man hat irgend eine Art von Wohnung.
Man hat irgend einen Dialekt.
Man hat einen Mann schon viele Jahre,
der ein' streichelt und manchmal verdrischt.
Man hat Glatzen. Man hat graue Haare –

(langsam)   aber sonst hat man *nischt*!

3.
Man ist Pykniker oder ist Astheniker.
Man ist ein Luder, oder man ist nett.
Man ist müde oder Neurastheniker.
Man ist blond oder brünett.
Man ist fromm, oder man ist Heide,
oder weiß es nicht so ganz genau.
Man ist Metzger oder Krankenschwester.
Man ist Mann, oder man ist Frau.
Man ist Mitglied einer Sterbekasse.
Man ist lebendig, bis es ein' erwischt.
Man ist Teil einer großen Masse –

(langsam)   aber sonst is man *nischt*!

(Kadenz)   Jajaaa, jajaaa, jajaaa …
Man *is* nischt, und man *hat* nischt,
aufm Land nischt, und in der Stadt nischt.
Und man lernt nischt, und man vergißt nischt.
Und man *hat* nischt, und man *ist* nischt.
Und das Einz'ge, was man grad noch kann,
das heißt: Man … ist … man!

Couplet

'N Tag. Ich heiße soundso
und wohne dort und dort,
war auch mal jung, war auch mal froh.
Das ist vorbei. Kein Mensch weiß, wo.
Es ist ganz einfach – fort.
Ein jeder war mal 18 Jahr
und wollte hoch hinaus.
Doch als er dann erwachsen war,
sah alles anders aus.

Ich wollt' schon zum Theater gehn,
da war ich noch sooo klein.
Ich träumte mir es gar zu schön,
auf Bühne und Programm zu stehn
und Mortimer zu sein.
Ich habe mich im Fach geirrt,
und häufig im Applaus:
nur – wenn der Mensch erwachsen wird,
sieht alles anders aus.

Als ich studierte, liebte ich
ein Kind, das Paula hieß.
Ich sagte: »Paula, wart' auf mich!
Wenn ich zurückkomm, nehm ich dich.«
Dann fuhr ich gen Paris.
Oft dacht' ich, Paula, deines Haars
und deines Körperbaus!
Doch ach! Als du erwachsen warst,
sah alles anders aus.

Im Zoo war ich als kleines Kind
zweimal in jedem Jahr.
Was Affen und was Menschen sind,
das wüßte – dacht' ich – jedes Kind.
Der Unterschied schien klar.

Nun ging ich neulich wieder hin
und stand im Affenhaus, –
doch jetzt, wo ich erwachsen bin,
sieht alles anders aus.

Es irrt der Mensch, solang er strebt.
Er irrt, solang er hofft.
Und wenn er ziemlich lange lebt,
dann irrt er, bis man ihn begräbt,
verhältnismäßig oft.
Sie sehn: Ich bin ein Humorist.
Ich mach mir wenig draus.
Ja, wenn man mal erwachsen ist,
sieht alles anders aus.

Fahrt in die Welt

Seltsam ist's mit einem Schiff zu fahren,
das sich abschiedsschwer vom Ufer trennt.
Jenes Land, in dem wir glücklich waren,
wird ein Strich am Firmament.

Lange stehen wir an Bord und winken,
bis die Heimat wie ein Traum vergeht.
Muß das Alte immer erst versinken,
ehe Neues aufersteht?

Doch dann schauen wir nicht mehr zurück.
Unbekannte Ufer werden kommen
und vielleicht ein unbekanntes Glück.
Und das Herz ist fast beklommen.

Und wir freuen uns am Wunderbaren,
und wir reisen gern durch neue Meere.
Herrlich ist es, in die Welt zu fahren,
wenn nur nicht das Heimweh wäre!

Eine Rahmenhandlung
*für ein Kabarett im
vierten Stock*

FAKTOTUM PAUL (= BUM KRÜGER) *zieht Bühnenvorhang auf, schaltet Bühnenlicht ein, sieht Weicker, halb angekleidet, auf dem Bett liegen*: Das nenn ich eine Freude! *rüttelt ihn* Stehen Sie auf, Sie Trost meines Alters!
WEICKER: Nanana! Sehen Sie denn nicht, daß ich schlafe?
BUM: Von 8 bis 11 Uhr abends gehört Ihre Wohnung *uns*! *rüttelt ihn wieder* Damit, daß Sie drei Stunden am Tag nicht zuhause sind, verdienen Sie 300 Mark im Monat! So leicht hat's nicht jeder! *zieht ihn hoch* Los, los! Die ersten Besucher drängen sich schon unten vorm Fahrstuhl!
WEICKER: Der geht ja *doch* nicht! *fährt mürrisch in die Schuhe*
BUM: Uns genügt es schon, wenn *Sie* gehen! *fummelt an einer Dekoration herum*
WEICKER *zieht das Jackett an und kämmt sich*: Ich bin ein Opfer Ihres Berufs.
BUM: Für 300 Mark im Monat!
WEICKER: Sagen Sie, bitte, nicht, Sie täten's *mir* zuliebe. Ich weine so leicht.
BUM *drückt ihm den Hut in die Hand*: Haben Sie auch nichts vergessen? Daß Sie uns ja nicht wieder mitten in ein Chanson hereinplatzen und Ihr Notizbuch suchen!
WEICKER: Den Zuschauern hat es sehr gefallen. Sie dachten, es sei die Pointe.
BUM: Uns hat es, offen gestanden, weniger gefallen.
WEICKER: Wer verlangt denn, daß das, was Sie hier treiben, Ihnen selber gefällt? Schon daran merkt man, daß Sie alle miteinander Dilettanten sind!
HASSENKAMP *kommt herein, hört die letzten Worte, singt*: ... alle miteinander, alle miteinander, grüß euch Gott ... *zu Paul* Was will dieser arbeitslose Feldoberarzt eigentlich? Noch dazu in seiner eignen Wohnung?
BUM *nimmt einen Hammer und Nägel*: Gehen will er!

HASSENKAMP *setzt Weicker den Hut auf und tut, als bürste er W. ab*
WEICKER: Mir vorzuwerfen, daß ich Arzt bin!
HASSENKAMP: Ich suchte im Gegenteil anzudeuten, daß Sie *kein* Arzt sind!
WEICKER: Wenn Sie vom Kabarett so viel verstünden wie ich von der Medizin, dann ...
BUM: ...dann? *hämmert ein bißchen*
WEICKER: Guten Abend. *geht ab*
BUM: Dieser Arzt ist gut für die Nerven, wenn man gute Nerven hat.
HASSENKAMP *gibt Paul einen Brief*: Lies mal, Paul! Bekam ich vorhin. Eingeschrieben! *zieht Jackett aus, geht hinter die Bühne*
BUM *setzt Lesebrille auf, liest*: Planungsamt ... Da Sie ... bis März 45 als Ingenieuroffizier ... Peenemünde, Versuchsstation V 2 ... werden Sie ersucht, umgehend ... zu den alten Bezügen ... im Range eines ... *kratzt sich hinterm Ohr*
HASSENKAMP *kommt halbgeschminkt*: Sagst du'n dazu? Da ham wir noch immer kein' Frieden, bloß 'n bißchen Ruhe, und schon bieten sie einem wieder Kost, Logis und 'n bunten Anzug an! Und alles gratis!
BUM: Gehst einfach nicht hin! Schreibst einen höflichen Brief. Täte dir schrecklich leid. Seiest erwachsen genug. Wolltest für dein weiteres Fortkommen selber sorgen. *gibt den Brief zurück* Planungsamt!
HASSENKAMP: Muß hingehen. Hat mein alter Oberst unterschrieben. Warum hab ich alter Esel ausgerechnet Physik studiert! Statt Gesang. Oder Rosenzüchten. Oder Theologie. Na ja. Und Paul ... den *andern* nichts erzählen! *geht ab*
BUM *während er arbeitet*: Planungsamt! Das wird ein schöner Plan werden. Da hat mal einer gesagt: Kriege sind eine viel zu ernste Sache, als daß man sie den Generälen überlassen dürfte. Das war ein kluger Mann. Hieß Clémenceau.
URSEL HERKING *und* TSCHAMPI SCHÖNBÖCK *kommen lachend an*: Tag, Paul! Die Besucher strömen treppauf! Eine

kleine Gruppe ruht sich im dritten Stock aus. Sie haben Rucksäcke mit und frühstücken!

BUM: Wie war's zur Modenschau?

TSCHAMPI: Ursel hat das großartig gemacht. Wenn sie sagte: Als nächstes sehen Sie Modell »Longchampsélysées sur Mère á la Cocotte«, ein links und rechts hingerafftes Atlasgedicht mit handgeklöppelten Sorgenfalten und einem vorm Insbettgehen abnehmbaren Crêpedechinechillakrägelchen, – das tat seine Wirkung!

URSEL *gibt Paul Geld*: Die Gage von Schulze, Reischenbeck & Söhne! Für die Vereinskasse!

TSCHAMPI: Neben mir saß eine imposante Pelzfregatte. Fragte plötzlich: »Sind Sie nicht der Sohn von den Vereinigten Walzwerken, Bochum?« »*Gewesen*«, sagte ich, »schöne Frau, gewesen! Glücklicherweise völlig demontiert! Früher machte ich Kanonenrohre, heute Kabarett. Früher haben die Leute meinetwegen geweint, heute lachen sie über mich.« »Soso«, sagte sie böse, »hoffentlich können Sie das ebenso gut!« *zu Ursel* Zieh dich um!

URSEL: Jawohl, Herr Generaldirektor! Kinder, bin ich froh, daß wir fröhlich sind! Das Theater liegt zwar etwas hoch. Aber Narvik lag noch viel höher. Da hockten die armen Kerle zwischen Tod und Leben und hörten gar nicht, was man sang. Sondern dachten nur: Richtig, stimmt ja, so sieht 'ne Frau aus! *fröstelt* Also, ich zieh mich um. *geht ab*

BUM: Narvik lag noch viel höher. Da hat sie recht. Aber die Leute verlernen Geographie so schnell. – Brauchst du Geld?

TSCHAMPI: Wollen erst mal abwarten, wieviel in der Abendkasse sein wird.

BUM *mit Blick ins Publikum*: Fünf Mark für jeden, schätz ich.

TSCHAMPI: Da heißt's Schminke sparen, junger Freund!

BUM: Sag die Wahrheit *un*geschminkt!

TSCHAMPI: Das wird womöglich noch teurer! *ab*

BUM *ins Publikum*: Ich weiß nicht, woran es liegt, und auch nicht, wie Sie darüber denken, aber: Das Arbeiten wird allmählich ein Luxus, den sich nur noch ganz wenige leisten können!

LORE SCHÜTZLER *und* CHRISTIANE MAYBACH *kommen mit großer Geldkassette auf die Bühne.*
MAYBACH: Die Abendkasse, Onkel!
BUM: How much?
SCHÜTZLER: Ein Anstellungsvertrag als Taxigirl mit Schönheitstanzverpflichtung.
BUM: Schönheitstanz?
SCHÜTZLER *mit Geste*: Offenherzig!
BUM: Die rastlose Neugier der Menschheit ist bewunderswert.
SCHÜTZLER: Und ihre Skepsis. Die Männer wollen nicht glauben, daß der Busen *vorn* ist.
JOCHEN BREUER *tritt auf*
MAYBACH: Die Musik kommt!
BREUER *während er aus dem Mantel kriecht*: Entschuldigt vielmals!
BUM: Ich dachte schon, wir müßten auf dem Kamm blasen!
BREUER: Mein Zug hatte zehn Minuten Verspätung. Die hol ich auf dem Klavier wieder ein! *nach hinten ab*
BUM *hinterdreinblickend*: So blond und schon so frech! *zu den Mädchen* Was habt ihr noch erlebt?
MAYBACH: Eine Einladung zum Abendessen.
BUM: Mit Schönheitstanzverpflichtung?
MAYBACH: Mit einigen kleinen Freiheiten, meinte der Antragsteller.
SCHÜTZLER: Ein Mann, *so* dick! Er brauche alles doppelt, sagte er. Zwei Flaschen Wein, zwei Schweinshaxen, zwei ...
BUM: Geschenkt!
SCHÜTZLER: ... Steuerberater ...
MAYBACH: Jetzt sitzt er in der vierten Reihe auf zwei Stühlen.
BUM *ins Parkett*: Passen Sie gut auf! Sonst werden Sie bald *zwischen* den Stühlen sitzen. *zu den Mädchen* Bringt die Kasse in Sicherheit! Höchste Zeit, daß wir anfangen!
SCHÜTZLER *und* MAYBACH *ab*
BUM: Abendessen mit kleinen Freiheiten ... Abend*land* mit kleinen Freiheiten ... Sie alle kennen ja Anatole Frances hübschen Satz: Nicht nur die Armen, auch die Reichen be-

säßen die Freiheit, nachts unter den Brücken zu schlafen ... Ja, die Freiheit ist ein dehnbarer Begriff ... Aber wer will sie schon ausdehnen? *winkt ab, ruft nach hinten* Macht mal dunkel, damit ich zu quasseln aufhöre!

Dunkel

Zwischen den Programmnummern 6 und 7

BUM *kommt heraus und kaut Stulle aus dem Papier*: Stört Sie's, wenn ich esse? ... Ich hab heute so'n komisches Gefühl ... Und immer, wenn ich so'n komisches Gefühl habe, muß ich essen ... Ham Sie 'ne Ahnung, wieviel ich in meinem Leben schon zusammengefressen habe! ... Ich bin sehr witterungsempfindlich. Und das in München! Wenn sich der Wind drehen will, merk ich das wie ... wie ein blecherner Hahn auf'm Turm ... Aber, und das ist das Fatale, ich kann mich nicht *drehen*! Ich bin wie ein Turmhahn, den ein paar Lausejungen heimlich angebunden haben ... Und jedesmal, wenn der Wind umschlägt, drehen sich alle Wetterfahnen in Stadt und Land – außer *mir* ... Ich *kann* nicht! ... Und alle starren mich an und – na ja, daher kommt dann das eingangs erwähnte komische Gefühl ... So wie heute. Übrigens: Wenn sich Wetterfahnen *nicht* drehen, nennt man das »Charakter«. *Wenn* sie sich drehen, nennt man das »Entwicklung«. *geht lachend, Stullenrest einpackend, ab*

Zwischen den Nummern 8 und 9

FREMDER HERR *kommt auf die Bühne*. TSCHAMPI *ist im Abgehen.*
HERR: Sie sind Herr Schönböck?
TSCHAMPI: Jawohl.
HERR: Karl Schönböck?
TSCHAMPI: Ganz recht.
HERR: Generaldirektor der Bochumer Walzwerke?
TSCHAMPI: In einem früheren Leben, mein Herr. Die Walz-

werke sind demontiert worden. Bis auf Halle 5. Sie wurde auf Kuchenbleche umgestellt.

HERR: Sie wurde *auch* demontiert. Gestern wurde der Rest abtransportiert.

TSCHAMPI: Endlich hat die liebe Seele Ruh! – Warum erzählen Sie mir das eigentlich? Merken Sie nicht, daß Sie das Programm stören?

HERR: *Unser* Programm ist wichtiger. Ich komme in amtlicher Eigenschaft. Sie haben per sofort Ihre Walzwerke wieder zu übernehmen!

TSCHAMPI *lacht*: Die sind doch demontiert worden!

HERR: Sie werden sie wieder aufbauen! Zunächst Halle 5!

TSCHAMPI: Die man gestern abtransportiert hat?

HERR: Damit wurde das Demontageprogramm abgeschlossen. Morgen beginnt das Wiederaufbauprogramm.

TSCHAMPI: Ach, machen Sie sich doch Ihre Kuchenbleche selber! *will ab*

HERR: Es handelt sich nicht um Kuchenbleche. Und wenn Sie nicht gutwillig nach Bochum kommen, werden Sie dienstverpflichtet. Hier sind die nötigen Papiere, Vollmachten, Flugkarten usw.

TSCHAMPI *kommt zögernd näher, blättert in den Papieren*: Kabarett ist mir aber wesentlich lieber!

HERR: Morgen 12 Uhr 10 auf dem Flugplatz Riem! *zackig ab*

Nach der Pause

BUM *kommt genau wie am Beginn des Abends, ruft*: Hella, zieh doch mal den Vorhang auf! *macht Licht, alles wie am Anfang. Telefon klingelt*

BUM *hebt ab*: Nein, Herr Doktor Weicker ist nicht zuhause! – Ob er was hinterlassen hat? Wieso! Ist er denn gestorben? – Ach so! Kleines Mißverständnis! Haha! – Soll ich ihm was ausrichten, schöne Frau? – Woran ich das merke? An der Stimme! Die klingt so verlockend vollschlank! Schmale Hüften! Üppige Hemisphärenmusik! *Entschuldigende Be-*

wegung zum Publikum, daß er Süßholz raspelt Lachen Sie doch bitte noch mal! *lauscht verzückt* Mein Gott, sind Sie blond! Hören Sie! Müssen Sie sich denn heute abend ausgerechnet mit Herrn Weicker treffen? – Seeehr schön! Und wo? – Ich komme auch ins *Haus*! Sie haben kein Haus? – Bummeln wir ein bißchen durch Schwabing, gut! Elf Uhr. Unten vorm Theater. Freue mich riesig, die optische Bekanntschaft nachzuholen!

STIMME: Bum! Hör doch mit dem Quatsch auf! Das ist ja ekelhaft!

BUM: Bis nachher, meine Beste! *hängt ein* Ekelhaft? Qui vivra, verra! *im Abgehen zum Publikum* Man sieht mir's vielleicht nicht an, aber ich bin ein homme à femme! *ab*

Zwischen den Nummern 10 und 11

WEICKER *kommt unmittelbar nach dem Applaus auf die Bühne, äußerst aufgeregt*: Krüger!

BUM *kommt verdrossen*: Sie ham mir doch versprochen, daß Sie heute ausnahmsweise mal *nich* stören wollen!

WEICKER: Ich hab gewartet, bis das Terzett vorbei war!

BUM: Ham Sie diesmal Ihr Gebiß vergessen?

WEICKER: Da! Lesen Sie! Einschreiben! Wurde mir ins Café nachgebracht!

BUM *setzt Lesebrille auf*: Dienstlich ... Feldoberarzt Herbert Weicker ... hierdurch ... unter Beförderung zum Stabsarzt ... Der Musterungskommission des soeben wieder errichteten Wehrbezirkskommandos München IV zugeteilt ... Melden bei Generaloberarzt Dr. Lebsche ... Angemessene Dienstwohnung ... Kasinoverpflegung ... Reitpferd mit Burschen ... Mitteilung streng vertraulich zu behandeln ... *zu Weicker* Können Sie überhaupt reiten?

WEICKER: Nein.

BUM: Da könnse ja den Gaul vermieten! Genau wie Ihre Wohnung!

WEICKER: Lassen Sie doch die Witze! Was soll ich denn nun machen?

BUM: Vielleicht Medizin studieren ... Nein, brauchense ja nich bei der Musterungskommission ... Ich muß schon sagen: Die friedliebende Welt nimmt an diesem bescheidenen Raum reges Interesse ...
WEICKER: Und was soll ich wirklich tun?
BUM: Auf Zehenspitzen abhauen, Herr Stabsarzt! *schiebt ihn weg. Beide ab*

Zwischen den Nummern 11 und 12

BUM: Die Menschen zerbrechen sich, seit sie aufrechtzugehen versuchen, den Kopf, worin eigentlich sie sich von den Tieren unterscheiden. Die Antwort darauf ist gar nicht so einfach! Schauen Sie sich die Weltgeschichte ein bißchen an! Eine schwierige Antwort ... Schließlich will man die Tiere ja nicht beleidigen, nicht? ... Aristoteles hat gesagt, der Mensch sei das Tier, das *lacht*! ... Keine üble Definition ... Natürlich das Tier, das lachen *kann*! ... Nicht ein Tier, das ununterbrochen kichert! Sondern nur, wenn es was zu lachen gibt! ... Und das gibt's *nicht* immer ... Im Leben nicht, und nicht im Kabarett. – Sehen Sie sich doch unsre kleine Truppe an! Drei von uns hat's schon erwischt ... Planungsamt ... Bochumer Walzwerke ... Musterungskommission! ... Der Mensch – das lachende Tier – aber nicht *immer*! Ganz und gar nicht! *ab*

Zwischen den Nummern 15 und 16

SCHÜTZLER *und* MAYBACH *räumen Stühle usw. weg. Das Telefon klingelt. Sie schielen unschlüssig hin. Es klingelt wieder.*
SCHÜTZLER: Nun geh schon ran!
MAYBACH: Ich kann doch nicht mitten in der Vorstellung ans Telefon gehen und sagen: Hier bei Weicker!
SCHÜTZLER *nimmt den Hörer ab*: Hier bei Weicker. Aber Herr Weicker ist nicht zuhause. Wir spielen grade ein bißchen Kabarett. Vielleicht versuchen Sie's ... *Wie? Mich* wollen Sie sprechen? Und Frau Herking? Und Fräulein

Maybach? Sie scheinen eine Art Wüstling zu sein! Hat's nicht bis nach der Vorstellung Zeit?
MAYBACH *tritt neugierig dazu*
SCHÜTZLER: Das müssen Sie noch einmal sagen! Einmal ist für so etwas zu wenig. *gibt Hörer an Maybach*
MAYBACH: Also, *wer* sind Sie?
SCHÜTZLER *zum Publikum*: Entschuldigen Sie, bitte, aber ...
MAYBACH: Wer – Haha! Das ist gut! Wehrmachtsbetreuung Westeuropa Süd? Sie Schelm zur Unzeit! Wieeeee? *zuckt zusammen, steht stramm* Jawohl, Herr Hauptmann! Zu Befehl, Herr Hauptmann! Wann, Herr Hauptmann? Morgen früh? Hauptbahnhof, Abstellgleis 3? Jahresvertrag? Wofür? Wehrmachtstournee für Garnisonen und Truppenübungsplätze? Kostüme und Unterwäsche stellt Ihr Amt?
SCHÜTZLER *nimmt den Hörer ab*: Eine Frage – darf ich meinen Mann mitbringen? Für *Sie* doch nicht! Für mich natürlich! Waaas wollen Sie mir? Die Hammelbeine langziehen? Wie sprechen Sie denn von meinen Beinen, Sie komischer Militärsoldat! Das werden wir ja sehen! Nun bring ich meinen Mann *doch* mit! Auch für *Sie!* Jawohl! *legt auf* Das ist ja heiter!
MAYBACH: 8 Uhr 15, Abstellgleis 3! Ursel wird Ohren machen! *rennt hinter die Bühne*
SCHÜTZLER: Na, da können wir unsre Wäsche mal wieder an irgendeiner Siegfriedlinie aufhängen. Und uns dazu. *geht ab, stößt auf Ursel*
URSEL: Ist das wahr? Da soll sich nun der Mensch konzentrieren können! *singt ihr Solo*

Schluß vorm Abgesang

HERR *ruft in Schwenzens letzten Satz, aus dem Parkett*: Halt! Aufhören. *geht energisch auf die Bühne* Herr Krüger, – ich habe eine Frage an Sie zu richten!
BUM: Könnse nich warten, bis die Vorstellung zu Ende ist?
HERR *schlägt bedeutsam das Jackettrevers zurück*
BUM: Ja dann! Also fragen Sie!

HERR: Haben Sie die letzten Sätze nur als Ihren Rollentext vorgetragen, oder entsprechen sie Ihrer privaten Überzeugung?
BUM *ins Publikum*: Da haben Sie's! Ich hatte den ganzen Tag schon so ein komisches Gefühl ... *zu dem Beamten* Die Sätze entsprechen meiner Überzeugung.
HERR: Dann muß ich Sie verhaften! *legt ihm Handschellen an*
DIE ANDEREN: Unerhört! Wir sind hier doch nicht im Wald? Wo gibt's denn so was! Bum, laß dir das nicht gefallen!
BUM: Ruhig, Kinder! Ihr seid alle untergebracht ... Patentamt ... Walzwerke ... Musterungskommission ... Wehrmachtstournee ...
Ich hätte gar nicht gewußt, wohin! *zum Herrn* Ich danke Ihnen!
HERR: Vielleicht gestattet man Ihnen, sich zur Bewährung zum Luftschutz zu melden.
WEICKER: Und wer ersetzt mir die dreihundert Mark Theatermiete?
HERR: Ihre Wohnung wird morgen sowieso beschlagnahmt!
URSEL *zu Weicker*: Sie wird dir zweckentfremdet!
SCHÜTZLER: Was kommt denn hin, hier oben in die vierte Etage?
HERR: Ein amerikanisches Hochgebirgsregiment! *zu Bum* Gehen wir!
BUM: Einen Augenblick!
Alle singen die Schlußstrophe.

Das dämonische Weib

In Genf erschoß sich der Vicomte Chanell.
Graf Karstadt fiel in Baden beim Duell.
*Meinet*wegen. Meinet*wegen.*
Frau Rothschild ging ins Magdalenenstift.
Der Sohn des Earl of Dunlop starb an Gift.
*Meinet*wegen. Meinet*wegen.*
Der Kronprinz Kurt von Tief- und Hohenstaufen
verzichtete zeitlebens auf den Thron.
Der Sultan von Marokko ließ sich taufen
und seinen Harem über Nacht verkaufen.
Papst Flodoard enterbte seinen Sohn.
*Meinet*wegen. Meinet*wegen.*
Jeder war ein ganzer Mann.
Doch wie bald, doch wie bald
war an ihnen nichts mehr dran.
Immer hat's an mir gelegen.
*Meinet*wegen. Meinet*wegen.*
Über alle schritt ich hin,
weil ich so, weil ich so,
weil ich so dämonisch bin.

Herr Standard Oil und der Herr Conan Doyle
zerbissen sich Gesicht und Gegenteil.
*Meinet*wegen. Meinet*wegen.*
Zehn Männer waren offiziell mein Mann.
Elf Stück von diesen starben prompt daran.
*Meinet*wegen. Meinet*wegen.*
Ich ruinierte Könige und Riesen.
Ich wurde jedem, der mich sah, zum Fluch.
Wer sich in mich verliebt, muß sich erschießen,
das ist statistisch einwandfrei erwiesen.
Mein Sekretär führt drüber doppelt Buch.
*Meinet*wegen. Meinet*wegen.*
Wer mich in den Armen hält,
einmal hin und einmal her,

war am längsten auf der Welt.
Immer hat's an mir gelegen.
*Meinet*wegen. Meinet*wegen.*
Über alle schritt ich hin,
weil ich so, weil ich so
überaus dämonisch bin.

Ich treff mich nächstens mit den großen Vier.
Ich fahr nach Lake Success
und kauf sie mir.
*Meinet*wegen? *Euret*wegen.
Schön sind sie nicht
und noch dazu zu viert.
Ich hab schon größre Zwerge reduziert.
*Meinet*wegen. Meinet*wegen.*
Ich lasse sie nach meiner Peitsche traben.
Da hilft kein Veto, da läuft keiner weg.
In kurzer Zeit werd ich die alten Knaben
bis auf die Knochen abgerüstet haben.
Auch meine Mittel heiligen den Zweck.
*Meinet*wegen? *Euret*wegen.
Und zum Lohn für soviel Fleiß,
krieg ich dann vielleicht, wer weiß,
noch den Friedensnobelpreis.
Endlich bringt Sich regen Segen.
*Euret*wegen. *Unsert*wegen.
Endlich hat es einen Sinn,
daß ich so, daß ich so,
daß ich so dämonisch bin!

Das Lied, genannt »Zur selben Stunde«

Während ich hier bin,
wär ich gern da und dort.
Indes ich bei dir bin,
wär ich gern fort.

Zehn Frauen möcht ich sein,
zehnfach Ich selbst auf der Welt.
In Rom und im Ritz und
im Beduinenzelt.
Zehn Frauen möcht ich sein,
zehn Frauen zur gleichen Zeit.
Im Krönungsmantel.
Und auch ganz ohne Kleid.
An deinem Munde,
und zur selben Stunde
in fernem Land
an einem andern Munde.
Und während ich dort wär,
wär ich auch hier.
Und während ich fort wär,
wär ich bei dir.

Während ich dich küsse,
stürzt ein glühender Stern durch die Nacht.
Und küß ich den andern,
sterben tausend Mann in der Schlacht.
Bei jedem Wimpernschlag
geschehen Geburt und Tod.
Ist hier Nacht, ist woanders Tag.
Und so viele Lippen sind rot.
Zehn Frauen möcht ich sein,
in Treue gehüllt und Betrug.
Zehn Frauen möcht ich sein,
und noch immer wär's nicht genug.
An deinem Munde,
und zur selben Stunde
in fernem Land
an einem andern Munde.
Während ich da bin,
bin ich auch dort.
Während ich dir nah bin,
bin ich weit fort.

Wenn ich dich umarme,
umarm ich dann nur dich?
Hältst du mich im Arme,
umarmst du wirklich mich?
Man ist in sich verbannt
und gefangen für alle Zeit.
Im Krönungsmantel.
Und auch ganz ohne Kleid.
Mit dunklem Flügelschlag
ziehn stumm die Wünsche dahin.
Ist hier Nacht, ist woanders Tag.
Sag mir doch, wo ich bin!
An deinem Munde,
und zur selben Stunde
in fernem Land
an einem andern Munde?
Während ich dich liebe,
schreibt einer sein erstes Gedicht.
Während ich dich liebe,
liebst du mich nicht.

Der Scheuklappenchor

Das Ensemble steht auf der Bühne. Jedes Mitglied hat ein Paar große Scheuklappen umgebunden wie früher die Pferde, nur daß die Klappen in verschiedenen Farben gehalten sind. Der eine trägt sie rot, der andere schwarz usw. Keiner kann den anderen sehen und wähnt sich allein. Die Musik vielleicht bayerisch. Jedenfalls lustig. Die betonten Silben sind unterstrichen. Der Text wird manchmal aufgeteilt, manchmal im Chor gesungen. Eventuell Kanon.

Und so bringen und singen wir Ihnen im Chor,
im Baß und Tenor,
mit allem Komfort,
mal laut, mal ins Ohr

auf Bundeseb'ne ein Volksliedchen vor
und nennen es diesmal den Scheuklappenchor,
den Scheu-klap-pen-choooor!
> *Starr gradaus.*

Wenn ich rund um mich blicke,
find' ich mich ganz allein.
Ich stehe völlig auf Lücke
an der Isar, am Main und am Rhein.
Alle anderen haben halt Scheuklappen vor,
in rot oder schwarz oder Technicolor.
Nur ich seh' nach allen Seiten,
auch wenn es die anderen bestreiten.
Sie haben kein Panorama.
Sie seh'n nur das Stück eines Stücks.
Und sonst, und sonst seh'n sie nix!

So ist jeder seiner Meinung
oder auch gar keiner Meinung.
Wären alle einer Meinung,
wär'n sie aller meiner Meinung.
Wären alle meiner Meinung,
wär'n sie alle, wär'n sie alle
nur noch meiner Meinung!
Musikalischer Anklang: Deutschland, Deutschland über alles!

Doch – die andern, die haben halt Scheuklappen vor,
in braun, in blauweiß und ganz ohne Humor.
Der eine sieht schwarz und der andre sieht rot,
und wer nicht wie der sieht, der ist ein Idiot.
Sie seh'n nicht den Lauf der Epoche.
Sie seh'n nur die laufende Woche
und das Zwinkern des Augenblicks –
und sonst – und sonst seh'n sie nix!
Und so kommt's nicht nur Ihnen, auch uns kommt's so vor:
Im Baß und Tenor in Not und Komfort
mit Watte im Ohr.

So singen die andern: mit Scheuklappen vor,
das Lied unsrer Tage, den Scheuklappenchor,
den Scheu-klap-pen-chooor!

Der Hauptmann von Köpenick

Ein Gendarm aus Wilhelms II. Zeiten eskortiert den Schuster Voigt ins Gefängnis. Voigt in abgetragenstem Zivil. Verschossene Melone auf dem Kopf. In der Hand einen Pappkarton. Als Voigt das Publikum erblickt, bleibt er stehen. Der Gendarm geht gutmütig zur Seite. Voigt legt den Pappkarton auf ein Stück Gartenmauer. Und zwar so, daß er den Karton später bequem öffnen kann. Musik.

VOIGT:
    Kam zur Welt. Und werd mal sterben.
    Name? Wilhelm Voigt, na ja.
    Nischt geerbt. Und nischt zu erben.
    Is nich neu. War schon mal da.
    Schuhmacher. Und Tippelbruder.
    Ohne Frau und Kind und so.
    Vorbestraft. 'n armes Luder.
    Auch 'n Steckbrief. Gibt's en gros.

    Nagelst Sohlen. Nähst Stiefletten.
    Wirst gekündigt dann und wann.
    Bist alleene in den Städten.
    Gehst alleene in die Betten.
    Kommst dir vor wie'n Hampelmann.

    In der Wahl des Elternpaares
    warste reichlich unvorsichtig.
    Ohne Aktien, ohne Bares,
    ohne Rang und Titel, war es
    nur im Kinderkriegen tüchtig.

»Schuster, bleib bei deinem Leisten!«
pred'gen uns zumeist die meisten.
Und sie sagen's so geschwind,
weil sie eben, weil sie eben
selber keine Schuster sind.

Stiebelst mit die krummen Beene
Straßen und Alleen alleene.
Alle andern grüßen sich.
Dogcarts. Gummiräder. Reiter.
Alle andern sind gescheiter.
Gehst und gehst und kommst nich weiter.
Kannst nich mehr. Und willst ooch nich.

Und schon denkste: Fort mit Schaden!
Koof dir'n Strick. Et tut nich weh.
Oder, Voigt, ersauf beim Baden!
Doch da stehste vor 'nem Laden.
Und da haste 'ne Idee.

Plötzlich biste nich mehr dämlich
und als wärste schon gestor'm.
In dem Fenster siehste nämlich
'ne gebrauchte Uniform:
Mütze, Hose, Rock und Mantel,
'nen kompletten Offizier!
Rin zum Trödler! Kurzer Handel!
Schon jehört et alles dir.

Packt den Karton auf, holt den Hauptmannsmantel heraus.

»Schuster, bleib bei deinem Leisten!«
pred'gen uns zumeist die meisten.
Und sie sagen's so geschwind,
weil sie eben, weil sie eben
selber keine Schuster sind.

Zieht den Mantel an, setzt die Mütze auf, tut den Hut in den Karton, reckt sich, streckt sich. Auch die Stimme wird schneidiger. Deutlich muß aber sein, daß er allen andern, nur sich selber nicht imponiert. Es amüsiert ihn, die Umwelt zu narren.

Welt, wie hast du dir verändert!
Paukstudenten, bunt bebändert,
Herrn, monokelglasumrändert,
sie erwidern meinen Blick.
Itzenplitze, Zitzewitze
fahren wie geölte Blitze
mit die Pfoten an die Mütze.
Und ick jrüße ernst zurück.

Bonnen auf den Bänken rutschen
hin und her mit die Figur.
Damen kriegen in den Kutschen
Augen wie aus Samtvelours.
Mensch, jetzt könntste, wenn du wolltest,
alles ha'm, was du begehrst!
Doch bloß, *wenn du*, was du *an*hast,
nicht mehr anhättst, wirklich *wärst*!
Wilhelm Voigt, dem Hauptmann, glaubt man
zwar bei Tageslicht enorm.
Aber glaubt man und erlaubt man
dies und jenes diesem Hauptmann
– gänzlich ohne Uniform?

Laß die Finger von die Bräute,
lieber Voigt, und sei kein Mann!
Kleider, merkste, machen Leute.
Drum behalt sie lieber an!
Und so geh ich, und so grüß ich
links und rechts und freu mich riesig
und bin gerne auf der Welt.
Hauptmann sein, ist was sehr Schönes,

und zum Glück fehlt nur noch Eenes.
Und det Eeene nennt sich: Jeld!

Wie'ck mir so Jedanken mache,
springt vors Schilderhaus 'ne Wache,
baut sich auf und präsentiert.
Und ick brülle: »Danke! Rühren!
Wache raus! Abzähln zu vieren!«
Und det klappt Sie wie geschmiert.
»Links schwenkt, marsch!« Schon ziehe ick
hin zum Rathaus Köpenick!
Stelle Posten vor die Türen.
Keener darf mehr rein und raus.
Und mit drei Stück Grenadieren
schreitet Hauptmann Voigt ins Haus.

Alle sind enorm erschrocken.
Bürjermeister, Rentamtmann,
alle sind sie von den Socken.
Allen wird die Tinte trocken,
noch im Zimmer nebenan.

Und ick schnauze stimmgewaltig,
markig, märkisch, eisenhaltig:
»Nich zu fassen: Unterschleife!
Kasse her zur Revision!«
Und noch eh ick's recht begreife,
hab ick ooch den Zaster schon!
Während ick korrekt quittiere,
brüll ick wie 'ne Herde Stiere:
»Maul jehalten! Affenschande!
Bis auf weitres Hausarrest!«
Und ick setz die blöde Bande
in ihr'm eignen Rathaus fest!

Der Gendarm wird wieder sichtbar. Ist ungeduldig.

VOIGT:
　Ließ die Wache weitermachen.
　Grüßte, ging und konnte lachen.
　Hatte Geld und Appetit.
　Amüsierte mir wie Bolle.
　Aß 'n Schnitzel. Trank 'ne Molle ...

GENDARM:
　Doch nun *ha'm* wir'n, wie man sieht.

VOIGT *winkt gleichmütig ab. Dann fast ein wenig stolz*:
　Der Erfolg war ungewöhnlich.
　Alle Welt hielt sich den Bauch.
　Kaiser Wilhelm lachte auch
　und, was selten ist, persönlich.
　Und er sprach zu dero Gästen:
　»Dieser Voigt ist ein Genie!«
　Ob im Osten, ob im Westen,
　alle schlugen sich aufs Knie!
　In Kasernen und Palästen,
　in Fabriken und auf Festen,
　alles grinste, lachte, schrie.
　So vergnügt war man noch nie.

GENDARM:
　Wer zuletzt lacht, lacht am besten!

VOIGT *mit Nachdruck, fast prophetisch*:
　Wer zuletzt lacht, sind nich *Sie*!

Er legt die Hand leger an die Offiziersmütze. Gendarm reißt automatisch die Hacken zusammen. Voigt kichert kopfschüttelnd und geht ab. Gendarm mit Pappkarton hastig hinterdrein.

ANHANG

Nachwort

I

Der vorliegende Band führt uns hauptsächlich in die Nachkriegszeit. Das Allroundtalent Erich Kästner war sofort nach Kriegsende wieder sehr gefragt und trat in den folgenden Jahren als Feuilletonredakteur und Kabarettautor, als Kinderbuchverfasser und Herausgeber einer Jugendzeitschrift, als Drehbuchschreiber und PEN-Präsident hervor. Die Jahre von 1945 bis 1952 waren ein zweiter Höhepunkt seines Schaffens, das silberne Zeitalter nach dem goldenen von 1927 bis 1933. Kästner galt als unbelastet, weil er ja »zwölf Jahre verboten« war (vgl. dazu Anmerkungen zu *II, 25, 58*). Daß er, obgleich nie Mitglied der Reichsschrifttumskammer, aufgrund seiner humoristischen Romane, seiner Komödien und seiner Filmdrehbücher zu den großen Zulieferern der Unterhaltungsindustrie des Dritten Reiches zählte, steht auf einem anderen Blatt. »Aber je länger das 3. Reich dauerte«, schrieb der Komponist Edmund Nick an Luiselotte Enderle (in einem unveröffentlichten Brief vom 18. November 1958, Kopie Erich-Kästner-Archiv), »desto wortkarger wurde E[rich]. Offenbar wollte er es vermeiden, daß seine Meinung über die Zustände kolportiert wurde. Ich mußte ihm recht geben in dem, was er nicht sagte.«

Es mag aus jenen Jahren zwar kein öffentliches Wort gegen die Nazis geben, aber jedenfalls auch keines *für* sie, und es besteht kein Anlaß zu der Annahme, Kästner habe der linksliberalen Position, die er am Ende der Weimarer Republik eingenommen hatte, zwischenzeitlich abgeschworen. Jedenfalls knüpfte er 1945 bruchlos an seine Arbeit bis 1933 an. Sein Stil änderte sich nicht. Seine frühen Gedichte, die der 1946 erschienene Band *Bei Durchsicht meiner Bücher* wieder greifbar gemacht hatte, erlebten eine Renaissance. Viele von ihnen schienen der Gegenwart wie auf den Leib geschrieben zu sein. Der *Monolog des Blinden,* der sich ursprünglich auf den ersten Weltkrieg bezogen hatte, bezog sich nun eben auf den zweiten:

»Krieg macht blind, das sehe ich an mir.« (Vgl. *I, 103*) Als Kästner 1945 das Kabarett *Die Schaubude* gründete, ließ er zahlreiche Klassiker seiner frühen Produktion wieder aufleben, die *Elegie mit Ei* zum Beispiel, das *Plädoyer einer Frau* und *Das letzte Kapitel* (vgl. Anmerkung zu *I, 60, 110, 171*). Nur selten findet man Überarbeitungen wie im Falle des Gedichts *Ein alter Herr geht vorüber* (vgl. *II, 364*), das 1933 unter dem Titel *Alter Herr anno 1970* jenes Elend vorhergesagt hatte, das die Nachkriegsfassung dann im Rückblick beklagt.

Erich Kästners satirische Texte sind, ihren wilden Entstehungsjahren zum Trotz, erstaunlich wenig zeitgebunden. Kästner paßt immer. Für Vernunft und gegen Unrecht sich auszusprechen, gibt es zu allen Zeiten Grund genug. Freilich birgt diese Vielfachverwendbarkeit auch Gefahren. Allzuleicht geht das nicht konkret genug Kritisierte im Gefühl einer allgemeinen Schlechtigkeit der Welt unter, die nicht zu ändern, sondern nur zu ertragen ist mit Hilfe von Witz und Ironie, von Zynismus und Humor. »Dieser linke Radikalismus ist genau diejenige Haltung, der überhaupt keine politische Aktion mehr entspricht«, hatte Walter Benjamin schon 1931 in seinem berühmten Verriß *Linke Melancholie* geschrieben (in: Gesammelte Schriften. Band 3, Frankfurt 1972, S. 279–283). Kästners Gedichte seien Sachen für Großverdiener, ihr Takt folge den Noten, »nach denen die armen reichen Leute Trübsal blasen; sie sprechen zu der Traurigkeit des Saturierten«. Das mag übertrieben sein. Immerhin hat Kästner 1930 in seinem *Brief an den Weihnachtsmann* vorgeschlagen, Adolf Hitler übers Knie zu legen. (»Und nach München lenk die Schritte, / wo der Hitler wohnen soll. / Hau dem Guten, bitte, bitte, / den Germanenhintern voll!« – *II, 339*). Doch ist solche Handgreiflichkeit eher die Ausnahme. Nur sehr selten nimmt Kästners Zeitkritik einzelne Ereignisse oder Personen aufs Korn. Da sie breite Gefilde bestreicht, tut sie niemandem besonders weh, stößt vielmehr meistens auf ausgedehntes Einverständnis. Solcher Allgemeinheit entspricht es, daß Kästner selber wohl wenig Hoffnung darauf setzte, daß seine Satire etwas bewirken könnte. Sie dient vielmehr (wogegen nichts einzuwenden ist) in erster Linie der Unterhaltung. Auch wenn der Satiriker sich gelegentlich für einen Idealisten hält, der an die Erziehbarkeit der Menschen glaubt (vgl. *II, 130*), stuft er doch fast gleichzeitig seine Hörer ein als »das Volk, das nie auf seine Dichter hört« (vgl. *II, 111*). Als sich die Bundesrepublik Mitte der fünfziger Jahre konsolidiert hatte, verlor sich der Glaube an die Erziehung durch Satire weitgehend. Der Satiriker Kästner verstummte fast ganz, und unverkennbar trat in den Altersdepressionen des Sechzig- und Siebzigjährigen der Melancholiker zutage, den Benjamin schon im Dreißigjährigen gewittert hatte.

II

Der tägliche Kram und *Die Kleine Freiheit* sind dennoch schön komponierte, originelle und abwechslungsreiche Sammlungen. Es erschien deshalb nicht sinnvoll, sie in Lyrisches, Journalistisches und Kabarettistisches zu zerlegen und auf verschiedene Bände aufzuteilen. Zwischen manchem Verstaubten hat Kästner hier einige seiner Kabinettstückchen versteckt, allzeit aktuelle Chansons wie *Das Leben ohne Zeitverlust,* politische Parabeln wie *Der gordische Knoten* und *Das Märchen von der Vernunft,* literarhistorische Marksteine wie *Über das Auswandern* und *Die literarische Provinz,* literaturtheoretische Positionsbestimmungen wie die Satiredefinitionen in *Eine kleine Sonntagspredigt,* bittersüße Autobiographica wie *Sechsundvierzig Heiligabende, Mama bringt die Wäsche* und *Das lebensgroße Steckenpferd* und schließlich die vielzitierte Selbstcharakteristik *Kästner über Kästner.*

Kästner war Antifaschist und Antimilitarist. Als Antifaschist (vgl. z. B. *Wahres Geschichtchen* oder *Wert und Unwert des Menschen*) gehörte er zu den Warnern, die in der frühen Bundesrepublik geholfen haben, das ungefestigte Staatsgebilde gegenüber den Resten des Nationalsozialismus allmählich doch in gewissem Grade zu immunisieren. Auf Dauer entsprach das der offiziellen Politik. Als Antimilitarist (vgl. z. B. *Abrüstung in Bayern* oder *Die Kantate »De minoribus«*) geriet Kästner in eine weniger komfortable Position. Er war von Anfang an ein Gegner der Wiederbewaffnung und der Gründung der Bundeswehr. Er blieb in diesem Punkt bis ins hohe Alter oppositionell, schloß sich der Ostermarschbewegung und diversen Anti-Atomtod-Kampagnen an und sympathisierte mit dem Vietnamkriegsprotest der Studentenbewegung.

Literarhistorisch gesehen bleibt auch der Nachkriegs-Kästner ein Anhänger der Neuen Sachlichkeit, jener Stilrichtung der späten zwanziger Jahre also, die in doppelter Frontstellung gegen einen epigonal-klassizistischen Ästhetizismus wie gegen das ekstatische Pathos des Expressionismus journalistische, filmische und dokumentarische Methoden sowie eine schnoddrige Alltagssprache in der Poesie zu Ehren brachte. Die Frontstellung ist nach 1945 gleichgeblieben. Weder der Klassizismus der konservativen inneren Emigration (zum Beispiel bei Werner Bergengruen oder Reinhold Schneider) noch der Neoexpressionismus Wolfgang Borcherts etwa wurden von ihm gefördert. Von den Anfängen der Gruppe 47 nahm er kaum Notiz. Auch die christliche Erneuerung interessierte ihn nicht, wie denn überhaupt seinem Werk jeder religiöse Zug von Rang fehlt. Dem damals modischen Existentialismus zeigte er ebenso die kalte Schulter (vgl. *Ist Existentialismus heilbar?*) wie dem Nachkriegswerk von Gottfried Benn oder Ernst Jünger. Zu einigen Emigranten jedoch stand er, inspiriert durch die wiederaufgenommene Freundschaft mit Hermann Kesten, positiv, trotz der peinlichen Ausfälle gegen Thomas Mann (vgl. *Betrachtungen eines Unpolitischen*, VI, 569). Von der Ostzone und den dorthin zurückgekehrten Autoren (Bertolt Brecht oder Anna Seghers) hielt er sich in der Regel fern. Die Öffnung des deutschen Buchmarkts für amerikanische Autoren, der berühmteste war damals Ernest Hemingway, unterstützte er. Im ganzen wurde es, trotz PEN und Ehrungen aller Art, nach kurzer Euphorie literarisch einsam um ihn. Der späte Kästner wird zum Epigonen seiner selbst. Die Erfahrung des Nationalsozialismus analytisch und gestalterisch zu bewältigen, reichen, wie die allzu konstruierte *Schule der Diktatoren*, wie insbesondere die 1961 erschienene Tagebuchbearbeitung *Notabene 45* zeigen, seine intellektuellen und künstlerischen Mittel nicht aus. Das beste Buch seines Spätwerks ist die Kindheitsautobiographie *Als ich ein kleiner Junge war*, weil hier wenigstens gelegentlich, dort, wo er von den Selbstmorddrohungen der Mutter spricht, der Schleier einer idyllensüchtigen Illusionierung reißt.

III

Der *Nachlese*-Teil dieses Bandes beschränkt sich auf Chanson- und Kabarett-Texte, im Bewußtsein, daß eine klare Abgrenzung nicht möglich ist und nicht nur zahlreiche Gedichte, sondern auch einige publizistische Texte eine ihnen vorher nicht zugedachte Kabarett-Karriere gemacht haben. So sind die Grenzen nicht nur zum Gedichtband dieser Ausgabe fließend, sondern auch zum Publizistikband und zum Theaterband, der zum Beispiel die Chansons der Rundfunk-Revue *Leben in dieser Zeit* enthält. Die *Nachlese* beansprucht keine Vollständigkeit. Solange es keine zuverlässige und umfassende Erich-Kästner-Bibliographie gibt, und solange der Nachlaß einschließlich seiner verstreuten Teile nirgends komplett verzeichnet ist, fehlt es an einem sicheren Überblick über den Bestand. Die Angaben in den bisherigen Werkausgaben sind fragmentarisch, lückenhaft und oft falsch. Alphabetische Inhaltsverzeichnisse sowie Register fehlen. Das Auffinden, die Datierung und die Kommentierung der einzelnen Arbeiten wurden bisher zudem sehr erschwert durch das Fehlen von Archivalien, Briefausgaben und Dokumentationen. Hier bleibt noch ein reiches Feld für künftige Erschließungs- und Forschungsarbeit. Diese Ausgabe konnte lediglich die ersten Schritte in ein noch wenig vermessenes Gelände tun.

Dennoch ermöglicht die *Nachlese* zusammen mit *Der tägliche Kram* und *Die Kleine Freiheit* einen Überblick über Kästners Schaffen als Kabarettautor. Als er im siebten Kapitel seines Romans *Fabian* ein Berliner Kabarett karikierte (»Auf der wackligen Bühne machte ein zwecklos vor sich hinlächelndes Mädchen Sprünge. Es handelte sich offenbar um eine Tänzerin«), war er bereits ein beliebter Brettl-Dichter. In der späten Weimarer Republik spielten ihn Kleinkunstbühnen wie das *Küka* (ein Künstlercafé, in dem man eigene Texte vortragen konnte) und *Die Wespen,* das *Tingel-Tangel-Theater* und das *Kabarett der Komiker.* Werner Fincks berühmte *Katakombe* brachte gleich in ihrem ersten Programm (16. Oktober 1929) Kästners *Möblierte Melancholie (I, 112).* 1930 folgten *Surabaya Johnny II* und *Neues Volkslied* (beide hier unter *Nachlese*), 1933, unter dem Pseudonym Emil Fabian, Songs aus *Leben in dieser Zeit,* 1934 *Prima Wetter (I, 130), Der Kümmerer (I, 245)* und *Glückwünsche eines Enfant terrible* (s. *Nachlese*), 1935 schließlich noch, gespielt bis zum Verbot der *Katakombe,* der harmlose *Gesang vom Singen* (s. *Nachlese*). Eine entschiedene Opposition ist den Kabarett-Texten von 1933–1935 freilich nicht anzumerken. Sie weichen ins Unpolitische aus.

In die Münchener Kabarettgeschichte hat sich Erich Kästner mit zwei großen Unternehmungen eingeschrieben: der *Schaubude* und der *Kleinen Freiheit.* Was Kästner für diese Bühnen gedichtet hat, kann man hier weitgehend vollständig nachlesen. Es gibt darüber hinaus noch Entwürfe, zum Beispiel ein leider unvollständiges Nachlaß-Typoskript zu einem *Schaubude*-Sketch mit dem Titel *Blut und doppelter Boden,* von dem sich weder ein Druck noch ein vollständiger Text auffinden ließen. Es gibt außerdem ein stenographiertes Heft mit der Überschrift *Kabarett-Themen,* das allerlei schwer entzifferbare Skizzen enthält.

Die Verwendung von Kästner-Texten in den Kabaretts der sechziger bis neunziger Jahre ist überhaupt nicht zu überblicken. In den Großstädten des Westens und der DDR hielt die Faszination durch diese Arbeiten jahrzehntelang vor; noch heute ist sie ungebrochen. Die Bühne ist die eigentliche Lebensluft für diese Prosa, diese Poesie. Nur gelesen wirkt manches flach, was aufgeführt Charme und Zauber, Komik und Herz, Pfiffigkeit und Wehmut ausstrahlt – die spezifisch Kästnersche Mischung von Satire und Elegie im Blick auf das, was, der Vernunft oft undurchdringlich, das Leben ausmacht. Nicht was Kästner politisch wollte, hat ihn groß gemacht, sondern seine Lebenskritik. Bei allem Aufklärungspathos ist er eigentlich ein Romantiker, der hinter seiner Schnoddrigkeit die sentimentalen Sehnsüchte versteckt, die wir alle haben.

IV

Ohne uneigennützige Hilfen von vielen Seiten kann man eine solche Ausgabe gar nicht machen. Am meisten Neues förderten die Arbeitstage im Erich-Kästner-Archiv (damals noch bei Dr. Ulrich Constantin in München, jetzt im Deutschen Literaturarchiv in Marbach am Neckar) ans Licht. Weitere wichtige Informationen brachten Recherchen im Deutschen Kabarett-Archiv in Mainz (geleitet von Reinhard Hippen) und Anfragen im Deutschen Volksliedarchiv in Freiburg. Einzelauskünfte gaben die Monacensia-Abteilung der Münchener Stadtbibliothek, die Bibliothek des Germanischen Nationalmuseums in Nürnberg und die Sächsische Landesbibliothek in Dresden. Viele schwer zugängliche Bücher und Artikel beschafften die Universitätsbibliotheken in Bonn und Mainz sowie die Mainzer Stadtbibliothek. Dagmar Nick gab bereitwillig Auskünfte und stellte Typoskripte aus dem Nachlaß ihres Vaters zur Verfügung, der für Erich Kästner zahlreiche Gedichte vertont hat. Weitere Helfer waren Eva Blaskewitz, Hans Georg Böcher, Arno Claas, Gerhard Dörr, Nicola Brinkmann, Gudula Gutmann, Anne Prior, Stephan Stachorski und Ulrike Süß, ferner unter den Mitherausgebern vor allem Franz Josef Görtz, Beate Pinkerneil, Thomas Anz und Hans Sarkowicz. Einen großen Teil der Einzelarbeit an Textkritik und Kommentar hat meine Tochter Lena erledigt. Allen Genannten sei Dank.

Hermann Kurzke

Kommentar

Der Kommentar informiert, soweit die Quellenlage und der erst teilweise erschlossene und nur teilweise zugängliche Nachlaß Erich Kästners dieses ermöglichen, über Anlaß und Entstehungszeit der einzelnen Texte, über Manuskripte, Typoskripte, Erstdrucke und größere Abweichungen zwischen den einzelnen Überlieferungsträgern, über die wichtigsten Quellen und in engen Grenzen über historische und biographische Hintergründe.

I. Der tägliche Kram

Die Sammlung erschien zuerst Weihnachten 1948 im Oberbadischen Verlag in Singen, einige Monate vor der rechtmäßigen Originalausgabe des Züricher Atrium-Verlages von 1949. Sie besteht hauptsächlich aus drei unterschiedlichen Komplexen: aus Texten, die Kästner als Feuilletonredakteur für *Die Neue Zeitung* schrieb, aus solchen, die er für die von ihm herausgegebene Jugendzeitschrift *Pinguin* verfaßt hatte und schließlich aus Gedichten und Szenen für das von Kästner mitgegründete Münchener Kabarett *Die Schaubude*. Hier dient als Druckvorlage der Text in den *Gesammelten Schriften für Erwachsene (GSE)*, Zürich 1969, Band VII. Die Erstdrucke der Sammlung enthalten zusätzlich den Text *Begegnung mit Tucho* (hier VI, 597) und weitere (geringfügige) Abweichungen.

Die Neue Zeitung wurde im Herbst 1945 von der amerikanischen Besatzungsmacht gegründet, ursprünglich als »Organ der amerikanischen Militärregierung« (so General Eisenhower in einem Geleitwort zur ersten Nummer), und war die erste überregionale Zeitung im amerikanischen Sektor. Sie existierte bis 1955 und erreichte in ihren besten Zeiten eine Auflage von zwei Millionen Exemplaren. Herausgeber war der jüdische Emigrant Hans Habe (1911–1977). Der Sohn eines ungarischen Boulevardzeitungsverlegers war als junger Journalist im Alter von 21 Jahren mit der (unzutreffenden) Entdeckung berühmt geworden, daß Hitlers wahrer Familienname Schicklgruber sei. Nach seiner Emigration in die USA im Jahre 1940 bildete Habe im Auftrag des amerikanischen Geheimdienstes eine Truppe deutschsprachiger Emigranten in psychologischer Kriegsführung aus, die nach der Invasion in der Normandie versuchten, die deutsche Wehrmacht an der Westfront zur Kapitulation zu bewegen. Aus der Überzeugung heraus, die Deutschen müßten durch Umerziehung zur Vernunft gebracht werden, wollte Habe *Die Neue Zeitung* als Instrument der Demokratisierung nutzen. Erich Kästner war Ressortleiter des Feuilletons von der ersten Ausgabe bis zum Herbst 1946. Seine Nachfolge übernahm Luiselotte Enderle (1908–1991), doch schrieb Kästner noch bis 31. März 1948 für *Die Neue Zeitung* (einem Brief vom 24. April 1948 an Hermann Kesten zufolge, gedruckt in: Hermann Kesten: Deutsche Literatur im Exil. Briefe europäischer Autoren 1933 bis 1949. Wien, München, Basel 1964, S. 337).

Den *Pinguin* gab Kästner vom zweiten Heft an (März 1946) bis zur Währungsreform 1948 heraus. Er erschien seit 1. Januar 1946 im Rowohlt-Verlag. Das Editorial zum ersten Heft erklärt programmatisch: »Pinguin ist mein Name [...]. Ich rede, wie mir der Schnabel gewachsen ist. Ich lache, wie es mir gefällt. Ich will mich anfreunden mit all denen, die jung sind und sich jung fühlen. Ich liebe das Leben und alles, was lebendig ist [...]. Ich will euch begeistern für all das, was wir tun können, um uns selbst ein besseres Leben zu schaffen.« Zur Allerweltsillustrierten heruntergekommen existierte der *Pinguin* nach Kästners Ausscheiden noch bis zum Mai 1951.

Die Schaubude spielte vom 15. August 1945 bis zum Frühjahr 1949. Die wichtigsten Mitarbeiter waren neben Kästner Axel von Ambesser (1910–1988), Hellmuth Krüger (Conférencier), Herbert Witt, Edmund Nick (1891–1974), der die meisten unten genannten Kästner-Chansons vertont hat, und Ursula Herking (1912–1974, Chansonette). Es wurden insgesamt neun Programme entwickelt. An den ersten acht war Kästner beteiligt. Außer den unten nachgewiesenen Beiträgen brachte das erste Programm (*Der erste Schritt*, 15. 8. 1945) die Nummern *Elegie mit Ei (I, 60–61)* und *Wiegenlied eines Vaters an seinen Sohn* (entspricht *I, 14–15*), das zweite (*Bilderbogen für Erwachsene*, 12. 4. 1946) die Nummern *Vom wohltätigen Einfluß des Staates auf das Individuum* (vgl. *II, 369*), *Plädoyer einer Frau (I, 110–111)*, *Frage an das eigene Herz* (in diesem Band unter *Nachlese, 368*), *Oh, du mein Österreich* (in diesem Band unter *Nachlese, 365–368*), *Liebe und Treue* (Text nicht ermittelt) und *Tugend und Politik* (in diesem Band unter *Nachlese, 360–363*). Das dritte Programm (*Gestern – Heute – Übermorgen*, Juli 1946) brachte *Die Jugend hat das Wort (II, 78–79)*, *Der Kümmerer (I, 245–246)*, *Ein alter Herr geht vorüber (II, 364–365)*, *Dernier cri*

(II, 88–89), *Der Nachhauseweg (II, 372–373)* und *Das letzte Kapitel (I, 171–172)*. Das vierte Programm (*Für Erwachsene verboten!* Oktober 1946) brachte ein *Herbstlied* (hier unter *Nachlese, 373 bis 374*), *Man müßte wieder 16 Jahre sein* (= *Die Existenz im Wiederholungsfalle, I, 109–110*) und *Reden ist Silber* (*Nachlese,* hier *375–379*), das fünfte (*Vorwiegend heiter – leichte Niederschläge* vom Februar 1947) *Tangoliedchen* (Text nicht ermittelt) und *Strohhut im Winter* (*Nachlese,* hier *380–381*), das sechste (*Wir warnen Neugierige,* 18. 9. 1947) nichts außer dem in *Der tägliche Kram* Aufgenommenen, das siebte (*Das fängt ja gut an,* Januar 1948) *Die Vertreibung in das Paradies* (*Nachlese,* hier *383–385*) und das achte (*Bitte recht friedlich,* 28. 8. 1948) *Das letzte Kapitel (I, 171–172)*, *Man ist man* (*Nachlese,* hier *386–387*), *So sehn wir aus* (Text nicht ermittelt) und *Die große Zeit* (*Nachlese,* hier *385–386*). Am neunten Programm (*Das Ministerium ist beleidigt,* Dezember 1948) war Kästner nicht beteiligt.

Kleine Chronologie statt eines Vorworts

Geschrieben im Herbst 1948. Typoskript Erich-Kästner-Archiv, Marbach (spätere Abschrift). Der Text geht nur zum Teil auf Tagebuchaufzeichnungen aus dem Jahr 1945 zurück, die zu Monatseintragungen (März bis September) zusammengefaßt sind und, wie aus dem Vergleich mit dem Originaltagebuch hervorgeht, teils neugefaßt, teils stark überarbeitet wurden. Auch der Vergleich mit der ebenfalls stark überarbeiteten Tagebuchpublikation *Notabene 45* (vgl. *VI, 351*) zeigt erhebliche Kürzungen und sachliche Abweichungen. Von *Notabene 45* wiederum ist ein Typoskript (*Kriegstagebuch 1945*) mit handschriftlichen Änderungen und Streichungen erhalten, das ebenfalls, wenn auch nicht so stark, vom Originaltagebuch abweicht. Aus ihm lassen sich unter anderem folgende Zusatzinformationen entnehmen:

Unter dem Datum »7. 4. 1945« beschreibt Kästner den Versuch dreier Mitglieder des Teams (Herstellungsleiter Eberhard Schmidt, Regisseur Harald Braun und Schauspieler Ulrich Haupt; der Film sollte *Das verlorene Gesicht* heißen), bei Goebbels eine Bestätigung des Produktionsunternehmens zu erwirken, um die Gruppe vor der Teilnahme an einem vierwöchigen Volkssturm-Standschützenkurs in Gossensass zu bewahren, gegen den die Möglichkeit einer Abkommandierung zum Volkssturm in Berlin als kleineres Übel betrachtet wurde. Die Einberufung konnte so, wie Kästner in der

Kleinen Chronologie schreibt, rückgängig gemacht werden. Laut Typoskript entschuldigte sich der örtliche Gauleiter (»der Radiohändler Hofer, Oberster General der Tiroler Standschützen«) für die Einberufung, da die Gruppe nach wie vor dem Berliner Gauleiter unterstünde.

Die Vorgeschichte der Münchener *Schaubude* beschreibt Kästner im Typoskript so: »In den Kammerspielen probieren Arthur Maria Rabenalt und Rudi Schündler für ein literarisches Kabarett: Villon, Ringelnatz, Baudelaire usw., mit Tanz, hübschen Mädchen usw.« (20.6.1945) Ähnlich im Originaltagebuch, wo später der Satz folgt: »Am liebsten hätten sie mich sofort mit eingespannt, aber ich hatte keine Lust.«

Erich Kästner hatte während der NS-Zeit unter anderem von Drehbucharbeiten für die Ufa gelebt, mit der er verschiedene Arbeitsverträge hatte. Dadurch wurde auch die geschilderte Abreise aus Berlin möglich. Kästner war mit 10 000 Mark ausgestattet, wie das Tagebuch-Typoskript, nicht aber das Originaltagebuch belegt. Im Typoskript heißt es: »Nicht notiert: meine vergebliche Bemühung, auf der Dresdener Bank am Olivaer Platz, kurz vor der Abfahrt, einen Reisescheck auf 10 000 zu erhalten. Die Filiale hatte keine Formulare mehr. So ›musste‹ ich das bare Geld mitnehmen, das zu beantragen ich mich nicht getraut hatte. Das war unser Glück. Den Reisescheck hätte uns in Mayrhofen kein Mensch eingewechselt.«

Im Zuge der Angriffe auf Deutschland drangen die alliierten Armeen im April immer weiter nach Süddeutschland und Österreich vor. Der linke Flügel der amerikanischen 7. Armee erreichte über Würzburg (11. April) und Nürnberg (16. bis 20. April) am 30. April München und besetzte das Salzkammergut, der rechte stieß über Mannheim und Heidelberg (29. März, 1. April), dann über den Neckar und die Donau in die Alpen bis zum Brenner vor. Die französische Armee marschierte in Vorarlberg ein. Mitte April traten die britische und die amerikanische Armee zum Angriff auf Bologna an. Die Amerikaner stießen über Genua zur französischen Grenze und durch die Po-Ebene zum Brenner vor.

9 *Tannhäuser:* In Richard Wagners (1813–1883) gleichnamiger romantischer Oper (1845) wird der Sänger Tannhäuser von Frau Venus in den Hörselberg gelockt.

Volkssturm: Am 25. September 1944 hatte Hitler die Aufstellung des »Volkssturms« aus Männern zwischen 16 und 60 Jahren befohlen.

9 *Lottchen:* Kästners Lebensgefährtin Luiselotte Enderle.
10 *Schuschnigg:* Kurt Schuschnigg (1897–1977), seit 1933 Justiz- und Unterrichtsminister in Österreich, nach der Ermordung von Engelbert Dollfuß 1934 bis 1938 Bundeskanzler. Schloß am 12. Februar 38 ein Abkommen mit Hitler, das durch eine Volkabstimmung über die Unabhängigkeit Österreichs unterlaufen wurde, was von Hitler als Bruch des Abkommens gedeutet wurde und zum deutschen Einmarsch sowie zu Schuschniggs Sturz führte.
Rainbow-Division: »Die Amerikaner, die im Zillertal liegen und sich tödlich langweilen, gehören zur ›Regenbogendivision‹«, heißt es im Tagebuch (18. 5. 1945).
Wlassow-Armee: Andrej Wlassow (1901–1946) kämpfte seit Herbst 1942 an der Seite der Deutschen mit einem Freiwilligenheer aus sowjetischen Kriegsgefangenen gegen den Bolschewismus. Am 31. Januar 1945 hatte Hitler den General zum Oberbefehlshaber aller auf deutscher Seite kämpfenden russischen Soldaten ernannt. Mit Hilfe zweier Divisionen und nationalsozialistischer Unterstützung versuchte Wlassow, sich an der Niederschlagung des Prager Frühlingsaufstandes 1945 zu beteiligen. Er wurde von den Amerikanern an die Sowjets ausgeliefert und am 1. 8. 1946 in Moskau gehenkt.
11 *Kulturfachleute, Emigranten:* Kästner meint u. a. Peter de Mendelssohn (1908–1982), der jedoch nach Erscheinen der Sammlung *Der tägliche Kram* am 3. April 1949 in der *Welt am Sonntag* in einem *Kleinkram und Großkram* betitelten Offenen Brief zu diesem Absatz richtigstellt: »Der da im Juni 1945 aus München zu Ihnen nach Mayerhofen kam, das war ja doch ich. Ich war nicht kreuz und quer gefahren, sondern geradeswegs zu Ihnen, und auch nicht um zu ermitteln, ob Sie wert seien, den Krieg überlebt zu haben. Nein, ich kam, um von Ihnen zu erfahren, wie es war. Ich war glücklich, endlich einen gefunden zu haben, dem ich aufs Wort glauben konnte und wollte, der mir keinen blauen Dunst vormachen würde über die Hitlerjahre. Ich suchte den Chronisten dieser zwölf Jahre, der der Welt draußen die ganze finstere Angelegenheit rechtens, gerecht und richtig würde erklären können, damit man wisse, woran man sei mit Deutschland und den Deutschen. Und Sie sagten mir: jawohl, ich bin's, ich bin der Chronist. Dazu und nur dazu bin ich dageblieben. Und jetzt, an diesem Tag, sehe ich auch, daß es sich gelohnt hat.« Mendelssohn

kritisiert jedoch im folgenden, daß Kästner sein Vorhaben, einen großen Roman über die Hitlerdiktatur zu schreiben, aufgegeben und sich statt dessen nur dem »täglichen Kram« gewidmet habe. – Den Besuch Peter de Mendelssohns in Mayrhofen beschreibt Kästner auch in *Notabene 45* (am 30. Juni 1945, vgl. *VI, 510ff.*) und, wesentlich knapper, im Originaltagebuch.
12 *Einige Schauspieler:* Wie Kästner am Schluß von *Notabene 45* schreibt, hat z. B. Walter Jansen versucht, ein »ambulantes Theater« aufzubauen, das mit einem Kabarettprogramm auf Wanderschaft gehen sollte (vgl. *VI, 520*).

Talent und Charakter
Erstdruck: *Die Neue Zeitung,* 28. 10. 1945.

Dem Artikel ist dort die folgende redaktionelle Vorbemerkung vorangestellt: »Obschon wir uns die sehr lebendigen Ausführungen unseres Mitarbeiters nicht unbedingt zu eigen machen, so sind sie doch ein wertvoller Beitrag zu dem Problem der Selbsthilfe, die auch auf kulturellem Gebiet nur dann erfolgreich sein kann, wenn niemand, der Gutes leisten und auf eine saubere Vergangenheit hinweisen kann, bei Seite steht.«

15 *Talent und Charakter:* Die Wendung geht auf Heinrich Heines (1797–1856) *Atta Troll* (1843) zurück. Dort heißt es am Ende des 24. Kapitels über die Titelgestalt: »Kein Talent, doch ein Charakter!« Mit dem Tanzbären Atta Troll parodierte Heine heterogene liberale, christliche und frühsozialistische Positionen, die er als leere Parolen bloßstellte, sowie den Dilettantismus der Tendenzdichter, deren Talentlosigkeit Atta Troll widerspiegeln sollte.

im Jahre 1934: Erich Kästner war nie Mitglied der Reichsschrifttumskammer, hatte sich aber, wie die Briefe an seine Mutter bezeugen (z. B. vom 8. und 14. Dezember 1933), seit Dezember 1933 (und später wiederholt, wie aus dem Brief vom 6. Juni 1942 zu erschließen ist) um die Mitgliedschaft bemüht, um wieder in Deutschland publizieren zu können. Ein Antrag vom Januar 1939 wurde abgelehnt (Jan-Pieter Barbian: Literaturpolitik im »Dritten Reich«. München, 2. Auflage 1995, S. 376).

Wißmann: Dr. Heinz Wismann, Abteilungsleiter im Propagandaministerium und Stellvertretender Vorsitzender der Reichsschrifttumskammer, 1937 von beiden Ämtern entbunden.

(Näheres bei Jan-Pieter Barbian: Literaturpolitik im »Dritten Reich«, a.a.O.)
17 *Heinrich Heines Hinweis:* In der Vorrede zum *Atta Troll* ist davon die Rede, daß brave Leute schlechte Musikanten seien.

Sechsundvierzig Heiligabende
Erstdruck: *Die Neue Zeitung*, 24.12.1945 (Kinderbeilage), mit geringfügigen Abweichungen. Eine andere, ins Fiktive versetzte Version der Topf-Geschichte erschien unter dem Titel *Der Topf mit Hindernissen* im *Leipziger Tageblatt* bereits am 25. Dezember 1925. Die Anekdote von den »sieben Sachen« verwendete Kästner auch in *Als ich ein kleiner Junge war* (1957, Kapitel 11).

Gescheit, und trotzdem tapfer
Erstdruck: *Pinguin*, Januar 1946. Der Titel ist ein Selbstzitat aus dem Gedicht *Und wo bleibt das Positive, Herr Kästner?* (I, 170)
23 *Untergang des Abendlandes:* Anspielung auf das gleichnamige Buch von Oswald Spengler (1880–1936), erschienen in München 1918 bis 1922.
24 *Goebbels:* Das Tagebuch erwähnt den Aufruf von Joseph Goebbels (1897–1945) am 26. April 1945.
25 *zwölf Jahre verboten:* Das gilt so strikt nicht. Kästner konnte noch einige Jahre im Ausland weiter publizieren; seine Bücher wurden auch im Reich verkauft. Er schrieb unter Pseudonymen Komödien und Filmdrehbücher (vgl. V). Der *Emil*-Film wurde noch am 14. Dezember 1935 mit Nennung des Namens Kästner in Berlin groß angekündigt und lief auch am 11. März 1936 noch, jetzt allerdings ohne Nennung des Autors (vgl. *Muttchen*-Briefe).
meine Antwort: Viele deutsche Emigranten empfanden Kästners Antwort als »Herabsetzung der Emigration«, so Ossip Kalenter (in einem Beitrag *Viktor Mann oder Der Triumph der Daheimgebliebenen* im *Aufbau*, New York, 23.12.1949), der sie zitiert und kritisiert, daß leider auch Kästner, von dem man solches nicht erwartet habe, vom »ungefährlicheren und angenehmeren Leben« in London, Hollywood oder Zürich spreche.

Eine unbezahlte Rechnung
Erstdruck: *Die Neue Zeitung*, 14.1.1946 . Dort ist das Faksimile
der Rechnung abgedruckt. Deren Text lautet:

»Reichsanwaltschaft beim Volksgerichtshof.
– Staatsanwaltschaft
Geschäftsnummer: 4 J 777 / 44

Kostenrechnung
in der Strafsache gegen Erich Knauf

Lfd. Nr.	Gegenstand des Kostenansatzes	Wert des Gegenstandes	Es sind zu zahlen

Gebühr gemäß §§ 49,52 GGKG. für Todesstrafe			300.–
Postgebühren gemäß § 72 GGKG			1.84
Gebühr gemäß § 70^6 GGKG für den als Pflichtverteidiger bestellt gewesenen Rechtsanwalt Ahlsdorff, Berlin-Lichterfelde-Ost, Gärtnerstr. 10 A			81.60
b) für die Strafhaft vom 6.4.44 bis 2.5.44 = 26 Tg. à 1,50 RM			44.–
Kosten der Strafvollstreckung: Vollstreckung des Urteils			158.18
Einen [sic] Porto für Überzahlung der Kostenrechnung:			–.12
		zusammen:	585.74

Zahlungspflichtig: Die Erben des Erich Knauf z. Hd. von
Frau Erna Knauf, Berlin-Tempelhof, Manfred von Richthofenstr. 13 b/Firma Gilbert Mach.«

27 *E. O. Plauen:* Künstlername von Erich Ohser aus Plauen (1903
bis 194). Zeitkritischer Zeichner, vor allem bekannt durch die
Serie *Vater und Sohn*. E. O. Plauen war in den zwanziger Jahren zusammen mit Kästner bei der *Neuen Leipziger Zeitung*
beschäftigt und illustrierte Kästners Gedichtbände. Kästner,
Knauf und Ohser waren befreundet und kannten sich auch aus
der Zeit der gemeinsamen Arbeit für die *Plauener Volkszeitung*. 1944 wurden Ohser und Knauf denunziert und von der
Gestapo verhaftet. Ohser beging in der Zelle Selbstmord. Erich
Knauf wurde vom Volksgerichtshof unmittelbar danach zum
Tode verurteilt. Der Denunziant war ein Hauptmann Bruno
Schulz, der die Gespräche von Ohser und Knauf im Luftschutz-

keller mitnotierte und die beiden wegen Wehrkraftzersetzung bei der Gestapo anzeigte, um die vermieteten Zimmer freizubekommen.
27 *OKW:* Oberkommando der Wehrmacht.

Die Augsburger Diagnose
Erstdruck: *Die Neue Zeitung,* 7.1.1946.
27 *Palais Schäzler:* Ehemaliges Bank- und Bürgerhaus, das der Familie Schaezler gehörte, bis es im Jahre 1958 unter der Bedingung der ausschließlich kulturellen Nutzung durch Schenkung an die Stadt Augsburg überging. Seit 1945 hatte die Stadt das Gebäude angemietet. Die *Kunst-Ausstellung Maler der Gegenwart I*, die Kästner besuchte, wurde im Dezember 1945 auf Anregung der Militärregierung gezeigt. Das Geleitwort erläutert, es handle sich um eine Katakombenkunst, »die die Kulturfeldwebel des Dritten Reiches in sogenannten Schreckenskammern sammelten«. Gezeigt wurden 148 Werke von 36 Malern, darunter Ernst Aigner, Arnold Balwe, Karl Blocherer, Fritz Burkhardt, Carl Caspar, Otto Geigenberger, Ernst Geitlinger, L. W. Größmann, Julius Hüther, Anton Lamprecht, Thomas Niederreuther, Max Radler, Rudolf Schlichter, Hugo Tröndle und Michael Wagner. Es kamen ca. viertausend Besucher. Die Serie wurde fortgesetzt: 1946 gab es eine Ausstellung *Maler der Gegenwart II* (4600 Besucher) und im Februar 1947 eine dritte, *Maler der Gegenwart III: Extreme Malerei* (4000 Besucher). Der Katalog der dritten Ausstellung enthält ein Vorwort des Künstlers Franz Roh *(Die neue Malerei und ihre Widerstände),* das die Irrtümer und Vorurteile des Publikums aufgreift und eine ähnliche Empörung voraussagt, wie sie die erste Ausstellung hervorgerufen hatte.
30 *Schlichter:* Rudolf Schlichter (1890–1955), Maler, Radierer, Lithograph und Schriftsteller im Stil der Neuen Sachlichkeit, später des Surrealismus.
Geitlinger: Ernst Geitlinger (1895–1972), Maler, arbeitete hauptsächlich fürs Theater.
Blocherer: Karl Blocherer (1889–1964), Maler und Graphiker; Porträts, Figurenbilder und Landschaften (Bayern, Tirol) in expressionistischem und neusachlichem Stil.
Stuck: Franz von Stuck (1863–1928), Mitbegründer der Münchener Sezession; malte Bilder von meist allegorisch-symbolistischer Art mit Fabelwesen und Aktdarstellungen.

30 *Zügel:* Heinrich von Zügel (1850–1941), realistischer Landschaftsmaler mit romantischen Tierdarstellungen (besonders weidende Schafherden).

31 *Ausstellung der »Entarteten Kunst«:* Die Ausstellung *Entartete Kunst* wurde am 19.7.1937 in der Galeriestraße am Münchener Hofgarten eröffnet. Ihr Ziel war es, die moderne, vornehmlich die expressionistische zeitgenössische Kunst in abschreckender Weise als Verfallserscheinung vorzuführen und die Werke, die der nationalsozialistischen Kunstauffassung entgegenstanden, als dilettantisch oder gar wahnsinnig zu diffamieren.

Hitler: Im Oktober 1907 bemühte sich Adolf Hitler um Aufnahme an der Wiener Kunstakademie, die jedoch seine Probezeichnungen für ungenügend befand und ihm die »Nichteignung zum Maler« bescheinigte.

Goebbels: Der Reichspropagandaleiter schrieb u. a. einen Roman *Michael. Ein deutsches Schicksal in Tagebuchblättern* (München 1929, 10. Aufl. 1937), der in einem expressionistisch-pathetischen Stil die Entwicklung eines jungen Mannes zum Nationalsozialisten schildert.

Rosenberg: Gemeint ist Alfred Rosenbergs (1893–1946) Buch *Der Mythus des 20. Jahrhundert*s (1930), das dem nationalsozialistischen Weltbild eine wissenschaftliche Begründung liefern wollte.

32 *»wie der Vogel singt«:* Zitat aus Goethes *Wilhelm Meisters Lehrjahre*, 1. Buch, 11. Kapitel (Lied des Harfners). Die betreffende Strophe lautet:

> Ich singe, wie der Vogel singt,
> Der in den Zweigen wohnt.
> Das Lied, das aus der Kehle dringt,
> Ist Lohn, der reichlich lohnet;
> Doch darf ich bitten, bitt ich eins,
> Laß einen Trunk des besten Weins
> In reinem Glase bringen.

Strauß: Tod und Verklärung (1890) und *Till Eulenspiegel* (1895) sind symphonische Dichtungen von Richard Strauss (1864–1949).

Das Leben ohne Zeitverlust
Erstdruck: *Die Weltbühne,* 17, 1948, S. 425–426 (mit kleinen Abweichungen). Erstaufführung unter dem Titel *Liebe und Treue* im 3. Programm *(Gestern – Heute – Übermorgen)* der *Schaubude,* Juli 1946.

34 *fraternisation:* Gemeint ist das Verbot für die Besatzungssoldaten, mit der deutschen Bevölkerung Kontakt aufzunehmen (ursprünglich: »No fraternisation«).
fünfzigtausend: Das dürfte zwar übertrieben sein, doch verfügte das Theater in der Reitmorstraße über beinahe 700 Plätze.

Gedanken eines Kinderfreundes
Erstdruck: *Die Neue Zeitung,* 1.2.1946 (mit geringfügigen Abweichungen und einem Porträt Friedrichs des Großen von Adolf Menzel).

38 *Viele derer, die mir antworten:* Die Briefe sind im Erich-Kästner-Archiv, Marbach, nicht vorhanden.
Zeitung »Der Berliner«: Nicht ermittelt.
39 *Herrn von Seckendorf:* Karl Siegmund von Seckendorff (1744 bis 1785), preußischer Gesandter und als Weimarer Kammerherr mit Goethe und Herder befreundet.
den Ersten Schlesischen Krieg: Im Ersten Schlesischen Krieg (1740–42) nahm Friedrich der Große ehemalige brandenburgische Ansprüche auf einige schlesische Fürstentümer zum Vorwand, um in Schlesien einzumarschieren. In der Schlacht von Mollwitz am 10. April 1741 besiegte er das österreichische Heer.
Reunions-Kriege: Die gewaltsamen Annexionen an der französischen Ostgrenze (vor allem im Elsaß) durch Ludwig XIV. begründete dieser damit, daß diese Gebiete früher zu den in den Friedensschlüssen von Münster (1648) und Nimwegen (1678) an Frankreich abgetretenen Ländern gehört hätten. Im Frieden zu Rijswijk (1697) mußte Ludwig XIV. einen Teil der Reunionen zurückgeben.
40 *Doktorarbeit:* 1925 promovierte Kästner zum Dr. phil. mit dem Thema *Die Erwiderungen auf Friedrichs des Großen Schrift ›De la littérature allemande‹.*
41 *den Siebenjährigen Krieg:* Der Siebenjährige Krieg dauerte von 1756 bis 1763. Friedrich der Große hatte dabei Frankreich, Österreich, Rußland und auch Schweden zum Gegner. 1761 stand Preußen kurz vor der Kapitulation. Durch den Tod der

russischen Kaiserin Elisabeth am 5. Januar 1762 und den Friedensschluß durch den neuen Zar Peter III. konnte Preußen seine Großmachtstellung wieder konsolidieren.
41 *Werner Hegemanns »Fridericus«:* Gemeint ist das Buch von Werner Hegemann: *Fridericus oder Das Königsopfer.* Hellerau 1925.

Lied einer alten Frau am Briefkasten
Erstaufführung: *Schaubude,* 2. Programm *(Bilderbogen für Erwachsene),* 12. 4. 1946, unter dem Titel *Der Briefkasten.* Typoskript Erich-Kästner-Archiv, Marbach (spätere Abschrift). Dort am Schluß des Textes die Regieanweisung: »Sie geht wie hypnotisiert zu dem Briefkasten, wirft den Brief ein und verschwindet langsam in der Kulisse.«

Die einäugige Literatur
Erstdruck: *Die Neue Zeitung,* 22. 2. 1946.
47 *Curt Goetz:* Autor und Schauspieler (1888–1960). 1933 bis 1945 in der Schweiz und in Kalifornien. Schrieb Satiren und Gesellschaftskomödien (z. B. *Die tote Tante,* 1924).
49 *Jean Paul:* In seiner *Vorschule der Ästhetik* (1804).
50 *Eckermänner:* Johann Peter Eckermann (1792–1854) zeichnete in verehrender Haltung seine *Gespräche mit Goethe* auf (zuerst erschienen in Leipzig 1836–48, drei Bände). Er war bei der Herausgabe von Goethes Alterswerk behilflich und besorgte auch nach Goethes Tod die Redaktion des Nachlasses und der *Sämtlichen Werke.*
51 *Ernst ist das Leben:* Anspielung auf den Schlußvers von Schillers Prolog zum *Wallenstein* (1800): »Ernst ist das Leben, heiter ist die Kunst.«

Marschlied 1945
Typoskript Erich-Kästner-Archiv, Marbach. Erstaufführung: *Schaubude,* 2. Programm *(Bilderbogen für Erwachsene),* 12. 4. 1946. Vertont von Edmund Nick.
52 *Was ich habe; Ich habe den Kopf:* Im Typoskript jeweils »hab«. Dort heißt es außerdem im Refrain: »ich hab den Kopf noch fest auf dem Hals«. Die Wiederholung »ich hab ja den Kopf« wurde von Kästner handschriftlich ins Typoskript eingefügt, ebenso die Wiederholung »ich habe den Kopf« am Ende der zweiten Strophe.

54 *Denn wir hab'n ja:* Im Typoskript nur: »Denn wir hab'n ja den Kopf noch auf dem Hals!«

Die Chinesische Mauer
Erstdruck: *Pinguin,* Februar 1946.
57 *einen sozialistischen Minister:* Der sächsische Minister für Militärwesen, Gustav Neuring, wurde am 12. April 1919 während einer Demonstration von Kriegsbeschädigten in Dresden auf die geschilderte Weise getötet. Am nächsten Tag wurde der Belagerungszustand über Sachsen verhängt.
58 *Verlagsdirektor:* Kästners Entlassung als Redakteur der *Neuen Leipziger Zeitung* durch den Verlagsdirektor erfolgte aufgrund des erotischen Gedichts *Nachtgesang des Kammervirtuosen,* das, mit einer Illustration von Erich Ohser versehen, in der *Plauener Volkszeitung* erschienen war. Die rechtsstehenden *Leipziger Neuesten Nachrichten* inszenierten daraufhin einen Skandal gegen die *Neue Leipziger Zeitung,* in dessen Verlauf Kästner fristlos gekündigt wurde. Allerdings schrieb er unter Pseudonym weiter.
Goebbels verbrannte: Bei der Bücherverbrennung in Berlin am 10. Mai 1933 wurden Bücher von Erich Kästner mit dem Feuerspruch »Gegen Dekadenz und moralischen Verfall« dem Feuer übergeben (vgl. *VI, 713*).
Zwölf Jahre Berufsverbot: Vgl. Anmerkung zu *II, 25*.

Der Mond auf der Schulbank
Erstdruck: *Die Neue Zeitung,* 25.2.1946 (mit geringfügigen Abweichungen).

Wert und Unwert des Menschen
Erstdruck: *Die Neue Zeitung,* 4.2.1946.
67 *Todesmühlen:* Der 23minütige Dokumentarfilm *Die Todesmühlen* wurde 1945 von Kameraleuten der amerikanischen Alliierten nach der Befreiung in den Konzentrationslagern Auschwitz, Buchenwald, Dachau, Belsen, Leipzig und Mauthausen gedreht (Produktionsleitung: Sam Winston, Regie: Georg Salmony). In den amerikanischen Sektoren war der Besuch des Films z.T. Pflicht, so wurden etwa in Bad Kissingen Lebensmittelkarten nur bei Vorzeigen eines entsprechenden Stempels des Filmtheaters ausgegeben. In Bayern wurde der Film in allen Lichtspielhäusern gleichzeitig vorgeführt. Die gezeigten

Greueltaten hatten auf alle Besucher eine erschütternde Wirkung. So schrieb Friedrich Luft (1911–1990) am 22. März 1946 im *Tagesspiegel*: »Wann wird man wieder lachen können, hat man gesehen, wie hier Männer, die unsere Sprache sprechen, die Sprache Goethes und Hölderlins, wie Männer unseres Volkes kalt, ›wissenschaftlich‹ und mit ungerührtester Beamtenhaftigkeit den Mord zum Beruf erwählten. Zahllose Säcke von Frauenhaar. Sie wurden den Opfern vor der Vergasung abgeschnitten. Berge von Brillen. Sie wurden den Opfern vor dem Tode abgenommen. Haufen von Goldzähnen. Sie wurden den Opfern ausgebrochen. Ganze Schuppen voller Schuhe. Ein Gebirge von Kinderschuhen! Oh – seine Ordnung hatte das System. Außer den zwanzig Millionen Menschen kam nichts um. Wer dies sah in Bildern, die sachlich und ohne Pathos und Übertreibung gezeigt sind – wann wird er wieder lachen können?« Der Dokumentarfilm wurde im Jahre 1952 aus dem Verleih gezogen.

68 *zwanzig Millionen Menschen:* Offenbar eine Information aus dem Film. Heute liegen die Schätzungen niedriger.

Gustave Le Bons »Psychologie der Massen«: Erschien zuerst französisch 1895, Erstdruck in deutscher Sprache 1908. Le Bon versteht die Masse als einen Organismus, in dem der einzelne Mensch Vernunft und Individualität zugunsten regressiv-triebhafter Verhaltensweisen preisgibt.

70 *Silone:* Ignazio Silone (1900–1978), *Die Kunst der Diktatur* (Originaltitel: *La scuola dei dittatori*), zuerst erschienen 1939 (nicht 1938, wie Kästner schreibt). Das Buch ist ein fiktiver Dialog zwischen Tommaso, »Prof. Pickup« und »Mr. Dabbel Juh«. Das Zitat findet sich dort in Kapitel 11, überschrieben *Vom Überdruß an der totalitären Berufung und von der Sehnsucht nach einem Privatleben*. Es entstammt einer Rede der Figur »Tommaso der Zyniker«.

Generalmajor Fuller: J. F. C. Fuller: Der erste der Völkerverbundskriege. Berlin, Leipzig 1937.

71 *Clemenceau:* Georges Clemenceau (1841–1929), in Deutschland »der Tiger« genannt, einflußreicher französischer Politiker, zeitweise Ministerpräsident, wichtigster Verfechter einer antideutschen Politik vor, während und nach dem Ersten Weltkrieg.

Der gordische Knoten
Erstdruck: *Pinguin*, Mai 1946.
73 *in einer kleinen Mappe aufgehoben:* Es handelt sich um eine noch heute im Nachlaß befindliche Stoffmappe mit der Datierung »1943«, in der Kästner Epigramme, Stoffnotizen und Zeitungsausschnitte gesammelt hat. Das Epigramm *Über den Nachruhm* wurde später auch in *Kurz und bündig* (1950) publiziert *(I, 275).*

Zur Entstehungsgeschichte des Lehrers
Erstdruck: *Pinguin*, Juni 1946.
76 *ein »Seminar« besuchte:* Nach bestandener Aufnahmeprüfung begann Kästner Ostern 1913 im Alter von vierzehn Jahren die Internatsausbildung am Fletcherschen Lehrerseminar in Dresden. 1917 wurde er zum Militär einberufen. Nach dem Krieg beschloß er, die kasernenähnliche Ausbildung im Internat nicht fortzuführen, und wechselte zum Dresdener König-Georg-Gymnasium, wo er 1919 das Abitur bestand.

Die Jugend hat das Wort
Erstdruck: *Die Weltbühne*, 6, 1946, S. 185 (dort ohne die Aufteilung in 1. und 2.). Typoskript Erich-Kästner-Archiv, Marbach. Erstaufführung: Im dritten Programm *(Gestern – Heute – Übermorgen)* der *Schaubude* im Juli 1946, vertont von Edmund Nick. Das Typoskript enthält verschiedene Abweichungen. Dem Text ist eine Regieanweisung vorangestellt: »Prospekt: Wege in verschiedener Richtung. Wegweiser in allen möglichen Richtungen. Auf jedem das Wort: ›Zukunft‹. Mit den verschiedensten Kilometerzahlen. Ein junges Mädchen tritt auf. Nicht frech, aber trotzig. Sie singt sehr ernst, fast sachlich, nicht etwa wild anklagend«. Das Typoskript endet mit dem Satz: »Wenn wir doch nie geboren wären!« Kästner fügte handschriftlich hinzu: »Es heißt: Das Alter soll man ehren ... Das ist mitunter, das ist mitunter furchtbar schwer.«

Der tägliche Kram
Erstdruck: *Pinguin*, Juli 1946.
80 *würdig aussehende Männer:* Laut Tagebuch vom 30. Juni 1945 handelte es sich um den für die Filmkultur zuständigen Offizier Kennedy und den Emigranten Peter de Mendelssohn, der damals ebenfalls amerikanischer Offizier war.
Feuilletonredaktion: Gemeint ist *Die Neue Zeitung.*

80 *auf einem Redaktionsstuhl:* Von 1922 bis 1925 war Kästner, noch Student, Redakteur bei der *Neuen Leipziger Zeitung.*
81 *Stoff für zwei Romane und drei Theaterstücke:* Nicht genau zu ermitteln. Im Nachlaß findet sich ein Romanfragment *Die Doppelgänger* (vgl. *III, 211*), zu dem auch Notizen im Tagebuch vorhanden sind. Zu den Theaterstücken gehörte vermutlich *Die Schule der Diktatoren,* es wird erwähnt im Tagebuch vom 6. Mai 1945: »Ich beginne mich allmählich wieder für mein Stück ›Die Schule der Diktatoren‹ zu interessieren.« In *Notabene 45* erklärt Kästner später, das Tausendjährige Reich habe nicht das Zeug zum großen Roman (vgl. *VI, 355*). In seiner Erinnerung an das Gespräch am 30. Juni 1945 in Mayrhofen schreibt Peter de Mendelssohn: »Sie erzählten, erinnern Sie sich, einen Nachmittag und Abend lang auf Ihrem Balkon in Mayrhofen, und als Sie fertig waren, sagten Sie: das ist der Roman, den ich jetzt schreiben werde. Sie hätten Dutzende von Notizbüchern, reichhaltigste, detaillierteste Aufzeichnungen gerettet, und morgen ginge es los. Es würde die Geschichte sein, ›wie der anständige Mensch sich durchs Hitlerreich durchschlug und trotz allem nicht unterging‹. Kurzum, der neue, der richtige, der große ›Fabian‹. Diesen ›Großen Fabian‹ haben Sie nicht geschrieben, und in Ihrem Sammelband ›Der Tägliche Kram‹ erklären Sie, warum Sie ihn nicht geschrieben haben.« (*Kleinkram und Großkram,* in: *Die Welt am Sonntag,* 3. 4. 1949)
Kabarett: Gemeint ist die Münchener *Schaubude.*
des Tods von Basel: Sprichwörtlich nach einer Totentanzdarstellung des 15. Jahrhunderts, die zum Basler Wahrzeichen wurde.
im Walde so für mich hin: Zitat aus Goethes Lied *Gefunden* (1813), das mit den Versen beginnt:

>Ich ging im Walde
>So für mich hin,
>Und nichts zu suchen
>Das war mein Sinn.

Die Klassiker stehen Pate
Erstdruck: *Die Neue Zeitung,* 21. 10. 1946 (mit geringfügigen Abweichungen). Mit abgedruckt sind Fotos von Kinderaufführungen der Theaterstücke *Zwerg Nase* und *Emil und die Detektive.*

86 *Sudermann [...] Rolf Lauckner:* Der Schriftsteller Rolf Lauckner (1887–1954) war der Stiefsohn des kaiserzeitlichen Erfolgsdramatikers Hermann Sudermann (1857–1928).

Le dernier cri

Erstdruck: *Die Weltbühne*, 6, 1947, S. 242 (mit kleinen Abweichungen). Ein Typoskript (Erich-Kästner-Archiv, Marbach) trägt die Überschrift *Chanson für Ursula Herking mit kleinem Chor*, die per Hand von Kästner gestrichen und durch *Le dernier cri* ersetzt wurde. Anstelle von »Chor« steht vor dem Refrain handschriftlich »Leiser Frauenchor«.

88 *Von links: die Solistin:* Im Typoskript »Von links: Ursula.«

... und dann fuhr ich nach Dresden

Typoskript Erich-Kästner-Archiv, Marbach (Abschrift). Erstdruck: *Die Neue Zeitung*, 30. 9. 1946 (also nicht, wie Kästner schreibt, November 1946).

In der Nacht zum 14. Februar 1945 wurden über Dresden in zwei aufeinanderfolgenden Angriffen erst von 244, dann von 529 britischen Flugzeugen insgesamt 2659 Tonnen Bomben abgeworfen. Am folgenden Tag wiederholten 311 Maschinen der amerikanischen Luftflotte den Angriff auf die Stadt. In der Nacht zum 15. Februar wurde Dresden ein drittes Mal von den Alliierten angegriffen. Die Zahl der Todesopfer wird auf mehr als 30 000 geschätzt. Die gesamte Innenstadt wurde verwüstet. Unter anderem wurden der Zwinger, das Schloß, die Hofkirche, das Japanische Palais, die Frauenkirche, das alte und neue Rathaus, das Albertinum (in dem Kästner seine Lehrerseminare absolviert hatte), das Johanneum, die Kunstakademie und das Opernhaus zerstört. Kästner berichtet über die Ereignisse in den Tagebuchnotizen vom 14. bis 27. Februar 1945.

94 *Waurich:* Kästners Kasernenhofschleifer, vgl. das Gedicht *Sergeant Waurich (I, 65–66)*.

Das Spielzeuglied

Erstdruck: *Die Weltbühne*, 2, 1947, S. 51–52 (mit geringfügigen Abweichungen). Typoskript und Manuskript Erich-Kästner-Archiv, Marbach (Abschriften). Erstaufführung: *Schaubude*, 4. Programm *(Für Erwachsene verboten)*, Oktober 1946. Vertont von Edmund Nick für Ursula Herking.

98 *ein Gefreiter:* Anspielung auf Adolf Hitler, der im Ersten Weltkrieg Gefreiter war.

Über das Auswandern
Erstdruck: *Pinguin,* Januar 1947.
Die Eröffnung der Diskussion über das Auswandern und der Text der Umfrage, zusammen mit Kästners Artikel im *Pinguin* abgedruckt, lauten folgendermaßen:
Seit Wochen mehren sich die Briefe von PINGUIN-Lesern, die alle beginnen: »Ich möchte auswandern.«

Elend, Arbeitslosigkeit, Angst vor einer chancenlosen Zukunft, durch den Krieg zerrüttete Familienverhältnisse beschwören immer wieder diese Frage. Vor dem Friedensschluß kann sie aber keine praktische Beantwortung finden, obwohl sich die Welt darüber im klaren ist, daß irgend etwas geschehen muß, um dem übervölkerten und verelendeten Hexenkessel in Mitteleuropa eine vernünftige Lebensordnung und normale Lebensverhältnisse zu schaffen.

Obwohl es seit 1848 immer die besten, Freiheit und ein lebenswertes Leben liebenden Menschen mit Energie und Unternehmungslust waren, die die Heimat verließen, also die Menschen, die wir heute am notwendigsten selber brauchen, so läßt die Zuwanderung von Millionen aus dem Osten und die dadurch resultierende Einengung der Lebens- und Arbeitsverhältnisse, diesen allgemein immer stärker werdenden Auswanderungswunsch gerade der Jugendlichen beinahe im Lichte eines natürlichen Menschenrechtes erscheinen.

Jahre sehnen sie sich nach einem neuen Leben ohne hypothekarische Vorbelastung durch die Schuld zweier vorangehenden Generationen.

Das einzige, was wir im Augenblick tun können, ist, diesen Wunsch vieler Jugendlicher zur Diskussion zu stellen und darüber zu berichten. An alle Leser, die sich mit dem Gedanken an Auswanderung befassen, richten wir darum die Bitte, ihre Antworten auf die folgenden Fragen an die Redaktion zu senden. Auszüge aus den einlaufenden Briefen werden dann in einem der nächsten Hefte veröffentlicht.

1. In welches Land möchten Sie auswandern?
2. Können Sie außer der jetzigen Notlage Deutschlands andere Gründe angeben, die Ihren Wunsch, auszuwandern, bestimmen?

3. Haben Sie dem Lande, das Sie sich zur Heimat erwählen würden, Arbeitsleistungen zu bieten, die so wertvoll sind, daß sie zur Hoffnung auf freundliches Entgegenkommen der fremden Regierung berechtigen? Oder vertrauen Sie auf eine Hilfsorganisation, die Ihnen den schweren Anfang überbrücken hilft?
4. Wie glauben Sie, Vorurteilen und Abneigung, denen Sie zweifellos außerhalb Deutschlands Grenzen ausgesetzt sein werden, begegnen zu können?
5. Haben Sie den Wunsch, Deutschland für immer zu verlassen – und, wenn möglich, eine andere Staatsangehörigkeit anzunehmen –, oder möchten Sie später in Ihre Heimat zurückkehren?

In Heft 3, 1947 des *Pinguin* wurden die ersten Antworten abgedruckt und die vorläufigen Ergebnisse der Umfrage von Kästner kommentiert. Daraus geht hervor, daß 65 der 75 Einsender »echte Auswanderer« sind, wie Kästner schreibt, die als Ziele Argentinien, Afrika, USA, Kanada, Brasilien und Australien bevorzugen. Ein Drittel der Einsender sind Ärzte, Ingenieure, Akademiker und Techniker, ein Drittel Fachkräfte in Spezialberufen, ein Drittel Schüler, Studenten und Flüchtlinge. Kästner betrachtet die »Anklage gegen unsere Bürokratie« sowie die »Angst vor einer chancenlosen Zukunft in Europa« und vor »Nationalismus« als Hauptgründe für den Wunsch auszuwandern.

In Heft 4, 1947, wurden erneut doppelseitig Antworten auf die Umfrage abgedruckt. Neben zahlreichen Plädoyers für das Auswandern wurden auch Stimmen für das Durchhalten und den Aufbau in Deutschland laut.

Das Thema Auswandern wurde im *Pinguin* noch mehrmals aufgegriffen. So ist etwa in Heft 9, 1948, ein *Brief an einen jungen Auswanderer* von Hans Habe abgedruckt, der einem jugendlichen Ausreisewilligen aus eigener Emigrationserfahrung vom Auswandern in die USA abrät.

99 *ein deutscher Verleger:* Curt Weller, Kästners Verleger seit 1928 (erst im Curt Weller Verlag, dann bei der Deutschen Verlags-Anstalt), wie aus einem Brief aus Meran vom 2. April 1933 an Hermann Kesten zu entnehmen ist (Hermann Kesten: Deutsche Literatur im Exil. Briefe europäischer Autoren 1933 bis 1949. Wien, München, Basel 1964, S. 30): »Übermorgen treff ich Weller in Zürich«. Der Reichstagsbrand war allerdings

nicht, wie in Kästners Rechnung, am 4. April, sondern am 27. Februar 1933.

100 *Der Ruf:* Organ derjenigen jungen Literatur, die sich bald darauf zur »Gruppe 47« zusammenschloß. Die Zitate, die Kästner leicht verändert hat, um sie in seinen Satzbau einzupassen, finden sich in dem Artikel *Wir wollen raus!* von Carl-Hermann Ebbinghaus (*Der Ruf,* 6, 1.11.1946, S. 6).

Erste Hilfe gegen Kritiker
Erstdruck: *Die Neue Zeitung,* 31. 1. 1947.

102 *Linné:* Ironische Anspielung auf den schwedischen Naturforscher Karl von Linné (1707–1778), auf den die bis heute gebräuchliche wissenschaftliche Nomenklatur des Tier- und Pflanzenreiches zurückgeht.

103 *Schlagt ihn tot:* Zitat aus Goethes Gedicht *Rezensent* (1773):

> Da hatt' ich einen Kerl zu Gast,
> Er war mir eben nicht zur Last;
> Ich hatt' just mein gewöhnlich Essen,
> Hat sich der Kerl pumpsatt gefressen,
> Zum Nachtisch, was ich gespeichert hatt'.
> Und kaum ist mir der Kerl so satt,
> Tut ihn der Teufel zum Nachbar führen,
> Über mein Essen zu räsonnieren;
> »Die Supp' hätt können gewürzter sein,
> Der Braten brauner, firner der Wein.«
> Der Tausendsakerment!
> Schlagt ihn tot, den Hund! Es ist ein Rezensent.

das treffliche Wort August Kopischs: Das Zitat ist eine ironische Abwandlung der Anfangszeilen von August Kopischs (1796 bis 1853) Gedicht *Die Heinzelmännchen,* das der Sammlung *Allerlei Geister* (1848) entstammt: »Wie war zu Köln es doch vordem / Mit Heinzelmännchen so bequem!« – In der NS-Zeit waren die Begriffe »Literaturkritik« und »Rezension« verpönt und wurden durch »Kunstbetrachtung« ersetzt.

104 *Klios Hand:* Klio ist die griechische Muse der Geschichte.
Beckmesser: Pedantischer Kritiker in Richard Wagners *Die Meistersinger von Nürnberg.*
horribile dictu: Welch Schreckenswort!

105 *Künstler, erwache!:* Anspielung auf die Parole »Deutschland,

erwache!«, die auf den Nazi-Dichter Dietrich Eckart (1868 bis 1923) zurückgeht (Refrain des Liedes *Sturm, Sturm, Sturm,* 1919/23).
105 *Max Reinhardt:* Eigentlich Max Goldmann (1873–1943), Mitbegründer der Salzburger Festspiele (1920), Theaterleiter und Schauspieler am Deutschen Theater in Berlin und Direktor der Kammerspiele Berlin. Er führte gegen das hergebrachte naturalistische Bühnenbild einen impressionistisch-magischen Spielraum ein. Reinhardt gilt als Begründer des modernen Regietheaters. 1933 emigrierte er aus Deutschland und ließ sich 1937 in den USA nieder.

Deutsches Ringelspiel 1947
Erstaufführung: *Schaubude,* 5. Programm *(Vorwiegend heiter – leichte Niederschläge),* Februar 1947. Erstdruck: *Die Weltbühne,* 8, 1947, S. 330–335. Ein Typoskript ist im Nachlaß erhalten, das für den Druck von Kästner stark überarbeitet wurde. Es gibt Änderungen in der Nummernfolge. Die einzelnen Chansons haben Überschriften. Die Regieanweisungen wurden z. T. erheblich gekürzt, etwa zur Figur der »armen Jugend« (111), die im Typoskript noch den Hinweis enthält: »Ihr Lied ist, von Komposition und Vortrag her, ganz unsentimental gedacht, dafür echt naiv und lebensfromm.« Das Typoskript endet mit dem handschriftlich hinzugefügten Absatz: »Das ›Ringelspiel 1947‹ (Musik: Edmund Nick; Regie: Rudolf Schündler) wird im vierten Programm Münchner ›Schaubude‹ mit Ursula Herking, Monika Greving, Petra Unkel, Karl Schönböck, Helmuth Krüger, Otto Osthoff usw. aufgeführt. Alle Rechte ... –«
112 *Bis zur Figur des Parteipolitikers:* Im Typoskript »Funktionär« (so auch die Überschrift des dazugehörigen Chansons).
frei nach Schiller: Zitat aus *Wilhelm Tell* (1804): »Das Alte stürzt, es ändert sich die Zeit / Und neues Leben blüht aus den Ruinen« *(IV, 2).*

Abrüstung in Bayern
Erstdruck: *Die Neue Zeitung,* 27. 2. 1947.
115 *Scipio Aemilianus:* Publius Cornelius Scipio Aemilianus, Feldherr und Politiker (ca. 185–129 v. Chr.), eroberte und zerstörte am Ende des 3. Punischen Krieges Karthago. Die Bewohner wurden versklavt und das Gebiet um Karthago römische Provinz.

117 *DENA:* Eine 1945 als DANA (Deutsche Allgemeine Nachrichten-Agentur) gegründete Nachrichtenagentur unter amerikanischer Kontrolle, seit 1947 DENA (Deutsche Nachrichten-Agentur), mit dem Deutschen Pressedienst (DPD) 1949 zur dpa (Deutsche Presse-Agentur) fusioniert.

Das Lied vom Warten
Typoskript Erich-Kästner-Archiv, Marbach. Erstaufführung: *Schaubude,* 5. Programm *(Vorwiegend heiter – leichte Niederschläge),* Februar 1947. Vertont von Edmund Nick.

Erstdruck: *Pinguin,* Mai 1947. Dem Typoskript ist die folgende Regieanweisung vorangestellt: »Prospekt: Bahnhofshalle, Bahnsteig, heimkehrende Kriegsgefangene. Vortrag: Sehr beherrscht, lieber zu wenig als zuviel Gefühl zeigen.« Nach »Die Frau hebt das Plakat hoch und bringt das Folgende rezitativisch« steht im Typoskript der von Hand wieder gestrichene Vers: »Doch ich darf nicht den Mut verlieren / Er denkt an mich, er würde es spüren.« Am Schluß enthält das Typoskript folgenden Zusatz: »(die Frau hebt wieder ihr Plakat hoch, wieder rezitativisch): Seht das Schild! Kameraden, schaut es an! / Wer kann Auskunft geben über fünf Millionen Mann? / Wart ihr mit ihnen im Lager? Sagt, wo kommt ihr her? / Es sind unsre Männer, (leiser) und wir brauchen sie so sehr / (sinkt langsam am Schaft des Schildes zusammen) Wir können nicht mehr ... / Licht aus«

Mama bringt die Wäsche
Erstdruck: *Die Neue Zeitung,* 14. 3. 1947. Dem Artikel ist dort die Bemerkung vorangestellt: »Der nachstehende Beitrag ist dem jetzt zum erstenmal erscheinenden ›Berliner Blatt‹ der ›Neuen Zeitung‹ gewidmet.«

122 *Aus Berliner Tagebuchblättern:* Im Tagebuch gibt es keine Eintragung zum 17. Januar 1944, doch einen Rückblick in der Eintragung vom 15. Februar 1945: »Heute Abend jährt es sich, daß meine Wohnung abbrannte. Am Tag darauf kam, versehentlich sehr unpassend, Mama am Görlitzer Bahnhof (umgeleitet) an, um mir das fällige Wäschepaket, das die Post nicht befördern wollte, zu bringen. Sie wollte nicht auf dem Bahnhof bleiben, sondern ›die Wohnung‹ sehen. Es ging ihr nicht ein, daß da garnichts mehr zu sehen war. Und so brauchte ich diesen Tag zwei Stunden, um sie unterzubringen; zwei Stunden, um die ›Wohnung‹ zu zeigen, zwei Stunden, um sie zum Bahnhof zurück-

zubringen, und zwei Stunden, um wieder allein nach dem Westen zu gelangen. Mit Pendelverkehr, Autobusanschlüssen, Spaziermärschen usw. Mama schrieb mir dann, sie habe noch tagelang wegen der Wohnung geweint.«
123 *Non scholae sed vitae discimus:* Nicht für die Schule, sondern für das Leben lernen wir. Es handelt sich um eine belehrende Umstellung des spöttischen Originalzitats bei Seneca, (Briefe an Lucilius, 106): »Non vitae sed scholae discimus.« (Wir lernen nicht für das Leben, sondern für die Schule).
124 *Ley:* Robert Ley (1890–1945), nationalsozialistischer Politiker, Leiter der »Deutschen Arbeitsfront«.

Eine kleine Sonntagspredigt
Erstdruck: *Die Neue Zeitung,* 4. 8. 1947.
127 *geläufigen Satze:* Kästner bezieht sich hier auf den Satz des römischen Dichters Juvenal: »Difficile est, satiram non scribere.«
Ich mag nicht länger: Aus Kästners Epigrammsammlung *Kurz und bündig* (1950), dort unter dem Titel *Der Sanftmütige (I, 274).*
Mittelschule: Früher gebräuchlicher Ausdruck für »Gymnasium«.
auf lateinisch: »Mundus vult decipi.«
128 *das Positive:* Kästner zitiert die erste, zweite, fünfte und sechste Strophe aus dem Gedicht *Und wo bleibt das Positive, Herr Kästner?* (vgl. *Ein Mann gibt Auskunft, I, 170–171*).
129 *Umerziehung des Menschengeschlechts:* Anspielung auf Gotthold Ephraim Lessings Schrift *Die Erziehung des Menschengeschlechts* (1780).
130 *in einem Vorwort:* Vorrede zur Gedichtsammlung *Bei Durchsicht meiner Bücher* (1946) (vgl. *I, 370ff.*).
Vergeßt in keinem Falle: Aus Kästners Epigrammsammlung *Kurz und bündig,* dort unter dem Titel *Kalenderspruch (I, 271).*

Der Abgrund als Basis
Erstdruck: *Pinguin,* Juni 1946.

Die Schildbürger
Erstaufführung: *Schaubude,* Herbst 1947. Erstdruck: *Die Weltbühne,* 21, 1947, S. 908–914.

134 *nach der Währungsreform:* Die redaktionellen Zwischentexte wurden im Herbst 1948 geschrieben.
Schildbürger aller Länder: Anspielung auf den Schlußaufruf »Proletarier aller Länder, vereinigt euch!« aus dem Manifest der kommunistischen Partei von Karl Marx und Friedrich Engels (1848).
Zar und Zimmermann: Oper von Albert Lortzing (1801 bis 1851) aus dem Jahr 1837.

135 *Hic Potsdam:* Anspielung auf »Hic Rhodus, hic salta«. In einer Fabel von Aesop rühmt sich ein Prahlhans, er habe in Rhodus einst einen gewaltigen Sprung getan. Einer der Umstehenden fordert ihn zum Beweis auf: »Hier ist Rhodus, hier springe!« Eine Abwandlung des Zitats verwendet Kästner auch in *Neues aus Schilda* (1948): »Hic Schilda, hic salta!« (vgl. *GSE VIII*, 165).

137 *Es braust ein Ruf wie Donnerhall:* Anfangszeile des deutschnationalen Liedes *Die Wacht am Rhein* (1840) von Max Schneckenburger.

139 *Epatez le bourgeois:* Den Bürger verblüffen; Redewendung aus dem Bereich der Künstler-Boheme.

Das Märchen vom Glück

Erstdruck: *Die Neue Zeitung,* 22. 12. 1947. Dort im Kontext eines Artikels mit der Überschrift *Variationen über das Glück,* der aus drei Beiträgen von verschiedenen Verfassern besteht: Die »1. Variation« ist von Walter Foitzick, die »2. Variation« von Walther Kiaulehn und die »3. Variation« von Erich Kästner.

Kleines Solo

Erstdruck: *Die Weltbühne,* 24, 1947, S. 1069. Erstaufführung: *Schaubude,* 6. Programm *(Wir warnen Neugierige),* 18. 9. 1947. Typoskript Erich-Kästner-Archiv, Marbach, letzte Strophe (ab »Schenkst dich hin«) handschriftlich. Das Typoskript enthält in den Titelzeilen die Vermerke »Musik Mark Lothar«, »Achtung: Unregelmäßige Strophik!« sowie »Text für Monika«.

Gleichnisse der Gegenwart

Erstaufführung: *Schaubude,* 7. Programm *(Das fängt ja gut an),* Januar 1948.

153 *Vorlesung in der Zürcher Technischen Hochschule:* Vermutlich während der Tagung des Internationalen PEN-Clubs in Zürich

Anfang Juni 1947, vgl. Briefe an Kesten 25. März 1947 und 26. September 1947 (abgedruckt in: Hermann Kesten: Deutsche Literatur im Exil. Briefe europäischer Autoren 1933 bis 1949. Wien, München, Basel 1964).

Catch as catch can
Erstdruck: *Die Neue Zeitung*, 8. 2. 1948.

158 *Lessings Traktat über die Laokoongruppe:* Im ersten Teil seines *Laokoon* (1766) schildert Gotthold Ephraim Lessing die schmerzverzerrten Züge der Laokoon-Gestalt.

Das Märchen von der Vernunft
Erstdruck: *Die Neue Zeitung*, 14. 3. 1948.

Die lustige Witwe
Typoskript Erich-Kästner-Archiv, Marbach. Erstaufführung: *Schaubude*, 7. Programm *(Das fängt ja gut an)*, Januar 1948. Vertont von Edmund Nick. *Die lustige Witwe* (1905) heißt eine Operette von Franz Léhar (1870–1948). In der komplizierten Handlung geht es um die Versuche des Barons Mirko Zeta, die reiche Witwe Hanna zur Hochzeit mit seinem jungen Freund und Mitstreiter Danilo zu bewegen, um so sein verarmtes Land Pontevedria vor dem Ruin zu retten.

Das Typoskript enthält die folgenden Abweichungen: 163 *Musikvorschlag:* Im Typoskript »Musikvorschlag für Nicky« (Edmund Nick). 164 *ohne Seele:* Die Zeile »ohne Seele, doch die Technik ist famos!« wurde von Kästner handschriftlich ins Typoskript eingefügt. Am Schluß fügte Kästner hinzu: »Frage an Nicky: Kann man – wäre das ein Effekt – die vorletzten drei Zeilen so komponieren, als sei das Orchestrion kaputt und wiederhole sich? Oder säße dieser Effekt besser nach Schluß beim stummen Spiel? Bis zum Blackout?«

Gespräch im Grünen
Erstdruck: *Pinguin*, Juni 1948 (nicht, wie von Kästner angegeben, April, insofern zum Zeitpunkt der auf Seite 165 erwähnten Währungsreform, nicht vorher).

166 *Gingko biloba:* Titel eines Gedichts von Goethe aus dem *Buch Suleika* im *Westöstlichen Divan* (1819).

Die Verlobung auf dem Seil
Erstdruck: *Die Neue Zeitung*, 28. 7. 1948.
169 *Donnerwetter:* Im Nachdruck fehlt nach »Donnerwetter« das im Erstdruck noch vorhandene Abführungszeichen. Dadurch erscheint ein Großteil des Textes in wörtlicher Rede. Sie endet im Nachdruck erst nach »zum Leben auf dem Seil!« (S. 170)
170 *Nietzsches leichtfüßig tänzelnden Übermenschen:* Anspielung auf Friedrich Nietzsches (1844–1900) *Also sprach Zarathustra* (1885), Vorrede, Abschnitte vier (»Der Mensch ist ein Seil, geknüpft zwischen Tier und Übermensch, – ein Seil über einem Abgrunde«) und sechs (Seiltänzer-Szene).

Die These von der verlorenen Generation
Erstdruck: *Pinguin*, Juli 1948, mit Abweichungen. Der Titel lautet dort: *Die These von den zwei jungen Generationen* und ihm ist folgende Bemerkung vorangestellt: »Kürzlich habe ich in der ›Neuen Zeitung‹ eine These aufgestellt, um eine Diskussion über ein vielbesprochenes Problem zu entwickeln und, wenn möglich, aus dem Querschnitt der Antworten etwas zu lernen, wenn nicht gar eine notwendige Diagnose abzuleiten.« Der Text beginnt dort: »Die These, die ich zur Diskussion stellte, lautete so: (…)«
171 *Über das Verallgemeinern:* Aus der Epigrammsammlung *Kurz und bündig* (1950) *(I, 278).*
Die These in der »Neuen Zeitung«: Gemeint ist der Artikel *Verlorene Generationen? (Neue Zeitung,* 22. 4. 1948), den Kästner komplett zitiert.

Wer fürchtet sich vorm schwarzen Mann?
Erstdruck: *Pinguin*, Oktober 1948.
177 *entnazifizieren:* Die Entnazifizierung sollte alle Funktionäre des Naziregimes aus öffentlichen Ämtern entfernen. Nach den Potsdamer Beschlüssen war die NSDAP zu verbieten und alle Gesetze, die Grundlage für die Hitlerdiktatur waren, waren aufzuheben. Verhaftungen und Verurteilungen von Kriegsverbrechern, NS-Beamten und -führern, Entfernung aller nicht nur formalen Parteimitglieder wurden verfügt. Die britische Militärregierung erließ entsprechende Gesetze. In den Westzonen wurde ein Fragebogen mit über hundert Fragen bezüglich der Beziehungen zur früheren NSDAP ausgegeben (auch Erich Kästner mußte diesen Fragebogen ausfüllen, eine Kopie befindet sich im Erich-Kästner-Archiv, Marbach). Im Zuge der

Entnazifizierung erfolgten automatische Suspendierungen und Entlassungen aus Verwaltung und Universitäten. 1945 wurden in den Nürnberger Prozessen Kriegsverbrecher verurteilt. Todesurteile erhielten u.a. Hermann Göring, Joachim von Ribbentrop und Alfred Rosenberg. Andere wie Rudolf Heß wurden zu lebenslänglicher Haft verurteilt. Es gab zahlreiche Prozesse gegen Ärzte, Juristen und Industrielle, hohe Beamte und Minister des ehemaligen Naziregimes.

Wahres Geschichtchen
Erstdruck: *Die Neue Zeitung*, 28. 8. 1948.
182 *Film:* Im Jahr 1948 wurden in Tirol zwei Filme gedreht, die in der NS-Zeit spielen.
Die Frau am Weg, ein Ehe- und Liebesdrama, spielt im Zweiten Weltkrieg im Hochgebirge. Inhalt: Ein Mann kann aus einem Transport von KZ-Häftlingen fliehen und wird von der Frau eines Zöllners an der österreichisch-schweizerischen Grenze verborgen gehalten. Die beiden verlieben sich ineinander, und die Frau verläßt ihren ungeliebten Mann, um dem Flüchtling in die neutrale Schweiz zu folgen. Der Zöllner wird bei der Verfolgung des Paares als vermeintlicher Flüchtling erschossen. *Die Frau am Weg* wurde in Thiersee und Umgebung gedreht (Regie: Eduard von Borsody, Darsteller u.a. Brigitte Horney, Otto Woegerer, Robert Freitag) und am 12. Oktober 1948 in Wien uraufgeführt.
Der Film *Die Söhne des Herrn Gaspary* ist ein zeitnaher dramatischer Film um eine während der Jahre 1933–1945 auseinandergerissene Familie und setzt sich mit den Folgen von Emigration, Militarismus, Völkerverständigung und dem Flüchtlingsproblem auseinander. Inhalt: Nach dem Krieg begegnen sich zwei Brüder wieder, von denen der eine während der NS-Zeit mit seinem Vater in der Emigration in der Schweiz lebte und der andere mit seiner Mutter in Deutschland geblieben war. Die durch die unterschiedlichen Lebensverhältnisse der letzten Jahre bedingte Entfremdung wird nur langsam überwunden. Während die Brüder zueinanderfinden, verzichtet die Mutter zugunsten einer jüngeren Frau. Gedreht im Kleinen Walsertal (Regie: Rolf Meyer), wurde *Die Söhne des Herrn Gaspary* am 26. Oktober 1948 in Hamburg uraufgeführt.

Trostlied im Konjunktiv
Erstaufführung: *Schaubude*, 8. Programm *(Bitte recht friedlich)*, 28. 8. 1948.

II. Die Kleine Freiheit

Nachdem die *Schaubude* mit der Währungsreform 1949 ihr Ende gefunden hatte, gründete die aus der Emigration zurückgekehrte Trude Kolman zusammen mit Beate von Molo das neue Kabarett *Die Kleine Freiheit*. Im Ateliertheater im obersten Stock eines Schwabinger Mietshauses in der Elisabethstraße wurde am 25. Januar 1951 das erste Programm aufgeführt. Im März folgte der Umzug in ein etwas größeres Haus mit 125 Plätzen (Pacellistr. 5), am 6. Dezember 1951 der in die Maximilianstr. 44. Bis zum zwölften Programm vom 15. September 1953 wirkt Kästner fast regelmäßig mit.

Viele Künstler der *Schaubude* machten auch bei der *Kleinen Freiheit* mit: Erich Kästner und die Darsteller Ursula Herking, Bum Krüger, Karl Schönböck, Oliver Hassenkamp, Hannelore Schützler und Christiane Maybach. Neu hinzu kamen Per Schwenzen als Autor, Robert Gilbert als Autor und Komponist sowie Jochen Breuer als Begleiter und Komponist.

Die Sammlung wurde der Datierung der *Nachträglichen Vorbemerkungen* zufolge im Herbst 1952 zusammengestellt und erschien noch im gleichen Jahr unter dem Titel *Die Kleine Freiheit. Chansons und Prosa 1949-1952* im Atrium-Verlag in Zürich. Eine Lizenzausgabe für Deutschland erschien in Berlin. Ihr 7. bis 11. Tausend trägt den Vermerk »Gesamtauflage in deutscher Sprache 20 000 Exemplare«.

Das Buch *Die Kleine Freiheit* nimmt nicht alle Texte aus dem Kabarettprogramm auf. Folgende Texte stehen in den Programmen, waren aber nicht sicher zu identifizieren oder nicht aufzufinden, weder gedruckt noch als Typoskript.

Aus dem zweiten Programm *(Ente gut – alles gut. Eine Verkohlreportage [Verkohlportage] von Erich Kästner, Robert Gilbert, Oliver Hassencamp u. a.)* vom 10. April 1951 betrifft dies die Programmnummern *Zeitungskiosk, Münchhausen, Von der Umständlichkeit in der Natur, Der Passant, Frühlingslied* und *Ende gut – alles gut!* Aus dem dritten Programm *(Das faule Ei des Columbus)* vom 20. Juni 1951 betrifft dies *Die Ankunft des Columbus* und *Der klei-*

ne Mann im Ohr, sowie aus dem sechsten Programm *(»Ihre Sorgen ...«)* vom 21. März 1952 *Einiges über Eva (Something about Eve).* Ferner wurden auch ältere Texte wiederaufgeführt, z.B. im ersten Programm *Ball im Osten. Täglich Strandfest (I, 193–194), Atmosphärische Konflikte (I, 59–60), Eine Animierdame stößt Bescheid (I, 210–211)* und *Jardin du Luxembourg (I, 46–47),* im dritten Programm *Die Fabel von Schnabels Gabel (I, 237–238)* sowie aus *Leben in dieser Zeit* die *Elegie in Sachen Wald,* im fünften Programm *(Affen unter sich) Die Entwicklung der Menschheit (I, 175–176)* und im sechsten Programm *Plädoyer einer Frau (I, 110–111).*

Bei den Texten haben sich in den meisten Fällen keine Drucke vor dem Abdruck in der Sammlung *Die Kleine Freiheit* ermitteln lassen, obgleich es solche möglicherweise gegeben hat. Ausnahmen verzeichnet der folgende Einzelkommentar. Die Datierung der Erstaufführungen, die mehrfach von Kästners Angaben abweicht, wurde anhand der im Deutschen Kabarett-Archiv Mainz erhaltenen Original-Programmhefte vorgenommen.

Als Druckvorlage dient hier *GSE VII* (ohne nennenswerte Abweichungen vom Erstdruck).

Der Titel des Programms
Erstaufführung: 25.1.1951, in späteren Programmen unter dem Titel *Die Kleine Freiheit* häufig als Schlußnummer wiederholt.

Nachträgliche Vorbemerkungen

190 *Die »Schaubude« unsanft entschlafen:* Die *Schaubude* bestand bis zum Frühjahr 1949.
192 *Si vis pacem, para bellum:* Lateinische Redewendung: »Wenn du Frieden willst, bereite dich auf Krieg vor.«
Bum Krüger: Die Szene findet sich in *Eine Rahmenhandlung,* hier S. 390–399.

Ansprache zum Schulbeginn

197 *Gravelotte und Mars-la-Tour:* Nach den Orten ihrer Austragung benannte Schlachten am 16. und 18. August 1870 im deutsch-französischen Krieg 1870/71, die zur Einschließung der französischen Armee in Metz beitrugen.

Der Trojanische Wallach
Erstdruck: *Münchener Illustrierte*, 4. Februar 1950, S. 12.
198 *Schmutz- und Schundgesetz:* Das »Gesetz zur Bewahrung der Jugend vor Schund- und Schmutzschriften« vom 18. Dezember 1926 sah vor, daß Bücher und Schriften, die in eine entsprechende Liste aufgenommen waren, Jugendlichen unter achtzehn Jahren nicht zugänglich gemacht werden durften. Das Gesetz sah jedoch vor, daß keine Schrift »wegen ihrer politischen, sozialen, religiösen, ethischen oder weltanschaulichen Tendenz« auf die Liste gesetzt werden könne und daß die Entscheidung darüber, ob eine Schrift in die Liste aufgenommen werden solle, »durch Prüfstellen, die von dem Reichsminister des Innern im Einvernehmen mit den Landesregierungen nach Bedarf errichtet werden«, gefällt werde.
Die neuerlichen Gesetzentwürfe vom Beginn der fünfziger Jahre, auf die Kästner anspielt, waren in Vermeidung der Formulierung »Schmutz- und Schundgesetz« der »Entwurf eines Gesetzes über den Vertrieb jugendgefährdender Schriften« vom 28. Juni 1950 und der »Entwurf eines Gesetzes über die Verbreitung jugendgefährdender Schriften« vom 11. Juli 1952. Als »jugendgefährdend« wurden hier solche Schriften charakterisiert, die »geeignet sind, Jugendliche sittlich zu gefährden«. Diese seien in eine Liste aufzunehmen. Zu ihnen zählen »vor allem unsittliche sowie Verbrechen, Krieg und Rassenhaß verherrlichende Schriften«. Die Gesetzentwürfe schließen insofern an das Gesetz der Weimarer Republik an, als sie die Aufnahme einer Schrift in die Liste »allein wegen ihres politischen, sozialen, religiösen oder weltanschaulichen Inhalts« untersagen. Zur Durchführung des Gesetzes seien Landesprüfstellen und eine Bundesprüfstelle zu errichten.
199 *Tartüfftelei:* Anspielung auf Molières (1622–1673) Komödie *Le Tartuffe ou l'Imposteur* (*Der Tartuffe oder Der Heuchler*, 1664).
»Abraxas«: Zauberwort, auch göttlicher Geheimname der griechisch-orientalischen Gnosis; als magische Formel gebraucht, die Nutzen oder Schaden stiften sollte.
Bücherverbrennungen: Am 10. Mai 1933 wurden auch Bücher von Erich Kästner verbrannt.
Ausstellungen »entarteter« Kunst: Vgl. Anmerkung zu *Die Augsburger Diagnose*, II, 32.
Herrn Brachts fromme Erfindung: Vgl. dazu *Brief an ein Brachtexemplar. II, 351–352.*

200 *vom trojanischen Pferd:* In Homers *Ilias* eroberten die Griechen die Stadt Troja, indem sie sich im Bauch eines hölzernen Pferdes versteckt in die Stadt einschleusen ließen.
201 *PEN-Zentrum:* Der PEN-Club wurde 1921 in London von der englischen Schriftstellerin Catherine Amy Dawson-Scott gegründet. Der PEN tritt für die weltweite Verbreitung aller Literatur, für ungehinderten Gedankenaustausch in Krisen- und Kriegszeiten ein. Die Mitglieder verpflichten sich, sich für Presse- und Meinungsfreiheit einzusetzen. Heute gibt es über hundert PEN-Zentren in aller Welt. Das deutsche Zentrum wurde 1937 wegen Verstoßes gegen die Satzung aus dem internationalen Verband ausgeschlossen und 1949 in Göttingen neu gegründet. Erich Kästner war der erste Präsident des neuen deutschen PEN-Zentrums. 1951 spaltete es sich in ein *Deutsches PEN-Zentrum der Bundesrepublik* und ein *Deutsches PEN-Zentrum Ost und West*. Die Wiedervereinigung beider PEN-Zentren wurde 1998 beschlossen.

Stimmen von der Galerie
Erstdruck: *Pinguin,* Januar 1949.

Die Kantate »De minoribus«
Erstaufführung: *Die Kleine Freiheit,* 4. Programm *(Affen unter sich),* 12. 9. 1951.
205 *De minoribus:* Lateinisch: »Über die Kleineren (Wenigeren)«. *Karl Feilitzsch:* Karl von Feilitzsch, Kabarettkomponist.
206 *Genfer Konvention [...] Haager Gerichtshof:* Die Genfer Konvention (1864, später mehrfach erweitert) betraf zunächst Vereinbarungen über die Behandlung von Verwundeten im Krieg. Im Jahr 1920 beschloß die Bundesversammlung des Völkerbunds die Einrichtung eines Ständigen Internationalen Gerichtshofs in Den Haag.
209 *Man starb nicht eben »in Schönheit«:* In Schönheit sterben ist ein Ausdruck aus Henrik Ibsens (1828–1906) Schauspiel *Hedda Gabler* (1890), 5. Akt, letzte Szene.

Kleine Epistel
Erstdruck oder Erstaufführung nicht bekannt.

Das lebensgroße Steckenpferd

Wie Kästners Mutter Ida ihren Mann wegen des Leimgeruchs in den Keller verbannte, und unter welchen Umständen der Vater Emil Kästner den Lebensunterhalt der Familie durch das Flicken von Ledersachen in den Abendstunden aufbesserte, das schildert Kästner auch in *Als ich ein kleiner Junge war* (Kapitel 9).

Daß der Vater ausgerechnet ein Pferd herstellte, mag mit der Tatsache zusammenhängen, daß Ida Kästners Bruder Franz Augustin ein reicher Pferdehändler war. Er wurde zum Millionär, was im krassen Gegensatz zu den bescheidenen Verhältnissen der Familie Kästner stand.

215 *Hans Poelzig:* Der Architekt Hans Poelzig (1869-1936) entwarf vornehmlich im Stil monumentaler Industriebauweise.

Fragen und Antworten

216 *Es ist schon so:* Das Gedicht entstammt Kästners Sammlung *Kurz und bündig* (1950). Es trägt dort den Titel *Sokrates zugeeignet (I, 272)*.

217 *den Eucharistischen Kongreß:* Die eucharistischen Kongresse sind internationale katholische Treffen zur Verehrung der Eucharistie und zur Förderung ihres Kultes (seit 1881). Nach 1945 wurden sie in vierjährigem Turnus wiederaufgenommen, zuerst 1952 in Barcelona.

Das Zeitalter der Empfindlichkeit

219 *Von Lessing gibt es ein paar Sätze:* Aus der Präambel der gegen den Theologen Johann Melchior Goeze (1717–1786) gerichteten *Axiomata* (1778).

220 *Luthers Satz:* Luther soll am 18. April 1521 vor dem Reichstag zu Worms seine Antwort auf die Frage, ob er widerrufen wolle, mit den Worten geschlossen haben: »Hier stehe ich! Ich kann nicht anders. Gott helfe mir! Amen.«
Münchener »Simplizissimus«: Der *Simplicissimus* war eine 1896 von Albert Langen und Thomas Theodor Heine gegründete politisch-satirische Wochenzeitung. 1944 wurde sie eingestellt.
mit Stichworten wie ...: Diese Stichworte betreffen Satiren aus der Glanzzeit des *Simplicissimus* vor 1914.

221 *Peter Schlemihl: Peter Schlemihl* ist eine Gedichtsammlung von Ludwig Thoma (1867–1921) aus dem Jahr 1906.

221 *Kurt Tucholsky:* Das von Kästner aus dem Gedächtnis zitierte Gedicht *An das Publikum* stammt aus dem Jahr 1931 und lautet:

> O hochverehrtes Publikum,
> sag mal: bist du wirklich so dumm,
> wie uns das an allen Tagen
> alle Unternehmer sagen?
> Jeder Direktor mit dickem Popo
> spricht: »Das Publikum will es so!«
> Jeder Filmfritze sagt: »Was soll ich machen?
> Das Publikum wünscht diese zuckrigen Sachen!«
> Jeder Verleger zuckt die Achseln und spricht:
> »Gute Bücher gehn eben nicht!«
>   Sag mal, verehrtes Publikum:
>   bist du wirklich so dumm?
>
> So dumm, daß in Zeitungen, früh und spät,
> immer weniger zu lesen steht?
> Aus lauter Furcht, du könntest verletzt sein;
> aus lauter Angst, es soll niemand verhetzt sein;
> aus lauter Besorgnis, Müller und Cohn
> könnten mit Abbestellung drohn?
> Aus Bangigkeit, es käme am Ende
>   einer der zahllosen Reichsverbände
>   und protestierte und denunzierte
>   und demonstrierte und prozessierte …
>   Sag mal, verehrtes Publikum:
>   bist du wirklich so dumm?
>
> Ja, dann …
>   Es lastet auf dieser Zeit
> der Fluch der Mittelmäßigkeit.
> Hast du so einen schwachen Magen?
> Kannst du keine Wahrheit vertragen?
> Bist also nur ein Grießbrei-Fresser?
> Ja, dann …
>   Ja, dann verdienst dus nicht besser.

(Kurt Tucholsky: *Gesammelte Werke.* Reinbek 1975, Bd. 9, S. 237 bis 238; auch in der von Erich Kästner herausgegebenen Tucholsky-Auswahl: *Gruß nach vorn.* Hamburg, Stuttgart 1947).

222 *Ratschlag eines zeitgenössischen Epigrammatikers:* Das Gedicht ist ein Selbstzitat aus der Sammlung *Kurz und bündig* (1950) *(I, 290)*. Dort ist es unter dem Titel *Die Wirklichkeit als Stoff* abgedruckt (Untertitel: *Aus der großdeutschen Kunstlehre*).

Brief an die Freiburger Studenten
Entstanden Ende Januar 1952, offenbar als Antwort auf eine Anfrage mit vier Punkten. Der Regisseur Veit Harlan (1899–1964) hatte im Dritten Reich in Anlehnung, aber völliger Verkehrung von Lion Feuchtwangers (1884–1958) gleichnamigem Roman den antisemitischen Propagandafilm *Jud Süß* (1940) gedreht. 1944/45 unterstützte er mit dem Durchhaltefilm *Kolberg* die nationalsozialistische Propaganda. Ein Prozeß der *Vereinigung der Verfolgten des Nazi-Regimes* gegen ihn wurde im März 1949 in Hamburg eröffnet und endete in erster und zweiter Instanz (April 1949 und April 1950) mit Freispruch. Kästner kannte Harlan aus der Ufa-Zeit recht gut. Bereits am 30. November 1945 hatte er ihn in einem Artikel in der *Neuen Zeitung* scharf attackiert *(Harlan oder die weiße Mütze)*. 1952 sollte Harlans neuer Film *Die unsterbliche Geliebte* (gedreht 1950) im Kino anlaufen, was heftige Proteste hervorrief. In Freiburg demonstrierten Studenten im Januar 1952 gegen die Aufführung des Films. Die Polizei löste die Versammlung gewaltsam auf.

Solo mit unsichtbarem Chor
Erstaufführung: *Die Kleine Freiheit*, 5. Programm *(Achtung Kurve)*, 6. 12. 1951.
Die Wiederbewaffnung der Bundesrepublik lag im Interesse der westlichen Alliierten, um einen Bündnispartner in Westeuropa zu haben. Nach jahrelangen Debatten verabschiedete der Bundestag 1955 eine Grundgesetzänderung zum Aufbau der Bundeswehr. Das Gesetz über die Einführung der allgemeinen Wehrpflicht in der Bundesrepublik trat im selben Jahr in Kraft.
224 *»Stillen im Land«:* Nach Psalm 35, 20 nannte man die Pietisten in Preußen »die Stillen im Lande«.
226 *Marschall-Niel-Division:* Es gibt eine Rosensorte dieses Namens: Maréchal-Nil-Rose.
227 *Wir kommen, sehn und siegen:* Anspielung auf Julius Caesars berühmtes Wort »Veni, vidi, vici« (Ich kam, sah, siegte).
Lehrmacht: Robert Lehr, 1950 bis 1953 Bundesinnenminister,

schuf den Bundesgrenzschutz als erste bewaffnete Körperschaft der Bundesrepublik.

228 *gegen England fliegen:* »Denn wir fahren gegen Engelland« war der Refrain eines weitverbreiteten Soldatenlieds von Hermann Löns (1866–1914): *Heute wollen wir ein Liedlein singen.*

ans Gewehr: Anspielung an das nationalsozialistische Lied *Volk ans Gewehr* (»Siehst du im Osten das Morgenrot ...«) von Arno Parduhn aus dem Jahr 1930, das »Pflichtlied des Reichsarbeitsdiensts«.

»Kerls ...«: Ein angeblicher Ausspruch Friedrichs II. von Preußen.

Dietrich: Sepp Dietrich (1892–1966), SS-General, Führer der Leibstandarte Adolf Hitlers, im Zweiten Weltkrieg Generaloberst der Waffen-SS.

Der Jahrmarkt

Erstaufführung: *Die Kleine Freiheit*, 2. Programm, 10. 4. 1951 (nicht 1950, wie Kästner angibt).

232 *Si vis pacem, para pacem:* Anspielung auf die lateinische Redensart »Si vis pacem, para bellum« (vgl. Anmerkung zu *192*).

234 *Boxer Samson und Fräulein Dalila:* Das Geheimnis der Kraft des starken Samson aus dem alttestamentlichen Buch der Richter (Kapitel 13 bis 16) liegt in seinen Haaren; als seine Frau Dalila sie ihm abschneidet, wird er von den Philistern besiegt. Vielleicht liegt außerdem auch eine Anspielung auf den einstigen deutschen Schwergewichtsboxer Paul Samson-Körner vor, den Bertolt Brecht (1898–1956) in *Der Lebenslauf des Boxers Samson-Körner* 1926/27 besang.

235 *Guten Kameraden:* Anspielung auf Ludwig Uhlands (1787 bis 1862) Lied *Ich hatt einen Kameraden*, das zu Soldatenbegräbnissen gespielt zu werden pflegte. Das Zitat lautet in der dritten Strophe: »Will mir die Hand noch reichen, / derweil ich eben lad. / Kann dir die Hand nicht geben, / bleib du im ewgen Leben / mein guter Kamerad.«

236 *Ich hab den Kopf:* Anspielung auf das Lied *Ich hab mein Herz in Heidelberg verloren.*

Ist Existentialismus heilbar?

239 *Jean-Paul Sartre:* Philosoph und Schriftsteller (1905–1980). Der Existentialismus, auf Søren Kierkegaard zurückgehend und in Deutschland vor allem von Martin Heidegger weiterentwickelt, hatte sich in Frankreich mit der Résistance verbündet. Er war nach 1945 die Modephilosophie der Zeit.

240 *»Freunden der Weisheit«:* Ins Deutsche übertragene wörtliche Bedeutung des griechischen Worts »Philosophen«.

242 *Buridans Esel:* Johannes Buridan (vor 1300 bis nach 1358), französischer Scholastiker, verfaßte kritische Aristoteleskommentare. »Buridans Esel« ist ein fälschlich ihm zugeschriebenes Beispiel gegen die Lehre, daß der Wille nur bei Motiven gleicher Stärke frei sei (ein zwischen zwei Heubündeln verhungernder Esel).

Mensch [...] nichts als die Summe seiner Handlungen: Nach Jean-Paul Sartres (1905–1980) *L'existentialisme est un humanisme*, Paris 1946, zitiert nach der Ausgabe 1970, S. 55: »L'homme n'est rien d'autre que son projet, il n'existe que dans la mesure où il se réalise, il n'est donc rien d'autre que l'ensemble de ses actes, rien d'autre que sa vie.«

in einem Artikel: Gemeint ist *Der Abgrund als Basis*, in *Der tägliche Kram* (vgl. *II, 131–133*).

Über den Tiefsinn im Parkett

244 *Schauspiel eines berühmten englischen Zeitgenossen:* Gemeint ist Thomas Stearns Eliots (1888–1965) Drama *Der Familientag* (1939, deutsche Erstaufführung 1945, in deutscher Sprache erschienen 1949).

König Lear: Drama von William Shakespeare aus dem Jahr 1605/06.

Erinnyen: Griechische Rachegöttinnen, die ohne Mitleid Frevler verfolgen. Ihr Wohnsitz ist der Hades, aus dem sie aufsteigen, um ihre Opfer zu peinigen.

246 *Wer Ohren hat:* Mt 11, 15.

Marktanalyse

247 *Jünger [...] Benn:* Von Ernst Jünger (1895–1998) war damals zum Beispiel der Roman *Heliopolis* erschienen (1949), von Gottfried Benn (1886–1956) die berühmte Sammlung *Statische Gedichte* (1949).

Die literarische Provinz
Erstdruck: 1950 an nicht bekannter Stelle. Ein späterer Druck in der Ostberliner Zeitschrift *Neue deutsche Literatur*, Heft 6, 1954, S. 70–73, enthält eine Schlußbemerkung von Erich Kästner: »Der Aufsatz erschien 1950. Der durchaus unbefriedigende Zustand hat sich seitdem, mindestens in summa, nicht geändert. Zwar ist der Kontakt zwischen den ausgewanderten Schriftstellern und uns wieder enger geworden, um so fataler aber gleichzeitig die westöstliche Spaltung der deutschen Literatur.«

248 *Kollegen in Apoll:* Angesprochen ist Apollo als der Gott der Künste und Wissenschaften.

249 *mein alter Freund:* Vermutlich Hermann Kesten, der 1949 aus dem amerikanischen Exil nach Europa zurückkehrte.

250 *Lion Feuchtwanger, Bruno Frank, Leonhard Frank etc.:* Schriftsteller der Emigration.

die Ernst Jüngerei: Der Schriftsteller Ernst Jünger (1895–1998) war wegen seiner Distanz zum Nationalsozialismus und trotz seiner nationalrevolutionären Schriften aus der Zeit der Weimarer Republik Anfang der fünfziger Jahre ein gefeierter Autor.

251 *Rudolf Arnheim, Julius Bab, Friedrich Gundolf etc.:* Literaturkritiker der zwanziger Jahre.

Becher, Brecht, Renn etc.: Kommunistische oder linksbürgerliche Emigranten, die die Einladung nach Ostberlin angenommen hatten.

Don Juans letzter Traum
Erstdruck: *Glanz*, 1, Januar 1949. Der Untertitel *Entwurf zu einem Gobelin* fehlt dort.

253 *Brüste, Schenkel, Haare, Hüften:* Im Erstdruck »Brüste, Schenkel, Münder, Haare, Hüften«.

Ein wohlhabender Zwerg
Nichts Näheres bekannt.

Berliner Hetärengespräch 1943

258 *Nach Tagebuchaufzeichnungen:* Im Tagebuch gibt es keine entsprechenden Notate.

Das schweigsame Fräulein
Erstdruck: *Die Abendzeitung,* 5.1.1950.
264 *französischer Dichter unserer Tage:* Das Zitat stammt wahrscheinlich aus der deutschen Fassung von Jean-Paul Sartres Filmdrehbuch *Les jeux sont faits* (verfilmt 1947).

Der Pechvogel

267 *Hobellied:* Ursprünglich Couplet in Ferdinand Raimunds (1790–1836) Singspiel *Der Verschwender* (1833), bald in ganz Deutschland populär. Die erste Strophe lautet: »Da streiten sich die Leut' herum / oft um den Wert des Glücks, / der eine heißt den andern dumm, / am End' weiß keiner nix. / Da ist der allerärmste Mann / dem andern viel zu reich, / das Schicksal setzt den Hobel an / und hobelt's alle gleich.«

Die Naturgeschichte der Schildbürger
Erstaufführung: *Schaubude,* 6. Programm *(Wir warnen Neugierige),* 18.9.1947. Aufführung in der *Kleinen Freiheit* im 12. Programm *(Alle Wege führen nach Schilda),* 15.9.1953.
269 *Volksbücher:* Dazu zählt man spätmittelalterliche und frühneuzeitliche Sammlungen wie die Eulenspiegelgeschichten, das Volksbuch vom Doktor Faust und das »Lalebuch«, das 1598 unter dem Titel *Die Schiltbürger. Wunderselzame Abendtheurliche vnerhörte vnd bißher vnbeschriebene Geschichten und Thaten der obgemelten Schiltbürger in Misnopotamia hinder Vtopia gelegen* in Frankfurt erschien und seit dem 19. Jahrhundert in vielfältigen freien Bearbeitungen zur Massenlektüre zählte.

Errol Flynns Ausgehnase

272 *Errol Flynn:* Hollywood-Filmstar der dreißiger und vierziger Jahre. Spielte z. B. in den Western *Dodge City* (1939) und *Virginia City* (1940).
Harun al Raschid: Har'un (763 oder 766-809) mit dem Beinamen al Rasch'id (»der Rechtgeleitete«), abbasidischer Kalif, schuf in Bagdad prächtige Bauten und förderte die Wissenschaft und die Kunst. Seine Gerechtigkeitsliebe wird in *Tausend und eine Nacht* geschildert.
274 *Cyrano de Bergerac:* Französischer Schriftsteller (1619–1655), schrieb phantastische Erzählungen von Reisen zu Mond- und

Sonnenbewohnern, eine Tragödie und ein Prosa-Lustspiel. Edmond Rostand (1868-1918) behandelte sein Schicksal in einem Schauspiel.

Fahrten ins Blaue

Erstdruck: *Die Neue Zeitung,* 13. 5. 1946.

Der Prinz auf Zeit

Erstaufführung: *Die Kleine Freiheit,* 1. Programm, 25. 1. 1951.
277 *Philipp der Zweite:* König von Spanien (1556–1598), galt als streng und finster. Er residierte im Escorial. Daß in seinem Reich die Sonne nicht untergehe, sagte man vom Reich seines Vorläufers Karl V.
Ihr sollt zum Augenblicke sagen: Anspielung auf Fausts Wette mit dem Teufel in Goethes *Faust:* »Werd' ich zum Augenblicke sagen: / Verweile doch, du bist so schön! / Dann magst du mich in Fesseln schlagen, / Dann will ich gern zugrunde gehen!« (Verse 1699–1702)
278 *Laßt die Toten die Toten verscharren:* Anspielung auf ein Jesuswort, Mt 8, 22.

Die Schwarze Spinne

Erstaufführung: *Die Kleine Freiheit,* 6. Programm, 21. 3. 1952.
279 *Jeremias Gotthelfs berühmte Erzählung:* In Gotthelfs Erzählung *Die schwarze Spinne* (1842) befällt eine mörderische Giftspinne das Land, nachdem die Bauern einen Pakt mit dem Teufel nicht eingehalten haben. Ein junger polnischer Ritter wird ausgesandt, um die Plage zu besiegen. Als er sich auf die Suche nach der schwarzen Spinne begibt, sitzt sie bereits auf seinem Haupt. Die Bauern finden schließlich nur noch den leeren Helm mit der Spinne darin.

Die vier archimedischen Punkte

284 *Man soll das Jahr:* Später veröffentlicht unter dem Titel *Spruch für die Silversternacht (I, 262).*

Ein Wort zur Kulturkrise

285 *Planck [...] Einstein [...] Schrödinger:* Naturwissenschaftler.
Picasso [...] Baumeister: Maler.
Schönberg [...] Hindemith: Komponisten.

285 *Joyce [...] Goyert:* G. Goyert gab 1927 eine Übersetzung des *Ulysses* (1922) von James Joyce heraus.

Diarrhoe des Gefühls
Erstdruck: *Die Weltbühne,* 12, 19. 3. 1929, S. 446–447 (mit geringfügigen Abweichungen).

287 *Antworten deutscher Poeten:* Die Umfrage erschien unter dem Titel *Äußerungen deutscher Dichter über ihre Verskunst* im *Archiv für die gesamte Psychologie* (Leipzig 1928, S. 216–251). An der Umfrage beteiligten sich die Autoren Heinrich Vierordt, Ernst von Wolzogen, Anton Wildgans, Franz Karl Ginzkey, Hanns von Gumppenberg, Georg Bonne, Hugo von Hofmannsthal, Wilhelm von Scholz, Ricarda Huch, Börries von Münchhausen, Lulu von Strauß und Torney, Johannes Schlaf, Hugo Salus, Herbert Eulenberg, Franz Werfel, Heinrich Wriede, Bruno Wille, Agnes Miegel, Emil Uellenberg, Franz Lüdtke, Richard von Schaukal, Oskar Wiener, Paula Wassermann, Wilhelm Schneider-Claus, Otto Ernst, Hermann Bartel, Joseph Augustus Lux, Heinrich Rosenthal, Robert Hohlbaum und Wilhelm Fischer. Der Fragebogen lautete folgendermaßen:

1. Können Sie Ihre Stimmung während des Dichtens beschreiben?
2. Wie kommen Sie zu der benutzten Versform?
3. Setzen Sie vorher das Versmaß fest, in dem Sie zu schreiben gedenken?
4. Denken Sie an bestimmte Formen, z. B. Iambus, Trochäus, Anapäst, Daktylus?
5. Setzen Sie die Anzahl der betonten und unbetonten Silben vorher fest?
6. Setzen Sie vielleicht nur die Anzahl der betonten Silben fest?
7. Denken Sie überhaupt nicht an die Versform?
8. Fühlen Sie, daß eine bestimmte Anzahl von Taktschlägen in einer Zeile notwendig ist und nehmen Sie keine Rücksicht auf das Silbenmaß?
9. Schreiben Sie einfach, ohne an Rhythmus und Metrik zu denken?
10. Haben Sie ein Bedürfnis nach einem bestimmten Versmaß?
11. Woher mag dieses Bedürfnis kommen?
12. Wie teilen Sie die einzelnen Zeilen ein?

13. Können Sie die Entstehungsgeschichte einzelner Gedichte angeben? (Kurze Belege erwünscht.)
14. Warum schreiben Sie Gedichte?

287 *Wenn ein Universitätsprofessor:* In einem dreiseitigen Schlußwort zur Umfrage stellt Prof. Dr. E. W. Scripture u. a. zusammenfassend fest: »Das Dichten ist eine Zwangshandlung oder wenigstens eine Handlung, welche aus einem inneren Druck entsteht und welche eine Erleichterung schafft. Der Dichter dichtet, weil er dichten muß.«
Oft kamen die Lieder angeflogen: Kästner zitiert den Schriftsteller Georg Bonne. Vollständiger Wortlaut: »Bald kommen die Lieder zu mir aufs Fahrrad geflogen, bald zu mir aufs Pferd, oft in der Eisenbahn bei der Musik, die das Rollen der Räder verursacht, gleichzeitig beflügelt durch das Gefühl der Freiheit, der Befreiung vom Alltag, Menschengewühl auf dem Bahnsteig, in der stillen Heide, im Sonnenschein oder im Sturm, in kalter Mondennacht, im Winter und im Schneegestöber, im Lehnstuhl am Kamin und gelegentlich am Schreibtisch – aber immer, wenn eins kommt, ist es eine Weihestunde, die ich um nichts missen möchte – so schön, daß ich von den meisten meiner Lieder noch nach Jahren weiß, wann und wo sie angeflogen kamen. Oft kamen sie angeflogen, während ich auf dem Rade fuhr und mich schleunigst auf einen Eckstein oder einen Grabenrand setzen mußte, um es festzuhalten, oder ich schrieb es bei meinem nächsten Patienten in mein Rezeptbuch hinein. Oft drängt es mich so, daß ich die Verse auf irgendein Blättchen kritzeln muß, das gerade zur Hand ist.«

Die Abenteuer des Schriftstellers
Erstdruck: *Die Weltwoche,* 19. 1. 1951, auf der Seite *Die Frau von heute.* Mit einem Foto der Zwillinge Yutta und Isa Günther mit Erich Kästner und Regisseur Joseph von Baky. Die Überschrift lautet dort *Von der ›Vorstellung‹ zur Vorstellung oder: Die Abenteuer des Schriftstellers.* Dem Artikel ist folgender Text vorangestellt:
Das Telephon klingelt: »Sie wissen doch, am 19. Januar ist die Première des Kästner-Films ›Das doppelte Lottchen‹? Ja, im Corso. Und soeben habe ich mit Kästner telefoniert; er kommt am Freitag nach Zürich und bringt die Zwillinge mit!«
Ein freudiges Glänzen geht über alle Gesichter, denen wir die Botschaft weitererzählen. Fast jedes Kind kennt sie ja schon, die rei-

zende Geschichte der getrennten Zwillinge; manche wissen auch, welch schwierige Aufgabe schon darin bestand, die Buch-Zwillinge für den Film zu finden: gleichen mussten sie sich wie ein Ei dem andern, und dabei wesenhaft verschieden sein, wie im Buch; spielen mussten sie noch dazu können, und Eltern haben, die sie liessen! Aber siehe da – es meldeten sich allein aus München und Umgebung über 100 Zwillingspaare, 10 und 11 Jahre alt! Die nach vielen Probeaufnahmen endlich gewählten heissen Yutta und Isa Günther, haben blonde Zöpfe (das war eine Vorbedingung!) und sind die Töchter des Garderobenmeisters der Münchner Kammerspiele. – Kästner selbst wird im Film nicht mitspielen, aber als ›Stimme‹ zu hören sein.

Vor einiger Zeit sandte er uns folgenden Artikel, mit der Bitte, ihn bei Anlass der Filmpremière zu veröffentlichen. Was wir hier mit Freuden tun.

Zu Ernst Penzoldts sechzigstem Geburtstage
Erstdruck: *Süddeutsche Zeitung,* 14./15.6.1952, gleichzeitig in einer Geburtstagsschrift des Suhrkamp-Verlages.

Der humoristische Dichter Ernst Penzoldt wurde am 14. Juni 1892 geboren und starb am 27. Januar 1955. Am bekanntesten wurde sein Roman *Die Powenzbande* (1930).

Die Acharner
Erstaufführung: *Die Kleine Freiheit,* 3. Programm *(Das faule Ei des Columbus),* 20.6.1951.

Die Maulwürfe
Erstaufführung: *Die Kleine Freiheit,* 2. Programm, 10.4.1951.
309 *Vineta:* Im Mittelalter mächtige Handelsstadt an der Ostsee (1043 zerstört, heute Wollin), die der Sage nach von den Wellen verschlungen wurde.

Das Goethe-Derby
Erstdruck: *Pinguin,* 2. 2. 1949.
Die Glosse spielt auf die zahlreichen Veranstaltungen im Goethe-Jahr 1949 (zum 200. Geburtstag Goethes) an.

Zur »Woche des Buches«
Nichts Näheres bekannt.

Zwischen hier und dort

315 *Pola Negri:* Kästner nannte seine Katze nach der Schauspielerin Pola Negri (1897–1987).
Dieser Park liegt dicht beim Paradies: Aus Kästners Gedicht *Jardin du Luxembourg (I, 46–47).*
316 *jenes großen deutschen Philosophen:* Einen großen deutschen Philosophen, auf den diese Lebensbeschreibung zutrifft, gibt es nicht. Vermutlich handelt es sich um eine Verwechslung mit Immanuel Kant, der sein ganzes Leben in Königsberg verbrachte.

Ein reizender Abend
Nichts Näheres bekannt.

Lob des Tennisspiels

321 *Schiller, Valéry und Huizinga:* Anspielung auf Schillers Spieltheorie in den *Briefen über die ästhetische Erziehung* (1795), auf Johan Huizingas Buch *Homo ludens* (1938) und auf eine nicht ermittelte Äußerung von Paul Valéry (1871–1945).

Kästner über Kästner

Erstdruck: *Die Weltwoche,* 11.3.1949 unter dem Titel *Leben und Werk Erich Kästners. Zu seinem 50. Geburtstag. Von Dr. phil. Erich Kästner* auf der Seite *Die Frau von heute.* Der Originaltext wurde von Erich Kästner überarbeitet und erweitert. Im Erstdruck fehlt der erste Absatz über den Zürcher PEN-Club (»Es ist ein hübscher Brauch […] bei mir schon reichen«). Die Einleitung des Artikels lautet statt dessen: »Man hat mich gefragt, ob ich über Erich Kästner schreiben wolle. Man wisse, daß ich ihn kenne. Vielleicht nicht so gut und so genau wie etwa ein Literarhistoriker. Aber zu ein paar mehr oder weniger treffenden Sätzen werde es bei mir schon reichen.« Die folgenden Passagen fehlen im Original und wurden von Kästner nachträglich eingefügt: »Er wird meiner Meinung, […] Fünfsatzkämpfe gegeben haben.« (324) »Schließlich wird nahezu jeder […] Schild auf dem Bauch« (325). »Vielleicht sind seine Produkte […] Tüte geraten sind?« (326). »Betrachtet man seine Arbeiten […] Rechnung ohne Bruch auf« (326). Der Originaltext endet mit »[…] und das verbietet ihm der gesunde Menschenverstand« (327).
325 *satirischen Gedichtbänden:* Vgl. *I.*

325 *Kinderbücher:* Vgl. *VII* und *VIII.*
Fabian: Vgl. *III.*
Unterhaltungsromane: Vgl. *IV.*
Leitartikel: Vgl. *VI.*
für Kabaretts: Bezieht sich hier auf die *Schaubude.*
dem Theater: Bezieht sich wahrscheinlich auf *Die Schule der Diktatoren* (1957, vgl. *V, 459).*
326 *Noblesse oblige:* Adel verpflichtet.
327 *Meldung der »Basler Nationalzeitung«:* Mai 1942, Näheres bei Helga Bemmann: Erich Kästner. Leben und Werk. 2. Auflage Frankfurt 1994, S. 329.

Eine unliterarische Antwort
Nichts Näheres bekannt.

III. Kabarettpoesie. Nachlese 1929–1953

Die folgenden Texte stammen aus den Nachlesen der Gesammelten Schriften für Erwachsene (Band VI = Druckvorlage, wenn nicht anders angegeben), aus Zeitungen und Zeitschriften oder aus dem Nachlaß.

Was das Volk begehrt
Erstdruck: *Die Weltbühne,* 43, 22. 10. 1929, S. 622, mit geringfügigen Abweichungen.
333 *Hugenberg:* Alfred Hugenberg (1865–1951), Chef eines Pressekonzerns, seit 1928 Vorsitzender der *Deutschnationalen Volkspartei* (DNVP), paktierte bald darauf mit Hitler.
Scherl: August Scherl GmbH, Berliner Pressekonzern, gehörte damals zum Einflußbereich Alfred Hugenbergs.

Surabaya-Johnny II
Erstaufführung: *Katakombe,* 4. Programm, 5. 3. 1930 (nicht 1932, wie Kästner schreibt), wiederholt im 5. Programm ab 19. 4. 1930. Erstdruck: *Simplicissimus,* 52, 24. 3. 1930, S. 638. Im Erstdruck trägt das Lied den Titel *Surabaja-Johnny der Zweite. Frei nach Brecht / Frei nach Kipling.* Weitere Änderungen sind im Zeilenkommentar aufgeführt.
  Der Titel spielt in zahlreichen Einzelheiten auf Bertolt Brechts Song *Das Lied vom Surabaya-Johnny* an: »Ich war jung, Gott, erst

sechzehn Jahre / Du kamest von Birma herauf [...]« (Gesammelte Werke in zwanzig Bänden. Frankfurt 1967, Band 8, S. 325 f .). Brecht war vorgeworfen worden, er habe Rudyard Kipling, François Villon und Arthur Rimbaud plagiiert.

335 *Du sagtest [...] jeden Ton:* Fehlt im Erstdruck.

Nur mit dem Maul, Johnny, da warst du schlecht: Im Erstdruck (wahrscheinlich richtiger): »Nur mit dem Maul, Johnny, da warst du nicht schlecht.«

Mahagonny: Anspielung auf Brechts Oper *Aufstieg und Fall der Stadt Mahagonny.*

& Co: »& Co.« nannte Kästner auch seine Sekretärin Elfriede Mechnig (häufig im *Muttchen*-Briefwechsel).

Friedrich Karsch

Erstdruck: Nicht bekannt, Druckvorlage Typoskript Erich-Kästner-Archiv, Marbach. Unter dem Titel *Zeitgemäße Ballade Friedrich Karsch* aufgeführt im 5. Programm der *Katakombe,* 19. 4. 1930.

Kinderlied für Arbeitslose

Erstdruck: *Die Weltbühne,* 36, 2. 9. 1930, S. 360, mit geringfügigen Abweichungen. In der letzten Zeile fehlt im Erstdruck »Schlaft ein?«

Neues Volkslied

Erstaufführung: *Katakombe,* 7. Programm, 10. 11. 1930. Erstdruck und Druckvorlage: *Die Weltbühne,* 40, 4. 10. 1932.

Das Gedicht bezieht sich auf den »Preußenschlag«, die Amtsenthebung der preußischen Regierung am 20. Juli 1932 durch Reichskanzler Franz von Papen, bei der Otto Braun, der langjährige sozialdemokratische Ministerpräsident Preußens, durch Franz Bracht ersetzt wurde. Innenminister Carl Severing ließ sich erst unter Gewaltandrohung absetzen, als Bracht in Begleitung des Essener Polizeipräsidenten und eines Schutzpolizeioffiziers erschien. (Vgl. auch Anmerkung zu *Brief an ein Brachtexemplar,* 351–352).

338 *Drei Lilien:* Volkslied; im 19. und frühen 20. Jahrhundert sehr verbreitet. Die erste Strophe lautet: »Drei Lilien, drei Lilien, / die pflanzt' ich auf mein Grab. / Da kam ein stolzer Reiter / und brach sie ab.«

Weiß [...] Heimannsberg [...] Braun [...] Severing: Die damals Amtsenthobenen: Bernhard Weiß, bei der Rechten verhaßter Vizepräsident der Berliner Polizei; Manfried Heimannsberg,

Kommandeur der Berliner Schutzpolizei; Otto Braun, preußischer Ministerpräsident 1925 bis 1932; Carl Severing, SPD-Politiker, preußischer Innenminister, zeitweise Reichsinnenminister.

Brief an den Weihnachtsmann
Erstdruck: *Die Weltbühne*, 49, 3. 12. 1930, S. 822, mit geringfügigen Abweichungen.

Das Lied vom Kleinen Mann
Erstdruck: *Die Weltbühne*, 7, 17. 2. 1931, S. 251, mit geringfügigen Abweichungen.
340 *Lied vom Kleinen Mann:* Anspielung auf Gottfried August Bürger (1747–1794), dessen *Lied vom braven Manne* (1778) mit den Worten einsetzt: »Hoch klingt das Lied vom braven Mann«.
über seinem Buckel: Im Erstdruck »über einem Buckel«.
Es braust ein Ruf wie Donnerhall: Anfangszeile des deutschnationalen Liedes *Die Wacht am Rhein* (1840).
341 *Notprogramm:* Anspielung auf die Notverordnungen der späten Weimarer Republik.

Aus der Deutschen Chronik
Erstdruck: *Die Weltbühne*, 20, 19. 5. 1931, S. 736.
341 *Zensor Seeger:* Ernst Seeger, Oberzensor, Leiter der Film-Oberprüfstelle im Reichministerium des Innern, leitete die Bekämpfung der sogenannten Schund- und Schmutzliteratur, wurde 1933 Abteilungsleiter im Reichsministerium für Volksaufklärung und Propaganda.
Herr Wirth: Joseph Wirth, Zentrumsabgeordneter, 1930 bis 1931 Reichsinnenminister.

Dummheit zu Pferde
Erstdruck: *Die Weltbühne*, 30, 28. 7. 1931, S. 138 (nicht 1932, wie Kästner in *GSE VI*, 51 schreibt).
342 *zu Pferde:* Anspielung auf Hegels Titulierung Napoleons als »Weltgeist zu Pferde«.
343 *Deutschland über alles:* August Heinrich Hoffmann von Fallerslebens (1798–1874) *Lied der Deutschen* (»Deutschland, Deutschland über alles«) war die Nationalhymne der Weimarer Republik.

343 *»Heute Spaß«:* Anspielung auf das Fastnachtslied *Heute blau und morgen blau und übermorgen wieder.*

Poesie rer. Pol.
Erstdruck: *Die Weltbühne,* 31, 4. 8. 1931, S. 189.
344 *rer. Pol.:* Anspielung auf den Doktortitel »Dr. rer. pol.« (»Doctor rerum politicarum«) im sozial- und politikwissenschaftlichen Bereich.

Die Dame schreibt der Dame
Erstdruck: *Die Weltbühne,* 45, 10. 11 .1931, S. 717, mit geringfügigen Abweichungen.
345 *den Horch:* Automarke.
»Mein Geld«: Im Erstdruck: »Mein Gold«.

Heiliger Abend
Erstdruck: *Die Weltbühne,* 51, 22. 12 .1931, S. 939.
346 *O du fröhliche:* Anspielung auf das Weihnachtslied *O du fröhliche, o du selige, gnadenbringende Weihnachtszeit.*

Experiment mit Müttern
Erstdruck: *Berliner Tageblatt,* 25. 2. 1932. Druckvorlage: Typoskript Erich-Kästner-Archiv, Marbach.
347 *wochenlange Aufenthalt:* Den *Muttchen*-Briefen zufolge war Kästner im Januar/Februar 1932 in Kitzbühel. Dort entstand auch der satirische Artikel *Menschen im Gebirgshotel* (in: *Neue Leipziger Zeitung,* 4. 2. 1932).
Jugendbuch: Pünktchen und Anton (1931), mit Frau Gast als vorbildlicher, Frau Tobler als schlechter Mutter.

Brief an ein Brachtexemplar
Erstdruck: *Die Weltbühne,* 35, 30. 8. 1932, S. 324, mit kleinen Abweichungen.
351 *Minister Bracht*: Franz Bracht, Verwaltungsjurist in verschiedenen Ämtern, 1932 preußischer Ministerpräsident, 1932/33 kurzfristig Reichsinnenminister. Das Thema wurde später in *Der trojanische Wallach* (oben S. 198–201) wieder aufgenommen. Vgl. auch Anmerkung zu *Neues Volkslied,* 338.
352 *Das Ziel ist klar, nur das Geld, das fehlt:* Im Erstdruck heißt es statt dessen: »Und jeder Mann und jeder Groschen zählt.«

Die scheintote Prinzessin
Erstdruck: *Die Weltbühne*, 4, 24. 1. 1933, S. 140. Erstaufführung: 1932 im *Tingel-Tangel-Theater*, Berlin, im Programm *Es war einmal*.
Die scheintote Prinzessin ist die Monarchie. Der Sohn des ehemaligen deutschen Kaisers Wilhelm II., Kronprinz Wilhelm, hatte sich, nachdem ihm von seinem Vater verboten worden war, selbst zu kandidieren, am 3. April 1932 anläßlich der Stichwahl um das Reichspräsidentenamt zwischen Hitler und Hindenburg öffentlich für Adolf Hitler ausgesprochen, wohl in der Erwartung, daß Hitler sich dafür erkenntlich zeigen werde. Kästner verbindet diese Vorgänge mit der Hochzeit von Prinzessin Sybille mit Prinz Gustav Adolf von Schweden, die im Oktober 1932 in Coburg unter lebhafter Beteiligung der NSDAP stattfand. Auch der vormals regierende und noch immer sehr einflußreiche Herzog Carl Eduard von Sachsen-Coburg und Gotha sympathisierte mit Hitler.

352 *Doornröschen:* Anspielung auf Doorn, den holländischen Exilaufenthaltsort des Ex-Kaisers Wilhelm II.

353 *»Deutschland, erwache!«:* Nazi-Parole, Refrain des Liedes *Sturm, Sturm, Sturm* (1919/23) von Dietrich Eckart (1868 bis 1923).

Glückwunsch eines Enfant terrible
Erstdruck: Nicht bekannt. Die Druckvorlage wurde von Dagmar Nick aus dem Nachlaß ihres Vaters Edmund Nick zur Verfügung gestellt. Erstaufführung: *Katakombe*, 22. Programm, 8. 11. 1934 (unter dem Titel *Hochzeitsglückwünsche eines pessimistischen Kindes*).

Ja, das mit der Liebe
Erstdruck nicht bekannt. Ein späterer Druck liegt in einem Notenheft mit Chansons vor, betitelt *Das Karussell,* Berlin 1964, mit Copyright-Vermerk »Arcadia-Verlag Hamburg 1949«. Druckvorlage: Typoskript Erich-Kästner-Archiv, Marbach, von Kästners Hand datiert 1934/35. Gespielt im 23. Programm der *Katakombe* vom 29. Dezember 1934 an, ferner im 24. und letzten vom 18. März 1935 bis zur Schließung am 10. Mai 1935. Vertont von Edmund Nick.

Der Gesang vom Singen
Druckvorlage: Typoskript Erich-Kästner-Archiv, Marbach, von Kästners Hand datiert 1934/35. Gespielt im 24. Programm der *Ka-*

takombe vom 18. März 1935 bis zur Schließung am 10. Mai 1935. Vertont von Edmund Nick.

Rede, wie du sprichst
Erstdruck und Druckvorlage: *Ulenspiegel*, August 1945.

Tugend und Politik
Erstaufführung: Im 2. Programm der *Schaubude (Bilderbogen für Erwachsene)*, 12. April 1946. Die Notenhandschrift von Edmund Nick trägt einen Vermerk »13. 10. 45«. Text nach Typoskript Erich-Kästner-Archiv, Marbach.
360 *à la Scholz-Klink:* Gertrud Scholtz-Klink war »Reichsfrauenführerin« der NSDAP.
BDM: Die nationalsozialistische Jugendorganisation *Bund Deutscher Mädel.*
361 *SA marschiert:* Zeile aus dem Horst-Wessel-Lied, in dem es heißt: »Die Fahne hoch! Die Reihen dicht geschlossen! / S. A. marschiert, mit ruhig festem Schritt.«
362 *Mutterkreuz:* Nationalsozialistische Ehrung für Mütter.
Göttin Freya: Nordische Göttin der Liebe, jung und schön.
Töchter Teuts: Teut ist ein von »Teutonen« abgeleiteter Götternamen, der jedoch erst in Dichtungen des 18. Jahrhunderts, nicht in althochdeutscher Zeit belegt ist.
363 *Gurnemanz:* Bei Wolfram von Eschenbach (um 1170 bis um 1220) ist Gurnemanz der kluge Greis, der Parzival die Rittersitte lehrt.

Ein alter Herr geht vorüber
Erstdruck: *Die Weltbühne*, 8, 1946, S. 249 (ohne die Regiebemerkungen am Anfang und am Schluß). Erstaufführung: *Schaubude*, 3. Programm *(Gestern – Heute – Übermorgen)*, Juli 1946. Vertont von Edmund Nick. Es handelt sich um eine Neubearbeitung des Gedichts *Alter Herr anno 1970 (Neue Leipziger Zeitung* 18. 1. 1933, vgl. *I, 353–354).*

O du mein Österreich
Erstaufführung: *Schaubude*, 2. Programm *(Bilderbogen für Erwachsene)*, 12. 4. 1946.
365 *Ostmärker:* Österreich hieß seit dem »Anschluß« von 1938 »Ostmark«.
Falott: Betrüger, Gauner, Lump.

366 *Pg:* Abkürzung für »Parteigenosse«.
Braunau: Hitlers Geburtsort.
Anstreicher: Hitler wurde wegen seiner Ambitionen als Maler von Bertolt Brecht und anderen häufig »der Anstreicher« genannt.

368 *Erklärung des österreichischen Bundeskanzlers:* »Deutschland darf sich nicht erholen«, soll 1946 der österreichische Bundeskanzler Leopold Figl (1902–1965) gesagt haben.

Frage an das eigene Herz

Erstaufführung: *Schaubude,* 2. Programm *(Bilderbogen für Erwachsene),* 12. 4. 1946. Druckvorlage: Ein Notenheft mit Chansons, betitelt *Das Karussell,* Berlin 1964, mit Copyright-Vermerk »Arcadia-Verlag Hamburg 1949«.

Vom wohltätigen Einfluß des Staates auf das Individuum

Erstdruck: *Die Weltbühne,* 11, 1946, S. 330–331. Erstaufführung: *Die Kleine Freiheit,* 1. Programm, 25. 1. 1951 (nicht 1950, wie Kästner angibt). Vertont von Edmund Nick.

369 *Gebt mir zwölf Jahre Zeit:* Anspielung auf ein Diktum Adolf Hitlers.

370 *Unordnung und frühes Leid:* Anspielung auf eine Erzählung gleichen Titels von Thomas Mann aus dem Jahr 1925.

Auf dem Nachhauseweg

Erstaufführung: *Schaubude,* 3. Programm *(Gestern – Heute – Übermorgen),* Juli 1946 (nicht 1947, wie Kästner in *GSE VI, 250* angibt). Vertont von Edmund Nick.

372 *im englischen Garten:* In München.

373 *Barerstraße:* Straße in München.

Herbstlied

Erstaufführung: *Schaubude,* 4. Programm *(Für Erwachsene verboten),* Oktober 1946. Vertont von Edmund Nick.

Reden ist Silber

Erstdruck und Druckvorlage: *Pinguin,* Dezember 1946. Typoskript Erich-Kästner-Archiv, Marbach.

375 *Lehrstück:* Kästner spielt hier möglicherweise auf Brechts Lehrstücktheorie an.

375 *Friedrich Schiller:* Es handelt sich um seine Schrift *Die Schaubühne als eine moralische Anstalt betrachtet* (1785/1801).
377 *Das ganze Deutschland soll es sein:* Schlußzeile aus Ernst Moritz Arndts (1769–1860) vaterländischem Lied *Was ist des Deutschen Vaterland?*

Strohhut im Winter
Druckvorlage: Typoskript Erich-Kästner-Archiv, Marbach mit Streichungen und Überarbeitungen.
Erstaufführung: *Schaubude,* 5. Programm *(Vorwiegend heiter – leichte Niederschläge),* Februar 1947.

Die halbe Portion
Kästners Angabe »Schaubude 1947« konnte anhand der Programme im Deutschen Kabarett-Archiv, Mainz, nicht verifiziert werden.
382 *Der Geist ist willig:* Anspielung auf das Jesuswort Mt 26, 41.

Die Vertreibung in das Paradies
Typoskript Erich-Kästner-Archiv, Marbach. Erstaufführung: *Schaubude,* 7. Programm *(Das fängt ja gut an),* Januar 1948. Vertont von Edmund Nick.
383 *Blüh im Glanze:* Anspielung auf die Schlußzeilen des Deutschlandlieds: »Blüh im Glanze dieses Glückes, / Blühe, deutsches Vaterland!«

Die große Zeit
Erstaufführung: *Schaubude,* 8. Programm *(Bitte recht friedlich),* 28.8.1948. Erstdruck: *Münchener Illustrierte,* 27.12.1952. Druckvorlage: Typoskript Erich-Kästner-Archiv, Marbach (mit Abweichungen vom Erstdruck). Es handelt sich um die Neubearbeitung eines Gedichts, das bereits am 1. Januar 1933 im *Simplicissimus* erschienen war und dort folgenden Wortlaut hatte:

Die große Zeit

So groß wie heute war die Zeit noch nie.
Sie paßt nicht in die Zeit, so groß ist sie!
Sie stampft und rennt, doch sie kommt nicht vom Fleck.
Und wir stehn morgens auf, doch es hat keinen Zweck.
Das Geld und die Luft werden knapp.

Wir sind wieder mal übern Berg hinweg,
und nun geht's mal wieder bergab!
Es geht bergab mit Schwung.
Der Globus hat 'nen Sprung!
Wir stehn auf der Haut dieses Erdenballs
und denken weiter gar nichts als:

So groß wie heute war die Zeit noch nie.
Kein Metermaß ist groß genug für sie.
Das Korn wird verbrannt und von keinem verzehrt.
Und das Heer der Maschinen wird täglich vermehrt.
Die Menschheit hat sich verirrt.
Die Zeit ist groß, und es wird erklärt,
daß sie täglich größer wird!
Der Weizen brennt blutrot.
Die Kinder schrein nach Brot.
Der Zukunft werden die Füße kalt.
Die Völker schrein, daß es weithin hallt:

So groß wie heute war die Zeit noch nie.
Man müßte sie verkleinern, aber wie?
Die einen sind dumm, und die andern sind schlecht.
Und allen geht's dreckig. Und keiner ist echt.
Das Tun reicht nicht zur Tat.
Der Globus dreht sich und sucht sein Recht.
Ja, weiß denn niemand Rat?
Es geht bergab mit Schwung.
Der Globus hat 'nen Sprung!
Was ist denn bloß? Und was ist denn los?
Die Zeit ist zu groß! Die Zeit ist zu groß!

Dieses Gedicht weist seinerseits Beziehungen zu Kästners *Weltbühne*-Gedicht *Große Zeiten* auf (vgl. *I, 231*).

Man ist man
Erstaufführung: *Schaubude,* 8. Programm *(Bitte recht friedlich),* 28. 8. 1948. Typoskript Erich-Kästner-Archiv, Marbach.

Couplet (N'Tag. Ich heiße soundso ...)
Typoskript Erich-Kästner-Archiv, Marbach, ferner existiert ein dreistrophiger Entwurf mit der Vorbemerkung: »Das ganze Cou-

plet wird ca. 6 oder 7 Strophen umfassen. Die Musik darf nicht aufdringlich sein, sondern muß absichtlich primitiv, etwa an die Couplet-Musik Otto Reutters erinnernd sein.« Aufführung und Datierung nicht bekannt.

388 *Mortimer:* Figur aus Friedrich Schillers Drama *Maria Stuart* (1801).

389 *Es irrt der Mensch, solang er strebt:* Aus Goethes *Faust I*, Vers 317 *(Prolog im Himmel).*

Fahrt in die Welt

Erstdruck und Erstaufführung nicht bekannt. Druckvorlage: Typoskript von Dagmar Nick aus dem Nachlaß ihres Vaters. Vertont 1949 von Edmund Nick.

Eine Rahmenhandlung

Erstaufführung: *Die kleine Freiheit*, 1. Programm, 25. 1. 1951 (nicht 1950, wie Kästner in *GSE VI, 259* angibt).

391 *Peenemünde:* Dort wurde im Zweiten Weltkrieg die deutsche Rakete »V2« entwickelt.
Clémenceau: Vgl. Anmerkung zu *II, 71.*

392 *Narvik:* Im Zweiten Weltkrieg umkämpfter Hafen in Nordnorwegen.

393 *Anatol Frances hübschen Satz:* Anatol France (1844–1924), französischer Schriftsteller, Zitat nicht ermittelt.

394 *Turmhahn:* Die Stelle wird zitiert in *Nachträgliche Vorbemerkungen,* oben S. 192–193.

396 *Qui vivra, verra:* Französische Redewendung: »Wer leben wird, wird sehen.«

397 *Aristoteles:* Das Zitat scheint apokrypher Natur, ist jedenfalls im Werk des Aristoteles so nicht überliefert.

398 *Siegfriedlinie:* Deutsche Verteidigungsstellung in Nordfrankreich im Ersten Weltkrieg.

Das dämonische Weib

Erstaufführung: *Die Kleine Freiheit,* 1. Programm, 25. 1. 1951.

Das Lied, genannt »Zur selben Stunde«

Erstaufführung: *Die Kleine Freiheit,* 9. Programm *(Nein, eure Suppe ess ich nicht),* 11. 9. 1952, wiederholt im 10. Programm, Dezember 1952.

Der Scheuklappenchor
Erstaufführung: *Die Kleine Freiheit*, 9. Programm *(Nein, eure Suppe ess ich nicht)*, 11.9.1952. Erstdruck und Druckvorlage: Trude Kolman (Hrsg.): Münchner Kleine Freiheit. Eine Auswahl aus dem Programm von zehn Jahren. München 1960, S. 20–21. Typoskript Erich-Kästner-Archiv, Marbach (gekürzt).

Der Hauptmann von Köpenick
Erstaufführung: *Die Kleine Freiheit*, 11. Programm *(Plüsch und Pleurosen)*, März 1953 (nicht 1951, wie Kästner in *GSE VI, 268* angibt).

Die Geschichte vom Schuster Voigt, der sich eine Hauptmannsuniform anzog, einen Trupp Soldaten unter sein Kommando brachte, das Rathaus von Köpenick besetzte und den Kaiser zum Lachen brachte, hat Carl Zuckmayer (1896–1977) in der Militärsatire *Der Hauptmann von Köpenick* (1931) bekannt gemacht.

Inhaltsverzeichnis

7 Der tägliche Kram

9 Kleine Chronologie statt eines Vorworts
15 Talent und Charakter
18 Sechsundvierzig Heiligabende
22 Gescheit, und trotzdem tapfer
26 Eine unbezahlte Rechnung
28 Die Augsburger Diagnose
34 Das Leben ohne Zeitverlust
38 Gedanken eines Kinderfreundes
44 Lied einer alten Frau am Briefkasten
46 Die einäugige Literatur
52 Marschlied 1945
55 Die Chinesische Mauer
60 Der Mond auf der Schulbank
67 Wert und Unwert des Menschen
72 Der gordische Knoten
75 Zur Entstehungsgeschichte des Lehrers
78 Die Jugend hat das Wort
80 Der tägliche Kram
83 Die Klassiker stehen Pate
88 Le dernier cri
90 … und dann fuhr ich nach Dresden
96 Das Spielzeuglied
99 Über das Auswandern
102 Erste Hilfe gegen Kritiker
108 Deutsches Ringelspiel 1947
115 Abrüstung in Bayern
119 Das Lied vom Warten
122 Mama bringt die Wäsche
127 Eine kleine Sonntagspredigt
131 Der Abgrund als Basis
134 Die Schildbürger
148 Das Märchen vom Glück

152 Kleines Solo
153 Gleichnisse der Gegenwart
157 Catch as catch can
160 Das Märchen von der Vernunft
163 Die lustige Witwe
165 Gespräch im Grünen
168 Die Verlobung auf dem Seil
171 Die These von der verlorenen Generation
177 Wer fürchtet sich vorm schwarzen Mann
182 Wahres Geschichtchen
185 Trostlied im Konjunktiv

187 Die Kleine Freiheit

189 Der Titel des Programms
190 Nachträgliche Vorbemerkung
194 Ansprache zum Schulbeginn
198 Der Trojanische Wallach
202 Stimmen von der Galerie
205 Die Kantate »De minoribus«
211 Kleine Epistel
213 Das lebensgroße Steckenpferd
216 Fragen und Antworten
219 Das Zeitalter der Empfindlichkeit
223 Brief an die Freiburger Studenten
224 Solo mit unsichtbarem Chor
230 Der Jahrmarkt
239 Ist Existentialismus heilbar?
244 Über den Tiefsinn im Parkett
247 Marktanalyse
248 Die literarische Provinz
253 Don Juans letzter Traum
255 Ein wohlhabender Zwerg
258 Berliner Hetärengespräch 1943
263 Das schweigsame Fräulein
267 Der Pechvogel

269 Die Naturgeschichte der Schildbürger
272 Errol Flynns Ausgehnase
275 Fahrten ins Blaue
277 Der Prinz auf Zeit
279 Die Schwarze Spinne
281 Die vier archimedischen Punkte
285 Ein Wort zur Kulturkrise
287 Diarrhoe des Gefühls
291 Die Abenteuer des Schriftstellers
294 Zu Ernst Penzoldts sechzigstem Geburtstag
296 Die Acharner
309 Die Maulwürfe oder Euer Wille geschehe!
312 Das Goethe-Derby
314 Zur »Woche des Buches«
315 Zwischen hier und dort
317 Ein reizender Abend
320 Lob des Tennisspiels
323 Kästner über Kästner
329 Eine unliterarische Antwort

331 Kabarettpoesie. Nachlese 1929–1953

333 Was das Volk begehrt
334 Surabaya-Johnny II
335 Friedrich Karsch
337 Kinderlied für Arbeitslose
338 Neues Volkslied
339 Brief an den Weihnachtsmann
340 Das Lied vom Kleinen Mann
341 Aus der Deutschen Chronik
342 Dummheit zu Pferde
344 Poesie rer. Pol.
345 Die Dame schreibt der Dame
346 Heiliger Abend
347 Experiment mit Müttern
351 Brief an ein Brachtexemplar

352 Die scheintote Prinzessin
354 Glückwunsch eines Enfant terrible
354 Ja, das mit der Liebe
355 Der Gesang vom Singen
357 Rede, wie du sprichst
360 Tugend und Politik
364 Ein alter Herr geht vorüber
365 O du mein Österreich
368 Frage an das eigene Herz
369 Vom wohltätigen Einfluß des Staates auf das Individuum
372 Auf dem Nachhauseweg
373 Herbstlied
375 Reden ist Silber
380 Strohhut im Winter
381 Die halbe Portion
383 Die Vertreibung in das Paradies
385 Die große Zeit
386 Man ist man
388 Couplet
389 Fahrt in die Welt
390 Eine Rahmenhandlung
400 Das dämonische Weib
401 Das Lied, genannt »Zur selben Stunde«
403 Der Scheuklappenchor
405 Der Hauptmann von Köpenick

411 Anhang

413 Nachwort
421 Kommentar